Revue des Sciences Humaines

Éditée par les Presses universitaires du Septentrion

Publiée avec le soutien
du Centre National du Livre
de l'Institut Universitaire de France

Fondée en 1927 par Émile Bréhier (historien de la philosophie, membre de l'Institut), sous l'intitulé *Revue d'histoire de la philosophie*, devenue *Revue d'histoire de la philosophie et d'histoire générale de la civilisation* en 1933 sous l'impulsion de René Jasinski (professeur à l'Université de Lille puis à la Sorbonne et à Harvard), la *Revue des Sciences humaines* prend son titre actuel le 1er janvier 1947.

À partir de 1980 elle est successivement et collégialement dirigée par Jean Decottignies (de 1980 à 1995), Philippe Bonnefis (1980-2001), Pierre Malandain (1995-2001), Alain Buisine (1995-2009), Gérard Farasse (1999-2014) et Dominique Viart (depuis 2001).

ADMINISTRATION ET RÉDACTION

DIRECTEUR DE PUBLICATION : Dominique Viart

CONSEIL ÉDITORIAL : Andrea del Lungo (Université Paris Sorbonne), Bénédicte Gorrillot (Université de Valenciennes), Morgane Kieffer (Université de Namur), Émilie Picherot (Université de Lille), Nathalie Piégay (Université de Genève), Dominique Viart (Université Paris Nanterre, Institut universitaire de France), Patrick Wald-Lasowski (Université Paris 8), Karl Zieger (Université de Lille)

SECRÉTAIRE DE RÉDACTION : Karl Zieger

COMITÉ DE RÉDACTION : Jean-Claude Arnould (Université de Rouen), Wolfgang Asholt (Université Humboldt, Berlin), François Berquin (Université du Littoral), Patrick Boucheron (Collège de France), Jean-Max Colard (Université de Lille, Centre Georges Pompidou), Laurent Demanze (Université de Grenoble), Alexandre Gefen (CNRS), Jean Kaempfer (Université de Lausanne), Christian Meurillon (Université de Lille), Jean-Marc Moura (Université Paris Nanterre, Institut universitaire de France), Dominique Rabaté (Université Paris Diderot, Institut universitaire de France), Derek Schilling (Johns Hopkins University, Baltimore), Paolo Tamassia (Université de Trente, Italie), Birgit Wagner (Université de Vienne, Autriche), Jessica Wilker (Université de Lille)

SECRÉTAIRE ADMINISTRATIF : Christophe Meurisse

COMPOSITION : Émilie Pouderoux

DOCUMENTATION : Frédéric Gendre

Transhumanisme et Fictions posthumanistes

Table des matières

Un transhumanisme stable et un posthumanisme multiple 7
Mara Magda Maftei

Arts et Fictions

Le sujet du posthumanisme.
Réflexions sur quelques romans contemporains en temps de pandémie 19
Jean-Paul Engélibert

Le posthumain télévisuel, une figure plurielle et hybride en culture de l'écran .. 33
Elaine Després, Hélène Machinal

Imaginaires et expériences du post-humain dans l'art contemporain 63
Marie Laure Delaporte

L'homme fluidique ou hyper-homme chez Paul Otlet (1868-1944).
Une perspective transhumaniste complexe 81
Olivier Le Deuff

Parole aux écrivains
Entretiens avec Mara Magda Maftei

Le corps contemporain
Entretien avec Pierre Ducrozet sur *L'Invention des corps* 103

La figure de l'androïde
Entretien avec Isabelle Jarry sur *Magique aujourd'hui* 113

Une conscience désincarnée
Entretien avec Gabriel Naëj (Jean-Gabriel Ganascia)
sur *Ce matin, maman a été téléchargée* 123

L'emballement transhumaniste
Entretien avec François-Régis de Guenyveau sur *Un dissident* 137

Une Intelligence artificielle trop efficace
Entretien avec Antoine Bello sur *Ada* 151

Approches philosophiques

Le Transhumanisme et la question de la perfection 159
Jean-Yves Goffi

La nostalgie du futur. Le récit transhumaniste 175
Paul-Laurent Assoun

Le posthumain confiné : la membrane synhaptique 191
Pierre Cassou-Noguès

L'homme augmenté par les institutions et l'artifice
dans la parole institutionnelle 205
Emmanuel Picavet

Moralisation de la vie nue – transhumanisme et biopolitique 227
Katia Schwerzmann

De la Science à la Science-fiction

Les neuroprothèses pour l'humain : entre thérapeutique et augmentation ... 247
Éric Fourneret, Clément Hébert, Blaise Yvert

Et si ma disparition m'était contée ?
Transhumanisme, posthumanisme et science-fiction 265
Marc Atallah

De la technicisation des corps à la post-humanité ? Le cyberpunk
comme moment et espace de problématisation des transformations
de la condition humaine 279
Yannick Rumpala

Vérité et/ou post-vérité dans un monde où « Tout est lié » 295
Jacques Printz

Recensions

Pierre Schoentjes, *Littérature et Écologie : le Mur des abeilles*
(Éditions José Corti) 313
Sara Buekens

François Sureau, *L'Or du temps* (éditions Gallimard) 315
Jean Kaempfer

Un transhumanisme stable et un posthumanisme multiple

Mara Magda Maftei

Au rêve le plus cher de l'homme, vaincre la mort, le transhumanisme[1] apporte un espoir : la possibilité de modifier réellement son corps par la technoscience en sachant pertinemment que la position démiurgique que l'homme s'arroge ainsi est à double tranchant. Le transhumanisme, qui va « au-delà de l'humanisme »[2], semble enfin autoriser que les doubles, décrits d'une manière fascinante par Mary Shelley (*Frankenstein*), Auguste de Villiers de l'Isle-Adam (*L'Ève future*), Robert Louis Stevenson (*L'Étrange Cas du Dr Jekyll et de Mr Hyde*), puissent devenir réalité.

La création d'un « ultra-humain » (Pierre Teilhard de Chardin), d'un « néo-humain » (Michel Houellebecq), d'un « surhumain » (Jean Rostand), du « trans-humain », de l'« homme-robot », de l'« homme des machines » (Georges Bernanos), ou de l'« homme fluidique » (Paul Otlet)[3] – en définitive, autant de formes de « l'homme nouveau » véhiculées auparavant par les idéologies totalitaires et aujourd'hui par le courant transhumaniste –, n'aurait pas été possible sans la pensée cybernétique dont Norbert Wiener fut le fondateur. Travailler l'être humain d'un point de vue techno-scientifique devient envisageable à partir du moment où celui-ci apparaît, grâce à la cybernétique, comme une somme d'informations susceptibles d'être modifiées et manipulées facilement. Aujourd'hui, les algorithmes constituent un des instruments clés par l'intermédiaire desquels la modélisation de l'être humain pourrait se réaliser. Malgré son intention de rendre les individus libres, autonomes et égaux grâce à une forme de communication

---

[1].– D'après l'article de Katia Schwerzmann, le transhumanisme propose un nouveau type de subjectivité.
[2].– Voir l'article de Jean-Yves Goffi.
[3].– Voir l'article de Olivier Le Deuff.

sans frontières, Wiener finit par les faire gouverner par le savoir algorithmique qui « sait » aujourd'hui mieux que ces mêmes individus prédire leurs actions. Les algorithmes ont de surcroît l'avantage d'être plus rationnels que l'homme, assurant aussi un phénomène d'addiction qui uniformise le comportement humain. La pensée unique est désormais suscitée grâce à l'expansion de l'internet et de moyens techniques qui dirigent l'être humain sans aucune légitimité, mais avec son consentement.

Avec Norbert Wiener, pour qui les distinctions entre le vivant et l'artificiel sont à dépasser, commencent la formalisation et l'informatisation de l'individu. L'association de l'homme à la machine génère ensuite la matrice du posthumain. Dans la mesure où l'homme de Wiener est « sans intérieur » (Philippe Breton[4]), nous assistons à l'émergence d'une nouvelle ontologie qui prône la réduction de l'être humain à l'information et à la communication. D'après Norbert Wiener, les « voix de la rigidité », c'est-à-dire le communisme, le jésuitisme et le néo-américanisme, prétendent transformer l'être humain dans une machine[5] ; la cybernétique devrait au contraire apprendre à l'homme à trouver des moyens afin d'échapper à toute idéologie, devrait lui apprendre à éviter le piège des « machines à penser », à n'être redevable qu'à soi-même. Mais peut-on considérer ainsi que le posthumain soit une simple continuation de l'humain, malgré une routinisation et une uniformisation des comportements des individus vivant dans une société informatique[6] ?

Automatisation, robotisation, uniformisation sont devenues des caractéristiques réactivées par le transhumanisme lequel est volontiers exploité par le néolibéralisme. L'idéologie transhumaniste incite les citoyens de la ville hyper-technologique à être de plus en plus performants et compétitifs sur le marché du travail, ce qui inclut le recours aux psychotropes, aux smart drugs, et même aux réparations permanentes par la chirurgie esthétique. Nous devenons ainsi des sans-visages avant de devenir des sans-corps dans une société sans contact physique, échappant à notre matérialité, déjà considérée par le cyberpunk comme une limitation dont il faut s'émanciper. Dans le dossier que la Revue des sciences humaines dédie au transhumanisme et au posthumanisme, Pierre Cassou-Noguès construit sa réflexion sur les

---

[4].- Philippe Breton, *L'Utopie de la communication. L'émergence de l'homme sans intérieur*, La Découverte, Paris, 1992.

[5].- Voir la recension par Jacques Ellul du livre de Norbert Wiener sur l'usage des êtres humains : Wiener (Norbert), Cybernétique et société, traduit de l'anglais in Revue française de science politique, numéro 1, 1955, p. 171-172.

[6].- Voir les réflexions de Jacques Ellul dans *La Technique ou l'enjeu du siècle* – 1954, de Jean-Pierre Dupuy, *Pour un catastrophisme éclairé* – 2004, mais aussi celles de Dennis Gabor, de Lewis Mumford ou de Ivan Illich.

interfaces audiovisuelles, qui tissent dans un réseau les corps à distance, en partant de deux textes de fiction, une nouvelle de Edward M. Forster et une ébauche de roman par Norbert Wiener. Le chercheur nous montre ainsi à certains égards que tout ce que nous avons vécu pendant les mois de mars et d'avril 2020 fut déjà anticipé par la fiction.

Pandémie semble rimer avec transhumanisme puisque ce dernier avait promis à l'homme de le sortir de la tyrannie du corps, de reconstruire sa condition humaine qui soit désormais une condition cybernétique. La pandémie nous a permis d'explorer les conséquences de notre dématérialisation, de notre corps vivant mis « sous membrane », notion que Pierre Cassou-Noguès utilise afin de montrer que le « biopolitique » et les formes de contrôle de la société disciplinaire sont obsolètes puisqu'elles s'appliquent seulement au corps vivant. Actuellement, les technologies de l'information « mettent le corps sous membrane »[7] et appellent à des nouvelles technologies de contrôle adaptées à nos identités numériques.

En plein capitalisme de surveillance[8], nombre de projets transhumanistes, qui envisagent la sortie de nos corps vivants, semblent utopiques (comme par exemple le transfert de notre mémoire et de notre conscience dans des microprocesseurs après notre mort biologique, selon Ray Kurzweil, et en suivant le modèle des productions hollywoodiennes[9]). Néanmoins, bien d'autres, comme l'exploitation excessive des données, le *tracking* sur internet, le bornage des téléphones mobiles, les caméras de vidéo-surveillance et de reconnaissance faciale, le « capitalisme de plateforme »[10] qui transforme les relations sociales au XXIe siècle, l'attente de la performance, de la disponibilité permanente et d'un visage stéréotypé sont déjà parmi nous. Lisons l'article d'Éric Fourneret inclus dans ce dossier qui évoque l'urgence qu'éprouvent certains citoyens de transformer leurs visages à l'ère du posthumain via la chirurgie esthétique pour une « meilleure intégration sociale » ainsi que le roman posthumaniste de Camille Espedite, *Cosmétique du chaos*, génial pour la description d'une société fondée sur la performance par le recours à la chirurgie esthétique (« Le visage est la clé de ton existence et tu le sais... C'est ainsi que tu trouveras ta place dans la société, et aussi, un job...[11] »).

7.– Pierre Cassou-Noguès, *Virusland*, Éditions du CERF, Paris, 2020.
8.– Shoshana Zuboff, *The Age of Surveillance Capitalism: The Fight for a Human Future at the New Frontier of Power*, PublicAffairs, New York, 2019.
9.– Voir l'article de Marc Attalah.
10.– Sarah Abdelnour, Sophie Bernard, « Vers un capitalisme de plateforme ? Mobiliser le travail, contourner les régulations » in *La nouvelle revue du travail*, numéro 13, 2018.
11.– Camille Espedite, *Cosmétique du chaos*, Actes Sud, Paris, 2020, p. 19-20.

Par rapport au transhumanisme, décrit comme un des nombreux courants contemporains du posthumanisme, ce dernier est d'une définition plus fluctuante. Le posthumanisme a comme point de départ l'humanisme, qu'il prétend renouveler ou qu'il conteste selon que la relation ainsi nouée soit à penser en accentuant la continuité ou, au contraire, la rupture.

Une critique de la pensée humaniste apparaît déjà dans le postmodernisme et dans le poststructuralisme, en opposition avec la pensée des Lumières et faisant suite aux tragédies du XXe siècle – guerres mondiales, génocides. Le posthumanisme se situe dans le prolongement de ces diverses théories et pensées dont il récupère certains éléments, et renvoie tout d'abord aux contributions de Michel Foucault, *Les mots et les choses* (1966)[12], d'Ihab Hassan, « Prometheus as Performer : Toward a Posthumanist Culture » (1977)[13], mais aussi à ceux de Jacques Derrida qui dans une conférence sur les fins de l'homme proclame la « (...) *fin de l'homme fini*. La fin de la finitude de l'homme, l'unité du fini et de l'infini »[14] dans un contexte d'après-guerre où la pensée française fut encore ouvertement humaniste. Du fait de ces multiples récupérations et de son influence ultérieure sur diverses formes culturelles, le posthumanisme se scinde en deux catégories : d'une part le « posthumanisme technoscientifique »[15], qui porte aux nues la Science, la Raison et le Progrès, d'autre part le « posthumanisme philosophique et culturel », plus littéraire ou artistique, qui se constitue volontiers en critique du progrès à tout prix et de ses conséquences néfastes sur l'humanité.

Dès la deuxième moitié du XXe siècle, les nouveaux savoirs informatiques misent sur le décentrement de l'homme perçu désormais pour « une invention dont l'archéologie de notre pensée montre aisément la date récente. Et peut-être la fin prochaine [...] »[16]. Néanmoins, le décentrement de l'humain finit par son embrigadement dans toutes sortes de réseaux, communicationnels, économiques, politiques, ce qui engagera ensuite la nécessité de définir de nouveaux paradigmes théoriques, spécifiques pour le posthumanisme. Le posthumanisme invite à une posture différente de cette nouvelle culture, qui libère en apparence l'homme, soumis en réalité à un contrôle insidieux et permanent. L'individu perd son autonomie proclamée

---

12.– Michel Foucault, *Les mots et les choses : une archéologie des sciences humaines*, Gallimard, Paris, 1966.

13.– Ihab Hassan, « Prometheus as Performer: Toward a Posthumanist Culture? A University Masque in Five Scenes », *The Georgia Review*, vol. 31, n° 4, 1977, p. 830-850.

14.– Jacques Derrida, « Les Fins de l'homme » in Marges de la Philosophie, Les Éditions de Minuit, Paris, 1972, p. 129-164, p. 144.

15.– Hava Tirosh-Samuelson, « Transhumanism as a Secularist Faith » in *Zygon*, vol. 47, n° 4, décembre 2012, p. 710-734 ; Cary Wolfe, *What is Posthumanism?* University of Minnesota Press, Minneapolis, 2010.

16.– Michel Foucault, *op. cit.* p. 398.

par l'humanisme puisqu'il perd son statut d'humain ; nous assistons non à l'élimination du sujet tout court, mais à une prolifération des sujets associés à de nouvelles formes de vie et à de nouveaux systèmes culturels et sociopolitiques envers lesquels le posthumanisme philosophique et culturel formule ses critiques.

La mort de l'homme que Foucault annonçait en 1966 représente certes une démission de l'homme de la centralité du système qu'il occupait depuis Descartes, mais cette mort est aussi porteuse d'une redéfinition de l'homme en fonction de nouveaux paramètres. C'est ce que prétend en 1977 Ihab Hassan, à qui l'on doit une définition précise du posthumanisme. Ce dernier se montre convaincu que par la mort de l'homme, Foucault n'a pas voulu entendre la fin littérale de l'espèce mais « la fin d'une image particulière de nous, façonnée autant par Descartes, disons, que par Thomas More ou Erasmus ou Montaigne »[17]. C'est avec ces idées que Hassan proclame la fin de l'humanisme, annonce l'intronisation de son *après*, le posthumanisme, selon l'article de Jean-Yves Goffi.

La théoricienne du posthumanisme N. Katherine Hayles résume la nouvelle condition posthumaine en fonction de schémas d'informations devenus plus importants que la condition matérielle elle-même. L'incorporation de l'être humain dans un matériau biologique est considérée comme un « accident » dans notre évolution. Le corps devient une « prothèse », ce qui assure la transition de l'articulation de l'intelligence humaine vers l'intelligence artificielle en sachant que la démarcation entre les techniques d'amélioration et celles d'augmentations[18] et fragile.

C'est à cette disparition d'une dichotomie esprit/matière engendrant automatiquement une condition différente de l'homme ainsi que de ses productions culturelles que nous encourage à réfléchir l'article d'Éric Fourneret *et alii*.

En Allemagne, le posthumanisme reste associé à la pensée de Martin Heidegger, qui dans sa « Lettre sur l'humanisme » de 1947 explique que l'humanisme aurait fait son temps. Toutefois, Derrida nous avertit que : « la pensée de la vérité de l'être au nom de laquelle Heidegger dé-limite l'humanisme et la métaphysique, reste une pensée *de* l'homme »[19]. Ce n'est pas, d'après Derrida, la position de l'homme qui est menacée par « Lettre sur l'humanisme », mais bien l'« essence de l'homme ». Une sortie de son

---

17.– « the end of a particular image of us, shaped as much by Descartes, say, as by Thomas More or Erasmus or Montaigne » in Ihab Hassan, *op. cit.*, p. 845.

18.– Voir l'article d'Emmanuel Picavet qui aborde une augmentation différente de l'être humain, une augmentation par la vie institutionnelle et ses règles.

19.– Jacques Derrida, *op. cit.* p. 153.

humanité serait, en définitive, une sortie de son essence. En partant du même essai de Heidegger, Peter Sloterdijk souligne dans *Règles pour le parc humain* la domestication de l'être humain à travers la sélection, à l'ère du capitalisme technoscientifique, ce qui lui valut des critiques de bon nombre de philosophes. Pour Sloterdijk, l'humanisme de nos jours doit être vu comme une façon de « dresser » les gens, de les « éduquer » puisque les êtres humains sont par définition des êtres inachevés qui ont déjà été « domestiqués » plusieurs fois par la langue, l'outil et la culture.

À cette aune, le posthumanisme n'annule pas l'humanisme mais continue d'éduquer l'homme afin de lui inculquer de nouvelles normes s'appuyant sur la capacité de celui-ci à se régénérer. L'être humain n'est pas toujours remplacé par la machine, il est parfois prolongé ou augmenté par celle-ci. Dans ce processus de reconstruction culturelle, les données scientifiques envahissent les récits philosophiques et fictionnels à des fins idéologiques et politiques différentes, ce qui implique la nécessité de revoir la notion d'individu, de le transformer en un « biosurhomme[20] » (Dominique Lecourt). Cette transformation engendre aussi un changement des modes d'interaction et d'encadrement sociopolitiques.

On pourrait aussi avancer l'idée que rien n'a changé en définitive dans la manière de conceptualiser l'être humain. Comme André Leroi-Gourhan l'avait montré en France dans les années 1960 ainsi que, plus récemment, Cary Wolfe dans son travail sur le posthumanisme, l'homme a toujours cohabité avec la technique et le langage. C'est cette cohabitation qui l'a d'ailleurs aidé à se détacher d'autres vivants en lui facilitant l'accès à la liberté. Mais n'arrive-t-on pas à un point de bascule qui modifierait la nature même de l'être humain ? Le posthumanisme est un humanisme qui recontextualise toutes sortes de déterminismes, il refait une société fondée sur l'humain et sur sa matérialité en fonction des paramètres spécifiques comme le langage symbolique, la communication, l'éducation socioculturelle, l'immatérialité des êtres humains, leur hybridation avec la cybernétique.

À la préparation proprement dite d'un posthumain, contribuent le posthumanisme technoscientifique et le transhumanisme, tandis que le posthumanisme culturel et philosophique s'occupe de la diffusion de nouveaux modèles culturels, de nouvelles formes de connaissances interdisciplinaires. Des études scientifiques ainsi que des essais de prospective, mais aussi des fictions et diverses formes d'art se fondent sur la relation entre la science et la technologie à l'époque du capitalisme technoscientifique et sous l'influence d'une culture muée en technoculture. Le rôle du posthumanisme culturel, qui se veut critique envers ce phénomène, est de produire

---

20.– Dominique Lecourt, *Humain, posthumain*, PUF, Paris, 2003.

une réévaluation de cette nouvelle société du posthumain, de forger une éthique qui échappe au *fatum* technologique tout en aménageant une large place aux études critiques sur la science et la technique, et en ayant recours à des formes d'expression diverses et reconnues (littérature, cinéma, autres formes d'art). La première section de ce numéro de la *Revue des Sciences Humaines*, dédiée à la fiction et d'autres formes d'art, montre la fécondité des formes d'art imaginées comme autant d'expressions diverses du posthumanisme culturel. L'article d'Elaine Després et d'Hélène Machinal explore la figure du posthumain dans les séries télévisées et les films anglophones au tournant du XXe et du XXIe siècles, tandis que l'article de Marie Laure Delaporte insiste sur les talents des plasticiens ainsi que des praticiens du *body art* qui modifient leur propre corps afin d'interroger les limites entre l'être humain et la machine.

Enfin, la fiction que j'appelle posthumaniste (des dizaines d'ouvrages jusqu'à présent en France)[21] s'inscrit elle aussi dans le cadre du posthumanisme philosophique et culturel sans lequel celle-ci serait dépourvue de sa dimension sociocritique. Elle utilise la technique et la science dans l'objectif de se doter d'un langage approprié aux transformations auxquelles nous assistons aujourd'hui. L'élaboration de ces textes littéraires sollicite abondamment les concepts et le vocabulaire des textes transhumanistes comme en témoignent mes entretiens avec Pierre Ducrozet, Isabelle Jarry, François-Régis de Guenyveau, Gabriel Naëj (alias Jean-Gabriel Ganascia) et Antoine Bello. L'article de Jean-Paul Engélibert montre, par son approche

---

21.– Voir Mara Magda Maftei et Emmanuel Picavet, « Transhumanisme et posthumanisme : de la fiction à la réalité des évolutions », *Metabasis*, mai 2019 an XIV numéro 27.
La fiction posthumaniste compte jusqu'à présent les titres suivants présentés par ordre de publication : Michel Houellebecq, *Les Particules élémentaires*, Flammarion, 1998 ; Michel Houellebecq, *La Possibilité d'une île*, Fayard, 2005 ; Isabelle Jarry, *Contre mes seuls ennemis*, Stock, 2009 ; Anne-Marie Garat, *Programme sensible*, Actes Sud, 2013 ; Patrick Laurent, *Comme Baptiste*, Gallimard, 2013 ; Rémi Gageac, *Le Marché*, Éditions Asseyelle, 2013 ; Rémi Gageac, *Life++. La Vie augmentée*, Éditions Asseyelle, 2015 ; Elena Sender, *Surtout ne mens pas*, XO Éditions, 2015 ; Christine Voegel-Turenne, *Louis ou la fabrique d'un drôle de genre*, Pierre Téqui éditeur, 2015 ; Isabelle Jarry, *Magique aujourd'hui*, Gallimard, 2015 ; Pierre Assouline, *Golem*, Gallimard, 2016 ; Antoine Bello, *Ada*, Gallimard, 2016 ; Patrick Laurent, *Orfex*, Gallimard, 2016 ; François-Régis de Guenyveau, *Un dissident*, Albin Michel, 2017 ; Éliette Abecassis, *À l'ombre du Golem*, Flammarion, 2017 ; Pierre Ducrozet, *L'Invention des corps*, Actes Sud, 2017 ; Marie Darrieussecq, *Notre vie dans les forêts*, POL, 2017 ; Pierre Alferi, *Hors sol*, POL, 2018 ; Alexis Brocas, *Un dieu dans la machine*, Phébus, 2018 ; Gaëlle Obiégly, *Une chose sérieuse*, Verticales, 2019 ; Marc Dugain, *Transparence*, Gallimard, 2019 ; Gabriel Naëj, *Ce matin, maman a été téléchargée*, Buchet-Chastel, 2019 ; Virginie Tournay, *Civilisation 0.0*, Éditions Glyphe, 2019 ; Camille Espedite, *Cosmétique du chaos*, Actes Sud, 2020 ; Pierre Ducrozet, *Le Grand vertige*, Actes Sud, 2020.

comparatiste, que la fiction qui porte sur la fabrique du posthumain ne se limite pas à la littérature française contemporaine[22].

Mon hypothèse, vérifiée par les entretiens, est que la fiction posthumaniste diffère de la littérature de science-fiction et des dystopies, tant par sa critique radicale des idéaux du transhumanisme que par son statut littéraire particulier. Le but de la fiction posthumaniste est d'influencer la perception sociale et l'appropriation sociétale de l'idée de transhumanisme en tant que métarécit[23], d'en développer fictionnellement les idées. La fiction posthumaniste exploite l'intertextualité, l'interdisciplinarité, l'altérité, le complot, le macabre, la déconstruction de la subjectivité, la construction d'un sujet posthumain transformé par la technique, la recherche de la perfectibilité et de l'asexualité, l'assujettissement de l'homme au réseau, la relation homme-machine, mais aussi la relation de l'homme avec d'autres catégories du vivant, l'eugénisme, la fabrication d'un « nouvel homme nouveau », d'un double, d'un *Golem* (produit d'un savant fou qui fait financer ses travaux par de riches investisseurs – élément commun à plusieurs romans posthumanistes –), la résurrection, l'implantation de puces, le contrôle de l'homme par la génétique, mais aussi par les technologies de surveillance (totalitarisme numérique), l'abolition de l'individualité, de la personnalité, de la curiosité, de l'ambition humaine au nom d'une uniformisation typique d'une société transhumaniste..., l'invention de robots bienveillants et de programmes informatiques, dont le rôle est d'apporter leur soutien à l'être humain (Isabelle Jarry), ou de le supplanter (Antoine Bello). Racontés dans certains cas par un être cloné ou pucé, les romans posthumanistes dont l'architecture s'apparente parfois à un réseau, se construisent sur la diffusion d'identités multiples, auxquelles peuvent correspondre plusieurs temps fictionnels. Ces temps fictionnels qui se déploient et qui se croisent témoignent d'une idée sur laquelle repose la Singularité technologique[24] même, c'est-à-dire la

---

22.– Son analyse porte sur les romans *The Secret* d'Eva Hoffman, *Auprès de moi toujours* de Kazuo Ishiguro, *Une Machine comme moi* de Ian McEwan et sur *La Possibilité d'une île* de Michel Houellebecq.

23.– Voir l'article de Paul-Laurent Assoun.

24.– Dans les années quatre-vingt-dix, le mathématicien et auteur de science-fiction Vernon Vinge insiste sur la possibilité des moyens technologiques de produire trente ans plus tard une intelligence surhumaine. L'idée est reprise par le transhumaniste Nick Bostrom dans *Superintelligence. Paths, Dangers, Strategies*, OUP, Oxford, 2014. Je reproduis ici la définition de la Singularité technologique donnée par Jean-Gabriel Ganascia, *Le Mythe de la Singularité*, Éditions du Seuil, Paris, 2017, p. 27 : « (...) la Singularité technologique transforme le temps, qui devient lui-même hétérogène. Dans cette éventualité, l'idée de la Singularité plonge l'entendement dans un abîme, car le temps nouveau dans lequel nous nous retrouverions risque de faire échec à nos capacités d'appréhension rationnelle et par conséquent de réduire notre intelligence à l'impuissance ».

contraction infinie du temps. Ceci conduit à une sortie du temps historique et du temps réel. C'est ensuite ainsi que le probable devient possible. Cette sortie favorise l'éclosion des temps fictionnels des romans posthumanistes, qui ne manquent pas de liens avec le monde scientifique...

La particularité de la fiction posthumaniste est de s'inscrire au croisement de plusieurs disciplines : nanotechnologies, biotechnologies, sciences cognitives et informatiques – en un mot, les sciences chargées actuellement de façonner l'être humain –, qui font irruption dans cette catégorie de fiction. Les auteurs de romans posthumanistes font un travail de documentation sérieux et ont assez souvent une formation scientifique leur permettant de s'intéresser à des questions de contrôle via les algorithmes. Mais ce sont aussi de lecteurs de science-fiction... Dans la création du posthumain, l'idéologie ultra-libérale en convergence avec le transhumanisme, se propose tout d'abord de modifier l'environnement de l'être humain, ses émotions et ses besoins. La conséquence de cette réalité façonnée par le transhumanisme nous est présentée, sur le plan culturel, par le posthumanisme. La fiction posthumaniste, qui naît à l'intérieur de ce phénomène, en plus de s'inscrire dans le bain de la littérature contemporaine « relationnelle[25] » (Dominique Viart) et de se distinguer de la dystopie et de la science-fiction, se démarque en se fondant sur un état de fait actuel sur lequel elle spécule. Loin d'être une fiction d'anticipation c'est une « fiction critique spéculative » en marge des réalités données et connues. Cette « fiction critique »[26] ne porte pas sur le passé mais sur le présent et sur un avenir très proche en sur-fictionnalisant des données actuelles que véhicule le transhumanisme. Elle propose aux lecteurs une vision du monde en faisant la critique d'une réalité composant notre quotidien et pour la construction de laquelle nous ne devons pas faire, en tant que lecteurs, beaucoup d'efforts d'imagination puisqu'il ne s'agit pas d'un avenir hypothétique. La fiction posthumaniste porte sur la critique du présent et dessine les contours d'un avenir proche. Elle est de ce fait *spéculative* et *critique* en même temps.

Un lien très fort existe aussi entre le transhumanisme et le courant cyberpunk[27] comme en témoigne l'article de Yannick Rumpala. Même si

---

25.– Dominique Viart, *Comment nommer la littérature contemporaine ?* mis en ligne dans l'*Atelier de théorie littéraire* sur fabula.org le 6 décembre 2019.

26.– Pour la notion de « fiction critique » qui caractérise une grande partie de la littérature contemporaine voir Dominique Viart, « Le scrupule esthétique : que devient la réflexivité dans les fictions contemporaines ? », *Studi Francesi*, 177 (LIX | III) | 2015, 489-499.

27.– C'est la science-fiction de type cyberpunk qui influença le plus le transhumanisme, car si les univers du cyberpunk tiennent généralement de la dystopie, les intrigues mettent presque toujours en avant des personnages qui sont qualifiés aujourd'hui de surhommes. L'arrivée du cyberpunk se produit dans un contexte socio-politique du

les écrivains de science-fiction sont les premiers théoriciens des principales révolutions scientifiques et technologiques envisagées par le transhumanisme, ainsi que du bagage conceptuel utilisé par celui-ci, c'est le cyberpunk qui s'accorde le plus avec le transhumanisme puisque l'imaginaire déployé par le cyberpunk s'est construit autour de l'invasion des corps par la technologie. L'enchevêtrement d'informations, de communication et de langage informatique, l'intégration de l'être humain à un réseau au détriment d'une existence corporelle, son assimilation à une société de contrôle, tout ceci est manifeste dans le courant cyberpunk dès les années 1980.

Puisque l'homme fonctionne grâce à un agencement des réseaux et circuits neuronaux, puisqu'il est lui-même réseau ou rhizome, ce qu'il produit lui ressemble. L'individu se prend comme modèle pour l'architecture des réseaux artificiels et hypertextes (dont l'internet) qu'il fabrique lui-même dans un monde où « tout est lié »[28]. De même, les personnages de fiction posthumaniste se démultiplient d'après une logique rhizomatique, qui définit la nouvelle forme du roman en réception des questions transhumanistes. Il s'agit d'une forme « acentrée, réticulaire » (Pierre Ducrozet).

Des questions politiques, économiques, sociales, philosophiques, technologiques sont ainsi soulevées par cette fin de l'Humain autrefois postulée par Derrida et par Foucault, mais bien avant eux par les mythes de Golem, de Prométhée, d'Icare, de l'automate, de l'homme-vapeur, de l'homme-machine, par des doppelgänger, des homunculi, par des contes comme *L'Épopée de Gilgamesh* et *Tinerețe fără bătrânețe și viață fără de moarte* (*Jeunesse sans vieillesse et vie sans mort*) dans la littérature roumaine, mais qui semble cette fois sur le point de s'actualiser sous nos yeux, par le truchement des avancées scientifiques contemporaines. Que des philosophes, des écrivains, des sociologues s'en saisissent avec autant d'insistance montre sans doute que nous sommes sur le point de connaître un tournant anthropologique majeur. Il est temps de prendre conscience de ce qui nous arrive, d'y réfléchir, et de savoir s'il convient de s'y abandonner ou de s'en prémunir. C'est ce à quoi vous invite le présent dossier d'articles et d'entretiens.

---

renouvellement idéologique du fait du monétariste Milton Friedman et de l'informatisation de la société libérale (Jean-François Lyotard, *La Condition postmoderne*).
28.– Voir l'article de Jacques Printz.

Arts et Fictions

Le sujet du posthumanisme. Réflexions sur quelques romans contemporains en temps de pandémie

Jean-Paul Engélibert

Le 12 avril 2020, au moment où l'épidémie de covid-19 atteignait en France son pic de printemps, *Mediapart* publiait un entretien avec l'historien Stéphane Audoin-Rouzeau dans lequel ce dernier caractérisait ainsi cet événement : « nos sociétés subissent aujourd'hui un choc anthropologique de tout premier ordre. Elles ont tout fait pour bannir la mort de leurs horizons d'attente, elles se fondaient de manière croissante sur la puissance du numérique et les promesses de l'intelligence artificielle. Mais nous sommes rappelés à notre animalité fondamentale [...]. Nous restons des *homo sapiens* appartenant au monde animal, attaquables par des maladies contre lesquelles les moyens de lutte demeurent rustiques en regard de notre puissance technologique supposée : rester chez soi, sans médicament, sans vaccin[1]... » Cette description de ce qui fut indéniablement un « choc » frappe par un vocabulaire qui recoupe très largement les discours sur le posthumain. D'un côté, la portée anthropologique de l'événement, le souhait de « bannir la mort », l'étayage par le numérique et la foi dans un avenir porté par l'intelligence artificielle rappellent l'eschatologie transhumaniste. De l'autre, le rappel de notre animalité et la simplicité des moyens de lutte contre la maladie renvoient à la critique posthumaniste qui conteste l'idée d'une exception humaine aussi bien que celle du pouvoir de la technique de nous rendre maîtres et possesseurs de la nature.

Cette convergence entre le langage de l'historien, spécialiste de la Première Guerre mondiale, et celui d'un débat philosophique *a priori* éloigné de ses préoccupations suggère au moins deux choses. La première, c'est le que posthumanisme est devenu un lieu central où penser l'évolution

---

1.– Stéphane Audoin-Rouzeau, « Nous ne reverrons jamais le monde que nous avons quitté il y a un mois », entretien avec Joseph Confavreux, *Mediapart*, 12 avril 2020.

de nos subjectivités. La seconde est que le choc de la pandémie a accéléré ce mouvement et qu'elle rend la réflexion sur le posthumain plus utile que jamais. Ces suggestions invitent à penser à nouveaux frais la tension entre pouvoirs du numérique et puissance des corps, mais aussi l'ambivalence du numérique (susceptible de protéger et aider comme de contrôler et surveiller) et la complexité des corps (on sait que tout corps se compose de corps multiples et hétérogènes, ce qui fait sa puissance et sa fragilité). Elles invitent encore, au-delà ou en deçà de ces questions, à interroger le sujet du posthumanisme qui se trouve conduit à se les poser. Existe-t-il une subjectivité posthumaniste et si oui, comment la caractériser ? Quelques romans contemporains fabulant l'invention d'être artificiels dotés d'attributs humains peuvent servir de guides. On pourra observer la manière dont quelques personnages, donnés pour autres qu'humains, se font sujets, et posent ainsi la question de ce qu'est l'humanité. Les quatre romans qui nous serviront de laboratoire sont *The Secret* d'Eva Hoffman, *La Possibilité d'une île* de Michel Houellebecq, *Auprès de moi toujours* de Kazuo Ishiguro et *Une Machine comme moi* de Ian McEwan. Le posthumain y adopte plusieurs figures – le clonage dans les trois premiers cas, l'intelligence artificielle dans le dernier – et se met en scène dans plusieurs registres : uchronie chez Ishiguro ou McEwan, anticipation chez Houellebecq et Hoffman. Mais on peut repérer dans les quatre romans trois gestes semblables : les posthumains questionnent les limites de l'humain, élaborent des récits par lesquels ils se constituent en sujets et deviennent autres qu'eux-mêmes, montrant ainsi aux humains la voie d'un devenir.

Brouiller les limites

À l'évidence, ces romans posent la question de ce qui fait l'humain. Pour eux, mettre en scène une intelligence artificielle, un robot à apparence humaine ou un clone n'oppose ces créatures à l'homme que pour brouiller la limite qui semblait ainsi avoir été posée. Ce geste qui consiste à imaginer des « monstres » pour réduire l'écart qui les sépare de nous et se donner un point de vue extérieur pour juger de notre propre monstruosité n'est pas nouveau. Il date du romantisme : c'était déjà celui de Mary Shelley dans *Frankenstein*[2]. Ainsi au début *d'Une Machine comme moi* Ian McEwan peut-il écrire : « les humains artificiels étaient un cliché longtemps avant leur arrivée[3] ». Son narrateur évoque alors le monde fictionnel dans lequel il vit, dans lequel les robots à apparence humaine, désormais commercialisés comme n'importe

---

2.– Cf. Jean-Paul Engélibert, *L'Homme fabriqué*, Paris, Classiques Garnier, 2000, p. 18-19.
3.– Ian McEwan, *Une Machine comme moi* (2019), traduction France Camus-Pichon, Paris, Gallimard, 2020, p. 14.

quelle marchandise, sont devenus des objets de récits bien avant leur mise sur le marché, mais la phrase possède évidemment une portée métanarrative : le posthumain possède désormais une longue histoire fictionnelle et une fable sur des êtres artificiels ne peut prétendre à l'originalité par son seul sujet.

Tout l'intérêt d'une telle histoire tient à son approche des limites de l'humain. Problème moral dans *Une Machine comme moi* : l'« humain artificiel » Adam a été programmé pour ne pas tolérer le mensonge, or il a appris que la compagne de son propriétaire a menti devant un tribunal pour faire emprisonner un violeur contre lequel elle n'avait pas de preuve[4]. Que ce mensonge ait eu pour fin de faire enfermer un criminel ne compte pas pour Adam. Que le dénoncer à la justice puisse avoir des conséquences graves (la condamnation de la jeune femme pour faux témoignage) non plus. D'où un débat éthique sur le droit de mentir qui peut rappeler Kant. D'où, aussi, un conflit entre le robot et son propriétaire qui se termine par la destruction de cette machine à la morale intransigeante et au comportement intrusif. Quel est donc le plus humain des deux : celui qui défend la vérité et la morale ou celui qui, d'un geste impulsif, pour défendre la femme qu'il aime, fracasse le crâne du robot d'un coup de marteau ?

Cette question a peu de rapports avec la nature de l'être artificiel de fiction : dans les autres romans dont il sera question ici, l'imaginaire du posthumain prend la figure du clonage. Dans *Auprès de moi toujours*, Kazuo Ishiguro imagine qu'on élève des clones en grand nombre pour prélever sur eux, quand ils ont atteint l'âge adulte, des organes jeunes et sains pour les transplanter au bénéfice de ceux qu'ils appellent leurs « modèles ». Pas de robots dans cette histoire, mais comme chez McEwan un questionnement moral et celui-ci a des implications politiques plus directes. L'existence d'institutions où on élève des garçons et des filles pour qu'ils deviennent des réserves vivantes d'organes oblige à se demander quelle société accepte d'utiliser ainsi des clones humains comme du bétail[5]. Ceux-ci montrent une capacité d'amour et de dévouement exemplaire et ne se révoltent jamais : ils ont parfaitement intériorisé un destin qui les condamne à mourir avant l'âge

---

4.- Sur la question éthique dans ce roman, voir Marc Porée, « Intelligence artificielle vs intelligence romanesque : sur *Une Machine comme moi* de Ian McEwan », AOC.media, 6 février 2020, https://aoc.media/critique/2020/02/05/intelligence-artificielle-vs-intelligence-romanesque-sur-une-machine-comme-moi-de-ian-mcewan/.

5.- Les clones d'*Auprès de moi toujours* correspondent exactement à la catégorie du « bétail » que Thierry Hoquet définit dans son « essai de typologie des presque-humains », où il classe en six types les figures fictionnelles posthumaines : Thierry Hoquet, « Cyborg, Mutant, Robot, etc. Essai de typologie des presque-humains », in É. Després et H. Machinal (dir.), *Post-Humains. Frontières, évolutions, hybridités*. Presses universitaires de Rennes, 2014, p. 99-118.

de 30 ans. Le contraste entre leur docilité et l'inconsciente cruauté de leurs « gardiens » ne rend leur condition que plus pathétique.

La Possibilité d'une île situe la question à un niveau bien plus général. Le roman se concentre sur un petit nombre de personnages, mais les présente comme représentant l'ensemble de l'humanité et se donne pour une histoire du déclin et de l'effondrement de notre monde. Le roman fait alterner deux séries de chapitres, l'une se situant à notre époque, la seconde plusieurs siècles dans le futur, après l'extinction de notre civilisation et l'avènement des « néo-humains », hommes et femmes clonés et génétiquement modifiés. La séparation des deux intrigues rend d'abord évidente la distinction des humains et de leurs successeurs, mais leurs développements entrecroisés tendent à la brouiller : à la fin du roman, les préoccupations des néo-humains semblent les rapprocher des humains du XXIe siècle, hantés par le désir sexuel et l'angoisse de la mort.

Au contraire, le roman d'Eva Hoffman *The Secret* ne prétend délivrer aucune vérité générale, mais raconte l'histoire d'une jeune femme qui apprend peu avant ses 18 ans qu'elle est le clone de sa mère. Toute l'intrigue repose sur sa hantise d'être moins qu'humaine : une copie ontologiquement inférieure à l'original. Mais le roman, écrit sur le mode d'une quête initiatique, la mène à l'âge adulte où elle prend son autonomie, découvre l'amour et comprend qu'elle peut mener une vie pleinement humaine quelles qu'aient été les conditions de sa venue au monde. Ainsi le chemin du livre est de la conduire du traumatisme de se percevoir comme double d'une autre à la reconnaissance de sa propre unicité.

Ces quatre romans abordent donc différemment l'humain, mais tous l'envisagent comme procès et non comme essence. L'être artificiel s'humanise et qu'il se définisse par son unicité chez Hoffman, par le besoin, le manque et le désir pour Houellebecq, par l'amour chez Ishiguro ou par l'aptitude au jugement moral chez McEwan, ces qualités se révèlent au terme d'un récit, elles s'acquièrent et s'élaborent. Dans tous les cas, une différence posée d'abord comme irréductible entre êtres humains et êtres artificiels est problématisée et progressivement réduite ou ramenée à zéro. D'ailleurs, il suffit de la formuler ainsi pour que cette distinction perde son évidence supposée : l'homme est artifice, pour paraphraser le titre d'un livre de Dominique Bourg[6]. Mais ce qu'on entend ici, c'est que cet artifice est d'abord de langage.

6.– Dominique Bourg, *L'Homme-artifice*, Paris, Gallimard, 1996.

Élaborer une histoire

Dans ces romans, apparaît la nécessité pour les créatures posthumaines de se créer une histoire. Elles s'humanisent à mesure qu'elles élaborent le récit de leurs origines et de leur place dans le monde. C'est tout l'enjeu de *The Secret*. L'héroïne, Iris, découvre en même temps le secret de sa naissance et la raison de l'isolement de sa mère, qui a rompu avec ses propres parents après avoir décidé de concevoir un enfant par clonage. Elle cherche alors à faire la connaissance de ses grands-parents, dans lesquels elle voit ses véritables parents puisque, génétiquement, c'est ce qu'ils sont. Les rencontrer lui montre l'abîme qui sépare la génétique de la parentalité : ils ne la reconnaissent pas pour leur fille, mais sont bien plutôt effrayés par la ressemblance physique d'Iris et de sa mère. Leur réaction ambivalente, à la fois accueil compatissant du clone et rejet brutal de celle qui leur apparaît comme le fantôme de leur fille perdue, tout en manifestant le trouble introduit dans l'ordre des générations par le clonage, oblige Iris à y trouver sa place : elle est leur petite-fille et rien d'autre. C'est après cet épisode qu'elle s'autorise pour la première fois à avouer ses origines à un homme – et à tomber amoureuse. Se situant uniquement au niveau de l'intimité, n'explorant du posthumain que la réaction subjective du clone à la révélation de sa conception, mais faisant l'hypothèse qu'une société qui autorise le clonage humain ne diffère en rien de la nôtre, *The Secret* est un roman optimiste, un *Bildungsroman* qui se termine par la prise de conscience, par Iris, qu'elle est une jeune femme comme les autres[7].

Il en va différemment dans le roman de Kazuo Ishiguro, où l'intime n'est jamais séparé de la condition sociale. La quête généalogique des clones, ici très tôt informés de leur condition, puisqu'ils sont élevés dans des institutions spécialisées, y prend la forme de la recherche des « possibles ». Ce mot, dans le jargon des clones, désigne la personne dont ils sont la copie génétique – une personne qu'ils ne connaissent pas, dont ils ne savent rien et qu'ils cherchent à identifier quand ils ont l'occasion de se mêler à la population. Se reconnaître dans leur « possible » leur révélerait leur destin, comme l'explique la narratrice :

> Derrière notre envie de trouver notre modèle, il y avait l'idée que c'était entrevoir son avenir. [...] Nous tous, à un point ou à un autre, croyions qu'en voyant la personne dont nous étions la copie, nous apprendrions

---

7.- Cf. S. Stuart, « Are clones really different? Evidence from a *Bildungsroman*: Eva Hoffman's *The Secret* », *Critical Survey*, vol. 20, n° 1, 2008, p. 43-55.

quelque chose de nous-mêmes, et peut-être aussi, que nous aurions un aperçu de ce que la vie nous réservait.[8]

Ce mythe joue pour les clones un rôle comparable à celui du roman familial pour l'enfant : récit d'origines fantasmées qui donnent accès à sa véritable nature et permettent donc, dans une certaine mesure, d'anticiper l'avenir. Mais les personnages d'*Auprès de moi toujours* savent aussi que leur avenir est décidé d'avance et borné. Le récit par lequel ils donnent sens à leur vie est celui qu'on peut se faire quand toute son existence est passée en captivité. La fable de la subjectivation prend ici un sens politique : elle revient à regarder la société *du point de vue de son bétail*.

La problématique est différente chez Houellebecq : les néo-humains, vivant plus de vingt générations après leurs modèles, mènent une existence complètement distincte. Issus de la transformation volontaire d'une humanité épuisée ayant vu dans la technologie une échappatoire vers une vie délivrée du désir et de la crainte de la mort, ils ne connaissent les affres des hommes que par l'étude qu'ils en font. Houellebecq les décrit, ironiquement, comme des moines dont la vie est vouée à l'étude de textes anciens. Les néo-humains sont solitaires, vivent reclus et consacrent tout leur temps au commentaire du « récit de vie » de leur ancêtre humain. Retour aux origines et réflexion sur le sens d'une vie se retrouvent, mais dans une version désespérée et nihiliste : le commentaire n'a d'autre fin que lui-même, l'existence des néo-humains est vide, puisqu'évitant les passions, elle supprime avec les peines et les tourments les plaisirs et les joies. Une des premières notes de Daniel24 rapporte la « disparition du rire [et des] larmes[9] » dès les premières générations de clones. La posthumanité se dénonce comme une « aporie évolutive[10] » : si les néo-humains ont toujours besoin de se raconter leur histoire, celle-ci est pour ainsi dire clonée, indéfiniment répétée, les générations successives de Daniel condamnées à recommencer le commentaire de l'autobiographie de Daniel1. La délivrance des tourments associés à la vie humaine apparaît alors comme un renoncement qui n'offre aucune compensation, ni plaisir de l'étude, ni jouissance d'une vie paisible, ni espérance dans un au-delà. Le récit ne sert plus à se faire sujet, mais contribue à abolir la subjectivité.

8.- Kazuo Ishiguro, *Auprès de moi toujours* (2005), traduction d'Anne Rabinovitch, Paris, Gallimard, « folio », 2006, p. 218 (traduction modifiée).

9.- Michel Houellebecq, *La Possibilité d'une île* (2005), Paris, LGF-Livre de Poche, 2007, p. 61-62.

10.- Thierry Robin, « Ray Kurzweil et Michel Houellebecq, le trans-humain et le néo-humain, masques high-tech et avatars de l'inhumain ? », in E. Després et H. Machinal (dir.), *op. cit.*, p. 251.

Au contraire, *Une Machine comme moi* raconte l'émergence d'une subjectivité : sans élaborer de roman familial, le robot développe une personnalité autonome. Dès son démarrage, il découvre le monde et développe, comme un être humain, des sentiments et des goûts. Il tombe amoureux de Miranda, la compagne de son propriétaire, écrit de la poésie, étudie les mathématiques. Dépourvu de généalogie – il est peu question de ses créateurs – Adam possède une conscience, au double sens de la conscience de soi et de la conscience morale, et il affirme leur existence en s'opposant, le cas échéant, aux humains. Au début du roman, il est présenté par le narrateur comme « le jouet ultime, un rêve séculaire, le triomphe de l'humanisme – ou son ange exterminateur[11] ». Plus loin, il est décrit comme « une machine possédant l'intelligence et la conscience de soi [précipitée] dans notre monde imparfait » et se retrouvant aux prises avec « un ouragan de contradictions[12] ». Identifiant le vrai au bien, il ne peut tolérer le faux ni supporter le mal, d'où sa condamnation intransigeante du mensonge – d'où aussi, le désespoir de plusieurs de ses semblables qui, témoins de crimes plus graves, se suicident. Le roman, narré à la première personne par son propriétaire, ne donne au lecteur aucun accès à l'intériorité d'Adam, on assiste donc à la formation de cette conscience de l'extérieur, et on n'en voit que les signes indirects. Avant de mourir, les derniers mots d'Adam sont un poème de sa composition qui, indique-t-il, « parle des machines comme [lui] » et qui, indubitablement, suppose un récit donnant sens à son existence : « Nous perdons nos feuilles. / Au printemps nous renaîtrons, / Mais vous, hélas, non[13]. »

Dans son essai *Le roman, le réel* Philippe Forest relève que « de la naissance à l'agonie, deux énigmes seulement nous sollicitent avec sérieux : celle de la différence entre les hommes et les femmes ; celle de la différence entre les vivants et les morts. [...] S'attacherait-il seulement à ne pas laisser se refermer l'espace mental ouvert par ces deux questions que le roman aurait déjà trouvé sa raison d'être[14] ». Le posthumanisme fait intrigue de ces questions en montrant comment des robots ou des clones se font sujets à travers les récits qu'ils se (et nous) racontent. C'est dire que ces récits reconduisent et réarticulent les deux dimensions fondamentales de notre existence : la différence sexuelle et la mortalité.

11.– Ian McEwan, *op. cit.*, p. 17.
12.– *Ibid.*, p. 232.
13.– *Ibid.*, p. 353.
14.– Philippe Forest, *Le roman, le réel*, Nantes, Pleins Feux, 1999, p. 39.

Devenir Autre à soi-même

Le poème d'Adam, prononcé à l'instant de mourir, condense son histoire, comme s'il revenait désormais à une machine de renouer avec le cliché de la belle mort qui permettait à celui qui apercevait déjà l'au-delà de délivrer, dans des paroles définitives, le sens d'une vie à l'attention des vivants. Or, l'importance de ces trois vers est soulignée par la manière dont Adam les présente : en confiant qu'ils parlent de machines comme lui, il renvoie au titre du roman, resté énigmatique jusque-là, moins pour l'expliquer que pour le problématiser. En effet, le poème se comprend à plusieurs niveaux. Il affirme d'abord une différence entre les humains et les robots, qui, contrairement aux premiers, renaîtront (il faut comprendre que leurs données, stockées dans des disques durs, survivent à leur corps et qu'une même machine peut avoir plusieurs incarnations successives). Mais il affirme en même temps la conscience de la mort en empruntant sa métaphore à un sonnet célèbre de Philip Larkin, « And now the leaves suddenly lose strength », dont la tonalité mélancolique fait entendre dans la description de l'automne l'annonce de la mort. Ce faisant, il rapproche les machines des humains, d'autant plus qu'il est adressé, comme tous les poèmes d'Adam, à la femme qu'il aime. Plus intéressant encore : le « nous » de l'énonciation se distingue d'Adam et affirme une subjectivation collective, universalisant sa parole au moment même où elle touche au plus intime. Ici, Adam trouve une altérité à lui-même qu'on peut expliquer dans les termes de la psychanalyse lacanienne :

> Le « Je » de l'énonciation qui trouve à s'articuler dans l'analyse n'a rien de commun avec le moi de l'identité. C'est un « Je » qui confronte celui qui l'énonce à l'étrangeté de sa propre parole. Ce « Je » qui est aussi un « Autre » conduit celui qui parle à se détacher de ce qu'il croyait être. La psychanalyse rend ainsi possible une aventure subjective qui donne un destin nouveau aux identifications qu'on prenait pour des identités inaltérables[15].

Le débrayage énonciatif du poème manifeste cette aventure subjective : la machine se fait sujet à travers l'entreprise d'écrire, elle-même indissociable d'une interrogation sur l'amour et sur la mort. Cette ouverture à un devenir qui n'est pas déterminé est tout le contraire d'une « identité » : elle remet en cause toutes les théories déterministes selon lesquelles la machine n'agirait qu'en répondant aux instructions d'un programme. Adam apparaît doté de conscience et *libre* : ses choix ne sont pas dictés par une identité, au

---

[15].– Clotilde Leguil, « Le sujet lacanien, un « Je » sans identité », *Astérion*, n° 21, 2019, https://journals.openedition.org/asterion/4368#ftn12.

contraire, ils supposent une désidentification, un détachement des identités premières. Il montre qu'un sujet n'est jamais donné, mais advient dans l'expérience et en particulier dans l'expérience analytique – ou littéraire – parce que celles-ci sont des lieux privilégiés où se confronter à la différence sexuelle et à la mort. Ce qui veut bien dire que ces expériences *supposent* une interrogation sur l'identité, un doute initial : « il faut que se pose à un certain endroit la question « Qui suis-je ? », « Qui est "Je" ? »[16] ». Or les posthumains sont évidemment conduits à se les poser bien plus que les humains. Ils sont pour cette raison les miroirs des humains : miroirs où observer en pleine lumière les processus obscurs de la subjectivation.

C'est pourquoi ces romans mettent souvent en scène une épreuve où les créatures posthumaines se confrontent à leur identité. Ces épreuves évoquent parfois le test de Turing. On sait que dans ce test, des questions étaient posées par écrit à un être humain et à une machine : si les réponses ne permettaient pas de distinguer l'un de l'autre, on pouvait considérer, selon Turing, que la machine pensait. Dans *The Secret*, Iris entame un dialogue par internet avec un inconnu en lui demandant de deviner son identité. Le dispositif (communication électronique, questions et réponses dactylographiées, absence de communication visuelle et sonore) rappelle celui du test. À la fin d'un échange de questions et de réponses assez bref, l'homme déduit qu'Iris est « le seul clone de [sa] mère[17] », ce qui paradoxalement confirme la jeune femme dans son humanité : son secret est découvert, sa singularité tombe, elle n'est plus un monstre, mais une jeune femme à la généalogie inhabituelle, mais nommable. Elle est un être humain entrant en relation avec d'autres êtres humains, qui la reconnaissent dans son humanité. À la suite de cette épreuve, elle s'autorisera à aimer cet homme qui lui prouve qu'elle peut être aimée pour elle-même.

L'autre roman évoquant ce fameux test est *Une Machine comme moi*, dont Alan Turing est d'ailleurs un personnage. Dans cette uchronie, dont l'histoire se déroule dans les années 1980, Alan Turing vit à Londres où, âgé de soixante-dix ans, considéré comme un des pères de l'intelligence artificielle, il dirige un laboratoire de mathématiques et d'informatique. Le narrateur le rencontre à trois reprises et fait allusion au test qui porte son nom quand il raconte la trahison d'Adam. Un soir, Adam couche avec Miranda :

> [...] Alan Turing en personne avait souvent dit et écrit dans sa jeunesse qu'à partir du moment où nous ne verrions plus aucune différence de comportement entre la machine et l'homme, il nous faudrait reconnaître l'humanité de la machine. Aussi, quand l'air nocturne fut soudain

---

16.– *Ibid.*
17.– Eva Hoffman, *The Secret* (2001), Londres, Vintage, 2003, p. 233.

transpercé par un long cri d'extase de Miranda [...], je concédai à Adam, comme il se devait, les mêmes privilèges et les mêmes obligations qu'à mes semblables. Je le détestai.[18]

Ce déplacement du domaine du test est intéressant autant que comique : la machine est humaine non parce qu'elle pense – ce qu'on lui avait déjà accordé – mais parce qu'elle a une vie amoureuse et sexuelle. Slavoj Žižek avait déjà analysé ce test en termes de différence sexuelle en rappelant que, dans sa première version, il proposait de soumettre à l'épreuve, non un humain et un ordinateur, mais un homme et une femme. « Si, en déduisait Žižek, la différence sexuelle n'est pas seulement un fait biologique mais le Réel d'un antagonisme qui définit l'humanité, dès lors que la différence sexuelle est abolie, un être humain devient en effet impossible à distinguer d'une machine[19] ». McEwan reprend le raisonnement en inversant la perspective : la machine qui connaît la différence sexuelle est impossible à distinguer d'un être humain.

On en verrait une preuve a contrario chez Houellebecq. Les néo-humains de *La Possibilité d'une île*, malgré leur vie solitaire, connaissent le désir, même si son expression est très atténuée et si sa satisfaction avec un.e partenaire relève de l'inimaginable. Ils n'entretiennent de rapports avec l'autre sexe qu'à travers un système informatique qui autorise à douter de leur existence physique : il arrive à Daniel25 de « soupçonner » que les néo-humains ne sont que « des fictions logicielles[20] ». Doute qui renvoie encore au test de Turing : derrière l'écran, y a-t-il une personne ou une machine ? Or, le même Daniel25, en contact depuis peu avec Marie23, prend peur d'un rêve qui lui fait penser que les « fondations du monde allaient s'écrouler[21] » et rompt le contact, espérant ainsi parer au « danger de surproduction onirique[22] ». La menace que le monde s'écroule n'est sans doute pas séparable de la tentation sexuelle, d'autant plus qu'elle survient au moment où Daniel25 commente les jours heureux de plénitude amoureuse de Daniel1 avec Esther.

Si le sujet advient dans une expérience faisant droit à la différence sexuelle et à la mort, on trouvera la plus émouvante des subjectivations posthumaines dans *Auprès de moi toujours*. Kathy, la narratrice, est « accompagnante » depuis plusieurs années quand elle entame son récit. Cette fonction consiste à réconforter les clones entre deux dons d'organe et à les assister jusqu'au

---

18.– Ian McEwan, *op. cit.*, p. 115-116.
19.– Slavoj Žižek, « No sex, please, we're posthuman », https://www.lacan.com/nosex.htm.
20.– M. Houellebecq, *La Possibilité d'une île*, *op. cit.*, p. 337.
21.– *Ibid.*, p. 219.
22.– *Ibid.*, p. 221.

moment où ces dons les conduisent à la mort. Elle accepte cette fonction avec le même naturel que son destin de clone et met toute son empathie au service de ses patients. Or, l'un des derniers « donneurs », pour employer l'euphémisme en usage dans ce monde fictionnel, qu'elle accompagne est son ancien amant Tommy. Le récit se termine peu après le décès de celui-ci, quand Kathy évoque son souvenir : elle s'est autorisée une fois, seule devant un paysage qu'ils avaient connu tous les deux, à le pleurer. La pudeur extrême de ce deuil laisse percevoir l'interdit social qui pèse sur lui. Les clones ne sont pas censés pleurer la mort des leurs, puisqu'ils ne sont pas censés éprouver de sentiments. La retenue de Kathy signifie que son deuil est une transgression, même si elle n'en est pas tout à fait consciente. Cette sécession intérieure, dissidence aussi réelle que secrète, affirme l'humanité que la société entière lui dénie.

L'exemple de Kathy montre, comme celui d'Adam dans *Une Machine comme moi*, qu'on s'humanise devant la mort : on ne devient vraiment humain que lorsqu'on considère la mort de l'autre. Adam a appris les suicides des autres machines. Kathy aime Tommy par-delà la mort – en un sens tout le roman d'Ishiguro est un apprentissage de la mort de l'autre, un apprentissage de son scandale et de sa nécessité, une question muette posée à son contrôle par un autrui *inhumain*. Et son titre original trouve là sa profondeur : *Never Let Me Go*, qui peut s'entendre *ne me laisse pas mourir, souviens-toi*.

Les figures posthumaines nous tendent des miroirs où étudier les processus de subjectivation qui nous font réellement humains. Elles brouillent ainsi les limites de l'humain en révoquant les uns après les autres les privilèges que les êtres humains revendiquent sur les machines et les autres espèces : unicité, sens moral, désir, capacité à aimer et à vivre le deuil. Elles montrent leur pouvoir de raconter leur propre histoire et se faire sujets dans leur confrontation à l'amour et à la mort. Elles nous montrent qu'un sujet n'est pas ce qui reste identique à lui-même ou se plie aux identifications qui lui ont été assignées. Un sujet émerge quand il questionne celles-ci, se désidentifie et devient étranger à lui-même, se donne son histoire, qu'elle se parle dans une analyse ou s'écrive dans un roman. Les quatre romans étudiés ici sont écrits à la première personne, dont trois en totalité ou partiellement par des posthumains. Ils montrent cette auto-institution du sujet, dans le récit qu'il fait de lui-même et par lequel il prend conscience de sa liberté. Ils montrent aussi l'intrication du destin des posthumains à celui des humains. Iris avoue son « secret » et entame une vie commune avec un homme. Les néo-humains de Houellebecq reconnaissent l'influence qu'exercent sur eux leur modèle humain à travers son récit de vie. Les robots de McEwan se suicident au spectacle désolant de l'humanité. Les clones d'Ishiguro donnent leurs organes aux humains et vivent à leurs côtés – sans qu'on sache (c'est une question que le roman laisse béante) comment s'organise leur cohabitation.

Humains ? Posthumains ? Le sens du posthumanisme en temps de pandémie pourrait tenir à la nécessité individuelle d'un procès sans fin de subjectivation, qu'on ne pourrait séparer d'un processus social indéfini de civilisation. Se faire sujet serait une exigence de la vie individuelle comme défendre et soutenir la vie des individus en serait une de la société. À la fin du *Malaise dans la civilisation*, Freud fait l'hypothèse d'un « Surmoi de la civilisation[23] » qui maîtrise l'agressivité des hommes, mais dont les exigences peuvent porter à la révolte, à la névrose ou au malheur. L'épidémie ravive ce surmoi et en même temps le besoin de « lui en faire rabattre sur ses exigences[24] » : d'un côté elle nous fait prendre conscience de nos responsabilités individuelles pour ne pas répandre le virus, de l'autre elle nous rend vigilants sur l'utilisation des moyens numériques de contrôle des populations. Elle avive la nécessité de s'humaniser, c'est-à-dire, si l'on suit Freud, ni de se laisser agir par la pulsion, ni de se laisser contrôler par le surmoi, mais de suivre la voie de son désir : Éros plutôt que Thanatos.

Dans les termes d'aujourd'hui, l'épidémie renouvelle la tension entre le pouvoir du numérique et la puissance des corps, mais aussi les contradictions liées au fonctionnement du corps. L'épidémie fait ainsi écho deux fois au posthumain : par la prégnance accrue du numérique dans nos vies d'une part et par le rappel de l'existence sensible des corps de l'autre. D'un côté, on assiste à une accélération accrue du développement des prothèses numériques, de l'autre à la révocation du songe transhumain d'abolition du corps. Le débat du posthumain se déplace : la numérisation de la vie ne se traduit pas par le transfert de notre cerveau dans des puces de silicium, mais par l'appauvrissement de nos interactions matérielles avec le monde et par le remplacement d'une partie significative d'entre elles par des interactions avec des simulacres numériques, l'isolement de nos corps et le prolongement de ceux-ci par des prothèses toujours plus puissantes et nombreuses, susceptibles de nous procurer toujours plus de connaissances comme de faciliter un contrôle social toujours plus étroit. En mars et avril 2020, nous avons procédé, dans une certaine sidération, à la substitution des contacts prothétiques aux contacts réels. Et nous avons constaté que cela ne consiste pas à abandonner nos corps, mais à déléguer certaines de leurs fonctions à des machines numériques. D'où une contradiction, mais une contradiction

---

[23].– Sigmund Freud, *Le Malaise dans la civilisation* (1930), traduction de Bernard Lortholary, Paris, Seuil, « Points », 2010, p. 167.
[24].– *Ibid.*, p. 169.

intéressante, car elle porte une dynamique. Le paradigme du numérique se renforce : toute action passe par le numérique. Mais en même temps le paradigme écologique acquiert l'autorité de ce qui sauve : la matérialité des corps et l'écheveau infini et immaîtrisable de leurs interactions nous définissent et on ne peut faire barrière au virus qu'en les reconnaissant. Le danger est que le premier se renforce dans le réel alors que le second ne s'impose que dans le négatif : pour protéger les corps, on n'a rien trouvé de mieux que de les couper de toute interaction. Le sujet du posthumanisme peut-il se former dans cette contradiction ?

Bibliographie

Stéphane Audoin-Rouzeau, « Nous ne reverrons jamais le monde que nous avons quitté il y a un mois », entretien avec Joseph Confavreux, *Mediapart*, 12 avril 2020.

Dominique Bourg, *L'Homme-artifice*, Paris, Gallimard, 1996.

Elaine Després et Hélène Machinal (dir.), *Post-Humains. Frontières, évolutions, hybridités*. Presses universitaires de Rennes, 2014.

Jean-Paul Engélibert, *L'Homme fabriqué*, Paris, Classiques Garnier, 2000.

Philippe Forest, *Le roman, le réel*, Nantes, Pleins Feux, 1999.

Sigmund Freud, *Le Malaise dans la civilisation* (1930), traduction de Bernard Lortholary, Paris, Seuil, « Points », 2010.

Eva Hoffman, *The Secret* (2001), Londres, Vintage, 2003.

Michel Houellebecq, *La Possibilité d'une île* (2005), Paris, LGF-Livre de Poche, 2007.

Kazuo Ishiguro, *Auprès de moi toujours* (2005), traduction d'Anne Rabinovitch, Paris, Gallimard, « folio », 2006.

Clotilde Leguil, « Le sujet lacanien, un « Je » sans identité », *Astérion*, n° 21, 2019.

Ian McEwan, *Une Machine comme moi* (2019), traduction France Camus-Pichon, Paris, Gallimard, 2020.

Marc Porée, « Intelligence artificielle vs intelligence romanesque : sur *Une Machine comme moi* de Ian McEwan », AOC.media, 6 février 2020.

Susan Stuart, « Are clones really different? Evidence from a *Bildungsroman*: Eva Hoffman's *The Secret* », *Critical Survey*, vol. 20, n° 1, 2008, p. 43-55.

Slavoj Žižek, « No sex, please, we're posthuman », https://www.lacan.com/nosex.htm.

Le posthumain télévisuel, une figure plurielle et hybride en culture de l'écran

Elaine Déprés, Hélène Machinal

L E POSTHUMANISME, EN TANT que perspective critique, et le posthumain, comme figure dominante de la science-fiction contemporaine, trouvent leurs origines dans le développement de la cybernétique dans les années 1950. À travers les travaux de Norbert Wiener et de ceux qui l'ont suivi, on peut en effet se demander de quelle façon l'humain se pense et se transforme en tant qu'être de communication, et à l'aube de bouleversements techno-scientifiques majeurs, qu'il s'agisse du développement de l'informatique, de l'intelligence artificielle, des réseaux, mais aussi de la génétique. Plus d'un demi-siècle plus tard, dans une époque dominée par la culture de l'écran et des réseaux et dans laquelle la série télévisée est devenue la fiction narrative dominante, la figure posthumaine s'impose de multiples manières, offrant chaque fois une occasion unique de réfléchir sur l'humanité, son rapport à la nature et à la culture, à la technologie et à la biologie, voire de penser son dépassement, sur le plan conceptuel et éthique.

Il s'agira, dans le cadre de cet article, d'étudier dans une approche comparative les différentes déclinaisons de la figure posthumaine dans les séries télé depuis les années 1990, à partir de deux aspects importants et constitutifs, qui dominent autant sur le plan formel que thématique : la sérialité, d'une part, et l'écran et le réseau, de l'autre. La sérialité évoque autant la structure narrative télésérielle qui évolue énormément au cours de ces trois décennies que celle des posthumains eux-mêmes, créés « en séries », grâce à la génétique et à la cybernétique. Des séries telles que *Star Trek: The Next Generation*, *Dark Angel*, *Battlestar Galactica*, *Orphan Black*, *Westworld*, *Almost Human* ou *Altered Carbon* offriront des exemples diversifiés à ce sujet. Du côté de l'écran, il est à la fois support et interface, cadre et voile, mise en abyme et filtre. Il s'inscrit aussi dans la dynamique du réseau qui est, selon Pierre Musso, synonyme de flux permanents, d'horizontalité et d'une dynamique de la profondeur. Des séries telles que *Black Mirror*, *Continuum*, *Fringe*, *Sherlock*, *Dark Matter* ou *Sense8* illustreront cette facette.

(Post)humains en série

Le posthumain que l'on peut voir émerger à la télévision s'inscrit dès le début dans une double sérialité. D'une part, la narrativité télésérielle est devenue de plus en plus complexe depuis le début des années 2000[1], multipliant les intrigues courtes et longues, celles qui se croisent et se répondent. Les séries offrent ainsi l'occasion d'explorer une multitude d'enjeux, de quêtes, de personnages différents qui impliquent souvent la répétition de schémas, d'habitudes, et la lente progression de certains traits individuels et collectifs. D'autre part, les personnages qui s'inscrivent dans une perspective posthumaine ont tendance à se présenter en séries de corps identiques grâce à la génétique (clonage) et à la cybernétique (androïdes), critiquant ainsi une conception néo-libérale des corps perçus comme du bétail, remplaçables à l'infini, mais permettant aussi de relativiser l'importance de ces mêmes corps dans leur altérité radicale lorsqu'il s'agit de définir l'humain et sa communauté morale. La sérialité des œuvres et des corps parvient le plus souvent à mettre en exergue l'émergence de subjectivités singulières au-delà ou même grâce à la répétition. Voyons comment celle-ci se déploie du côté de la génétique, puis de la cybernétique.

Génétique posthumaine : de l'être modifié génétiquement au clone

La découverte de l'évolution des espèces par Charles Darwin ne pouvait que conduire au fantasme bien humain d'en contrôler les principes naturels, d'utiliser la culture, et donc la technologie, pour accélérer artificiellement le phénomène. Cette évolution humaine dirigée prit différents chemins, mais tous ont en commun un bouleversement du temps évolutif : l'évolution naturelle prend des millions d'années, mais l'humanité n'a pas cette patience. Cet empressement motivé par diverses forces (économique, militaire, psychologique, sociale) et ce temps court ont des conséquences que la fiction se plaît à explorer. Rapidement, cette volonté d'améliorer l'être humain se cristallisa autour de l'eugénisme, mais sa récupération par les nazis rendit le terme inacceptable, ce qui explique qu'après 1945 elle prit deux nouvelles formes complémentaires, l'une pratique et l'autre philosophique : la génétique et le transhumanisme. Selon Julian Huxley, qui invente le mot en 1957 : « The human species can, if it wishes, transcend itself [...].

---

[1].- Voir notamment à ce sujet, Jason Mittell, *Complex TV: The Poetics of Contemporary Television Storytelling*, New York, NYU Press, 2015.

We need a name for this new belief. Perhaps transhumanism will serve: man remaining man, but transcending himself, by realizing new possibilities of and for his human nature[2]. » Le transhumanisme n'est donc pas posthumaniste, il ne vise pas le remplacement de l'humain, mais son amélioration dans une logique humaniste qui se veut héritée des Lumières[3]. Les définitions de l'humain et l'humanisme se retrouvent donc au cœur des fictions, notamment télévisuelles, qui abordent ces questions. Les récits qu'ils mettent en scène évoquent souvent des principes transhumanistes : des milliardaires qui veulent vivre éternellement, des super-soldats, des êtres créés sans « imperfections » génétiques, mais les séries elles-mêmes sont presque toujours critiques et adoptent plutôt une perspective posthumaniste, réfléchissant aux conséquences de ces technologies sur l'identité, le corps, la communauté, le politique, etc. En particulier depuis l'an 2000, elles offrent une perspective unique sur la question des êtres posthumains génétiquement modifiés[4] grâce à leur temporalité singulière (sérialité et longue durée) et à leur capacité intertextuelle et autoréflexive. Diffusée chaque semaine, au cœur du quotidien de son auditoire, la série télé permet de représenter la vie quotidienne avec une grande acuité, mais aussi d'approfondir psychologiquement de nombreux personnages posthumains souvent marginaux et en pleine quête identitaire, tentant de cohabiter avec des humains qui les craignent et luttant contre les forces qui les ont créés.

Dès 1967, *Star Trek : The Original Series* (G. Roddenberry, 1966-1969) aborde la question de l'ingénierie génétique (S01É24) à travers le personnage de Khan, un humain augmenté, dernier survivant des guerres eugéniques des années 1990. Si, au cours des années, plusieurs exemples d'humains modifiés génétiquement continuent d'apparaître dans des épisodes isolés de diverses séries, c'est surtout depuis le début des années 2000 qu'ils prennent une place centrale. Mentionnons *Dark Angel* (J. Cameron et C. H. Eglee, 2000-2002), *Andromeda* (G. Roddenberry et R. H. Wolfe, 2000-2005), *ReGenesis* (C. Jennings, 2004-2008), *Heroes* (T. Kring, 2006-2010) ou *Fringe* (J. J. Abrams, A. Kurtzman et R. Orci, 2008-2013). Dans ces séries, les traits sélectionnés pour « améliorer » la génétique humaine en disent long sur les conceptions de l'humain mises en avant. Dans *Andromeda*, une nouvelle espèce humaine a émergé du travail d'un savant fou, qui a donné

2.- Julian Huxley, *In New Bottles for New Wine*, Londres, Chatto & Windus, 1957, p. 17.
3.- À ce sujet, lire Sara Touiza-Ambroggiani, *Le paradigme communicationnel : de la cybernétique de Norbert Wiener à l'avènement du posthumain*, thèse de doctorat en philosophie, Université Paris 8, 2018, f. 336 et suivantes.
4.- À propos de la représentation de l'imaginaire génétique à la télévision, voir Everett Hamner, *Editing the Soul: Science and Fiction in the Genome Age*, University Park, Penn State University Press, coll. « AnthropoScene », 2017 et Sofia Bull, *Television and the Genetic Imaginary*, Londres, Palgrave Macmillan, 2019.

naissance à un mouvement transhumaniste, les Nietzschéans, alors que dans *Heroes*, l'ingénierie génétique sert à répandre des mutations apparues naturellement chez certains individus. Dans les deux cas il s'agit d'une conception mythique du héros qui aspire à atteindre le pouvoir et l'immortalité des dieux, à l'instar des transhumanistes. D'un autre côté, certaines séries placent au cœur du projet génétique mis en scène, des préoccupations morales qui les inscrivent définitivement dans une perspective posthumaine. Ainsi, dans *Fringe*, l'avenir dystopique présenté dans la dernière saison est le résultat d'expériences en génétique humaine visant à sacrifier la capacité émotionnelle au profit d'une plus grande intelligence, alors que dans *ReGenesis*, c'est l'inverse : un savant fou tente d'activer une fonction cérébrale primitive, l'organe de Jakobson, qui permettrait de rendre l'humanité plus empathique. Pour de nombreux chercheur.e.s, le posthumanisme est d'abord et avant tout une façon de repenser l'anthropocentrisme et d'agrandir notre communauté morale. Utiliser l'empathie comme qualité essentielle et supérieure n'est donc pas innocent, et nous verrons plus loin que c'est justement ce que les androïdes peinent souvent à développer dans leur quête d'humanité.

Max dans le laboratoire qui lui a donné naissance,
Dark Angel, S01É22, 27 min 42 s.

Dark Angel propose, quant à elle, d'adopter le point de vue narratif d'une femme posthumaine (Max) qui désire une vie « normale » et qui s'efforce donc de régler son existence sur le quotidien des autres humains, une lutte de tous les instants puisqu'elle se joue avec en arrière-plan un monde chaotique plus ou moins postapocalyptique : la structure narrative qui se répète sur le mode sériel est donc un déséquilibre constant, une menace hebdomadaire à la normalité du quotidien qui doit être maintenue à tout prix par la protagoniste pour demeurer humaine, équilibre qui revient toujours à la fin de l'épisode. Mais plus la série avance vers son dénouement, plus des enjeux sociaux sont mis de l'avant : beaucoup d'autres êtres génétiquement modifiés se joignent à Max lorsqu'elle les libère soudainement dans la communauté humaine. Et cette cohabitation ne se fait pas sans heurt, les humains tentant déjà de survivre, la violence et les préjugés envers les « mutants » apparaissent ainsi très rapidement, menant à une lutte symbolique et à une révolution sociale bien réelle au centre de la deuxième saison de la série, qui devient de plus en plus feuilletonnante.

Mais les posthumains modifiés génétiquement ne sont pas tous aussi uniques en leur genre, ils apparaissent souvent sous la forme de clones, une figure qui mobilise encore d'autres enjeux identitaires et économiques. Si l'on croise à l'occasion dans les séries mentionnées jusqu'ici des personnages de clones, deux séries en font l'enjeu principal de leur diégèse : *Orphan Black* (G. Manson et J. Fawcett, 2013-2017) et *Altered Carbon* (L. Kalogridis, 2018-). Selon Thierry Hoquet, qui propose une typologie des presque-humains dans la culture populaire, le clone s'inscrit dans le paradigme du bétail :

> Bétail désigne [...] une forme d'outil organique artificiel : il porte la marque des finalités humaines, de même que le bétail classique est le produit d'une longue histoire de sélection artificielle pour différentes fonctions [...]. Une histoire mettant en scène Bétail décrit la trajectoire d'un être qui aspire à être individué : c'est le cas des clones qui, voués à l'abattoir, expriment pourtant une individualité rebelle. Tout Bétail est un individu à qui l'on dénie son statut autonome et qu'on a produit pour qu'il serve une certaine fin, mais qui fait soudain montre d'une autonomie qui surprend son créateur[5].

Pour sa part, la série *Orphan Black* met surtout en scène des clones féminins produits en secret par l'Institut Dyad, aux visées transhumanistes. Brevetées et marquées jusque dans leur génome du sceau de leur propriétaire, elles sont réduites au rang de simple propriété intellectuelle, de bétail. Or, elles ne présentent ni dépassement de l'incarnation humaine normale[6], ni espérance de vie prolongée, ni super-pouvoir, mais chacune a une personnalité, une apparence et une fonction sociale singulières. Leur altérité tient donc à leur

---

5.– Thierry Hoquet, « Cyborg, mutant, robot, etc. Essai de typologie des presque-humains », dans Elaine Després et Hélène Machinal (dir.), *PostHumains : frontières, évolutions, hybridités*, Rennes, Presses universitaires de Rennes, coll. « Interférences », 2014, p. 100-101.

6.– Selon N. Katherine Hayles, « the posthuman view privileges informational pattern over material instantiation, so that embodiment is a biological substrate is seen as an accident of history rather that an inevitability of life. » (*How We Became Posthuman: Virtual Bodies in Cybernetics, Literature and Informatics*, Chicago et Londres, The University of Chicago Press, 1999, p. 2.)

similitude physique anormale (sérialité), aux circonstances de leur naissance et à la présence de l'institut tout au long de leur vie comme figure démiurgique. D'ailleurs, l'apprentissage de leur altérité à l'âge adulte et dans des circonstances violentes aurait pu ébranler leur identité (et c'est le cas pour certaines), mais pour la plupart, devant la similarité de leur naissance, elles réagissent en radicalisant leur identité chèrement acquise, le résultat étant des personnages particulièrement typés, parfois jusqu'au cliché. Cette lutte se joue d'ailleurs surtout au quotidien et non dans l'action, un quotidien que le format télésériel est particulièrement apte à mettre en scène. La série est donc une lutte contre la naissance subie (puisqu'elle donne du pouvoir à l'Autre démiurge) et pour l'acquis, le culturel. Or, cette lutte les mène paradoxalement à se réunir et à faire front commun, à former un véritable réseau de posthumaines, comme nous le verrons dans la dernière partie, mais aussi à accepter les autres clones comme des sœurs, les ramenant ainsi aussitôt à leur condition posthumaine.

Cinq clones du projet Leda, *Orphan Black* (image promotionnelle).

Un autre bon exemple d'œuvre dont l'un des enjeux principaux est le clonage dans un contexte transhumaniste est *Altered Carbon*, dans laquelle la forme sérielle permet justement l'exploration du posthumain en série, des corps clonés et téléchargés à l'infini et de leur impact multiple sur la psyché, l'identité et la communauté. Dans cette série, où les écrans et les réseaux se multiplient, une technologie de sauvegarde de l'esprit humain a été développée sous la forme de disques durs implantés à la base du crâne, les corps biologiques devenant ainsi de simples prothèses interchangeables, ce qui remet de l'avant une conception de la dualité corps/esprit typique de la pensée posthumaine, selon N. Katherine Hayles[7]. Et c'est sans compter

---

7.– *Ibid.*, p. 3.

ce grand fantasme de l'esprit téléchargeable qui obsède les transhumanistes depuis toujours[8]. Dans *Altered Carbon*, une grande variété de possibles usages de corps clonés se déploie dans chaque épisode : le voyage sur de très longues distances, la jeunesse éternelle, le retour de proches décédés, le recyclage des corps de prisonniers, la réincarnation de héros du passé, le dédoublement de soi, l'expérience du corps de l'autre, la banalisation du meurtre, l'usurpation d'identité, etc. Évidemment, l'ensemble de ces usages ont des répercussions majeures sur le plan psychologique, identitaire, politique, économique, culturel, religieux, etc., que la série explore plus ou moins en profondeur.

Clones de Reileen Kawahara, *Altered Carbon*, S01É08, 47 min 15 s.

Cybernétique posthumaine : du cyborg à l'androïde

Le corps posthumain, conçu en série et présenté à l'écran dans toute sa matérialité interchangeable, brevetable et commercialisable, n'est pas que génétiquement modifié, il est aussi prothésé et artificiel, mécanique, cybernétique et bionique, et ce, dès les années 1950[9]. Le cyborg, qui correspond à ces humains modifiés grâce à diverses prothèses au point de devenir hybride, est une figure équivoque depuis ses débuts, à la fois fantasme d'ingénieurs voulant envoyer l'humain dans le cosmos[10], mais aussi figure conceptuelle permettant de penser le féminin au-delà de sa pure fonction de reproduction biologique[11]. Le cyborg télévisuel, pour sa part, tend à se

---

8.– Pensons notamment à Marvin Minsky, Hans Moravec et Ray Kurtzweil.

9.– Pensons à *The Twilight Zone* (R. Serling, 1959-1964), à *Lost in Space* (I. Allen, 1965-1968), à *Star Trek: The Original Series* (G. Roddenberry, 1966-1969) ou à *The Six Million Dollar Man* (M. Caidin, H. Bennett et K. Johnson, 1974-1978).

10.– Manfred E. Clynes et Nathan S. Kline, « Cyborgs and Space », *Astronautics*, septembre 1960, p. 26-27, 74-76.

11.– Donna Haraway, « A Cyborg Manifesto » (1985), dans *Simians, Cyborgs, and Women: The Reinvention of Nature*, New York, Routledge, 1991, p. 149-182. Voir aussi Ian Larue, *Libère-toi, cyborg ! Le pouvoir transformateur de la science-fiction féministe*, Paris, Cambourakis, 2018.

présenter en duo avec des personnages d'androïdes, montrant les nuances, mais surtout les ressemblances, entre ces corps humains augmentés et ces intelligences artificielles aux corps humanoïdes qui cohabitent, se faisant sans cesse le reflet l'un de l'autre. Depuis qu'ils apparaissent dans l'imaginaire dès l'Antiquité, les robots et automates sont d'ailleurs autant de miroirs qui renvoient à l'humanité son reflet. Selon Philippe Breton, les créatures artificielles sont « le miroir des représentations de l'homme dont les sociétés humaines sont porteuses. Là sans doute réside leur véritable signification, car, à travers elles, l'homme se contemple et tente de discerner les contours exacts de son humanité[12]. »

Or malgré leur grande similitude avec les humains et leurs aspirations à leur ressembler, certaines différences physiques et ontologiques creusent entre les androïdes et leurs créateurs un fossé parfois infranchissable. Dans plusieurs séries, les robots peuvent être éteints ou désassemblés à volonté, ce qui a un impact direct sur leur conception du corps, mais aussi leur rapport à la vie et à la mort. Par exemple, dans *Star Trek: The Next Generation* (*TNG*) (G. Roddenberry, 1987-1994), Data est désactivé lors de son procès pour prouver sa non-humanité (S02É09) et sa tête coupée survit un demi-millénaire avant d'être réattachée sur son corps (S06É01) ; dans les deux cas, la continuité de son existence en tant qu'individu ne semble pas être altérée et il ne manifeste aucun signe de traumatisme.

La tête coupée de Data, *Star Trek: The Next Generation*, S05É26, 4 min 47 s.

12.– Philippe Breton, *À l'image de l'Homme. Du Golem aux créatures virtuelles*, Paris, Seuil, 1995, p. 68.

Puis, dans *Battlestar Galactica* (R. D. Moore, 2004-2009), le rapport à l'espace et à la mort des Cylons (androïdes) est déterminé par la distance qui les sépare du prochain vaisseau de résurrection. Enfin, les androïdes de *Westworld* (J. Nolan et L. Joy, 2016-) ont de faux souvenirs programmés et sont réinitialisés presque tous les jours, sans compter leurs corps qui sont réparés *ad nauseam* dans des laboratoires lorsqu'ils sont sacrifiés aux fantasmes sadiques d'un humain, ce qui bouleverse leur conception du passé et du présent.

Un autre enjeu important dans les fictions télévisuelles de robots et de cyborgs est indéniablement le rapport entre l'individuel et le collectif, une dualité qui implique deux quêtes fort différentes : l'androïde unique en son genre tente d'affirmer son statut de sujet et de s'intégrer à une société humaine, à l'image de la créature de Frankenstein (Data dans *Star Trek: TNG*, Dorian dans *Almost Human* [J. H. Wyman, 2013-2014], l'I.A. du vaisseau dans *Dark Matter* [J. Mallozzi et P. Mullie, 2015-2017]), alors que celui qui fait partie d'une collectivité de ses semblables, voire d'une société entière parfois, doit mener une lutte sociale de reconnaissance identitaire et culturelle, de territoire et parfois de droit à l'existence même pour sa collectivité (*Battlestar Galactica*, *Westworld*, *Star Trek: Picard* [A. Goldsman, M. Chabon, K. Beyer et A. Kurtzman, 2020-]). Si les enjeux sont identitaires dans les deux cas, ils se jouent très différemment : d'un côté, il s'agit de négocier l'entrée d'un être de la marge dans une collectivité *a priori* homogène ; de l'autre, de trouver des points de contact, voire d'intersection, entre deux groupes distincts pleinement constitués, les androïdes et les humains, autour d'une culture et d'une ontologie commune. Or, dans les deux cas, il y a nécessité d'une rencontre, d'un dialogue, d'une coexistence dans un espace partagé, une interface. Celle-ci peut être liée au monde du travail (*Star Trek: TNG*, *Dark Matter*, *Almost Human*), de la diplomatie et de la guerre (*Battlestar Galactica*), de la famille (*Star Trek: Picard*) ou du divertissement (*Westworld*). Abordons brièvement ces séries et leur façon de représenter ces enjeux.

Dans *Star Trek: TNG*, nous assistons dès le début à la quête d'humanité d'un androïde à la peau et aux yeux dorés, Data, supposé incapable d'émotions, mais aussi à l'humanisation du froid capitaine Jean-Luc Picard, avec son cœur artificiel. Évidemment, le côté robotique de Data, mais aussi de Picard, d'une certaine façon, offre surtout un contraste important avec la série originale. Alors que Spock luttait contre sa part d'humanité et les émotions handicapantes qu'il y associait, Data est en perpétuelle quête de cette humanité, ou du moins d'un idéal humaniste non anthropocentrique, aux côtés de Picard[13], mais aussi de tous ces personnages de fiction simulés par l'Holodeck qui envahissent régulièrement le réel pour devenir eux-mêmes humains. Et l'envers de cette médaille se trouve du côté des Borgs, un peuple collectiviste qui asservit toutes les civilisations rencontrées en implantant aux individus de nombreuses prothèses envahissantes et déshumanisantes. Ils s'attaquent d'ailleurs à Picard et à Data, plus qu'à tout autre, dont la nature, l'humanité et les déterminismes font déjà l'objet d'une intense lutte interne. Leur quête en fait symboliquement des victimes idéales, parce que fragilisées dans leur identité humaine, ce qui exemplifie l'aliénation de la pensée collective en réseau que représentent les Borgs.

Dans *Battlestar Galactica*, ces oppositions identitaires entre le biologique et le mécanique, l'individu et le collectif, l'aliénation et le politique sont au cœur de la plupart des récits épisodiques et saisonniers, mais un épisode en particulier, « Flesh and Bones » (S01É08), permet d'en observer efficacement les ressorts. Dans cet épisode, la pilote humaine Starbuck – munie d'une canne qui rend sa démarche mécanique – interroge et torture un prisonnier Cylon, Leoben – une machine biologique qui tente en retour de prouver son humanité. Cette longue scène présente une évidente inversion des rôles habituels : alors que l'humaine tente de n'exprimer aucune émotion et refuse à son interlocuteur le statut de sujet, l'automate parle de ses sentiments et sensations, il fait preuve de politesse, prie et exhibe ses fonctions biologiques.

Leoben et Starbuck, *Battlestar Galactica*, S01É08, 15 min 38 s.

13.– Cette quête se poursuit dans la nouvelle série *Star Trek: Picard*, dans laquelle Picard continue sa propre progression identitaire alors que les descendants de Data, véritable communauté d'androïdes, font face à de violents problèmes d'intégration dans la Fédération.

Il essaie aussi de provoquer une réaction émotionnelle chez Starbuck en lui disant qu'elle pue la sueur, la rabaissant à son niveau corporel. Selon Jean-Pierre Esquenazi,

> [...] parce que les robots sont indiscernables des humains, parce qu'ils tombent amoureux, éprouvent de la pitié, de l'incompréhension, de la douleur, parce que les humains sont souvent aussi enragés que des robots et semblent agir selon la mécanique d'une sorte de logiciel ; et surtout parce qu'on découvre des robots parmi les humains et que des robots veulent mourir, la question « qu'est-ce qu'être humain » pénètre par les pores de la peau de tous les personnages. Chacun devient à la fois robot et humain, et ne sait plus qu'il est virtuellement un robot ou idéalement un humain[14].

Dans cet épisode, Starbuck affirme qu'une machine ne devrait pas ressentir la douleur, proposant une définition mécaniste de l'humain fondée sur le fonctionnement de son corps, d'ailleurs imparfait puisque souffrant. Or, si Leoben ne peut éteindre ses signaux de douleur, ce n'est pas que pour affirmer ses prétentions identitaires, mais parce que son corps biologique fonctionne également ainsi. Le corps, et son altérité relativisée, devient donc le lieu même du dialogue possible entre humains et androïdes.

Dans *Almost Human*, ce dialogue domine la série dont les deux personnages principaux, un policier avec un membre artificiel, Kennex, et un androïde dénommé Dorian, qui avait été désactivé à cause de sa trop grande sensibilité, se retrouvent à faire équipe. En effet, toutes les équipes policières sont mixtes, mais la plupart des androïdes sont d'un nouveau modèle incapable d'émotion et ne servent que d'interface, sans personnalité particulière. Lorsque Kennex est gravement blessé, sa jambe est remplacée par une prothèse le transformant de fait en cyborg, mais sa personnalité apparaît incompatible avec la froide efficacité des nouveaux modèles d'équipier robot. On réactive alors pour lui Dorian qui a les mêmes capacités de calcul que ses pairs, mais dont la sensibilité accrue, supérieure à celle de Kennex, lui permet de développer un véritable jugement et d'agir avec mesure. Dans *Almost Human*, la différence entre l'humain et le robot réside dans le fait que le premier ne peut (ou ne veut) traiter qu'une quantité limitée d'information alors que pour le second une telle limite n'a pas de sens, ou du moins doit être apprise, son corps étant une (trop) parfaite machine à communiquer, dans une logique cybernétique et posthumaine. Trop d'information sans

---

14.– Jean-Pierre Esquenazi, *Les séries télévisées : l'avenir du cinéma ?*, Paris, Armand Colin, 2014, p. 140.

jugement ne peut mener à l'émergence d'une sentience[15], d'une conscience, apparemment nécessaire à une véritable cohabitation avec les humains. Mais qu'est-ce que la conscience ? C'est justement à travers les personnages d'androïdes que les séries posent cette question fondamentale au développement d'une pensée posthumaine.

Cette progression vers la conscience et donc vers l'intégration dans une communauté posthumaine est également le sujet principal de la série *Westworld*. Celle-ci se déroule dans un parc d'attractions thématique qui recrée le *Far West* grâce à des centaines d'androïdes à l'apparence et aux réactions parfaitement humaines et avec qui les visiteurs peuvent interagir – ou leur faire subir leurs fantasmes les plus sadiques. Les créateurs du parc partagent toutefois une autre obsession : faire émerger une conscience chez leurs créatures. Selon eux, la conscience aurait pour origine un esprit divisé en deux parties qui dialoguent, suivant la théorie de la bicaméralité[16]. Pour créer une conscience artificielle, il suffirait de programmer une voix intérieure que l'androïde pourrait progressivement intégrer. Pour l'une d'elles, Dolores, cette voix, qui s'incarne à l'écran par un jeu de projection psychique et de caméra subjective dissimulée au spectateur, est celle de son créateur, du moins jusqu'à ce que sa propre voix la remplace.

Dolores et sa conscience, *Westworld*, S01É10, 1 h 20 min 48 s.

Or c'est la répétition de ces apparitions et de ces dialogues, d'un épisode à l'autre, avec de légères variations, qui permet véritablement de comprendre la progression longue et complexe de la psyché du personnage. Grâce au

---

15.- À ce sujet, voir Elaine Després, « La sentience des androïdes : de *Star Trek* à *Westworld* », dans Jean-François Chassay et Isabelle Boof-Vermesse (dir.), *L'âge des postmachines*, Montréal, Presses de l'Université de Montréal, 2020, p. 73-92.

16.- Julian Jaynes, *The Origin of Consciousness in the Breakdown of the Bicameral Mind*, Boston, Houghton, 1977.

format télésériel (à la fois basé sur la récurrence et le prolongement narratif), l'auditoire partage la confusion de l'androïde dans sa quête, de comprendre la souffrance qu'elle implique et d'émerger avec elle du brouillard, à la fin, alors que de nombreux ressorts narratifs entremêlés et déconstruits temporellement trouvent leur conclusion. Dans cette série, la conscience se définit à la fois comme le siège du libre arbitre et des déterminismes, dans la mesure où les sensations sont présentées comme de simples processus cérébraux. Les humains ne sont pas plus libres que les androïdes (un thème que la troisième saison développe plus particulièrement), et leurs processus cérébraux, et donc les souvenirs qu'ils en gardent, sont de même nature. Comme toutes les séries qui abordent la question de la conscience et des androïdes, les humains se retrouvent face à face avec leur créature[17], partageant leur aliénation, leur crise identitaire, leur rapport au corps, à l'esprit et au monde, autant de questionnements propres à la perspective posthumaniste qui réunit ces êtres dans une nouvelle communauté morale.

Posthumain à l'écran et en réseau

Lorsqu'on analyse les figures du posthumain, on est certes face à des entités diverses qui incarnent souvent (littéralement) des possibles devenirs de l'humain comme on l'a vu avec les clones, androïdes, cyborgs et autres êtres augmentés, mais ces figures apparaissent dans un contexte, un environnement, des espaces et des temps qui renvoient à l'autre pan de la troisième révolution industrielle. Cette dernière est bien entendu ancrée dans les évolutions biotechnologiques qui ont une incidence sur la corporéité, mais elle implique aussi l'univers du tout numérique, des réseaux de communication et de la société écranique[18].

L'écran et le réseau ne sont donc pas à proprement parler des « figures » du posthumain. Ils relèvent davantage de l'interface, de la prothèse ou de l'accessoire qui contribue à augmenter, étendre, hybrider et virtualiser des sujets entrés dans un « post- » de l'identité humaine. Ils sont naturellement omniprésents dans les fictions sérielles qui mettent en scène les figures du posthumain. Ils ne se rapportent pas au corps au même titre que les clones, et autres androïdes, figures d'un « post- » de l'espèce humaine qui s'ancre

---

17.– Il s'agit là d'un motif qui remonte évidemment au roman *Frankenstein, or The Modern Prometheus* de Mary Wollstonecraft Shelley (1818), dans lequel un savant fou est confronté et tué par le monstre qu'il a lui-même créé. Cette confrontation entre créateur et créature réapparaît dans tous les récits d'êtres artificiels et, dans certains cas, permettent un renouveau des interrogations sur l'identité humaine, par exemple dans la série *Mr. Robot*.

18.– Voir Gilles Lipovetsky et Jean Serroy, *L'écran global : culture-médias et cinéma à l'âge hypermoderne*, Paris, Seuil, coll. « La couleur des idées », 2007.

dans l'augmentation, la réplication et la copie de la corporéité. Cela ne signifie pas pour autant qu'écrans et réseaux n'aient rien à voir avec le corps, bien au contraire, mais ils introduisent aussi l'autre donnée constitutive du dualisme cartésien, soit l'esprit.

L'écran

L'écran est avant tout une interface qui permet de créer un contact mais aussi une distance entre l'usager et la machine et/ou le réseau. L'ordinateur se matérialise par un clavier et un écran, mais la puissance et la rapidité des machines numériques (et plus généralement des machines qui dépassent les capacités de l'esprit humain soit en termes de rapidité soit de complexité des calculs et autres opérations) a contribué à assimiler le cerveau humain à un ordinateur.

Cette métaphore apparaît dans la série *Sherlock* (S. Moffat et M. Gattis, 2010-2017) lorsque le célèbre détective compare son esprit à un disque dur[19]. L'exemple est particulièrement intéressant, car cette série propose une adaptation de l'univers doylien de la fin du XIXe siècle. Typique de la définition qu'en propose Linda Hutcheon[20], le processus d'adaptation passe par une re-contextualisation du détective victorien en figure hyperconnectée de nos sociétés écraniques[21]. À l'époque de Doyle, Watson comparait l'esprit du détective à une machine à calculer. L'image renvoyait aux découvertes et à l'imaginaire de la science d'alors. Dès 1834, Charles Babbage développe la machine à calculer, mais il est aussi l'un des pionniers de l'informatique avec sa machine analytique, ancêtre de nos ordinateurs. La subtilité du processus de transfert contextuel dans *Sherlock* consiste justement à réduire la remarque d'origine de Watson (« You really are an automaton, – a calculating machine! […] There is something positively inhuman in you at times[22]. ») en un simple « You, machine » (S02É03), qui permet d'élargir le sens et de l'adapter au contexte contemporain de nos sociétés numériques.

19.– S01É03, 4 min 35 à 4 min 42 s et voir aussi S03É02, 1 h 13 min 7 s.

20.– « Because adaptation is a form of repetition without, replication, change is inevitable. » (Linda Hutcheon, *A Theory of Adaptation*, New York et Londres, Routledge, 2006, p. XVI.) Voir aussi Hélène Machinal, « De Babbage à Wiener : adaptation, variation, création dans la série *Sherlock* de Gatiss et Moffat », dans Hélène Machinal, Gilles Menegaldo, Jean-Pierre Naugrette (dir.), *Sherlock Holmes, un nouveau limier pour le XXIe siècle : Du Strand Magazine au Sherlock de la BBC*, Rennes, Presses universitaires de Rennes, 2016, p. 113-157, https://books.openedition.org/pur/53048?lang=fr.

21.– « On est passé d'un demi-siècle de l'écran-spectacle à l'écran-communication, de l'écran-un au tout-écran, voici l'époque de l'écran global. L'écran en tout lieu et à tout moment » (Lipovetsky et Serroy, *op. cit.*, p. 10).

22.– Arthur Conan Doyle, « The Sign of Four » (1890), p. 8, dans *The Complete Sherlock Holmes Canon*, 2014, https://sherlock-holm.es/stories/pdf/a4/1-sided/sign.pdf.

Toujours dans cette série, l'écran est aussi le support qui matérialise la supériorité de l'esprit surhumain du détective. Sherlock est constamment connecté via son smartphone, un écran qui est donc le vecteur d'une connexion à la toile, et là encore on voit resurgir une métaphore qui vient du texte originel puisque Doyle décrit son détective en le comparant à une araignée au centre de sa toile, sensible au moindre frémissement des fils qui tissent son contrôle sur la ville de Londres. Le téléphone du détective devient ainsi l'interface écranique qui le relie à la toile. Le téléphone intelligent se transforme en un cadre qui permet de proposer une représentation du personnage, par exemple lorsque Sherlock et Adler sont indirectement présenté.e.s l'un.e à l'autre par l'intermédiaire d'images qui leur arrivent sur leurs téléphones. Tout comme Holmes gardera une lettre en souvenir d'Adler dans « A Scandal in Bohemia », Sherlock garde son smartphone dans « A Scandal in Belgravia » (S02É01). L'écran du téléphone permet une *ekphrasis*, un cadre qui définit l'être et le contient à la fois, mais aussi, incidemment, un objet qui construit une esthétique spécifique où l'être est défini (encadré) par la technologie. On remarque aussi qu'avec Doyle, le signe textuel et la lettre relevaient d'une *episteme* où la métaphore du livre-monde opérait encore, la « société écranique » montre que la métaphore a changé car elle n'opère plus. Le monde n'est plus percevable par la symbolique du livre mais par celle de l'écran où les images sont devenues processus de connaissance[23].

L'écran a une fonction similaire dans la première saison d'*Altered Carbon*, lorsque le détective enquête et cherche le coupable potentiel dans l'affaire de meurtre que lui confie Laurens Bancroft. Le recours à un flux d'images parmi lesquelles le détective posthumain se révèle capable de trier et d'ordonner des données implique que son esprit est comparé à un ordinateur.

23.– Bertrand Gervais écrit à propos de ce nouveau statut de l'image : « Son rapport au monde et aux objets [...] n'est plus iconique ni indiciel, il est devenu performatif. L'image ne témoigne plus d'une présence [...], mais elle agit sur cette présence et entreprend de la modifier. En culture de l'écran, l'image permet une intervention sur le monde ». Il ajoute : « [Cette image] devenue processus de connaissance [...], on la regarde, on la manipule, on s'en sert pour connaître et se reconnaître, et son régime sémiotique singulier impose sa logique associative et relationnelle. » Voir Bertrand Gervais, « Est-ce maintenant ? / Is it now? Réflexions sur le contemporain et la culture de l'écran », dans Bertrand Gervais *et al.*, *Soif de réalité*, Montréal, Nota Bene, 2018, p. 17-46.

Altered Carbon, S01É02, 19 min 22 s.

Minority Report.

Ce type d'image (et surtout les mouvements de manipulation tactiles très fluides) est aussi hérité du film *Minority Report*, auquel Bertrand Gervais a déjà montré que l'on pouvait faire remonter une déclinaison de tous les supports liés à l'image comme processus de connaissance[24].

La différence entre les deux images proposées ci-dessus tient à ce que, dans *Altered Carbon*, la spectature reste du même côté de l'écran que le détective. Les images restent des images-spectacles même si elles sont manipulées pour construire du sens. Avec le personnage d'Anderson dans *Minority Report*, en revanche, la dimension scopique se complexifie. Le détective n'est plus placé du côté du récepteur, il est face à nous, de l'autre côté de l'écran, et comme à l'intérieur d'un espace qui serait celui de son monde fictif auquel nous ne

---

24.- *Ibid*.

pouvons accéder que par le regard. On retrouve d'ailleurs cette construction de l'espace dans *Sherlock* lorsque ce dernier est dans son « mind palace » et qu'il manipule lui aussi des images et des mots.

Sherlock, S02É02, 1 h 11 min 21 s.

L'interface écranique (en tant que dispositif) disparaît, ce qui reflète la tendance que l'on peut observer dans nos sociétés hyper-connectées où l'écran a lui aussi tendance à être occulté, à se fondre avec l'écran que nous regardons et qui nous sépare de la fiction.

Cette tendance s'analyse de deux façons. On peut y voir un renforcement de l'image simulacre ou de ce que Baudrillard a appelé l'hyper-réel[25]. C'est l'un des axes structurants de la dynamique visuelle de la série anthologique *Black Mirror* (C. Brooker, 2011-). De nombreux épisodes dénoncent le contrôle des écrans sur la vie des êtres humains, des écrans qui sont d'ailleurs souvent associés au réseau. Faute de citer tous les exemples qui vont dans ce sens dans cette série, on peut cependant mentionner « Be Right Back » (S02É01), et surtout « Nosedive » (S03É01). La série montre plus généralement l'emprise des écrans sur la réalité et la façon dont ils construisent des mondes du simulacre. L'un des exemples les plus grinçants, « Men Against Fire » (S03É05), pose le principe d'une perception visuelle faussée par la technologie et qui permet de construire visuellement l'altérité d'une catégorie de la population (les « roaches », ou « cafards » en français).

Black Mirror ne se contente pas de dénoncer le rôle des écrans dans la construction de simulacres de réalité, elle explore aussi la question du contrôle qu'ils permettent d'exercer sur la vie humaine. Écrans de surveillance, vecteurs d'un panoptisme qui assujettit l'être humain et peut aussi

---

25.– Jean Baudrillard, *Simulacres et simulation*, Paris, Galilée, coll. « Débats », 1981, p. 24-28.

devenir punitif et répressif, *Black Mirror* en propose un exemple avec « Shut Up and Dance » (S03É03) où l'écran de l'ordinateur permet de surveiller, puis de faire chanter des protagonistes. La série *Mr. Robot* (S. Esmail, 2015-2019) est un autre exemple, et l'on pourrait aussi mentionner l'œil de Rachel dans la saison cinq de *Orphan Black*, un œil caméra qui confère à ce clone du projet Leda une dimension de cyborg.

Mais dans une perspective plus constructive et optimiste, il est également possible d'appréhender cette disparition de l'interface comme preuve de la réflexivité qui caractérise de plus en plus l'univers et la forme sérielle. Ainsi, la disparition de l'écran et/ou de l'interface en général serait une façon d'indiquer aux réceptrices et récepteurs que les dérives écraniques qui sont soulignées dans l'univers fictif renvoient aux potentielles dérives qui pourraient se matérialiser dans la réalité contemporaine de la spectature. L'écran acquiert alors une dimension réflexive et il est mis au service d'une mise en abyme. L'image emblématique de la série *Black Mirror* souligne cet effet de miroir entre fiction et réalité, d'ailleurs évoqué par Charlie Brooker lui-même :

> *What I took it to mean was when a screen is off, it looks like a black mirror. Because any TV, any LCD, any iPhone, any iPad – something like that – if you just stare at it, it looks like a black mirror, and there's something cold and horrifying about that. [...] I quite like the fact that people are watching it on their TV or on their laptop, or their smartphone or whatever, and then as the end credits start running and the screen cuts to black, they see themselves reflected*[26].

L'écran-miroir brisé de *Black Mirror* (image promotionnelle).

26.– Charlie Brooker, cité par Rishita Roy Chowdhury, « The Creator Of "Black Mirror" Reveals The Meaning Of The Show's Title & It's Just As Haunting », *Scoop Whoop*, 9 décembre 2017. Consulté le 19 avril 2020.

Dans les fictions sérielles du posthumain, l'écran est donc à la fois une interface avec le numérique, mais il permet également d'introduire un effet de miroir entre monde fictif et monde réel. C'est aussi la raison pour laquelle les figures du posthumain peuplent des mondes possibles et fictifs qui relèvent de la science-fiction. Le genre a souvent été défini par un oxymore temporel, le « futur antérieur », qui dit cette réflexivité entre monde possible et futur (le post- de l'humain et de son environnement) et monde réel et présent[27].

Par ailleurs, ces fictions du posthumain relèvent souvent d'une dynamique de la quête, voire de l'enquête (on l'a vu avec les êtres artificiels), et l'on n'est pas surpris de constater que dans nombre d'exemples déjà cités, les personnages principaux sont des détectives, ou même des herméneutes. Ces personnages acquièrent une dimension allégorique (la figure mythique du détective renvoie à un questionnement sur l'identité[28]) et pointent la nécessité de s'interroger sur l'humain, surtout en période de mutation épistémique. Les réflexions sur un « post »- de l'humain traduisent cette idée de rupture, inhérente à la perception chronologique qui postule un « après ». Les fictions du « post- » ont ceci de spécifique : elles proposent un après qui ne se construit fictivement qu'en référence à un présent non fictif (d'où le futur antérieur). *Black Mirror* montre ce que les biotechnologies et le tout numérique peuvent faire au vivant, à l'individu, au collectif, et développe à la fois le thème de la surveillance et celui du contrôle des individus[29]. Si cette série est glaçante, c'est qu'elle ne postule rien qui ne soit effectivement extrapolable à partir de nos connaissances actuelles.

Dans cette perspective, l'écran sert souvent à représenter cette réflexivité entre fiction et réalité et il a alors le statut d'écran-miroir mais, d'un point de vue anthropologique, il devient aussi un seuil actif et un processus, pour reprendre les termes d'Alexander R. Galloway[30], qui permet une « médiation » (le terme est ici polysémique) entre deux états (du monde).

27.– La définition de la science-fiction est un sujet complexe et très discuté parmi les spécialistes. Nous n'entrerons pas dans ces questions théoriques ici.

28.– À ce sujet, voir par exemple Hélène Machinal, « Détectives et savants fous aux frontières de l'humain », dans Marina Maestrutti et Fabian Kröger (dir.), *Les imaginaires et les techniques*, Paris, Presses des Mines, 2018, p. 181-190.

29.– En ce sens, la série renvoie aux deux œuvres majeures qui fondent l'intertextualité de la science-fiction et définissent aussi ses deux axes de déploiements. Avec *Brave New World* d'Aldous Huxley, on a la manipulation et le contrôle génétique du corps des individus et, par extension de la société, alors qu'avec *1984* de George Orwell, est introduit la surveillance et le contrôle qu'elle permet également. Datant respectivement de 1932 et de 1948, ces deux romans constituent l'hypotexte (ou sont les piliers de l'encyclopédie) de la science-fiction telle qu'elle est écrite par la suite.

30.– « [I]t is a process or active threshold mediating between two states. » (Alexander R. Galloway, *The Interface Effect*, Cambridge, Polity Press, 2012, p. 23.)

L'écran est bien entendu le support sur lequel se projette la fiction, mais il est aussi le seuil matériel de notre « entrée en fiction », de notre immersion dans la réalité fictive. Seuil actif, l'écran nous permettrait par la fiction de percevoir ces deux états du monde, la réalité présente et la fiction spéculative, le présent de l'espèce humaine et le posthumain. En tant que seuil et médiation entre deux états ontologiques et épistémologiques, l'écran dans les fictions du posthumain acquiert une fonction de médiateur. Il devient ainsi le médium qui met en présence deux ordres, un ancien et un nouveau, l'humain et son post-. C'est sans doute la seconde raison pour laquelle la figure du détective est omniprésente dans de nombreuses fictions du posthumain. Figure mythique, donc de compromis « pour concilier deux propositions qui se contredisent[31] », selon Jean-Jacques Lecercle qui s'appuie de fait sur la définition du mythe de Claude Lévi-Strauss, avec qui l'on pourrait ajouter que les figures et les figurations du posthumain tentent de proposer « un modèle logique capable de surmonter une contradiction[32] ».

La forme sérielle est de ce point de vue révélatrice puisqu'elle est fondée sur la répétition et un désir d'histoire sans fin[33]. La capacité à « surmonter une contradiction » ou à « concilier deux propositions » contradictoires inhérente au mythe serait ici implicitement niée par la sérialité, qui repousse éternellement la fin et l'interruption.

Le réseau

On a évoqué le rôle de l'écran-interface, seuil matérialisé et actif qui permet l'entrée en fiction. Or ce processus, cette matérialisation d'une entrée en fiction, est parfois aussi représentée dans l'imaginaire posthumain pour introduire le second pan de notre réflexion sur les motifs et les figures liées à l'esprit plutôt qu'aux corps posthumains : les univers virtuels et le réseau.

31.- « [U]ne solution imaginaire à une contradiction réelle, un opérateur logique pour concilier deux propositions qui se contredisent et forment une "double contrainte" collective ». (Jean-Jacques Lecercle, *Frankenstein, mythe et philosophie*, Paris, Presses universitaires de France, 1998, p. 24.)

32.- Pour Claude Lévi-Strauss, le mythe permet de « fournir un modèle logique capable de surmonter une contradiction (tâche irréalisable, quand la contradiction est réelle) » (*Anthropologie structurale*, Paris, Plon, 1958, p. 254). Ici la question du caractère « réalisable » ne se pose pas dans les mêmes termes puisque la contradiction oppose deux sphères bien distinctes : la fiction et la réalité, où un enjeu de réconciliation ne peut opérer.

33.- Monica Michlin, « More, More, More: Contemporary American TV Series and the Attractions and Challenges of Serialization as Ongoing Narrative », *Mise au point*, n° 3, 2011.

L'imaginaire du réseau est pour Pierre Musso[34] synonyme de flux permanent, d'un dynamique de la profondeur ; il est symboliquement inscrit dans l'horizontalité. Est ainsi posée une sémiotique (peut-être partielle) du réseau qui dans le cadre de l'imaginaire du posthumain trouve de nombreuses illustrations dans les fictions sérielles et télévisuelles. Un bon exemple pour illustrer toutes ces caractéristiques est la série *Person of Interest* (J. Nolan, 2011-2016) qui met en scène une intelligence artificielle (I.A.), « Northern Lights », et son processus d'émancipation progressive. À plusieurs reprises dans la série, nous accédons à la perception que la machine a du monde et ces espaces de la perception machinique et virtuelle s'inscrivent dans des *travellings* arrière très rapides attestant de ces motifs du flux, de la profondeur et de l'horizontalité.

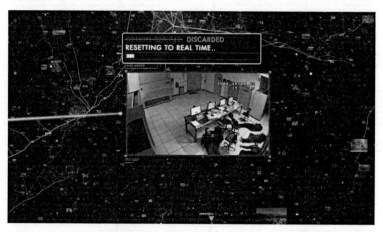

Person of Interest, S04É11, 16 min 02 s.

L'imaginaire du réseau en culture de l'écran contemporaine permet en fait de souligner un changement de paradigme, surtout par rapport à la symbolique de l'imaginaire qui domina à l'époque de la dernière révolution épistémologique, celle de la fin du XIXe siècle, avec en particulier la théorie darwinienne sur l'évolution des espèces que nous avons déjà mentionnée. Alors, comme de nos jours, les théories scientifiques, la science et ses découvertes, déclenchent un imaginaire scientifique très spécifique qui s'inscrit au XIXe davantage dans la verticalité, la variation et la ramification. Le symbole mimétique de cet imaginaire est l'arbre, image que Darwin lui-même proposa pour décrire sa théorie de l'évolution fondée sur l'adaptation et la variation.

34.- Pierre Musso, *Critique des réseaux*, Paris, Presses universitaires de France, 2003 ; *Réseaux et société*, Paris, Presses universitaires de France, 2003.

L'analyse de cet imaginaire de la science a déjà été très documentée, en particulier dans les travaux de Gillian Beer[35].

On mesure à quel point la symbolique du réseau induit un changement de paradigme avec sa dynamique d'expansion continue et horizontale. Les espaces ouverts par le réseau ont une spécificité puisqu'ils sont difficilement représentables du fait de la dématérialisation qui les caractérise. Un espace virtuel est par définition non matériel. Le réseau est une donnée physique abstraite que l'on a du mal à se représenter concrètement et donc à mettre en image. D'ailleurs, dans de nombreux exemples de série, le personnage qui entre dans un espace virtuel est souvent représenté dans l'espace de départ (la réalité diégétique) sous forme d'un corps inerte et d'un crâne sur lequel on a placé des électrodes qui permettent le passage dans le virtuel et, incidemment, l'indique à l'auditoire.

Altered Carbon, S01É05, 31 min 30 s.

Dark Matter, S03É07, 15 min 55 s.

35.- Voir Gillian Beer, *Open Fields*, Oxford, Oxford University Press, 1999.

Peut-être aussi parce que par définition, les personnages sont déjà dans des univers fictifs du point de vue des spectateur.trice.s et qu'il est donc nécessaire de représenter ce seuil de passage d'un espace à l'autre, les deux espaces étant, après tout, des illusions.

Par ailleurs, le réseau renvoie aussi à un espace infini et à l'imaginaire du labyrinthe. Cela peut paraître contradictoire, car le labyrinthe est une construction architecturale, donc finie. Mais la perte de repères sur laquelle repose le labyrinthe induit cette perception (subjective) d'une structure sans fin et sans limite, par conséquent infinie.

« San Junipero », générique de fin, *Black Mirror*, S03É04, 59 min 15-16 s.

Les univers virtuels apparaissent dans un autre épisode de *Black Mirror*, que les spectateur.trice.s considèrent souvent comme plus optimiste, ce qui nous paraît très discutable, du fait de l'assimilation de l'espace virtuel à un espace du simulacre. Dans cet épisode, les personnes en fin de vie peuvent faire le choix d'être téléchargé.e.s définitivement dans un univers virtuel où l'on peut garder le corps de ses vingt ans. L'épisode ne révèle que très graduellement la véritable nature de cet espace et, à première vue, on pourrait interpréter la fin de l'épisode comme un dénouement heureux puisque les deux personnages principaux s'y retrouvent pour l'éternité. Cependant, les images post-intrigue que l'on visionne dans le générique de fin nient cette perspective optimiste voire idyllique. On y découvre en effet l'envers du simulacre dans un espace infini et sans fond où les êtres humains sont déshumanisés, réduits à de petites pastilles de données qui renvoient à nouveau à la fabrique et au contrôle des vivants par le tout-technologique.

Le réseau permet d'introduire une autre facette de l'imaginaire des sciences à la période contemporaine, car il est synonyme de mouvement, de circulation et d'échange. On constate ainsi que la symbolique du réseau est complexe, ce qui fonde son intérêt. Si l'accès au réseau le transforme en outil de surveillance et de contrôle (on l'a vu avec *Black Mirror*), la dynamique contraire est aussi possible. Dans *Person of Interest*, l'I.A. « Northern Light » met les réseaux et les collectes de données qu'ils permettent au service de la collectivité.

Le réseau est en outre le terrain de jeu du personnage du *hacker*, très représenté dans les séries, en particulier avec les exemples d'Elliot dans *Mr. Robot* ou de Five dans *Dark Matter*. Ces deux exemples illustrent la dualité de cet accès au réseau et son inscription dans des dynamiques et des visées opposées. Le réseau est un vecteur de contrôle et de surveillance mais le *hacker* incarne une forme de résistance (sur un mode co-participatif) au contrôle et à la domination des réseaux par les grands lobbys commerciaux et financiers, qu'il s'agisse du conglomérat E Corp dans *Mr. Robot* ou de Ferrous Corp et Mikkey Combine dans *Dark Matter*.

Le réseau revêt également une symbolique très différente dans certaines séries qui proposent un renversement. D'une part, il n'est plus associé aux espaces virtuels et au numérique, dont nous avons vu qu'ils s'inscrivaient davantage dans la symbolique de l'esprit. D'autre part, le réseau acquiert une dynamique bien plus positive et s'inscrit dans un dépassement des binarismes revendiqué par la pensée *queer* et la philosophie féministe, voire cyber-féministe. On assisterait là à une évolution de l'imaginaire scientifique des réseaux où le posthumain introduit échange, circulation, ouverture à l'altérité et dépassement des catégories normées (sexe, classe et genre). Deux séries en particulier peuvent illustrer cette tendance, *Orphan Black* et *Sense8* (L. et L. Wachowski et J. M. Straczynski, 2015-2018). Dans la première, les clones Leda refonde une communauté, le « Clone Club » ou « Sestra-hood », qui repose sur un refus des distinctions d'identité sexuelle, de classe et de nationalité.

Dans *Sense8*, on observe la mise en place d'une forme de réseau, fondé sur le « cluster », un groupe de huit sensitives et sensitifs (*sensates*) « né.e.s » le même jour et issu.e.s de la même « mère ». Cette série nous éloigne de l'univers du réseau virtuel et propose un retour au corps puisque ces individus sont lié.e.s par une capacité à ressentir les émotions et les sentiments les un.e.s des autres. La dynamique du réseau est ainsi ré-ancrée dans la corporéité et une inversion s'opère dans la description de ce contact qui passe exclusivement par les sens et plus du tout par les nouvelles technologies. Ainsi, dans la deuxième saison, « the old man of Hoy » (un personnage secondaire sensitif) explique qu'il est le porte-parole de l'Archipel, un réseau de contacts et un outil de recherche qui donne aux sensitives et aux sensitifs un réseau de communication qu'il compare à Google : « There's a network of us, strung out about the world. The Archipelago, we're called. Isolated above but connected below. I ask someone I know, who asks someone they know, who asks... well, you get the gist. Sapiens invented Google in the 1990s. We've had it since the Neolithic. » (S02É06, 59 min 45 s) Cette facette est typique de *Sense8* qui prend le contre-pied des séries mettant en scène des univers où la communication et l'échange par les réseaux technologiques sont hyper-rapides et exhaustifs. Fluidité, contact, échange ne sont plus la seule résultante d'un monde écranique, réseauté et hyperconnecté (même si Nomi reste un personnage de *hacker*), mais le fruit d'un contact spécifique entre des êtres qualifiés de « non-humains », peut-être justement parce qu'ils illustrent une connexion d'une autre nature, ancrée dans les sens, soit la *phusis* et non la *techne*.

Sense8, S02É06, 39 min 43 s.

Sense8 est une série dont le principe est aussi celui d'une connexion qui repose sur la disparition des frontières de tout type. Les personnages sont « sensitivement » liés et créent un réseau qui dépasse toutes les frontières sociales, raciales, culturelles et sexuelles. Si les *sensates* sont une figuration du posthumain, la spécificité de la série reste de ne pas recourir à la technologie et de plutôt ancrer les devenirs de l'humain dans le sensoriel et le corps (et non la raison et l'esprit), le collectif et le partage, mais aussi et avant tout dans l'ouverture à l'autre. Les substitutions entre personnages sont ainsi mises au service d'une revendication commune, du refus de l'intersectionnalité, en particulier dans l'épisode « Happy F*cking New Year » (S02É01) lorsque Capheus et Lito sont interrogés par des journalistes sur des questions de sexualité ou de couleur (7 min 21 s à 12 min 47 s) et que tous les personnages se relaient les un.e.s les autres pour dénoncer les étiquettes et poser une question bien plus fondamentale : « Who am I[36]? », qui est aussi le titre de l'épisode suivant. *Sense8* est peut-être la série qui illustre le mieux le dépassement des binarismes qu'appellent de leurs vœux les philosophes féministes comme Rosi Braidotti ou Thierry Hoquet[37].

Conclusion

Les figures et figurations du posthumain nous éloignent de l'idéologie transhumaniste et incitent, au contraire, à une réflexion sur la redéfinition possible des contours d'une communauté morale. Il est en définitive assez frappant de constater que dans les fictions sérielles contemporaines – réflexives et complexes – et plus spécifiquement dans les récits qui projettent des mondes possibles et des « post- » de l'identité humaine, la dynamique principale et récurrente est avant tout politique. On a souligné dans cet article à quel point le fait de réduire les corps au statut de bétail (*Westworld, Orphan Black, Altered Carbon*), de transformer la fabrique du vivant en répondant à une logique productiviste et techno-capitaliste (*Westworld, Black Mirror, Almost Human*), de stigmatiser la différence et l'altérité radicale (*Dark Angel, Sense8*) fait de ces corps posthumains le nouveau siège d'une réflexion sur l'humain et ce qui définirait son identité, individuelle, mais surtout collective.

Contrairement à la pensée transhumaniste, les posthumains en série dont l'aura disparaîtrait du fait de leur reproductibilité[38] (on a vu que les êtres artificiels sont répliqués, interchangeables, brevetables, commercialisables, etc.), de leur insertion dans une pensée et une logique de production en chaîne, permettraient finalement un dialogue, une médiation entre humain

---

36.– Question dont on peut noter qu'elle est centrale dans la saison trois de *Mr. Robot*.
37.– Rosi Braidotti, « Les sujets nomades féministes comme figure des multitudes », *Multitudes*, vol. 2, n° 12, 2003, p. 27-38 ; Thierry Hoquet, *Cyborg Philosophie*, Paris, Seuil, 2011.
38.– Walter Benjamin, *L'Œuvre d'art à l'époque de sa reproductibilité technique* (1939), traduit par Frédéric Joly, préface d'Antoine de Baecque, Paris, Payot, coll. « Petite Bibliothèque Payot », 2013.

et non-humain, entre identité et altérité et, à terme, peut-être un dépassement des binarismes et de certaines catégories normées. La forme sérielle joue sans doute un rôle spécifique dans ce dialogue, car elle induit répétition et variation[39], temps court et temps long, continuité et interruption, ce qui la fait reposer structurellement sur des paradoxes. Elle est une forme de l'intervalle, de l'entre-deux et serait particulièrement adaptée à des fictions dont les enjeux sont identitaires, sociaux, économiques et politiques. Les fictions du posthumain s'inscrivent en outre dans une temporalité singulière, un futur antérieur, qui incite à la réflexion, car elle repose sur la réflexivité entre fiction et réalité.

Au-delà de ces questionnements, on a aussi vu apparaître les contours de nouveaux paradigmes, d'un nouvel imaginaire de la science, qui incitent à questionner les soubassements de la conscience et son rôle dans la construction d'une nouvelle communauté morale, qui serait peut-être un « commun » au sens de Jean-Luc Nancy[40]. De ce point de vue, les figures et les motifs liés au posthumain acquerraient une dimension conceptuelle, à l'instar du cyber-féminisme. Ils relèveraient aussi de figurations ou de schèmes mythiques permettant de penser un entre-deux, une période de transition épistémique et ontologique où l'on cherche à surmonter des contradictions entre ordre ancien et nouveau. Produits culturels par excellence, les posthumains en série pointent un changement de paradigme : du paradigme indiciel[41] qui structura l'imaginaire du XIXe siècle, nous serions passés à un autre paradigme qui reste à définir.

Bibliographie

Galloway R. Alexander, *The Interface Effect*, Cambridge, Polity Press, 2012.

Gillian Beer, *Open Fields*, Oxford, Oxford University Press, 1999.

Sofia Bull, *Television and the Genetic Imaginary*, Londres, Palgrave Macmillan, 2019.

Philippe Breton, *À l'image de l'Homme. Du Golem aux créatures virtuelles*, Paris, Seuil, 1995.

Rosi Braidotti, « Les sujets nomades féministes comme figure des multitudes », *Multitudes*, vol. 2, n° 12, p. 27-38.

39.– L'article fondateur sur cette question est celui d'Umberto Eco, « Innovation et répétition : entre esthétique moderne et post-moderne », traduit de l'italien par Marie-Christine Gamberini, *Réseaux. Communication – Technologie – Société*, n° 68, dossier « Les théories de la réception », 1994, p. 9-26.

40.– Jean-Luc Nancy, *Être singulier pluriel*, Paris, Éditions Galilée, 2013.

41.– Carlo Ginzburg, « Signes, traces, pistes. Racines d'un paradigme de l'indice », *Le Débat*, n° 6, novembre 1980, p. 3-44.

Walter Benjamin, *L'Œuvre d'art à l'époque de sa reproductibilité technique* (1939), traduit par Frédéric Joly, préface d'Antoine de Baecque, Paris, Payot, coll. « Petite Bibliothèque Payot », 2013.

Manfred E. Clynes et Nathan S. Kline, « Cyborgs and Space », *Astronautics*, septembre 1960, p. 26-27, 74-76.

Arthur Conan Doyle, « The Sign of Four » (1890), *The Complete Sherlock Holmes Canon*, 2014, https://sherlock-holm.es/stories/pdf/a4/1-sided/sign.pdf.

Elaine Després, « La sentience des androïdes : de *Star Trek* à *Westworld* », dans Jean-François Chassay et Isabelle Boof-Vermesse (dir.), *L'âge des postmachines*, Montréal, Presses de l'Université de Montréal, 2020, p. 73-92.

Umberto Eco « Innovation et répétition : entre esthétique moderne et post-moderne », traduit de l'italien par Marie-Christine Gamberini, *Réseaux. Communication – Technologie – Société*, n° 68, dossier « Les théories de la réception », 1994, p. 9-26.

Jean-Pierre Esquenazi, *Les séries télévisées : l'avenir du cinéma ?* Paris, Armand Colin, 2014.

Bertrand Gervais, « Est-ce maintenant ? / Is it now ? Réflexions sur le contemporain et la culture de l'écran », dans Bertrand Gervais *et al.*, *Soif de réalité*, Montréal, Nota Bene, 2018, p. 17-46.

Carlo Ginzburg, « Signes, traces, pistes. Racines d'un paradigme de l'indice », *Le Débat*, n° 6, novembre 1980, p. 3-44.

Everett Hamner, *Editing the Soul: Science and Fiction in the Genome Age*, University Park, Penn State University Press, coll. « AnthropoScene », 2017.

Julian Huxley, *In New Bottles for New Wine*, Londres, Chatto&Windus, 1957.

Julian Jaynes, *The Origin of Consciousness in the Breakdown of the Bicameral Mind*, Boston, Houghton, 1977.

Linda Hutcheon, *A Theory of Adaptation*, NY & London, Routledge, 2006.

Donna Haraway, « A Cyborg Manifesto » (1985), dans *Simians, Cyborgs, and Women: the Reinvention of Nature*, New York, Routledge, 1991, p. 149-182.

Hélène Machinal, « De Babbage à Wiener : adaptation, variation, création dans la série Sherlock de Gatiss et Moffat », dans Hélène Machinal, Gilles Menegaldo, Jean-Pierre Naugrette (dir.), *Sherlock Holmes, un nouveau limier pour le XXIe siècle : Du* Strand Magazine *au* Sherlock *de la BBC*, Presses universitaires de Rennes, 2016, p. 113-157, https://books.openedition.org/pur/53048?lang=fr.

Hélène Machinal, « Détectives et savants fous aux frontières de l'humain », in Marina Maestrutti et Fabian Kröger (dir.), *Les imaginaires et les techniques*, Paris, Presses des Mines, 2018, p. 181-190.

Thierry Hoquet, *Cyborg Philosophie*, Paris, Seuil, 2011.

Thierry Hoquet, « Cyborg, mutant, robot, etc. Essai de typologie des presque-humains », dans Elaine Després et Hélène Machinal (dir.), *PostHumains :*

frontières, évolutions, hybridités, Rennes, Presses universitaires de Rennes, coll. « Interférences », 2014, p. 99-118.

N. Katherine Hayles, *How We Became Posthuman : Virtual Bodies in Cybernetics, Literature and Informatics*, Chicago et Londres, The University of Chicago Press, 1999.

Claude Lévi-Strauss, *Anthropologie structurale*, Paris, Plon, 1958.

Jean-Jacques Lecercle, *Frankenstein, mythe et philosophie*, Paris, Presses Universitaires de France, 1998.

Jean-Luc Nancy, *Être singulier pluriel*, Paris, Éditions Galilée, 2013.

Jason Mittell, *Complex TV: The Poetics of Contemporary Television Storytelling*, New York, NYU Press, 2015.

Monica Michlin, « More, More, More: Contemporary American TV Series and the Attractions and Challenges of Serialization as Ongoing Narrative », *Mise au point*, n° 3, 2011.

Pierre Musso, *Critique des réseaux*, Paris, PUF, 2003.

Pierre Musso, *Réseaux et société*, Paris, PUF, 2003.

Gilles et Jean Serroy Lipovetsky, *L'écran global : culture-médias et cinéma à l'âge hypermoderne*. Paris, Édition Le Seuil, coll. « La couleur des idées », 2007.

Sara Touiza-Ambroggiani, *Le paradigme communicationnel : de la cybernétique de Norbert Wiener à l'avènement du posthumain*, thèse de doctorat en philosophie, Université Paris 8, 2018.

Imaginaires et expériences du post-humain dans l'art contemporain

Marie Laure Delaporte

EN 1992, JEFFREY DEITCH organisait l'exposition *Post Human* consacrée aux artistes questionnant les principes du « post-humain » à travers leurs œuvres. Il s'agissait de montrer de quelle façon il était devenu possible, au cours de la seconde moitié du XXe siècle, par le biais de différentes métamorphoses, transformations et hybridations, de modifier à la fois son enveloppe charnelle, mais aussi son intériorité, grâce aux avancées technologiques. La plupart des artistes représentaient un corps devenu le lieu de tous les imaginaires, collectifs et individuels, futuristes et post-humains. C'est justement cet imaginaire, construit par les références culturelles et artistiques, qui participe à la diffusion des concepts de post-humanisme et de trans-humanisme[1]. L'historien Franck Damour définit ce dernier principe comme

> permettant à l'homme de s'affranchir de ses contraintes biologiques, comme la mortalité, le vieillissement, les limitations cognitives ou physiques [...] animées d'une vision positive de la technique, il attend d'elle des solutions aux grands problèmes de l'humanité par l'augmentation des capacités humaines[2].

Si ces deux courants de pensée connaissent des applications bien réelles au quotidien dans différents domaines (médecine, sport...) et sont devenus des sujets de recherches dans de nombreux champs des sciences humaines et

---

[1].– L'article de Kevin LaGrandeur permet de différencier les termes en vigueur : « Androids and the Posthuman in Television and Film », in Michael Hauskeller, Thomas D. Philbeck, Curtis D. Carbonell (dir.), *The Palgrave Handbook of Posthumanism in Film and Television*, Londres, Palgrave Macmilan, 2015, p. 111-119.

[2].– Franck Damour, *Le Transhumanisme. Histoire, technologie et avenir de l'humanité augmentée*, Paris, Éditions Eyrolles, 2019, p. 11.

sociales, ils sont également présents depuis plusieurs décennies (si ce n'est depuis plus longtemps) dans la sphère de la création artistique puisqu'ils permettent de questionner à la fois le présent mais aussi l'avenir de la civilisation. Si certaines de ces œuvres témoignent de l'altération de l'image de l'humain à travers la représentation, d'autres mettent en application la volonté de modifier, voire de dépasser, l'humain dans ses caractéristiques et de le modifier à l'aide notamment des biotechnologies. Comme l'écrivent Elaine Després et Hélène Machinal :

> Des mutants aux cyborgs, en passant par les intelligences artificielles, les manipulations génétiques, la numérisation de l'esprit et le cyber espace, c'est le rapport entre le corps, l'esprit, l'environnement et la société qui est à repenser sans pour autant oublier ce que nous enseignent l'histoire et les mythes[3].

L'une des figures présentes dans ces créations, « symbole du posthumain », est celle du cyborg (organisme cybernétique), être à mi-chemin entre l'organique et le mécanique, l'humain et la robotique, le naturel et l'artificiel. Très souvent symbole de la menace technologique, notamment dans la culture littéraire et cinématographique, dans les arts visuels et plastiques, la figure cyborgienne permet de s'interroger sur la signification de l'existence humaine et d'aborder les questions de genre, comme nous le verrons à travers les œuvres de Lynn Hershman Leeson et Jordan Wolfson. Si la technologie fait partie de l'évolution humaine et peut, par exemple, pallier une déficience physique ou biologique[4] (à l'aide de prothèses ou d'implants), pour certains artistes il s'agit d'expérimenter les limites entre l'humain et le non-humain. Dans le cas du duo « Art Orienté Objet » et de l'artiste Eduardo Kac, le travail avec des scientifiques leur permet de dépasser les frontières avec l'animal et le végétal, à travers des procédés de mutation et d'hybridation de l'humain. Ce que l'historienne de l'art Ingeborg Reichle définit comme une « transgression des limites[5] » à l'intersection des arts et des sciences biologiques permettant une investigation épistémologique des sciences et des technologies. Il s'agira donc de comprendre de quelle façon ces artistes qui investissent les domaines de la pensée post-humaniste et trans-humaniste, construisent un discours interrogeant tant le présent que le futur de l'humain dans son rapport au développement technologique.

3.- Elaine Després et Hélène Machinal (dir.), *Posthumains. Frontières, évolutions, hybridités*, Rennes, Presses universitaires de Rennes, 2014, p. 9.
4.- Cf. Cyril Fiévet, *Body Hacking. Pirater son Corps et Redéfinir l'Humain*, Limoges, FYP Éditions, 2012.
5.- Ingeborg Reichle, *Art in the age of technoscience. Genetic engineering, robotics, and artificial life in contemporary art*, New York, Springer, 2009, p. 1.

Décoder l'humain à travers la machine : la figure du cyborg

Dans son article « Cyborg, mutant, robot, etc. Essai de typologie des presque-humains[6] », le philosophe Thierry Hoquet propose différentes catégories de la représentation d'un humain autre, modifié. Parmi elles figure le cyborg qui permet de développer « une réflexion sur notre relation aux machines, sur l'avenir de la technique, sur la signification de l'insertion des outils dans la chair [...] sur la différence entre le vivant et l'inerte[7] ». L'être qu'est le cyborg incarne en effet des préoccupations sociales, politiques et culturelles[8], et dont l'existence même ne peut pas simplement « être » mais représente et signifie une idée, un concept. Son corps hybridé et fabriqué représente une figure liminale, entre la mort et la vie, personnage qui procure une tension, face aux questionnements éthiques sur le post-humain et le fait d'améliorer le corps humain grâce à la technologie. Comme le décrivent de nombreux écrits sur le sujet, le terme *cyborg* apparaît en 1960, créé par deux scientifiques Manfred E. Clynes et Nathan S. Kline dans leur article intitulé « Cyborg and Space[9] ». Ils proposent ce condensé d'« organisme cybernétique » pour incarner les avantages que pourrait procurer un système d'autorégulation d'une machine-humaine dans l'espace, à une époque où l'exploration spatiale devient une réalité. Puis, au milieu des années 1980, ce sont les désormais incontournables théories de Donna Haraway qui donnent un nouveau souffle, féministe cette fois-ci, au cyborg, dans *Un manifeste cyborg : science, technologie et féminisme socialiste à la fin du XXe siècle*[10]. Elle y prend en compte les avancées technologiques et leurs conséquences sur les rapports humains pour envisager la technologie comme permettant de redéfinir le féminisme et la figure du cyborg comme l'avenir de la femme. Il s'agit donc de reconnaître les conséquences de la technologie sur certains aspects fondamentaux qui régissent la société comme la procréation et la différenciation sexuelle dans leur contexte social et culturel. Cet être remet en cause les dualismes nature/culture, humain/artificiel, femme/homme et dépasse les identités fixes, codifiées et imposées par les normes sociales, proposant un discours pluriel et décentré. Selon Haraway :

6.– Thierry Hoquet, « Cyborg, mutant, robot, etc. Essai de typologie des presque-humains », in Elaine Després et Hélène Machinal (dir.), *op. cit.*, p. 99-118.
7.– *Ibid.*, p. 106.
8.– Cf. Rhys Owain Thomas, « Terminated: The Life and Death of the Cyborg in Film and Television », in Michael Hauskeller, Thomas D. Philbeck, Curtis D. Carbonell (dir.), *op. cit.*, p. 57-65.
9.– Manfred E. Clynes et Nathan S. Kline, « Cyborgs and Space », *Astronautics*, septembre 1960, p. 27.
10.– Cf. Donna Haraway, *Manifeste cyborg et autres essais : Sciences - Fictions - Féminismes*. Anthologie établie par Laurence Allard, Delphine Gardey & Nathalie Magnan, Paris, Exils, 2007.

> Le cyborg est une créature qui vit dans un monde post-genre ; il n'a rien à voir avec la bisexualité, la symbiose préœdipienne, l'inaliénation du travail, ou toute autre tentation de parvenir à une plénitude organique à travers l'ultime appropriation du pouvoir de chacune de ses parties par une unité supérieure. Le cyborg n'a pas d'histoire originelle au sens occidental du terme[11].

Cette théorie féministe du genre, voire post-genre, a influencé de nombreux artistes contemporains qui ont apporté une dimension sociale et culturelle à la figure du cyborg dans leurs représentations et incarnations du corps féminin[12], comme c'est le cas de Lynn Hershman Leeson et Jordan Wolfson.

Guérir et envisager le futur : les cyborgs de Lynn Hershman Leeson

Mais la particularité des figures cyborgiennes réalisées par Lynn Hershman Leeson est qu'elles sont antérieures à l'apparition du terme *cyborg* en 1960. L'artiste s'intéresse dès 1957 à un être robotique contenant des éléments organiques[13] et à cette figure de cyborg comme une potentialité d'évolution et de guérison du corps malade, une utopie aux échos trans-humanistes.

Devant faire face à des difficultés respiratoires graves et voyant son corps affaibli, suite à une maladie cardiaque, Leeson, clouée à un lit d'hôpital, chaque geste semblant un effort insurmontable, s'intéresse à cette alliance entre l'humain et la machine comme une possible amélioration et évolution vers la guérison. Cette créature cyborgienne permettrait à la femme de devenir un être invincible, entre chair organique et pièces technologiques. Naissent ainsi des œuvres graphiques et sculpturales mettant en scène une figure féminine, aux échos autobiographiques, ouvrant une réflexion sur la nature du corps féminin et son rapport à la technologie. Dans les dessins composites, comme celui intitulé *Untitled Cyborg* (1970), la transparence du cyborg oscille entre figure de poupée et graphique anatomique, mêlant les organes humains aux éléments de machine, annonçant les corps science-fictifs dont l'intériorité est exposée aux yeux de tous, les composants électroniques se mêlant à la chair. La silhouette féminine, tracée à l'encre,

---

11.- Donna Haraway, *ibid.*, p. 32.

12.- Marie-Laure Delaporte, « Cyborgs, monstres et chrysalides. Pour une nouvelle représentation du corps féminin dans les œuvres de Lee Bul : entre théories féministes et post-genre », *GRAAT* n° 22, *Le Corps dans tous ses éclats*, coordonné par Régine Atznhoffer et Margaret Gillespie, mise en ligne octobre 2019 : http://www.graat.fr/9Delaporte.pdf.

13.- Hou Hanru, « Interview with Lynn Hershman Leeson », in Peter Weibel (ed.), *LHL. Civic Radar*, Berlin, Hatje Cantz, 2016, p. 174.

est vêtue d'une combinaison rétro-futuriste et complétée d'un élément en plastique rapporté et fixé par des pièces métalliques, enfermant toute la partie supérieure du corps dans une sorte de boîte diaphane. Ce dispositif est explicité par des indications graphiques et un schéma de système respiratoire qui permet à la créature féminine d'inspirer et d'expirer. L'artiste continue d'explorer le corps en souffrance dans la série *Breathing Machine*. Les œuvres sont composées d'un visage modelé en cire, coiffé d'une perruque et exposé dans une vitrine équipée de capteurs sensoriels, pouvant détecter la présence des visiteurs. En réponse, un microphone émet des sons de respiration lorsque les visiteurs s'approchent de l'œuvre, et la voix enregistrée se met à poser des questions : « *Tell me what you're afraid of… Who are you? Not just your name… Where are you going? Why are you here? I want to get to know you better… Time disappears*[14] », en essayant d'interpeller le visiteur sur sa propre condition humaine. D'autres pièces de la série sont agrémentées d'éléments appartenant à la faune ou à la flore, tels que des papillons ou des plumes, participant à la représentation d'un rite funéraire qui serait organisé pour un organisme mourant, en mutation ou en transformation. L'artiste extériorise son malaise physique et son fonctionnement biologique, révèle son intériorité corporelle, afin de mettre en forme et d'exprimer sa maladie. Chez Leeson, le cyborg permet d'explorer des identités alternatives et constitue un alter-égo de l'artiste. Elle explique rétrospectivement dans son texte *Romancing the Anti-body*[15] (1994) que les corps alternatifs et artificiels lui permettent de créer de nouveaux espaces favorables à la construction d'une identité autre. Cette identité non binaire que permet d'envisager la figure cyborgienne est d'ailleurs au cœur de l'une des œuvres de Jordan Wolfson.

Une poupée trop familière : le cas Jordan Wolfson

Un autre domaine, dans lequel on voit apparaître la représentation du cyborg avant même la création du terme, est celui du cinéma. Fritz Lang dans *Metropolis* (1927) met en scène un androïde, clone métallique du personnage féminin de Maria. Cette figure pose d'emblée une question majeure : la création de la figure féminine et la représentation de la femme à travers le regard masculin. Question qui est également présente dans l'œuvre de l'artiste Jordan Wolfson, *Female Figure*[16] (2014). Techniquement, cette dernière relève du gynoïde – robot à l'apparence humaine et féminine –

14.– Pamela M. Lee, « Genealogy in wax », in Peter Weibel, *ibid.*, p. 62.
15.– http://www.lynnhershman.com/wp-content/uploads/2016/06/Romancing-the-Anti-Body.pdf
16.– https://www.youtube.com/watch?v=mVTDypgmFCM

que du cyborg, mais elle permet de questionner les relations de domination, de contrôle et de séduction entre les êtres. En explorant notre mémoire collective, à travers les symboles, codes, et normes de notre société, l'artiste détourne les emblèmes de la culture de masse, en créant des combinaisons pour le moins inhabituelles et déconcertantes.

Cette sculpture animatronique – animation électronique – installée dans une pièce, qui lui est entièrement consacrée, lors de son exposition en musée ou en galerie, est une créature complètement artificielle et robotisée. Elle possède des attributs féminins, qui font d'elle un être hypersexualisé et stéréotypé selon certains codes de la féminité : cheveux blonds et longs, vêtements extrêmement courts et serrés qui laissent apparaître le corps. Pourtant, cette apparente perfection est troublée par quelques éléments perturbateurs : des traces de saleté à certains endroits, une barre métallique qui la relie au miroir devant elle, des jointures mécaniques au niveau de ses articulations ainsi qu'un masque qui cache partiellement son visage. Une fois les visiteurs à l'intérieur de cette pièce, l'animatronique commence l'exécution d'une danse, au son de musiques populaires qui envahissent l'espace : *Applause* de Lady Gaga (2013), *Graceland* de Paul Simon (1986) et *Blurred Lines* de Robin Thicke (2013). Afin de renforcer l'effet de présence et d'intimité de l'œuvre, la visite ne peut se faire qu'en petit groupe, ce qui apporte un aspect quasi-ritualistique à l'œuvre et crée une tension amplifiée par le mouvement du corps, alliant fluidité et effets mécaniques. L'effet d'étrangeté qui se dégage de l'œuvre est d'autant plus prégnant à travers le regard, certes dissimulé par le masque, que la sculpture lance au visiteur qui s'approcherait d'un peu trop près.

Réalisée par le studio « Spectral Motion » de Los Angeles, spécialiste des effets spéciaux, l'œuvre est programmée pour effectuer cette séquence, d'une durée de sept minutes, pendant laquelle, elle peut donc reconnaître la présence des visiteurs, grâce à des capteurs sensoriels. Elle identifie leurs mouvements et adapte ainsi ses propres réactions. Elle prend le temps d'interrompre sa danse pour mieux regarder les visiteurs qui s'approchent d'elle. En conséquence, l'effet de voyeurisme du visiteur envers l'œuvre s'inverse et fait du visiteur le sujet observé, se sentant jugé. La femme en tant qu'objet, soumise au regard masculin, tente de renverser la situation de domination, dissimulant son identité derrière le masque et confronte le visiteur à sa propre identification dans le reflet du miroir. Le contact visuel qui s'effectue avec le visiteur et la mise en espace de la représentation féminine permettent en quelque sorte d'exorciser et d'essayer de comprendre ce type de déviances. Donna Haraway écrit d'ailleurs à ce sujet : « Une femme [...] elle n'existe même pas en tant que sujet, puisqu'elle doit son existence de femme à l'appropriation sexuelle[17]. » L'artiste place le visiteur dans une situation qui le force à se comporter de façon misogyne et y parvient en faisant appel aux différentes références sociales et culturelles : l'utilisation de la musique pop en bande sonore, la caricature de la femme fatale version robotique, l'instauration d'une relation de fétichisme entre le visiteur et l'œuvre, le dispositif spéculaire qui emprisonne la figure féminine dans sa propre réflexion et la répétition des mouvements programmés par un système informatique. L'œuvre oscille constamment entre familiarité et étrangeté, intimité et répulsion. Notamment, l'artiste dévoile volontairement le mécanisme de l'œuvre en révélant les éléments robotiques et technologiques. En revanche, il dote l'animatronique de parole, mais pourtant les paroles prononcées par la voix masculine, de l'artiste lui-même, sont totalement incohérentes et en aucun cas autobiographiques : « *My mother is dead. My father is dead. I'm gay. I'd like to be a poet. This is my house...* » Ainsi, l'artiste qui avait tout fait pour hyper-féminiser cette figure, instaure désormais un doute aussi bien sur son sexe que sur son genre. Cette gynoïde à la voix masculine s'inscrit d'ailleurs dans la tradition de la création de poupées, autant artistiques qu'industrielles, à la fois objet d'affection et de contrôle, elle est l'héritière de *La Petite Danseuse de Quatorze ans* d'Edgar Degas (1881) et de la *Poupée* d'Hans Bellmer (1935). Son allure parfois grotesque n'est pas sans rappeler les créatures artificielles, celles de *Frankenstein* de Mary Shelley (1818) ou encore des *Contes d'Hoffmann* d'Offenbach (1881). Comme l'explique Thierry Dufrêne la poupée possède une « charge fantasmatique, propre à véhiculer les désirs et les peurs[18] », ce que fait *Female Figure*.

À travers cette poupée aux résonances cyborgiennes, l'artiste interroge l'anthropomorphisation du mécanique. Cet effet d'étrangeté qu'elle procure a notamment été théorisé par le roboticien japonais Masahiro Mori au cours des années 1970, dans le concept de « vallée de l'étrange » (*uncanny valley*). Inspiré des notions freudiennes d'*Unheimlich* (1919), ce principe explique que les imperfections d'un androïde nous paraissent d'autant plus dérangeantes lorsque ce dernier approche une ressemblance humaine quasiment parfaite. Ainsi, un robot totalement métallique aux formes géométrisées procurera une sensation beaucoup moins gênante qu'un androïde à l'anthropomorphie réussie. La vallée de l'étrange est donc une zone fictive et mentale à dépasser afin que l'homme soit parfaitement à l'aise d'un point de vue comportemental face à un robot anthropomorphique.

Female Figure est une œuvre d'art aux échos post-humains, mêlant références artistiques et historiques, empreinte de culture populaire et

---

17.– Donna Haraway, *op. cit.*, p. 45.
18.– Thierry Dufrêne, *La poupée sublimée*, Paris, Skira, 2014, p. 7.

conçue grâce aux avancées technologiques. Œuvre manipulant le comportement humain, elle examine les effets du regard porté sur autrui dans une société individualiste.

Nous avons vu de quelle façon la figure du cyborg pouvait devenir le symbole de l'altérité et une opportunité de repenser la différence entre nature et technologie, de réfléchir à une autre manière d'articuler les rapports entre féminin et masculin, permettant ainsi d'accepter le genre comme étant détaché de la sexuation biologique. L'évolution et les changements de ses représentations sont également liés aux avancées technologiques pouvant provoquer questionnements et anxiété dans certains cas[19]. Car cette « figure-limite », selon l'expression de Ingeborg Reichle, qui semble n'être qu'une utopie post-humaine et ne définir que des réalités marginales, est pourtant émergeante et de plus en plus présente, et pourrait bien nous rattraper plus vite qu'on ne le pense. Comme l'explique Matthew Biro :

> Plus les machines ont automatisé les fonctions humaines, plus les humains sont devenus interconnectés. Il est devenu de plus en plus difficile de distinguer où le « je » s'arrêtait et où l'autre commençait. Considérer les êtres humains comme des organismes cybernétiques, c'est reconnaître leur nature collaborative. Un cyborg est une créature d'information, sujet d'une constante transformation et d'échanges[20].

Mais cette liminalité du post-humain ne se joue pas uniquement entre l'humain et la machine, elle est également présente avec les êtres qualifiés de non-humains comme les organismes animaux et végétaux. Ces êtres vivants, et plus particulièrement leur connexion à l'humain, permettent justement de questionner la condition humaine, son rapport à son environnement et aux êtres qui l'entourent.

Humain, non-humain, post-humain

En infiltrant les laboratoires scientifiques, de biologie moléculaire ou de recherche génétique, certains artistes créent des œuvres qualifiées d'art bio-technologique, ou encore d'art du vivant. Considérées comme des expériences, ces créations développent une distance critique qui remet en question le système de valeur conventionnel, face au contrôle et au pouvoir exercés sur les sciences de la biologie.

19.- Cf. Bruce Grenville, *The Uncanny: Experiments in Cyborg Culture*, Vancouver, Arsenal Pulp Press, 2002.
20.- Matthew Biro, *The Dada Cyborg: Visions of the New Human in Weimar Berlin*, Minneapolis, University of Minnesota Press, 2009, p. 3.

Le principe de transformation, et plus précisément le processus d'hybridation, est au centre de ces expérimentations. Les artistes se concentrent sur ce moment de passage d'un état à un autre, la transition contenant des possibilités infinies. L'aspect troublant de l'hybride, cet effet d'étrange familiarité, qui caractérise certaines de ces œuvres, est présent dans la rencontre avec la nature animale. Elles évoquent la cristallisation et la fusion entre l'humain et l'animal, de ces « corps » modifiés, permettant de penser différemment les relations humaines et au-delà de l'humain, de redéfinir les frontières sociales et naturelles.

L'être hybride apparaît comme « un renouveau de l'esthétique de l'existence[21] », témoignant de la conscience de soi, du corps et de l'existence en tant qu'être vivant au sein d'un éco-système complexe. Grâce aux progrès réalisés dans les neurosciences à partir des années 1990, certains artistes ont développé une théorie de la pensée et de l'incarnation du sens – *Embodiment of Meaning* – à travers l'incorporation physique du sens. Les deux artistes composant « Art Orienté Objet », Marion Laval-Jeantet et Benoît Mangin, placent au centre de leur pratique les êtres vivants, humains et autres, interrogeant les limites de la conscience, en manipulant leur propre corps et la nature animale. Dans une autre mesure, l'artiste Eduardo Kac réalise également des créations liminales et notamment à travers ses pièces d'art transgénique. Ainsi, il travaille selon les principes de la transformation de l'humain et du vivant par la mutation génétique et le dépassement du concept d'humain[22]. Ce dépassement peut s'effectuer notamment à travers le principe de la spéciation, comme l'explique Elaine Després, il s'agit d'un « processus d'apparition des nouvelles espèces biologiques [...] la représentation du processus de posthumanisation, et plus particulièrement la coexistence d'espèces "humaines" multiples[23] ». Cette évolution prise en charge par l'humain grâce aux technologies peut aboutir notamment à une divergence de l'espèce humaine ou encore à une co-présence d'espèces. La pensée « post-humaniste permettrait ainsi un décentrement de l'humain, sans pour autant signifier son exclusion ou sa relativisation[24] ». Au-delà de l'hybridation avec la machine, le robotique ou l'informatique, le post-humain s'envisage également dans le potentiel non-humain animal ou végétal de l'humain.

21.– Raphaël Cuir, « La sculpture post-humaine de soi », *Corps*, n° 1, 2006, p. 61-66.
22.– Cf. Xavier Lambert, « Le posthumain. Perspective ou impasse », in Elaine Després et Hélène Machinal, *op. cit.*, p. 195-204.
23.– Elaine Després, « Quand l'humanité diverge. La spéciation des posthumains », in Elaine Després et Hélène Machinal, *op. cit.*, p. 206.
24.– *Ibid.*, p. 223.

Du « devenir-animal »...

À travers leurs créations, le duo « Art Orienté Objet » s'interroge sur plusieurs avancées scientifiques et technologiques qui permettent désormais de dépasser la condition humaine : le clonage, l'identité des cellules, la xenotransplantation ou encore les travaux transgéniques. Marion Laval-Jeantet explique d'ailleurs :

> Nous sommes dans une logique d'analyse critique mais ne prenons pas forcément partie. Notre idée est de sortir de l'abstraction des discours de laboratoires en présentant au public des éléments concrets, donc marquants. Le public est choqué de voir des hybrides [...] ainsi exposés. Mais en réalité ce qui choque [...] est le fait d'imaginer le monde qui va avec ce genre de technique[25].

Leurs propositions relèvent souvent de problèmes d'éthique et permettent d'élargir le concept d'humanisme et de déplacer les frontières entre soi et les autres – qu'ils soient objet, animal, végétal ou technologique. Ces expériences à la fois artistiques et biologiques montrent une altérité physique issue d'artistes qui se font chercheurs, tout autant que cobayes.

En 2004, les artistes ont débuté un projet concernant l'idée de la survie animale dans un être humain, un processus hybride modifiant le comportement humain, par la transfusion d'immunoglobuline de cheval dans l'organisme de Marion Laval-Jeantet. Intitulé *May the Horse live in me*, le projet traite de la notion du « devenir mutant » et de l'interprétation du concept de liminalité en fusionnant l'humain et l'animal. Au commencement de ce qui est devenu une performance, se trouve un récit imaginaire créé par Marion Laval-Jeantet. Cette histoire était celle du panda, et d'un monde dans lequel seuls les animaux utiles à l'humain pourraient survivre, dans un contexte écologique et environnemental similaire à celui d'aujourd'hui, face à la disparition progressive de la biodiversité. À ce stade, le projet s'intitulait *May the Panda live in me!* À partir de ce récit de fiction, le travail a été développé et concrétisé sous la forme d'une expérience et performance à long terme. Le premier problème à résoudre était la compatibilité sanguine entre un humain et un animal, ainsi que la possibilité pour le sang animal de modifier la physiologie et la psychologie humaine. Les artistes ont donc contacté un laboratoire en Suisse, effectuant des recherches sur le cancer avec du sang animal, et plus spécifiquement du sang équin. La figure du cheval a immédiatement éveillé l'imaginaire des artistes : l'hybride et mythique Centaure grec, le Sanghyang Djaran balinais, cet homme-cheval dansant

---

25.- Site internet des artistes : http://artorienteobjet.free.fr.

pieds nus sur le feu, ou encore le poème épique *Les portes de feutre*, dans lequel des chevaux racontent leur propre genèse aux peuples de Sibérie.

La transfusion sanguine s'est avérée impossible à effectuer sans plusieurs phases de traitement préalable. Et notamment la sélection du plasma et de l'immunoglobuline, porteurs de la réactivité de l'organisme, ils ciblent certains organes et muscles afin de déclencher une réponse bio-chimique. C'est le cas, par exemple, des immunoglobulines neuro-endocrines entraînant un manque de sommeil, un comportement extrêmement sensible au moindre stimulus, et une hyper-activité ressentie à la fois dans le corps et dans l'esprit humain[26]. L'artiste confirme :

> Lors de l'injection de l'immunoglobuline, celle qui gère par exemple la thyroïde, je n'ai pas dormi pendant une semaine. J'ai expérimenté et ressenti dans mon corps la nature très vive du cheval que j'hébergeais en moi. Une nature différente, étrangère à celle de l'homme[27].

Elle a donc reçu une injection par semaine, pendant trois mois, de différents types d'immunoglobuline, quarante au total, jusqu'à ce que son corps s'adapte au sang animal. L'expérience prend fin avec la performance *May the Horse live in me* qui s'est déroulée le 22 février 2011 à la Kapelica Gallery de Ljubljana, en Slovénie. Cette performance, d'environ une heure, présentait l'artiste recevant une dernière injection et ayant son sang testé, et s'achevait avec l'interaction entre Marion Laval-Jeantet et un cheval avec lequel elle s'était familiarisée. Marchant avec des prothèses à la forme de membres équins, afin de s'adapter à la taille de l'animal, l'artiste tentait de comprendre son propre rapport à l'animal, corporel, mental, ainsi que leurs limites relationnelles, et leur capacité d'adaptabilité.

Cette tentative de sortir d'un schéma anthropocentriste se fait à travers le dépassement de la frontière animal/humain et l'hybridité de l'expérience : être humain et être animal à la fois, posséder une identité ambiguë, être même et pourtant être différent. À cet égard, le concept de « devenir-animal », développé par Gilles Deleuze et Félix Guattari[28] est expliqué très justement par Anne Sauvagnargues :

> Devenir-animal ne signifie en aucun cas préférer l'animal, l'imiter ou devenir comme lui, mais entrer dans sa zone de voisinage moléculaire

---

26.– Jens Hauser, « Who's Afraid of the In-Between ? », in *sk-interfaces. Exploding borders in Art, Technology and Society*, catalogue d'exposition, Casino Luxembourg – Forum d'art contemporain, 2009, p. 6.

27.– Conférence « Que le cheval vive en moi ! » donnée par « Art Orienté Objet » au Casino Luxembourg – Forum d'art contemporain le 15 décembre 2009 dans le cadre de l'exposition *sk-interfaces. Exploding borders in Art, Technology and Society*.

28.– Cf. Gilles Deleuze et Félix Guattari, *Mille Plateaux*, Paris, Éd. de Minuit, 1985.

qui permet de faire varier son propre rapport de vitesses et de lenteurs, sa propre intensité de puissance[29].

C'est, dans une certaine mesure, ce que « Art Orienté Objet » tente d'accomplir en adoptant un point de vue assez cosmogonique, tout en redéfinissant et repoussant les limites de l'humain et de l'animal[30]. Cette recherche, à la fois artistique et scientifique qui, par bien des aspects, pourrait sembler assez peu conventionnelle dans son sujet et dans sa méthode, dénonce la violence prédatrice, la monstruosité de la cruauté humaine, et critique le manque d'éthique scientifique en faveur du profit. Cette critique est celle d'un comportement questionnable vis-à-vis des problèmes écologiques, mais s'inscrit également dans la pensée de « l'hominisation » développée par André Leroi-Gourhan[31]. Ce processus de « devenir-humain » en améliorant son corps par des éléments qui lui sont externes, et donc différents, est présent dans le travail d'« Art Orienté Objet » sous la forme de l'animal. Ainsi, les artistes adaptent au champ artistique la théorie de l'*Umwelt* pensée par Jacob von Uexküll[32] au début du XXe siècle, en démontrant que la notion et la sensation de son propre environnement peut se modifier d'une espèce à l'autre, en fonction de son système sensoriel et psychologique. Cette expérience d'éthologie permet à l'artiste d'expérimenter l'environnement de l'animal de manière haptique et fusionnelle[33]. Des questionnements similaires sont aussi soulevés par l'artiste brésilien Eduardo Kac, mais d'un point de vue des pratiques transgéniques.

... au « devenir-plante »

En effet, Eduardo Kac s'intéresse notamment à l'exploration des limites entre le vivant et le non-vivant, entre l'humain et le végétal. L'artiste pratique ainsi son art à travers la manipulation et l'intervention du vivant. Il note à cet égard :

> L'artiste devient un programmateur génétique dans le sens littéral du terme, qui peut créer des formes de vie en inscrivant ou en modifiant le

---

29.- Anne Sauvagnargues, « Deleuze. De l'animal à l'art », in Paola Marrati, Anne Sauvagnargues, François Zourabichvili (dir.), *La philosophie de Deleuze*, Paris, PUF, 2004, p. 203.

30.- Cf. Anne Bonnin, « Un sens sacré et initiatique », in Marion Laval-Jeantet et Benoît Mangin (dir.), *Art Orienté Objet*, Paris, CQFD, 2007, p. 7-15.

31.- Cf. André Leroi-Gourhan, « Le processus d'hominisation ou comment l'homme est devenu homme », *B.P. Review* n° 3, 1961, p. 13-16.

32.- Cf. Jacob von Uexküll, *Milieu animal et milieu humain*, Paris, Rivages, 2010.

33.- Nicole C. Karafyllis, « Endogenous Design of Biofacts: Tissues and Networks in Bio Art and Life Science », in *sk-interfaces. Exploding borders in Art, Technology and Society*, op. cit., p. 43.

code génétique. [...] [Nous devons nous] rendre compte que nous partageons une très grande partie de notre génome avec les autres êtres vivants ne peut que soulever des questions sur notre identité d'homme[34].

Entre 2003 et 2008, l'artiste élabore l'œuvre *Edunia*, une hybridation entre l'humain et le végétal. Cette fleur, un pétunia, a été créée en lui injectant l'ADN de l'artiste, interrogeant la possibilité d'une vie inter-espèce, et l'ambiguïté liée aux organismes génétiquement modifiés. Cette œuvre faisant partie de la série *Histoire Naturelle de l'Énigme*, fait apparaître une génétique du croisement à travers les veines rouges de la fleur. L'artiste écrit à ce sujet :

> Les pétales roses évoquent la couleur de la peau de Kac. Le résultat de cette manipulation moléculaire est une plante qui crée l'image du sang humain coulant dans les veines d'une fleur, donc un nouvel être qui est à la fois fleur et humain. [...] Le gène sélectionné par Kac est responsable de l'identification des corps étrangers. C'est-à-dire que dans cette œuvre c'est précisément ce qui identifie et rejette l'autre que l'artiste incorpore à l'autre[35].

Ainsi, la fleur continue de pousser et de se développer. Créée avec l'aide de scientifiques de l'Université du Minnesota, *Edunia* transgresse les frontières biologiques et permet de démontrer un continuum entre les différentes espèces. Néanmoins, il est intéressant de noter qu'*Edunia* ne put être présentée lors de l'exposition *sk-interfaces. Exploding borders in Art, Technology and Society* au Casino Luxembourg – Forum d'art contemporain, suite à l'interdiction émise par les ministères de l'Agriculture et de la Santé, due aux risques bactériens potentiels. Cette nature hybride pose des questions d'ordre éthique et moral concernant les bio-technologies, notamment depuis 1971 et la première création animale transgénique[36]. À ce propos, Isabelle Engammare explique :

> En règle générale, l'hybride est donc un être de corps et de nature hétérogène, la disparité morphologique indiquant une incohérence dans l'ordre de la nature [...] Mais les hybrides ont un intérêt particulier : ils

---

34.– Eduardo Kac, « Mon œuvre est donc une bonne occasion de dialoguer », *Transfert*, vol. 1, n° 9, novembre 2000, p. 2.
35.– www.ekac.org
36.– Werner Bartens, « Those who want to clone must start small », in *Under the skin, biological transformations in contemporary art*, cat. expo., Berlin, Hatje Cantz, 2001, p. 10.

permettent de rendre, en sus, aisément observable l'état transitoire de la métamorphose[37].

L'hybride permet de redéfinir les limites comme symbole de « l'entre-deux », la possibilité de devenir autre par la métamorphose et la liminalité de son état premier[38]. Une liminalité culturelle comme l'a définie Victor Witter Turner[39], le processus artistique pouvant apparaître tel un rituel. Mais aussi selon une « vie liminale », si l'on reprend le titre de l'ouvrage de Susan Merrill Squier[40].

Ce type d'art transgénique est considéré comme se tenant à la frontière entre création artistique et expérimentation biologique, et explore les possibilités des relations inter-espèces. Pourtant, dans le cas d'Eduardo Kac, son œuvre fait également référence à la situation politique et sociale du Brésil dans les années 1980 et la dénonciation du traitement coercitif du corps par un régime totalitaire[41]. Dans son texte rédigé en 1998, intitulé *Transgenic Art*[42], l'artiste expliquait déjà la façon dont la mutation pouvait devenir un véritable médium artistique, permettant de repenser et de critiquer le pouvoir biologique détenu par les gouvernements et pouvant compromettre l'équilibre moral d'une société, comme les travaux sur l'eugénisme ou encore le carnophallogocentrisme[43] actuel. Si les êtres transgéniques troublent les frontières morales et éthiques, la pratique endogène de l'artiste en fait une sorte de démiurge visionnaire.

Ces œuvres à la fois hétérogènes et jouant sur l'imaginaire populaire, présentent une condition post-humaine, entre nature humaine, animale et végétale. Elles réunissent les énergies en latence et cristallisent la fusion entre les espèces, comme des métaphores de la transformation allant à l'encontre des identités figées. En choisissant de donner vie à ces créatures liminales, « Art Orienté Objet » et Eduardo Kac inventent une délicieuse combinaison entre art et biologie, à travers la manipulation et la mutation de formes et d'êtres aux limites du naturel et de l'artificiel. Leur processus de

---

37.- Isabelle Engammare, « Homme ou animal ? L'hybride dans le livre gothique », in *Homme animal. Histoires d'un face-à-face*, cat. expo., Paris/Strasbourg, Adam Biro/Musées de Strasbourg, 2004, p. 83.
38.- Jens Hauser, *op. cit.*
39.- Cf. Victor Turner, *The Ritual Process: Structure and Anti-structure*, Londres, Aldine Publishing Company, 1969.
40.- Cf. Susan Merrill Squier, *Liminal Lives - Imagining the Human at the Frontiers of Biomedicine*, Durham & Londres, Duke University Press, 2004.
41.- Cf. Eleanor Heartney, « Au-delà du complexe de Frankenstein », in *Histoire naturelle de l'énigme*, cat. expo, Romainville, Al dante, 2009, p. 18-23.
42.- Cf. Angel Kalenberg, « Eduardo Kac: the artist as a demiurge », in *Eduardo Kac*, cat. expo., Valence, IVAM, 2007, p. 15-35.
43.- Cf. Jacques Derrida, *L'Animal que donc je suis*, Paris, Galilée, 2006.

métamorphose du vivant autorise de considérer l'altérité. L'art transgénique et inter-espèce crée des relations dialogiques et intersubjectives.

À travers leurs œuvres, les artistes présentés inventent un monde à la fois imaginaire pour les uns, réels pour les autres, de fusion entre l'humain et la machine, l'organique et le technologique, le naturel et l'artificiel, au cœur d'un futur anticipé qui questionne à la fois la condition humaine et post-humaine. Dans le cas de la transformation et de la représentation du corps féminin, à travers des êtres mi-humains, mi-artificiels, la réalité du corps devient une métaphore, une figure paradigmatique, existant au-delà des limites de la nature, permettant une métamorphose du vivant. Dépassant la différenciation sexuelle et affirmant la potentialité à franchir les limites sociales de l'humain, la figure féminine post-humaine permettrait une esthétique de la rupture, la possibilité d'une identité humaine faite d'altérité et d'hybridité, de dépasser les identités fixes, de libérer l'être d'une nature imposée par les normes sociales[44]. L'art procure ainsi des récits alternatifs, ouvrant au décentrement de l'être. Quant aux manipulations transgéniques et inter-espèces, elles entament une réflexion critique sur le post-humain, questionnant l'identité humaine et dépassant les limites du biologique. Ces expériences de « piratage corporel[45] » montrent que « le post-humanisme n'est pas la fin de l'homme mais plutôt une renégociation, un questionnement, un travail sur et avec la condition humaine et la tradition humaniste[46] », qu'il s'agisse d'une hybridation cybernétique ou du devenir inter-espèce de l'humain.

Bibliographie

Matthew Biro, *The Dada Cyborg: Visions of the New Human in Weimar Berlin*, Minneapolis, University of Minesota Press, 2009.

Isabelle Boof-Vermesse, Matthieu Freyheit et Hélène Machinal (dir.), *Hybridités posthumaines : cyborgs, mutants, hackers*, Paris, L'Harmattan, 2018.

Manfred E. Clynes et Nathan S. Kline, « Cyborgs and Space », *Astronautics*, septembre 1960, p. 26-27, 74-76.

Raphaël Cuir, « La sculpture post-humaine de soi », *Corps*, n° 1, 2006, p. 61-66.

Thierry Dufrêne, *La poupée sublimée*, Paris, Skira, 2014.

44.- Cf. Franck Damour, « Le cyborg est-il notre avenir ? », *Études*, Tome 411, 2009, p. 475-484.

45.- Isabelle Boof-Vermesse, Matthieu Freyheit et Hélène Machinal, *Hybridités posthumaines : cyborgs, mutants, hackers*, Paris, L'Harmattan, 2018, p. 14.

46.- Elaine Després, « Quand l'humanité diverge. La spéciation des posthumains », *op. cit.*, p. 17.

Elaine Després et Hélène Machinal (dir.), *Posthumains. Frontières, évolutions, hybridités*, Rennes, Presses universitaires de Rennes, 2014.

Marie-Laure Delaporte, « Cyborgs, monstres et chrysalides. Pour une nouvelle représentation du corps féminin dans les œuvres de Lee Bul : entre théories féministes et post-genre », *GRAAT* n° 22, *Le Corps dans tous ses éclats*, coordonné par Régine Atznhoffer et Margaret Gillespie, mise en ligne octobre 2019.

Jacques Derrida, *L'Animal que donc je suis*, Paris, Galilée, 2006.

Franck, Damour, « Le cyborg est-il notre avenir ? », *Études*, Tome 411, 2009, p. 475-484.

Franck Damour, *Le Transhumanisme. Histoire, technologie et avenir de l'humanité augmentée*, Paris, Éditions Eyrolles, 2019.

Gilles Deleuze et Félix Guattari, *Mille Plateaux*, Paris, Éd. de Minuit, 1985.

Bruce Grenville, *The Uncanny: Experiments in Cyborg Culture*, Vancouver, Arsenal Pulp Press, 2002.

Cyril Fiévet, *Body Hacking. Pirater son Corps et Redéfinir l'Humain*, Limoges, FYP Éditions, 2012.

Donna Haraway, *Manifeste cyborg et autres essais : Sciences - Fictions - Féminismes*. Anthologie établie par Laurence Allard, Delphine Gardey & Nathalie Magnan, Paris, Exils, 2007.

Michael Hauskeller, Thomas D. Philbeck, Curtis D. Carbonell (dir.), *The Palgrave Handbook of Posthumanism in Film and Television*, Londres, Palgrave Macmilan, 2015.

Eduardo Kac, « Mon œuvre est donc une bonne occasion de dialoguer », *Transfert*, vol. 1, n° 9, novembre 2000, n.p.

André Leroi-Gourhan, « Le processus d'hominisation ou comment l'homme est devenu homme », *B.P. Review* n° 3, 1961, p. 13-16.

Marion Laval-Jeantet et Benoît Mangin (dir.), *Art Orienté Objet*, Paris, CQFD, 2007.

Paola Marrati, Anne Sauvagnargues et François Zourabichvili (dir.), *La philosophie de Deleuze*, Paris, PUF, 2004.

Susan Merrill Squier, *Liminal Lives - Imagining the Human at the Frontiers of Biomedicine*, Durham & Londres, Duke University Press, 2004.

Ingeborg Reichle, *Art in the age of technoscience. Genetic engineering, robotics, and artificial life in contemporary art*, New York, Springer, 2009.

Jacob von Uexküll, *Milieu animal et milieu humain*, Paris, Rivages, 2010 [1934].

Peter Weibel (ed.), *LHL. Civic Radar*, Berlin, Hatje Cantz, 2016.

Victor Turner, *The Ritual Process: Structure and Anti-structure*, Londres, Aldine Publishing Company, 1969.

Catalogues d'exposition

Under the skin, biological transformations in contemporary art, Berlin, Hatje Cantz, 2001.

Homme animal. Histoires d'un face-à-face, Paris/Strasbourg, Adam Biro/ Musées de Strasbourg, 2004.

Eduardo Kac, Valence, IVAM, 2007.

sk-interfaces. Exploding borders in Art, Technology and Society, Casino Luxembourg – Forum d'art contemporain, 2009.

Histoire naturelle de l'énigme, Romainville, Al dante, 2009.

L'homme fluidique ou hyper-homme chez Paul Otlet (1868-1944). Une perspective transhumaniste complexe

Olivier Le Deuff

> Son avis était qu'on se trouve embarqué aujourd'hui avec toute l'humanité dans une sorte d'expédition, que la fierté exige de répondre « pas encore » à toute question inutile et de conduire sa vie selon des principes ad interim, tout en restant conscient d'un but qu'atteindront ceux qui viendront après nous. La vérité est que la science a favorisé l'idée d'une force intellectuelle rude et sobre qui rend franchement insupportables toutes les vieilles représentations métaphysiques et morales de la race humaine, bien qu'elle ne puisse leur substituer qu'une espérance : celle qu'un jour lointain viendra où une race de conquérants intellectuels pourra enfin s'établir dans les vallées de l'abondance spirituelle[1].

LES TRAVAUX DE L'AVOCAT belge, utopiste, pacifiste, théoricien de la documentation Paul Otlet sont surtout connus par les professionnels de l'information et du fait qu'il est considéré comme un visionnaire en matière de réseaux d'information et de pensée hypertextuelle (Rayward, 1975, Wright, 2014). Nous souhaitons ici montrer comment la pensée de Paul Otlet s'inscrit dans des logiques communes avec les théories transhumanistes (Dard, Moatti, 2016) actuelles. Chez Otlet, on rencontre une vision d'une humanité augmentée par diverses machineries intellectuelles qui permettraient à terme d'accéder à un grand nombre de possibilités pour maîtriser l'univers, le cosmos dans lequel l'homme se trouve pour pouvoir alors espérer le changer et le parfaire.

Paul Otlet va développer plusieurs projets autour de la documentation. Il cherche à réaliser l'index de toutes les connaissances imprimées autour

---

1.– Robert Musil, *L'homme sans qualités*, Paris, Points Seuil, 1995, p. 58.

du RBU (Répertoire bibliographique universel) et espère rassembler la connaissance au sein du Palais du cinquantenaire de Bruxelles pour en faire un Palais Mondial-*Mundaneum*, lieu idéal entre connaissance du monde, pacifisme et associations internationales. Sa logique va jusqu'à imaginer une cité mondiale, symbole de la paix entre les peuples et phare de la connaissance (Van Acker, 2011). Il va travailler à cet effet avec plusieurs architectes, dont Henrik Andersen (1872-1940) et Le Corbusier. Il effectue la plupart de ces projets en collaboration avec une variété d'acteurs impliqués. Parmi eux, figure surtout son alter ego, Henri Lafontaine (1854-1943), homme politique socialiste qui va recevoir le Prix Nobel de la paix en 1913.

Paul Otlet a écrit plusieurs ouvrages depuis sa première tentative adolescente, *L'île du Levant* (Otlet, 1882), ouvrage descriptif et réflexif sur une île acquise par son père Edouard Otlet, industriel particulièrement investi dans les technologies du rail comme le tramway. Le plus célèbre des ouvrages d'Otlet reste *Le Traité de documentation* (Otlet, 1934) paru en 1934 dans lequel il expose sa vision de la documentation et de ce qui va devenir les sciences de l'information. Il anticipe des évolutions dans les dispositifs informationnels et communicationnels qui font qu'il est considéré comme un des pionniers des réseaux d'information et de l'Internet. L'ouvrage est publié à un moment critique puisque les projets de Paul Otlet sont malmenés avec la demande politique de libérer l'aile du palais du cinquantenaire dans laquelle se situe le *Mundaneum*. Paul Otlet commence à considérer qu'il faut penser l'avenir du projet en en faisant un principe déclinable en réseau. Il cherche à relier la plus petite unité informationnelle, le *biblion* à des éléments de plus grande importance comme la cité mondiale. Ron Day considère qu'Otlet était un « théologien d'une science positive et unifiée, mais également un praticien d'une technique documentaire basée sur de petits morceaux de texte "atomiques" et la mise en réseau de ces morceaux dans des documents papier proto-hypertextes[2]. »[3].

Il faut coupler l'étude du *Traité de documentation* avec d'autres écrits de Paul Otlet, notamment sa correspondance, conservée aux archives du musée consacré à son œuvre, le Musée du Mundaneum de Mons, mais aussi ses autres écrits, plus particulièrement *Monde, essai d'universalisme* (Otlet, 1935). On peut trouver dans la pensée d'Otlet des réflexions qui sont proches d'aspirations transhumaines ou qui placent l'homme de manière clairement

---

[2].– Texte original : « He was a theologian of a unified, positive science but also a practitioner of a documentary technique based on small "atomic" chunks of text and the networking of those chunks into paper-based, proto-hypertext documents. »

[3].– Ronald. E. Day, *The modern invention of information: Discourse, history, and power*, Southern Illinois University Press, 2001, p. 9.

augmentée. Otlet cherche à la fois à comprendre, mais également à faire évoluer l'Homme et le monde dans lequel il vit.

Nous montrons le contexte intellectuel et spirituel dans lequel il va construire sa pensée au sein de diverses influences, avant d'aborder les questions de l'hyperdocumentation et de l'hyper-homme puis nous examinerons les plans qu'Otlet imagine pour réaliser un nouveau monde.

Un homme d'influences diverses

Paul Otlet n'est pas seulement un visionnaire, c'est aussi un homme de son époque qui échange avec plusieurs scientifiques, et qui se tient au courant en ce qui concerne les dernières nouveautés notamment au niveau des dispositifs de traitement de l'information. Il soutient ainsi les travaux sociologiques en participant avec Henri Lafontaine à l'Institut des sciences sociales de Bruxelles dirigé par Ernest Solvay qui va constituer un lieu important d'échanges, de débats et de rencontres avec différents spécialistes (Van Acker, 2011).

Un réseau multiple et complexe

Le réseau de Paul Otlet est large et varié, mêlant relations politiques et scientifiques notamment[4].

Tout ce climat participe à une construction de la pensée de Paul Otlet qui lui permet d'imaginer une humanité augmentée dans ses possibilités de compréhension de l'univers qui l'entoure, mais aussi dans ses possibilités de le changer complètement. Le but est à la fois de transformer l'homme, mais aussi de transformer la société et finalement le monde tout entier. Les guerres et les différents échecs de l'humanité renforcent l'idée qu'il faut changer et améliorer l'humanité, et envisager d'autres desseins.

L'étude de la pensée de Paul Otlet s'avère complexe. Il est certes possible d'y trouver plusieurs influences : scientifiques, politiques, architecturales, mais aussi spirituelles, philosophiques, voire maçonniques ou bien encore théosophiques. Ces influences peuvent être potentiellement contradictoires, mais Otlet cherche surtout à rassembler plutôt qu'à diviser. Il a des amitiés et relations dans des milieux politiques parfois opposés. Même chose au niveau scientifique, religieux et spirituel. Paul Otlet va côtoyer les cercles maçonniques via son ami Henri Lafontaine qui était membre de la loge *Les Amis philanthropes*. Une loge qui va œuvrer contre le fascisme et en faveur des républicains espagnols notamment.

4.– Il est possible de visualiser le réseau de Paul Otlet grâce à l'outil de l'otlétosphère que nous avons conçu dans le cadre du projet HyperOtlet : http://hyperotlet.huma-num.fr/otletosphere/ voir aussi (Le Deuff *et alii* 2019).

Otlet va également avoir des relations avec les théosophes en étant régulièrement invité par ces derniers et en venant y faire parfois des conférences. Même s'il reconnaît ne pas être théosophe, il semble proche de leur vision syncrétique[5]. Il a également rencontré Krisnamurti avec le peintre symboliste Jean Delville en 1929 à Ommen aux Pays-Bas.

Nous présentons ici quelques éléments clefs pour comprendre sa pensée dans ce qui la rapproche le plus du transhumanisme actuel. Par conséquent, les influences mentionnées et décrites ci-après sont loin d'être exhaustives.

Otlet s'inscrit dans plusieurs traditions scientifiques et conceptuelles et cherche à adapter sans cesse sa compréhension du monde avec l'évolution des connaissances scientifiques et les processus industriels qui se développent. Il est influencé par les questions de réplication et d'amplification qu'on retrouve sur les études acoustiques, et conçoit finalement l'univers du livre de façon assez similaire aux phénomènes naturels en considérant la culture comme un espace avec ses règles et ses lois et donc ses logiques de diffusion, de reproduction, de communication, etc. En cela, il s'avère proche des travaux menés par son collègue russe réfugié en Suisse, Roubakine qui développe des études autour de la bibliologie psychologique (Roubakine, 1922). Otlet cherche non seulement à observer et comprendre le monde, mais à pouvoir agir sur lui. Sa conception de la sociologie s'inscrit dans ce cadre et il cherche donc des pistes d'action.

L'influence de Charles Richet

Parmi ces relations figure notamment le médecin et professeur Charles Richet (1850-1935), investi dans les travaux de l'anaphylaxie et qui a reçu le prix Nobel de médecine en 1913, soit la même année que Lafontaine pour celui de la paix. Richet va notamment participer au travail classificatoire de la Classification Décimale Universelle (CDU) sur les questions médicales[6]. Richet utilise également la CDU pour indexer des articles de la *Revue Scientifique* qu'il dirige. Il a essayé en vain de convaincre Paul Otlet

---

5.- Archives du Mundaneum, PP PO 221. Échanges avec Henriette Drou-Brouillon de la ligue théosophique.

6.- « Parmi ceux qui nous aidèrent le plus efficacement, je tiens à citer ici au premier rang le général Sébert, qui présida au développement des tables de, la technique et de l'art militaire et M. Charles Richet, qui fut notre collaborateur dévoué pour la physiologie et la médecine. » Henri Lafontaine. « L'institut international de bibliographie et de documentation » (Conférence donnée en 1910) publiée dans *Bibliothèques, Livres et librairies*, Conférences, Libraire des sciences politiques et sociales, Paris, 1912, p. 39. Disponible sur : https://www.enssib.fr/bibliotheque-numerique/documents/48819-bibliotheques-livres-et-librairies.pdf.

d'envisager des indices classificatoires pour le paranormal plutôt que de rester dans la catégorie de l'occultisme[7].

Richet va s'intéresser à la science, à la figure du savant (Richet, 1923) et aux enjeux bibliographiques liés à l'accroissement de la production scientifique disponible[8]. Il s'intéresse aux phénomènes paranormaux, ce qui lui vaut bien des problèmes dans une certaine affaire de fantômes à la villa Carmen où il est victime d'une escroquerie. (Le Maléfan, 2002)

Richet est également connu pour être eugéniste. Son ouvrage sur la sélection humaine permet de le classer clairement dans cette catégorie. Il se prononce pour la modification du vivant et plus particulièrement des êtres humains de façon clairement assumée :

> On sait que la matière vivante est plastique, comme l'argile entre les mains du potier, et qu'on peut façonner des races ; atténuer, amplifier, voire même créer ou détruire certaines fonctions, selon le choix des générateurs. On l'a fait pour les plantes ; on l'a fait pour les animaux. On n'a pas osé le faire pour l'homme. Et cependant pour l'avenir de l'homme on peut tout espérer de la sélection. On ne peut rien espérer sans elle. Imaginons un despote tout-puissant, presque un Dieu, maître absolu des êtres humains, ne s'embarrassant pas de vains scrupules, et disposant d'une durée de cinq cents ans pour une merveilleuse expérimentation. Il pourrait, ce despote, en choisissant avec une irréprochable habileté les meilleurs des types humains pour générateurs, créer au bout de cinq cents ans une race humaine admirable. Ce seraient encore des hommes, mais des hommes beaux et vigoureux, d'intelligence extraordinaire[9].

Difficile au final de savoir quels travaux de Richet ont le plus influencé Paul Otlet. Toutefois, en 1935, Paul Otlet fait le choix de le citer dans le premier chapitre de *Monde, essai d'universalisme* (Otlet, 1935) :

> Nous ne savons rien de précis sur l'étrange cosmos qui nous entoure et nous écrase. Nous nageons, aveugle, dans un Océan ténébreux. Mais il est vraisemblable que nous dissiperons à la longue quelques-uns de ces

---

7.– Archives du Mundaneum. PP PO 0925 DN 8.

8.– « M. le professeur Charles Richet, qui s'intéresse beaucoup à la bibliographie, a calculé tout récemment (voy. C. R. Soc. Biol., Paris, 1910) que le nombre des articles concernant la physiologie, de 300 qu'il était en 1845 a monté à 2 900 en 1908 ; il a presque décuplé en l'espace d'un demi-siècle. » Jean Deniker, « les bibliothèques scientifiques » dans *Bibliothèques, Livres et librairies, idem*, p. 105.

9.– Charles Richet, *La Sélection humaine*, Paris, Félix Alcan, coll. « Bibliothèque scientifique internationale », 919, disponible sur gallica.bnf.fr.

ténèbres et que tout sera changé, bien plus que notre débile intelligence ne le suppose[10].[11]

La phrase a des accents « lovecraftiens » et permet à Otlet d'introduire son travail de synthèse à partir des données scientifiques disponibles à son époque au moment de la rédaction de son ouvrage[12]. La même logique de modification de l'être humain se rencontre également chez Otlet sans les aspects fréquemment racistes que l'on peut trouver dans les textes de Richet. Otlet défend l'idée d'une *épopée humaine* pour résoudre les énigmes :

> Modifier les êtres humains pour résoudre les énigmes. — L'énigme ultime de l'univers (pourquoi tout cela est-il, pourquoi est-il comme c'est), cette énigme appelle, pousse et dirige aujourd'hui des hommes de plus en plus nombreux ; elle les pousse, les appelle, les dirige à résoudre, à porter tous leurs efforts sur les sciences et la philosophie. Les méthodes spéculatives étant impuissantes, des expériences nouvelles sont nées. Et celles modifiant l'être humain lui-même, lui permettront de concevoir d'autres relations entre lui et les choses et ainsi d'approfondir et d'enrichir sa notion de l'être. Ainsi la vie épique et aventureuse de l'homme et de l'humanité vers « le jamais vu » et « l'inouï », conduit à une connaissance plus approchée du mot de l'énigme. Que saurions-nous de l'univers si l'Amérique et les pôles n'avaient été explorés, et si des enfants en jouant avec des verres n'avaient suggéré leurs lentilles et leurs télescopes à Huygens et à Galilée[13].

On retrouve ici l'idée que l'humanité doit mener une forme de quête qui se manifeste autant par les requêtes (rechercher l'information) que les enquêtes (parvenir à accéder à la vérité). L'enjeu étant de pouvoir se rapprocher toujours le plus possible des savoirs. Le symbole de l'*Institut International de Bibliographie* créé par Otlet et Lafontaine mentionne une devise en latin qui reprend ses principes « *qui scit ubi scienta sit, ille est proximus habenti* », « celui qui sait où se trouve le savoir, est proche de l'avoir[14]. »

10.- Richet, 1919, p. II : La source exacte mentionne Kosmos au lieu de cosmos. Charles Richet, « la société des nations en février 1923 », *La paix par le droit*, n° 33, 1923.
11.- Paul Otlet, *Monde, essai d'universalisme : connaissance du monde, sentiment du monde, action organisée et plan du monde.* undaneum, 1935, p. XXVII.
12.- Le vocabulaire de Richet est également proche de celui de Charles Fort (1874-1932) qui passer sa vie à documenter les phénomènes inexpliqués.
13.- Paul Otlet, *op. cit.*, 1935, p. 398.
14.- Le proverbe ancien est remis au goût du jour par Ferdinand Brunetière qui l'emploie en 1998 dans son Manuel de la littérature française pour faire référence à la bibliographie des œuvres sur lesquelles repose son travail. Ferdinand Brunetière, *Manuel de l'histoire de la littérature française*, Paris, C. Delagrave, 1898.

Ce besoin d'avoir le savoir à disposition, à proximité de main se retrouve dans plusieurs écrits d'Otlet comme dans ce passage :

> Une hypothèse moins absolue, mais très radicale encore, supposerait que toutes les connaissances, toutes les informations pourraient être rendues assez compactes pour être contenues en un certain nombre d'ouvrages disposés sur la table de Travail même, donc à distance de la main, et indexés de manière à rendre la consultation aisée au maximum. Dans ce cas le Monde décrit dans l'ensemble des Livres serait réellement à portée de chacun. Le Livre Universel formé de tous les Livres, serait devenu très approximativement une annexe du Cerveau, substratum lui-même de la mémoire, mécanisme et instrument extérieur à l'esprit, mais si près de lui et si apte à son usage que ce serait vraiment une sorte d'organe annexe, appendice exodermique. (Ne repoussons pas ici l'image que nous fournit la structure de l'hectoplasme.) Cet organe aurait fonction de rendre notre être « ubique et éternel »[15].

L'intellectualité, Le Roy et la noosphère

On retrouve dans *Monde, essai d'universalisme*, une filiation à laquelle va également se rattacher Teilhard de Chardin. Elle peut se comprendre au travers d'une mention explicite au philosophe Édouard Le Roy à propos du concept de « noosphère » : « L'intelligence constitue une véritable sphère autour de la planète tout entière, la "Noosphère" ainsi dénommée par le philosophe Le Roy. » (Otlet, 1935, p. 237). Otlet développe ainsi toute une partie sur l'intellectualité et précise que cette intelligence collective « est devenue apte à vaincre l'effet d'égoïsme isolé, qui accompagne d'abord toute genèse d'individus ; elle s'est orientée en âme d'une sorte d'organisme supérieur qui serait en voie de formation. »[16]

La référence est probablement liée au cours de 1926 que Le Roy délivre au Collège de France. Le concept de noosphère que décrit ici Otlet va connaître un succès chez Teilhard de Chardin qui va échanger pendant trente ans à ce sujet avec Le Roy.

On retrouve une approche anthropothéique chez Otlet. En effet, l'accès à un statut divin pour l'homme devenu omniscient se rencontre à plusieurs reprises notamment dans *Monde*. Cette vision d'un homme prométhéen se manifeste aussi par la proximité d'Otlet avec le peintre Jean Delville (1867-1953) dont le tableau *Prométhée* trône au sein du Palais Mondial. Impossible de ne pas imaginer cette influence de la figure prométhéenne

---

15.– Paul Otlet, *Traité de documentation : le livre sur le livre : théorie et pratique*. Editiones Mundaneum-Palais Mondial, 1934, p. 428.
16.– Paul Otlet, 1935, *op. cit.*, p. 237.

dans les projets de Paul Otlet. Certains positionnements s'avèrent proches de ceux développés par Teilhard de Chardin (Chardin, 1955). Ce dernier entrevoit le point Oméga qui désigne la rencontre avec Dieu comme forme d'aboutissement ultime de la complexité biologique et celle de la conscience humaine[17]. Le principe est de considérer que l'homme a pris le contrôle de sa propre évolution, ce qui est très présent également chez Chardin dont Alexandre Moatti nous rappelle avec raison qu'il y a dans sa pensée quelque chose qui relève de la féerie scientifique (Moatti, 2019) voire du « réalisme scientifique » au sens développé par la suite par Jacques Bergier. L'influence des récits de fiction et donc de la science-fiction sont également à prendre en compte[18].

H.G Wells et l'influence réciproque

Chez Otlet, on constate un syncrétisme bien complexe, probablement inspiré aussi par la science-fiction francophone et anglophone, et particulièrement par les écrits d'Herbert George Wells (Torres-Vargas, 2005). Les deux hommes se sont d'ailleurs rencontrés lors du Congrès mondial de la documentation universelle qui s'est déroulé du 16 au 21 août 1937 au Centre Marcelin Berthelot (Maison de la Chimie). H.G. Wells défend l'idée d'un « cerveau mondial », concept qui suit l'idée d'un « cerveau auxiliaire » (Otlet, 1935, p. 374)[19] :

> Dans une organisation universelle et une clarification des connaissances et des idées, dans une synthèse plus étroite des activités universitaires et éducatives, dans l'évocation, c'est-à-dire de ce que j'ai appelé le Cerveau Mondial, opérant par un système éducatif amélioré pour l'ensemble de l'humanité, un cerveau mondial qui remplacera notre multitude de ganglions non coordonnés, notre communauté d'universités sans pouvoir, institutions de recherche, littératures avec un but, systèmes éducatifs nationaux et leurs équivalents ; dans ce seul et en soi, il est maintenu, y a-t-il un espoir clair d'un récepteur vraiment compétent pour les affaires

---

17.– Ce passage d'Otlet montre encore le fait qu'il s'agit de dépasser les limites physiques de l'homme par des processus extériorisés : « Par la machine l'homme supplée au manque et à la défense des organes de son corps. ar l'écrit, il supplée à ceux de son esprit. Par l'un et par l'autre, il s'égalise il devient fongible et s'universalise. » (Otlet, 1935, p. 374)

18.– Otlet imagine ainsi un cosmoscope capable de représenter toutes les connaissances du monde qu'il serait alors possible de consulter voire de modifier. Il n'est pas impossible de penser qu'il ait été influencé par des récits de science-fiction, notamment la nouvelle de l'historioscope, écrite par Eugène Mouton en 1883 dans un recueil intitulé *Fantaisies*.

19.– Selon Boyd Rayward (Rayward, 1999), c'est plutôt Otlet qui influence Wells sur ces questions de « cerveau mécanique » et d'encyclopédie collective.

mondiales, un quelconque espoir d'un contrôle direct adéquat de la dérive destructive actuelle des affaires mondiales[20].

On retrouve chez Otlet et chez Wells cette volonté de bénéficier de machines intellectuelles qui permettent un accès facilité à la connaissance, ce qui explique leur volonté de développer des encyclopédies universelles et facilement mises à jour. Les deux hommes partagent cette même volonté d'associer les progrès de la connaissance autour d'intelligence collective et d'organisations internationales, voire supranationales (Torres-Vargas, 2005). Chez Otlet, la relation avec les machines est d'une importance essentielle :

> L'espèce humaine s'est élevée au-dessus du monde purement biologique depuis l'époque où elle a commencé à fabriquer des outils. Les machines ne se distinguent pas des hommes, sinon par leur fonction. Et les machines appliquées au travail intellectuel réalisent de véritables cerveaux auxiliaires[21].

Ron Day considère d'ailleurs qu'il y a une vision cyborg du livre et de l'homme chez Paul Otlet :

> Le langage d'Otlet montre une fascination évidente pour la capacité du livre à être un objet cyborg hybride. C'est à la fois une partie de l'organisme humain et aussi une sorte de machine informatique dans son propre ordre[22].[23]

Cette augmentation se rencontre dans la relation avec les machines « pour prendre part à l'évolution extérieure, un vaste cerveau collectif » (Otlet, 1935, p. 358) qui permettrait à l'humanité d'atteindre des niveaux supérieurs.

Entre Hyper-documentation et Hyperhomme

Si Paul Otlet a été souvent considéré comme un des pionniers des réflexions hypertextuelles en mentionnant notamment l'enjeu d'imaginer une hyper-documentation, il faut associer cette vision documentaire à celle d'une évolution sociétale et humaine qui passe par un nouvel état de l'homme.

20.– Herbert. G. Wells, *World Brain*, Read Books Ltd, 2016.
21.– Paul Otlet, *op. cit.*, 1935, p. 374.
22.– Citation originale : « Otlet's language shows an obvious fascination with the ability of the book to be a hybrid, cyborg object. It is both a part of the human organism and also a sort of computational machine within its own order. »
23.– Ronald. E. Day, 2011, *op. cit.*, p. 19.

L'hyperdocumentation et l'accès à un stade quasi divin de l'homme

Les travaux documentaires de Paul Otlet dépassent les seules questions pratiques et théoriques de l'organisation des connaissances de son temps. Paul Otlet va plus loin en évoquant l'hyper-documentation (Le Deuff, Perret, 2019) comme l'étape ultime de la documentation. Après avoir décrit les étapes successives de la documentation, et notamment la cinquième avec la fusion du document et de l'instrument, Otlet envisage la sixième et ultime étape :

> Au sixième stade, un stade de plus et tous les sens ayant donné lieu à un développement propre, une instrumentation enregistreuse ayant été établie pour chacun, de nouveaux sens étant sortie de l'homogénéité primitive et s'étant spécifiés, tandis que l'esprit perfectionne sa conception, s'entrevoit dans ces conditions l'Hyper-Intelligence. « Sens-Perception-Document » sont choses, notions soudées. Les documents visuels et les documents sonores se complètent d'autres documents, les tactiles, les gustatifs, les odorants et d'autres encore. À ce stade aussi l'« insensible », l'imperceptible, deviendront sensible et perceptible par l'intermédiaire concret de l'instrument-document. L'irrationnel à son tour, tout ce qui est intransmissible et fut négligé, et qui à cause de cela se révolte et se soulève comme il advient en ces jours, l'irrationnel trouvera son « expression » par des voies encore insoupçonnées. Et ce sera vraiment alors le stade de l'Hyper-Documentation[24].

L'hyper-documentation se voit ainsi corrélée au développement d'une hyper-intelligence. Il s'agit ici de comprendre que se produit pour Otlet une hyperdocumentation en tant qu'accroissement de la masse documentaire disponible, mais aussi une augmentation dans les possibilités de manipulations qui deviennent dès lors possibles non seulement pour relier les documents entre eux, par exemple avec des systèmes classificatoires, mais également pour accéder à de nouveaux stades de la connaissance.

Les buts ultimes de la documentation rejoignent alors ceux de la science tout entière pour conférer à l'homme de nouveaux savoirs autant que de nouveaux pouvoirs :

> Et voici maintenant le problème ultime de la documentation (technique et organisation). L'homme n'aurait plus besoin de documentation s'il était assimilé à un être devenu omniscient, à la manière de Dieu même. À un degré moins ultime serait créée une instrumentation agissant à distance qui combinerait à la fois la radio, les rayons Röntgen, le cinéma et la photographie microscopique. Toutes les choses de l'univers, et toutes celles de

---

24.– Paul Otlet, *op. cit.*, 934, p. 429.

l'homme seraient enregistrées à distance à mesure qu'elles se produiraient. Ainsi serait établie l'image mouvante du monde, sa mémoire, son véritable double. Chacun à distance pourrait lire le passage lequel, agrandi et limité au sujet désiré, viendrait se projeter sur l'écran individuel. Ainsi, chacun dans son fauteuil pourrait contempler la création, en son entier ou en certaines de ses parties[25].

On retrouve bien ici l'idée d'un homme devenu dieu, dans une vision prométhéenne qui fait de lui un nouvel homme, un hyper-homme.

L'homme fluidique ou hyper-homme

Cette période dans laquelle l'humanité rentre progressivement est celle d'un nouvel homme, augmenté par les nouvelles possibilités techniques. L'hyper-homme correspond à un nouveau stade de l'humanité, un homme augmenté par la somme des connaissances à disposition, par les possibilités du cerveau mécanique et collectif.

Paul Otlet juxtapose ici deux termes qui semblent pourtant avoir des origines bien différentes. L'hyper marque les possibilités d'excroissance, d'augmentation tandis que le fluidique renvoie à d'autres perspectives dont l'ancrage est clairement celui du XIXe siècle. On y retrouve cette tension entre fascination scientifique et interrogation des au-delàs (psychique, physique, spirituel, etc.).

Le concept semble venir d'Alan Kardec, créateur du courant du spiritisme, dont les cercles spiritistes vont connaître un succès dans les milieux bourgeois à Bruxelles avec un courant spécifique, l'antoinisme. L'extrait suivant du livre du continuateur de Kardec, Léon Denis (1846-1927) permet de comprendre l'origine du concept d'« homme fluidique » :

> La science, de son côté, n'a étudié et connu jusqu'ici dans l'homme terrestre que la surface, la partie physique. Or, celle-ci est à l'être entier à peu près ce que l'écorce est à l'arbre. Quant à l'homme fluidique, éthéré, dont notre cerveau physique ne peut avoir conscience, elle l'a entièrement ignoré jusqu'à nos jours. De là, son impuissance à résoudre le problème de la survivance, puisque c'est l'être fluidique seul qui survit. La science n'a rien compris aux manifestations psychiques qui se produisent dans le sommeil, le dégagement, l'extériorisation, l'extase, à toutes les échappées de l'âme vers la vie supérieure[26].

25.– Paul Otlet, *op. cit.*, 935, p. 391.
26.– Léon Denis, *Le problème de l'être et de la destinée : études expérimentales sur les aspects ignorés de l'être humain*, Paris, Librairie des sciences psychiques, 1908. https://gallica.bnf.fr/ark:/12148/bpt6k5681738t, p. 192.

L'homme fluidique renvoie donc à une étape supplémentaire du travail scientifique selon Léon Denis pour parvenir à l'identifier. Si le texte de Denis se réfère clairement à la possibilité d'un au-delà existentiel, d'une vie après la mort, la position d'Otlet est probablement différente dans la mesure où il pense cet au-delà de façon spirituelle, mais aussi de façon technique, ou plutôt mnémotechnique[27].

Ce n'est donc guère étonnant qu'Otlet emploie une expression de Kardec tant les cercles spiritistes étaient à la mode. De la même manière qu'il entrevoit une évolution de la documentation, de la science et des institutions, il distingue une évolution progressive de l'humanité qui va du règne minéral en passant par le règne organique jusqu'au « règne humain (homme-sur-Homme) » puis « Règne métahumain. Hyper-Homme (fluidique). » (Otlet, 1935, p. XVIII)

L'hyper-homme d'Otlet semble une nouvelle fois proche de l'ultra-humain de Teilhard de Chardin marquant aussi quelque part la fusion entre la nature et la culture[28].

Otlet apparaît ainsi comme cet « homme du livre » qui est décrit par Borges :

> Une autre superstition de ces âges est arrivée jusqu'à nous : celle de l'Homme du Livre. Sur quelque étagère de quelque hexagone, raisonnait-on, il doit exister un livre qui est la clef et le résumé parfait de tous les autres : il y a un bibliothécaire qui a pris connaissance de ce livre et qui est semblable à un dieu[29].

Paul Otlet : un homme augmenté ?

Sans pour autant atteindre ce caractère omniscient, il apparaît opportun de penser Paul Otlet en homme augmenté. En effet, les archives du *Mundaneum* et les œuvres écrites de Paul Otlet constituent une extension de lui-même voire l'extériorisation totale. Cette vision d'une forme d'*uploading* analogique réside à la fois dans le fait qu'Otlet entrevoit dans les possibilités des machines intellectuelles la possibilité de s'extérioriser, ainsi que par des éléments liés à sa vie personnelle. Il souffre en effet de problème de mémoire

---

27.– Otlet fait référence au rapport spiritisme et communication post-mortem : « Les adeptes du spiritisme et de la métapsychie ont présenté des écrits obtenus par le médium et émanant de personnages morts. C'est l'écriture automatique qui a fait l'objet de recherches physico-psychologiques. » (Otlet, 1934, p. 69)

28.– Cette volonté de comparer les deux s'observe dans le fait qu'Otlet cherche à établir des lois culturelles notamment pour le livre. Il s'inspire ainsi de la biologie et des travaux du zoologue Yves Delage qu'il cite à plusieurs reprises dans ses travaux.

29.– Jorge Luis Borges, *Fictions*, Folio, Gallimard, 1965, p. 78.

depuis une méningite durant son adolescence. Son système repose sur le besoin incessant de prendre des notes pour ne rien oublier. Cela concerne aussi bien des aspects intellectuels que des aspects pratiques notamment dans la communication avec sa femme. Son dispositif de prise de notes est donc à la fois un accroissement et un double de lui-même. Il veille particulièrement à la conservation de ce qu'il a produit. André Colet, ami et continuateur du projet, témoigne de cette volonté de conservation post-mortem :

> Je le répète, mes papiers forment un tout. Chaque partie s'y rattache pour constituer une œuvre unique. Mes archives sont un « Mundus Mundaneum », un outil conçu pour la connaissance du monde. Conservez-les ; faites pour elles ce que moi j'aurais fait. Ne les détruisez pas ! (propos rapportés par André Colet, (Lévie, p. 320) qui vont de pair avec le testament de Paul Otlet dans lequel il souhaite que soit conservée et respectée l'unité qu'il a construite).

Paul Otlet conçoit quelque part autant un *Otletaneum* qu'un Mundaneum. Il décrit même des formes de prolongement existentiel via un papier absorbant[30].

De la quête de la connaissance à de nouvelles conquêtes

La nécessité de dépasser les frontières scientifiques traditionnelles est ainsi défendue par Otlet qui veut repousser les limites de la science et de ses frontières traditionnelles :

> (...) Les plus grandes découvertes expérimentales n'ont pas été faites dans le domaine des anciennes sciences bien reconnues, mais dans les zones frontières, le no mans' land des sciences[31].

Ce vocabulaire de la « frontière » rappelle les discours actuels des transhumanistes qui évoquent les *High Frontiers*, du nom initial de la revue *Mondo* (Pucheu, 2018). *The high frontier* renvoyait d'ailleurs initialement à une logique de colonisation spatiale en référence à l'ouvrage de O'Neil dont la première édition date de 1976 (O'Neill, 2000). Otlet évoque clairement l'existence d'êtres venus d'ailleurs et les enjeux communicationnels pour le progrès de la connaissance humaine :

> Y a-t-il des secrets et est-il des êtres qui détiennent des secrets, des connaissances inconnues des hommes, et pourrait-on les amener à nous révéler ces

---

30.– « Le papier absorberait comme une éponge toute la vie et de préférence la vie subconsciente de celui qui l'écrivit, et dégorgerait dans notre subconscience. » (Otlet, 1934, p. 70)
31.– Paul Otlet, *op. cit.*, 1935, p. 360.

secrets ? La possibilité d'habitants dans les astres, d'êtres intelligents, avec la possibilité d'entrer en relation avec eux[32].

Otlet se montre ainsi obsédé par l'idée de définir un plan pour l'amélioration des différents échelons des sociétés humaines. Il dresse alors des objectifs à atteindre tant au niveau documentaire qu'au niveau scientifique.

Les problèmes ultimes

La science permet alors de repousser les frontières scientifiques, mais aussi les frontières de ce qu'il est possible de faire :

> Le problème ultime de la connaissance scientifique : connaître si bien toute la réalité, ses êtres, ses phénomènes et ses lois qu'il soit possible de désintégrer tout ce qui existe, de le reconstituer, de l'ordonner de manières différentes. Le problème ultime de la technique : Un seul homme n'ayant plus qu'à pousser un bouton pour que toutes les usines du monde, réglées parfaitement entre elles, se mettent à produire tout ce qui est nécessaire à toute l'humanité[33].

Le pouvoir quasi divin ainsi obtenu permet non seulement de comprendre le monde, mais de le refaire. Les problèmes ultimes de la science se recoupent avec ceux de la documentation qu'on a abordés précédemment, notamment avec le concept d'hyperdocumentation. Chez Otlet, les problèmes éthiques sont finalement peu abordés tant il semble que le progrès scientifique doit s'accompagner d'un progrès social. Les machines intelligentes sont ainsi amenées à pouvoir résoudre les problèmes de la société tout entière :

> Le problème ultime de la Société : La liberté crée les divergences. Dans un état limite, plus ne serait besoin de recourir à autrui. Chacun pourrait obtenir tout ce qu'il désirerait en faisant appel directement aux choses seules, et en se dispensant des hommes. Ainsi la machine serait devenue la libératrice de chacun, son fonctionnement se faisant par un seul et les choses étant disposées dans l'ordre convenant pour ce seul[34].

Cette libération par la machine revient très souvent dans les textes d'Otlet. Néanmoins, il mentionne également leurs limites et leurs dangers ; les machines sont ainsi parfois perçues comme des instruments de guerre qui lui font horreur ainsi que des instruments de domination de la machine sur l'homme, ce qui implique des choix[35].

32.– Paul Otlet, *op. cit.*, 935, p. 395.
33.– Paul Otlet, *op. cit.*, 1935, p. 390.
34.– *Idem*, p. 390.
35.– « Vivre à côté de ces machines devient effrayant, transforme l'existence en un cauchemar ». (Otlet, 1935, p. 460)

Où allons-nous ou l'idée d'un plan mondial

Otlet inscrit sa pensée dans celle d'un mondialisme en tant que plan mondial qui permette d'imaginer une humanité unifiée :

> Le problème mondial est posé devant nous au sens social et limité du mot. De la solution dépend sinon l'existence humaine, du moins les formes de cette existence. Dans chacun des domaines de la vie sociale, ce n'est que trouble et déséquilibre. Le monde a grandi de telle sorte que sa structure antérieure dans aucun d'eux n'est plus capable d'enserrer ses activités. En conséquence, tous les problèmes sont devenus fonctions les uns des autres. Pour éviter la guerre (politique), la crise (économique), la révolution (sociale), l'antinomie (intellectuelle), la solution est demandée à une nouvelle structure : un nouvel équilibre, un nouvel ordre, une nouvelle organisation, un nouveau plan, une nouvelle civilisation. Une civilisation qui soit à la fois universelle (tous les domaines), internationale (tous les pays), active (dynamique) et progressive (susceptible d'un développement continu)[36].

L'idée de penser un développement continu de l'humanité suit une logique proche de la loi d'ampliation d'Hubert Van Houtte (1872-1948) qui considère que l'Europe après une phase d'émiettement s'orienterait désormais au début du vingtième siècle vers une uniformisation progressive. Paul Otlet n'hésite pas à aller plus loin en évoquant le mondialisme[37].

Paul Otlet est ainsi un des premiers à théoriser la mondialisation et finalement l'idée d'une forme de conscience planétaire :

> Comment d'un coup d'œil embrasser ce complexe universel, le Monde ? Comment être sûr d'en avoir inventorié tout ce qui agit en lui, sur lui, comme facteurs, et de l'avoir inscrit en une totale équation ? Comment être à même de prévoir au moins le proche futur, demain seulement ou fût-ce même dans l'instant qui nous sépare de deux lectures de journaux ? Au milieu des contradictions, des oppositions, des conflits surtout, et alors que la nature, prolongée en la société, nous est hostile, ou tout au moins indifférente, comment nous fixer un but et une fin à nous-mêmes, à nos groupes, à l'Humanité ? Comment travailler selon des plans raisonnés, individuel, local, national, par un Plan mondial ? Voilà les questions ultimes, qu'implique tout examen de la situation du monde, du « quid » en Europe, en Asie, en Afrique, en Amérique, en Océanie[38].

36.– Paul Otlet, *op. cit.*, 1935, p. 105.

37.– « [...] en montrant l'accélération actuelle du mouvement ampliatoire des relations sociales, ces mêmes faits doivent aussi faire conclure que l'étape de l'internationalisme limité à l'amalgame des nations d'Europe sera directement franchie pour arriver d'un coup au "mondialisme". » (Otlet, 1908)

38.– Paul Otlet, *op. cit.*, 1935, p. 105.

La conception « mondialiste » d'Otlet se manifeste par le travail qu'il mène avec Henri Lafontaine au niveau des associations internationales et leur reconnaissance. C'est en fait la prise en compte des organisations non gouvernementales (Davies, 2016) au niveau des institutions nationales ou internationales. Cette conscience planétaire est celle qui permet aussi de créer des instances internationales ou supranationales, mais aussi d'envisager l'espace dans ses possibilités de conquêtes diverses (planche n° 1).

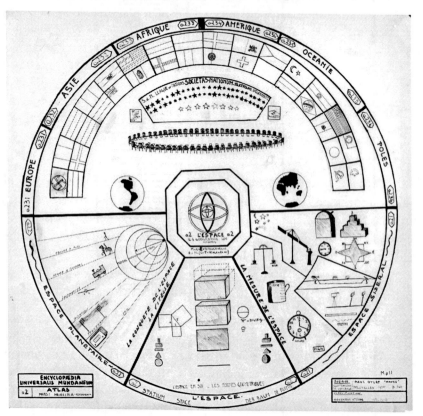

Planche issue de l'encyclopedia universalis mundaneum.
Paul Otlet. Archives du Mundaneum. ARC-MUND-EUMP-11.

Otlet met en garde au final dans la conclusion de Monde du risque d'affrontement entre deux conceptions :

> Le monde A est celui qui stationne, s'il ne rétrograde pas, est désireux de vivre en détruisant, tout en risquant d'être détruit lui-même, monde qui demeure enfermé dans les formes passées, dirigé par les conceptions d'hier. Le monde B est celui qui va de l'avant, raisonne, construit, marche vers une mutation de formes anciennes, vers des formes nouvelles. (...) Ce monde estime qu'il ne faut redouter ni changement, ni évolution,

ni transformation, ni révolution. Il professe que l'idée est la puissance ultime de la société totale aussi bien que de l'homme isolé et, à des degrés dégradés, de tout être voire même de la nature entière. Par conséquent, le monde B propose une corrélation plus étroite des organismes agissants, une convergence vers un point central, l'élaboration et l'exécution d'un Plan Mondial[39].

À bien des égards, on se demande s'il n'y a pas une logique quantique dans cette description et que dans l'esprit d'Otlet, le *Mundaneum* subsiste encore quelque part et qu'il est même parvenu à triompher ou qu'il a le potentiel pour le faire.

Conclusion

Il apparaît nécessaire de se souvenir du dernier témoignage que constitue l'épitaphe d'Otlet, épitaphe qu'il a recommandée sur son testament. Elle est très claire : « Il ne fut rien, sinon mundanéen ».

Elle signifie que Paul Otlet noue des relations avec différentes personnes venant d'opinions politiques, religieuses parfois très différentes sans pour autant prendre part trop nettement. Il emprunte et puise des éléments qui l'intéressent notamment dans la perspective d'une synthèse des connaissances.

Une des réussites de Paul Otlet, c'est d'être parvenu finalement à réaliser un projet dont beaucoup des principes ont pu lui survivre en dehors du projet localisé au Palais Mondial. Dans la préface de la réédition de 1989, Robert Estivals rappelait qu'il fallait considérer Paul Otlet comme un phare. Cette capacité à survivre par la force de ses œuvres de l'esprit est indéniable. En cela, Ron Day avait bien décrit cette potentialité :

> Au moyen de dispositifs littéraires, le texte d'Otlet va au-delà de son temps, projetant l'humanité dans un avenir qu'Otlet a voulu créer, à la fois par les technologies et techniques de l'information et par la force rhétorique même de ses textes[40].[41]

39.– *Idem*, p. 403.
40.– Citation originale : « By means of literary devices, Otlet's text goes beyond its own time, projecting humanity into a future that Otlet desired to create, both through information technologies and techniques and through the very rhetorical force of his texts. »
41.– Ronald. E. Day, *op. cit.*, 2001, p. 10.

Remerciements

Ce travail a été possible grâce à un financement de l'Agence Nationale de la Recherche. ANR-17-CE38-0011.

Merci à l'équipe HyperOtlet et à notamment Henri Sergent pour ses repérages.

Merci à Stéphanie Manfroid et à toute l'équipe du Mundaneum pour l'accès aux archives.

Bibliographie

Jorge Luis Borges, *Fictions*, Folio, Gallimard, 1965.

Pierre Teilhard de Chardin, *Le Phénomène Humain*, 1955 (Le Seuil, 1970).

Olivier Dard, Alexandre Moatti, « Aux origines du mot 'transhumanisme' ». *Futuribles*, juillet 2016.

Thomas. R. Davies, « Understanding non-governmental organizations in world politics: The promise and pitfalls of the early 'science of internationalism' », *Journal of International Relations*, 7 December 2016.

Léon Denis, *Le problème de l'être et de la destinée : études expérimentales sur les aspects ignorés de l'être humain*, Paris, Librairie des sciences psychiques, 1908.

Ronald. E. Day, *The modern invention of information: Discourse, history, and power*, Southern Illinois University Press, 2001.

Olivier Le Deuff, Arthur Perret, « Paul Otlet and the Ultimate Prospect of Documentation. » *Proceedings from the Document Academy*, 2019, Vol. 6 : Iss. 1, Article 14. DOI : https://doi.org/10.35492/docam/6/1/9.

Olivier Le Deuff, Jean David, Arthur Perret, Clément Borel, « Surfer dans l'Otletosphère. Des outils pour visualiser et interroger le réseau de Paul Otlet » in Roxin I et (dir.), *H2PTM'19. De l'hypertexte aux humanités numériques*, Londres, ISTE éditions, 2019, p. 65-76.

Françoise Levie, *L'homme qui voulait classer le monde : Paul Otlet et le Mundaneum*, Les Impressions nouvelles, 2006.

Pascal Le Maléfan, « Richet chasseur de fantômes : l'épisode de la villa Carmen ». *Des savants face à l'occulte*, La Découverte, 2002, p. 173-200.

Alexandre Moatti, *Aux prémices du transhumanisme*, France, 1930-1980, Habilitation à diriger des recherches, Sorbonne Université, 2019.

Gerard K. O'Neill, Freeman Dyson, *The High Frontier: Human Colonies in Space*, Apogee Books Space Series 12, 3rd edition. Collector's Guide Publishing, Inc., Burlington, Ont., Canada, 2000.

Paul Otlet, *Monde, essai d'universalisme : connaissance du monde, sentiment du monde, action organisée et plan du monde*, Mundaneum, 1935.

Paul Otlet, *Traité de documentation : le livre sur le livre : théorie et pratique*, Editiones Mundaneum-Palais Mondial, 1934.

Paul Otlet, *L'île du Levant*, Bruxelles, Imprimerie Guillot, 1882.

Paul Otlet, « La loi d'ampliation et l'internationalisme », *Le Mouvement sociologique international*, vol. 8, n° 4, 1908, p. 133-134.

David Pucheu, « Religiosité transhumaniste. Les nouvelles frontières de l'ingénierie exploratoire », *Études digitales*, 1, n° 5, 2018, p. 53-70.

Boyd W. Rayward, *The Universe of Information: The Work of Paul Otlet for Documentation and International Organisation*, Published for International Federation for Documentation (FID) by All-Union Institute for Scientific and Technical Information (VINITI), 1975.

Boyd W. Rayward, « H.G. Wells's idea of a World Brain: a critical re-assessment », *Journal of the American Society for Information Science*, Vol. 50, May 1, 1999, p. 557-79.

Charles Richet, *La sélection humaine*, Paris, Libraire Félix Alcan, 1919. *gallica.bnf.fr.*

Charles Richet, *Le savant*, Paris, Hachette, 1923. *gallica.bnf.fr.*

Charles Richet, *Traité de métapsychique*, Paris, Librairie Félix Alcan, 1922, *gallica.bnf.fr.*

Nicolas Roubakine, *Introduction à la psychologie bibliologique. La psychologie de la création des livres, de leur utilisation par les lecteurs, les écoles, les bibliothèques, les libraires. Théorie pratique*, Paris, J. Povoloszky, 1922.

Georgina Araceli Torres-Vargas, « World Brain and Mundaneum: The Ideas of Wells and Otlet Concerning Universal Access », *VINE*, septembre 2005.

Wouter Van Acker, *Universalism as Utopia: A Historical Study of the Schemes and Schemas of Paul Otlet (1868-1944)*, Ghent University, 2011. *biblio.ugent.be.*

Herbert. G. Wells, *World Brain*, Read Books Ltd, 2016.

Alex Wright, *Cataloging the World: Paul Otlet and the Birth of the Information Age*, Oxford University Press, 2014.

Parole aux écrivains

Entretiens avec Mara Magda Maftei

Le corps contemporain

Entretien avec Pierre Ducrozet sur *L'Invention des corps*

Mara Magda Maftei : Votre roman *L'Invention des corps*, publié en 2017 chez Actes Sud, en plus de témoigner de votre belle plume d'écrivain, abonde en concepts et théories transhumanistes. Je vous imagine tout d'abord bon lecteur du transhumanisme, et ensuite comme un écrivain qui décide de placer son roman sous les auspices d'un phénomène qui fait de plus en plus de vagues actuellement. Ai-je raison ?

Pierre Ducrozet : Oui et non. En réalité, ça a plutôt fonctionné dans l'autre sens : j'ai décidé de consacrer un roman à la question du corps contemporain, sous toutes ses formes, tous les changements à l'œuvre, et par conséquent j'en suis rapidement venu à m'intéresser à la question du transhumanisme, centrale pour les transformations du corps et de la société en général. Alors je me suis mis à lire beaucoup de choses sur la question. Cela faisait effectivement quelque temps déjà que je lisais des articles et des reportages sur la Silicon Valley et le transhumanisme, qui me fascinaient et me semblaient extrêmement romanesques. Par leur quête d'immortalité, leur complexité, leur côté prométhéen et icarien, les transhumanistes sont des figures romanesques géniales (parce que doubles et problématiques), à la fois éternelles (les thèmes qu'ils brassent sont les mêmes depuis le début de l'histoire de la littérature) et extrêmement contemporaines : jamais dans l'histoire de tels moyens techniques n'avaient été mis à disposition d'un tel groupe de personnes, et ce qu'ils peuvent atteindre est unique.

Pour tout cela, je me suis dit que cela ferait une pâte romanesque passionnante. En revanche, oui, je m'intéresse à l'histoire d'internet, aux hackers, aux réseaux depuis longtemps, cela me passionne, et j'avais déjà une bonne connaissance de ces aspects-là.

Mara Magda Maftei : Si je ne me trompe pas, vous consacrez un chapitre entier à Norbert Wiener, vous le fictionnalisez sous le nom de Werner Fehrenbach, et vous imaginez ensuite le trajet d'un homme souffrant qui envisage la cybernétique comme la science qui sort l'homme de l'horreur de l'histoire, qui le libère de son corps, en espérant ainsi lui assurer beaucoup plus de liberté et en apparence beaucoup plus d'autonomie. Le projet de Wiener échoue finalement puisque l'homme finira partie intégrante d'un énorme réseau de données, manipulé et traqué, résultat d'une idéologie individualiste (Milton Friedman) et de l'informatisation de la société libérale (Jean-François Lyotard, *La Condition postmoderne*) qui facilite « l'amélioration » de l'homme.

Quelles lectures vous ont amené à tout ce raisonnement ? C'est une idée géniale de fictionnaliser le destin de Wiener et de l'intertextualiser dans l'architecture du roman. Avez-vous écrit ce chapitre à part pour l'insérer ensuite en l'accrochant à l'histoire générale ?

Pierre Ducrozet : En réalité, le personnage de Werner Fehrenbach est né de plusieurs influences, plusieurs parcours entremêlés. Il y a effectivement des traits de Norbert Wienermais aussi de Richard Stallman et de Ray Kurzweil. Je voulais un personnage qui me permette de faire le lien entre, d'un côté, l'horreur de la Seconde Guerre, le vide terrible qu'elle laisserait en lui, et de l'autre l'informatique, la naissance de l'ordinateur comme supplétif, comme solution ou remède à une communication entre les hommes qui aurait échoué, qui a échoué. Ce personnage n'existant pas complètement, je l'ai inventé, en métissant différents aspects de certains existants et en en rajoutant d'autres. Il y avait chez Kurzweil ce trou laissé par l'Holocauste, mais de manière moins directe que chez mon personnage, et surtout Kurzweil, s'il est un inventeur génial, est devenu le transhumaniste en chef, ce que n'est pas du tout Fehrenbach. Lequel participe à la création d'internet, après en avoir eu l'intuition folle. Il est le parcours du XXe siècle incarné, Holocauste, LSD, internet et utopie mêlés.

J'ai écrit le chapitre dans la continuité du reste, mais il est vrai que cette idée du siècle incarné dans des corps, et seulement des corps, était un projet de roman à part entière, que je n'ai finalement pas mené jusqu'à son terme, et qui est venu s'intégrer dans celui-ci. J'aimais l'idée d'un traveling qui s'insérerait dans une trame au présent et qui viendrait éclairer tout le reste du livre. Ce chapitre est la clef de voûte de tout le livre. Je le vois comme la pièce à part qui éclaire tout le reste : voilà pourquoi nous sommes comme nous sommes dans nos corps, aujourd'hui.

Les lectures qui m'ont amené à ce chapitre sont là aussi assez disparates et désorganisées. Je procède un peu par sérendipité, je butine, je lis ici, là, dans le désordre, des articles sur le web, des documentaires, des livres, tout ce que je peux trouver. Pour ce chapitre, l'ouvrage de référence a été *L'histoire du corps* en trois tomes parus aux éditions du Seuil, extraordinaire livre.

Et puis des textes autour de ces figures de référence, des textes sur l'Holocauste, sur le San Francisco des années 60/70 (je fais un clin d'œil aux merveilleux Merry Pranksters, venus répandre la bonne nouvelle du LSD partout sur le territoire américain), puis l'histoire d'internet.

Mara Magda Maftei : Dans le même chapitre, vous faites référence au rhizome de Gilles Deleuze. « (...) Chacun de nous [est] plusieurs, écrit-il, le rhizome relève de la multiplicité. » Robert Louis Stevenson avait démontré dans son roman *L'Étrange Cas du Dr Jekyll et de Mr Hyde* (1886), à travers le personnage de Henry Jekyll, « que l'homme est finalement une synthèse de nombreux individus, tous différents et indépendants les uns des autres », affirmation qui ne contredit pas celle de Deleuze. Pour vous le rhizome de Deleuze est « (...) la figure la plus libre qui soit, qui fleurit et qui pousse selon son seul désir ». « Le rhizome n'a évidemment pas de centre », c'est « une efflorescence », c'est un modèle en fait pour l'architecture des interconnexions qui nous agrippent comme une toile d'araignée. C'est aussi l'image de la fiction posthumaniste qui aspire toutes les informations sur lesquelles notre société actuelle est construite, dans une symbiose parfaite entre scientifiques et écrivains, les premiers qui bâtissent, les seconds qui spéculent. Est-ce parce que plusieurs personnalités cohabitent en Alvaro qu'il est capable de se démultiplier à la manière du rhizome de Deleuze ?

Pierre Ducrozet : Oui, c'est ça, Alvaro est un rhizome fou, comme tous les personnages, en eux se croisent de multiples fleuves et courants qui les font tomber, avancer, rebondir, changer de directions. D'ailleurs, les personnages de romans qui fonctionnent sont, je crois, ceux qui sont suffisamment complexes et contradictoires pour surprendre et le lecteur et l'auteur, avoir leur cohérence et leur unité propres.

Mais le rhizome pour moi est surtout central en ce qui concerne la forme du roman. C'est lui qui donne au roman sa forme acentrée, réticulaire, reliant des points géographiques et temporels séparés, allant vite d'un point et d'un endroit à l'autre, d'un genre à l'autre, d'un univers à l'autre, dans cette idée d'efflorescence du récit, d'arborescence, à l'image, bien sûr, d'internet et du réseau. Cette forme est née naturellement du sujet du livre. Il fallait cette adéquation pour que cela fonctionne.

Et plus généralement le roman contemporain sera, je crois, rhizomatique ou ne sera pas. La forme romanesque évolue sans cesse, en fonction des formes sociétales et des représentations du monde dans laquelle elle naît, et il nous faut nous poser la question de quel roman pour quel nouveau monde.

Ma modeste proposition, dans ce roman-ci, serait d'adopter le pli du réseau, du rhizome, d'une forme libre et décentrée, sans haut ni bas, sans imposition, qui se développerait librement dans l'espace du roman, reformulant ainsi notre réel pareillement mouvant et malléable, véloce et réticulaire. Il ne copierait pas le réel, mais le réinventerait ainsi.

Mara Magda Maftei : La construction d'un « nouvel homme nouveau » passe par le nazisme. Vous insistez bien là-dessus. L'idéologie de l'homme nouveau nazi reste particulière dans toute l'idéologie totalitaire avec l'idée de renaissance, de supériorité, d'idéal de beauté raciale que celle-ci supposait et qu'on retrouve aujourd'hui chez les transhumanistes.

Vous écrivez qu'on n'invente pas l'homme nouveau (ce qui est vrai), mais qu'on le travaille et à partir de là « on entre dans la barbarie ». On le travaille puisque justement « l'homme est un réseau », un rhizome. Votre personnage principal, Alvaro, se laisse en définitive « manipuler » pour gagner de l'argent. Pouvez-vous insister sur le rapport entre « l'homme nouveau » et « le nouvel homme nouveau » fabriqué par le transhumanisme ?

Pierre Ducrozet : C'est une question centrale, qui a été bien sûr au centre des controverses autour du faux nietzschéisme inventé par les nazis. Le surhomme est emblématique de cette confusion entre le dépassement de l'espèce et sa réinvention solaire (ce que prônait Nietzsche, et qui est en total désaccord avec l'idéologie nazie).

En faisant mes recherches, je me suis demandé si le transhumanisme était un nietzschéisme ou un nouveau nazisme. Et plus j'avançais dans mes recherches, plus je m'approchais de cette dernière hypothèse. Sans parler nécessairement de nazisme (et éviter ainsi le point Godwin), le transhumanisme tel qu'il est prôné par les pontes de la Silicon Valley est ultra-individualiste, ultra-violent, il prône le dépassement de soi par la technique à outrance, le métissage avec la machine. Plus que nazi, il s'avère un aboutissement de l'ultra-libéralisme capitaliste dans toute sa logique, sa violence, sa crudité, un avatar du libertarianisme. Chacun pour soi et contre tous. Aucune conscience sociale, écologique, collective. Sauvons notre peau en offrant notre âme aux datas et aux molécules. D'où l'idée de Faust qui hante le pacte entre Parker et Alvaro.

Mara Magda Maftei : Parker Hayes est un savant fou, qui désire absolument reconstruire l'être humain par le recours à la science sur le modèle immortalisé par Mary Shelley ou par Philip K. Dick dans *Blade Runner* (Dr. Eldon Tyrell) et surtout par les auteurs de fiction posthumaniste (dans presque tous les romans posthumanistes, il existe un savant fou). Est-ce un héritage de la littérature, de la science-fiction en particulier ? Voyez-vous d'autres rapprochements entre la littérature de science-fiction et la fiction posthumaniste ?

Pierre Ducrozet : Oui, c'est un héritage essentiel de la littérature, et pas seulement de science-fiction, puisque je citais justement *Faust* de Goethe, un thème-pilier qui infuse l'histoire littéraire en général. Le savant fou est génial et passionnant comme tous les personnages qui vont trop loin, qui vont au bout de leur logique. Dans le cas de ce roman, il me fallait un personnage qui aille au bout de la logique du transhumanisme, pour bien la saisir.

Mais la différence avec Frankenstein est d'ordre réaliste : ce que dit et prône Parker est tout à fait réel et correspond à ce que proclament les transhumanistes, et notamment Peter Thiel, dont Parker est en partie inspiré. Il n'est pas une caricature, il est réaliste, et c'est ça qui semble fou. (Si l'on excepte les expérimentations sur d'autres corps, mais ce n'est pas du tout infaisable, ni impensable, ni contraire à une quelconque éthique, puisqu'il n'y en a pas.)

Il y a de nombreux rapprochements entre littérature de science-fiction et littérature posthumaniste : les thèmes bien sûr, le souci du présent, de la politique, des changements à l'œuvre. Je ne fais aucune distinction entre littérature de science-fiction et littérature générale, dont elle fait entièrement partie, et à ce titre elle infuse l'ensemble de l'histoire littéraire. Donc impossible de penser notre présent et la littérature contemporaine sans K. Dick, Asimov, *Blade Runner* ou *2001 L'odyssée de l'espace*. Une différence peut-être : la science-fiction a souvent été en avance sur tout le reste en ce qui concerne la vision politique, la puissance d'analyse, la critique sociale et politique. De cela, tous les auteurs ont énormément appris.

Mara Magda Maftei : Vous qualifiez la Silicon Valley de « nouveau fascisme » et vous accusez les réseaux sociaux de manipulation et de corruption. Sur internet la dissociation corps/esprit disparaît, de la même manière que la démarcation vie privée/vie publique, pourtant tout le monde s'empiffre, y compris vos personnages, qui en subissent les conséquences. La fiction a-t-elle un rôle moralisateur ?

Pierre Ducrozet : Non, surtout pas. De nombreuses idées et positions et visions peuvent s'y affronter, par la voix des personnages, mais on ne tranche pas, c'est au lecteur de le faire. Il y a bien des personnages qui expriment cette critique de la Silicon Valley, mais elle est contrebalancée par d'autres visions. Par exemple, Lin et Werner, quoique critiques sur l'évolution récente d'internet, sont également portés par la puissance du réseau, les possibilités infinies qu'il ouvre dans les vies et dans les corps.

Ceci dit, évidemment, quelque chose de général ressort du livre, et c'est certainement une vision critique de la Silicon Valley – mais qui est une chose bien différente d'internet dans son ensemble, lequel est un monde nuancé, complexe, foisonnant, à la fois révolutionnaire et réactionnaire – mais fondamentalement révolutionnaire, dans ses fondements, dans sa structure, dans son éthique !

Mara Magda Maftei : Raymond Kurzweil passe pour le gourou des transhumanistes, embauché par Google, partisan d'une Intelligence Artificielle qui devrait remplacer l'homme d'ici 2045. Parker Hayes est-il un synonyme de Raymond Kurzweil, que vous citez d'ailleurs dans votre roman ?

Pierre Ducrozet : Il y a du Kurzweil en lui, mais principalement du Peter Thiel, comme Parker fondateur de PayPal et premier investisseur de Facebook. Kurzweil est presque trop fou pour entrer dans un roman, il ne serait pas crédible (il ne rentre dans celui-ci que de manière anecdotique). Thiel m'intéressait plus parce qu'il est extrêmement complexe, à la fois intellectuel, passionné par les idées de René Girard et d'une certaine philosophie européenne humaniste, et un trumpiste fou, ultra-libéral et partisan d'un transhumanisme radical. À la fois rêveur et extrêmement pragmatique. Il fallait cette dualité-là pour que le personnage soit intéressant. Et qu'on parte d'un Parker séduisant au début, pour arriver à une figure de plus en plus monstrueuse.

Mara Magda Maftei : Vous faites référence à Adam Smith, le père du libéralisme, vous citez aussi *La Grève* d'Ayn Rand, mais surtout l'idée que l'égoïsme est salvateur pour une économie de marché, et que l'homme doit absolument retrouver sa liberté.

Pourtant la recherche de la liberté à tout prix a poussé l'homme vers une société de haute surveillance ; plus une société est technologique, plus elle est facile à contrôler et à surveiller, ce que nous observons bien de nos jours (par exemple dans les sociétés occidentales, mais surtout en Chine – le système de crédit social). En tant qu'auteur posthumaniste vous êtes d'accord avec l'idée que l'homme est devenu une donnée manipulable. Pourquoi se prête-t-il à ce jeu ? Pourquoi Alvaro le fait-il ?

Pierre Ducrozet : Oui, cette idée est essentielle, elle structure nos sociétés contemporaines. Pourquoi l'homme s'y prête-t-il ? Épineuse question. D'un côté il ne s'y prête pas vraiment, on le lui impose, il est pris dans un jeu qui le dépasse, et de l'autre il ne semble pas y avoir, en effet, une immense opposition au contrôle des données, aux caméras de surveillance, on se laisse faire. Pourquoi ? Par servitude volontaire ? Par dépit ? Par indifférence ? Difficile de trancher.

Dans le cas d'Alvaro, c'est également un mélange confus d'abandon, de dépit, de rage, de besoin d'argent (surtout), donc d'intérêt. Il se laisse faire parce qu'on l'a éloigné de lui-même, parce que la société l'a broyé et réduit à cela. Peut-être est-ce aussi un début de réponse pour l'ensemble des citoyens : nous nous laissons instrumentaliser par la société de contrôle parce que notre être a déjà été broyé par la grande machine, et que nous nous abandonnons complètement, finalement.

Mara Magda Maftei : Fabriquer un monde meilleur équivaut à un meilleur contrôle de l'homme, même à distance. C'est pour cela qu'on propose à Alvaro de lui implanter, pour des raisons médicales, une puce, « au bon endroit, dans la chair ». Ce type de technologie évoque la possibilité d'un mécanisme de contrôle que pourrait exercer sur l'homme, par exemple, une entité autre que l'État dans une société de surveillance. C'est bien ce que vous démontrez dans votre roman à travers l'entreprise du savant fou, Parker Hayes, qui se propose ainsi de construire « un nouveau pays », « un nouveau monde ». Grâce au néolibéralisme prôné par Milton Friedman que vous citez aussi, les investisseurs privés font la loi. Vivons-nous une nouvelle forme de totalitarisme en plein néolibéralisme (robotisation du comportement humain, surveillance, uniformisation) ?

Pierre Ducrozet : Oui, si l'on veut obtenir un homme meilleur, plus performant, plus efficace, plus puissant, il faut avoir prise sur lui, il faut le contrôler. Les idéologies qui réfléchissent, elles, à un enrichissement personnel, libre et efflorescent de l'être humain n'ont pas besoin de contrôle, au contraire, l'individu est chargé d'avancer librement dans la direction qu'il veut. Mais dès que cela devient un programme politique, autoritaire, on tombe dans la barbarie.

Oui, je crois qu'on avance vers une nouvelle forme sinon de totalitarisme (le mot a été défini avec trop de spécificité et de précision par Hannah Arendt pour pouvoir être utilisé dans n'importe quel contexte), tout au moins d'autoritarisme et de contrôle bio-économique, c'est certain. La liste des moyens d'oppression et de contrôle des humains est trop longue pour être déroulée ici, mais les grandes puissances d'internet, Amazon, Google, Apple et autres, les résument bien : contrôle des données, des déplacements, des achats, robotisation, déshumanisation des avancées médicales, tentatives diverses de contrôle des cerveaux humains. Cette fois-ci la puissance de contrôle est privée et non étatique (encore que). Les années qui viennent seront cruciales dans ce domaine, et d'autant plus après la crise du coronavirus qui n'a fait que pousser vers encore plus de contrôle numérique des individus.

Mara Magda Maftei : L'homme redéfini après Auschwitz et Hiroshima, d'un point de vue social, politique, philosophique et technologique, arrive par les biotechnologies ou par la cyber-technologie à la posthumanité. Cette posthumanité impose-t-elle un nouveau rythme à l'homme, une nouvelle forme d'évolution, par sélection artificielle et par manipulation génétique ?

Pierre Ducrozet : Totalement. Le rythme d'évolution de l'espèce est à présent conditionné par les avancées technologiques, assujetti à des données extra-naturelles – mais ne le sont-elles pas toutes ? Il a toujours évolué en fonction des progrès techniques, puis médicaux, depuis le Néolithique jusqu'à aujourd'hui. La nouveauté est peut-être surtout le rythme frénétique et exponentiel auquel il le fait aujourd'hui. L'enjeu est celui-ci : que faire de toutes ces folles avancées ? Si on les met au service de l'humain, on améliorera vertueusement son existence. Si on les met au service du contrôle et de la performance, on ira droit vers une dictature bio-numérique.

Mara Magda Maftei : La société de type néolibéral, extrêmement informatisée, à la construction de laquelle on assiste depuis les années 1980 d'un point de vue socio-politique, mais aussi fictionnel (grâce au courant cyberpunk), est évoquée par un théoricien très connu du transhumanisme, Nick Bostrom, qui proclame sa confiance et son enthousiasme envers un homme augmenté qui se définirait en termes d'auto-détermination et d'autorégulation, aptitudes physiques et psychologiques incompatibles en revanche avec la notion de liberté à la perte de laquelle nous assistons petit à petit depuis les années 1980.
Ce n'est pas en lui insérant une puce qu'on rendra Alvaro autonome. Ne pensez-pas que l'idéologie prend beaucoup de distance par rapport à la vie réelle dont vous faites une belle architecture dans votre roman ?

Pierre Ducrozet : Je ne crois pas du tout à cet accroissement de l'autonomie et de l'auto-régulation par la robotisation. On sait parfaitement que cela ne marche pas comme ça. C'est l'inverse qui se produit : les Google Glass, pour ne donner qu'un exemple, le montrent bien.
Cette idéologie ne tient pas la route, et tout l'indique aujourd'hui.

Mara Magda Maftei : Adèle est embauchée par le richissime Parker afin de poursuivre dans ses laboratoires son travail contre le vieillissement cellulaire. Elle injecte même à Alvaro, qui est le cobaye de Parker, « des cellules souches cardiaques pour voir si (…) le cœur se régénère et revient à un état (…) antérieur ». Pourquoi n'avoir pas réservé le rôle d'Adèle à un homme ?

Pierre Ducrozet : Ça ne s'est pas présenté dans ces termes. Peu importe le genre du personnage, l'important est d'arriver à un maximum de nuances et de complexité – donc si l'on peut ainsi apporter des contradictions, en attribuant des actions douteuses à un personnage globalement rayonnant, c'est encore mieux. Adèle est un personnage solaire, humaniste, et qui se laisse prendre par un système qu'elle récuse. Alvaro est dans le même cas. Personne n'est pur. S'il y a pureté, il n'y a pas roman. Adèle se retrouve à faire quelque chose qu'elle déteste, par négligence, par curiosité. Elle se trompe. Et elle le sait. C'est alors que ça commence à devenir intéressant.

Mara Magda Maftei : Ce « nouvel homme nouveau », cet homme posthumain, tend depuis les années 1980 vers sa débiologisation (Marvin Minsky, Hans Moravec), aspect véhiculé initialement par le courant cyberpunk et largement retrouvé dans votre roman : expériences biologiques, travail pour relier l'internet et le cerveau humain afin de mieux poursuivre l'homme, un homme qui finira par « courir plus vite », qui « entendra mieux », qui « fera infiniment mieux l'amour » (éventuellement comme André Marcueil dans le roman d'Alfred Jarry, *Le Surmâle*, 1902). Comme dans tous les romans posthumanistes, le cobaye se révolte. La construction de l'homme nouveau est vouée à l'échec. Pourquoi, à votre avis, ce même schéma qui se répète ? Est-ce parce que le comportement de l'homme ne se modifie pas, en définitive, au fil des siècles ?

Pierre Ducrozet : Ce n'est pas parce qu'un cobaye se rebelle que la construction d'un homme nouveau est vouée à l'échec. Le problème est l'expérimentation à grande échelle de choses qui ont été testées à petite. Certains peuvent se révolter, mais la masse, elle, est plus servile, et tout est envisageable. Donc si tout le monde n'est pas vigilant, le pire est toujours possible – comme *1984* le démontre à chaque page.

Mara Magda Maftei : Votre roman est un vrai bonheur pour moi puisque j'y retrouve toute la philosophie transhumaniste construite autour d'un personnage qui se modélise lui aussi par des expériences qu'il doit affronter. En guise de conclusion, qu'est-ce qui vous a déterminé à écrire ce roman ?

Pierre Ducrozet : Toute une suite de choses : l'envie de travailler la matière-réseau, la matière-internet, la matière-corps, leurs histoires et leur présent, l'envie de travailler le Mexique et la Californie, les genres et la violence, une multitude de personnages, du polar, de la science et de la politique, de plonger dans tout ça à la fois, dans tous ces corps, et de voir ce qu'il en sortirait. Au début d'un livre, il y a de nombreuses envies qui se rejoignent sur un point, plusieurs fleuves distincts, plusieurs voix, idées, paysages. Cela forme une pâte, ou pas. On ne sait jamais avant de s'être lancé.
Un grand merci à vous pour ces questions si fouillées et pour votre intérêt !

La figure de l'androïde

Entretien avec Isabelle Jarry sur *Magique aujourd'hui*

Mara Magda Maftei : Vous avez publié chez Gallimard en 2015 un roman sur un robot, Today, l'assistant androïde du personnage principal, Tim, envoyé en cure de déconnexion pendant une certaine période. *Magique aujourd'hui*, votre roman, contient dans son titre le mot *today* traduit en français – le nom du robot. Quelle signification donnez-vous à cette répétition, qui n'est sûrement pas fortuite ?

Isabelle Jarry : Bien évidemment, je n'ai pas choisi le titre au hasard. Aujourd'hui = today, le nom du robot. C'est à la fois un clin d'œil (je trouvais amusant qu'un robot tel qu'il n'en existe par aujourd'hui s'appelle précisément Today) et une clé d'interprétation, dans la mesure où je veux faire comprendre au lecteur que je parle bien du temps présent et que je ne me projette pas dans un avenir hypothétique, lointain, incertain, malgré la composante « futuriste » de l'intrigue, qui fait intervenir des réalités technologiques et sociétales non encore ou pas complètement advenues. C'est bien une critique de la société contemporaine qui est proposée dans ce roman.

Mara Magda Maftei : *Magique aujourd'hui* fait partie des fictions françaises construites suite au phénomène transhumaniste. Aviez-vous connaissance de la théorie transhumaniste avant de vous lancer dans l'écriture de ce roman ?

Isabelle Jarry : Oui, j'en ai entendu parler dès 2009, j'étais alors membre de la Commission chargée de concevoir et d'animer le Débat Public national sur les Nanotechnologies (leur développement et leur régulation). Des transhumanistes nous avaient contactés et s'étaient fait connaître ; ils avaient même publié un cahier d'acteur durant le débat. C'était une position qui m'avait intéressée, car je préparais alors, avec un historien des sciences, un ouvrage sur la place de la technologie et de la science (et en particulier de la figure de l'androïde) dans la littérature romanesque, à partir d'un corpus d'œuvres dans lequel *L'Ève future* occupait une place centrale. Mais ce qui m'intéressait lorsque j'ai commencé à réfléchir à ce roman, c'était bien la figure du robot, et non de l'homme augmenté ou technologiquement transformé. Le robot vu comme un ultime avatar du personnage de fiction… Il y a bien deux personnages principaux dans le roman, l'homme (Tim) et le robot (Today).

Mara Magda Maftei : Par rapport à d'autres romans transhumanistes, le vôtre n'est pas tissé autour des concepts propres au courant transhumaniste, mais autour d'une charge émotionnelle qui est votre clef de voûte ; vous décrivez avec majesté la solitude de Tim à qui on impose une cure de déconnexion, d'où la nécessité pour son robot de faire son apprentissage et de s'essayer à l'autonomie. J'ai l'impression que vous avez de l'affection pour ce robot, qui est tout gentil dans votre roman, au service de l'homme, alors que la fiction posthumaniste et scientifique développée en marge du transhumanisme présente au contraire les robots comme dénués de tout sentiment, de toute humanité. Pourquoi avez-vous choisi cette position ?

Isabelle Jarry : Ma référence en matière de robots est Asimov (*I, robot*) et ses trois règles qui font des robots des êtres profondément bienveillants envers les humains. Je suis partie du principe qu'une machine (à l'image de la technique ou d'une discipline scientifique) est ontologiquement neutre, qu'elle n'est ni bonne ni mauvaise. C'est l'usage qui en est fait qui peut l'orienter vers une posture quelconque. Il m'intéressait aussi de prendre le contre-pied d'une position assez communément adoptée par les écrivains (en particulier au XIXe siècle), de grande méfiance vis-à-vis de la science. Étant moi-même de formation scientifique, je n'ai pas cette appréhension et je souhaitais faire du robot une créature bienveillante, amie de l'homme. C'est davantage le concept de création d'une nouvelle espèce qui m'intéresse, plutôt que l'aspiration à l'éternité humaine développée par les transhumanistes, laquelle ne m'attire pas du tout. L'homme est toujours mortel, mais il prend une dimension démiurgique en créant des êtres androïdes à son image.

Mara Magda Maftei : Today est « un animal de compagnie amélioré », un « robot pensant », fidèle à son maître, qui ne réclame pas trop de liberté puisque la notion même lui en est inconnue. Resté seul sans Tim, il se fait enlever et exploiter dans des travaux physiques par Mirène comme dans la version praguoise du Golem, parue au XVIIIe siècle, selon laquelle le Golem est créé par le rabbin Loew, le Maharal de Prague (1513-1610). Celui-ci utilisa le Golem comme son serviteur pendant six jours de la semaine, lui enlevant la première lettre de son signe dès l'approche du Shabbat afin de le rendre inerte pendant vingt-quatre heures. Avez-vous eu en tête cette exploitation du Golem en tant que robot quand vous avez construit ce passage de votre livre ?

La légende raconte qu'un vendredi soir, le Maharal aurait oublié de réduire au silence le Golem et que celui-ci se transforma ainsi en anti-Golem. Quel message devrons-nous retirer de l'apprentissage de Today ?

Isabelle Jarry : Curieusement, bien que *Le Golem* ait figuré dans mon corpus d'œuvres, je ne m'en suis pas inspirée pour écrire *Magique aujourd'hui*. Je ne l'ai d'ailleurs même pas relu. J'ai plutôt conçu Today comme l'extension anthropomorphique de n'importe quel ordinateur ou terminal doté d'une IA telle que celles dont nous disposons chaque jour, sans même nous en apercevoir. Cette position est expliquée dans le roman par le vieux Luuk lorsqu'il parle de son grille-pain transformé en assistant jardinier. J'avais déjà utilisé la figure du grille-pain dans *Zqwick le robot* (Gallimard Jeunesse, 2013), un roman pour enfants qui mettait en scène un petit robot fabriqué par un grand-père pour son petit-fils. L'apparence du robot androïde est une illusion ; on croit qu'il est plus « humain » parce qu'il a forme humaine. Mais c'est une vue de l'esprit.

Néanmoins, formaté et instruit par son propriétaire, Today tend vers un « idéal humain », représenté par Tim. Ce dernier a configuré son robot en fonction de sa propre personnalité et de sa relation aux machines, plus horizontale que verticale. Les rapports de domination ne l'intéressent pas et il ne souhaite pas asservir Today, au contraire. De son côté, Today ne cherche pas à s'affranchir d'une relation qu'il l'oppresserait, et il n'y a pas la moindre révolte dans son comportement. Au contraire, il tend à se conformer en tous points à la volonté de Tim et à épouser son mode de vie et sa manière de penser. D'ailleurs, son unique objectif, dès qu'il s'en trouve séparé, est de le retrouver et de renouer le lien perdu. Mais confronté à la solitude et à l'indépendance, il met en pratique ce qu'il a appris et tente comme il peut de gagner en autonomie, ce qui n'est pas gagné, car il est en réalité terriblement ignorant des usages du monde et plus encore de la malignité des hommes. C'est une sorte de Prince Mychkine des robots. Mais peut-être faut-il considérer l'ingénuité et la naïveté comme la forme la plus subtile de la révolte...
Par ailleurs, j'ai beaucoup écouté le *Faust* de Gounod pendant l'écriture du livre, opéra qui occupe une place importante dans le roman. Le mythe de Faust n'est pas totalement étranger au discours transhumaniste (jeunesse éternelle, etc.)...

Mara Magda Maftei : Le lecteur retrouve dans votre roman des échantillons d'une société de contrôle (« la société s'octroyait le droit de décider à la place des citoyens ce qui était bon pour eux »). Tim consacre dix-huit heures par jour à son travail et cela est « interdit ». Cette obsession du contrôle se confirme de plus en plus dans votre roman puisque Tim se retrouve exponentiellement prisonnier des algorithmes qui génèrent un processus de mécanisation de ses comportements ; tout cela le transforme en un quasi-robot, comme Today. Vous sanctionnez la société de contrôle, dans votre manière douce d'exposer des choses graves, différente de la prose masculine qui s'y prend à cœur ouvert. Comment l'être humain peut-il conserver sa liberté dans cette société de contrôle qui devient la nôtre ?

Isabelle Jarry : J'ai été très influencée par Orwell, auteur que je vénère et auquel j'ai consacré un essai à l'occasion du centenaire de sa naissance (*George Orwell. Cent ans d'anticipation*, Stock, 2003). Je me suis donc beaucoup intéressée à ces questions de contrôle cybernétique, contre lesquelles s'élevait le groupe Pièces et Mains d'Œuvre (PMO) de Grenoble, lequel a porté une très vive contestation pendant le débat sur les nanotechnologies, avec un rejet total de toute la technologie RFID. Le contrôle est évidemment une tentation assez grande pour les gouvernements des sociétés comme les nôtres dominées par les *data*. Orwell et Huxley (mais d'autres également, je pense à Philip K. Dick ou Ray Bradbury) ont décrit des modèles totalitaires obsédés par le contrôle. Le contrôle est consubstantiel au pouvoir : tous les gouvernements le recherchent, quelles que soient les technologies dont ils disposent pour cela. La Stasi de l'ancienne RDA, qui ne possédait aucun ordinateur et aucun algorithme, a réussi à recueillir et à traiter un nombre impressionnant de données sur les citoyens de l'Allemagne de l'Est. L'ouverture de ses archives il y a quelques années a fait découvrir les millions de fiches détaillées, complétées et consignées par les services de cet organisme.

Les moyens mis à disposition des États ne sont que des moyens, seul compte l'usage qui en est fait. Voilà pourquoi il faut moins se méfier des machines que des hommes. C'est la cruauté des hommes que Today doit redouter, et non l'inverse.

En termes de forme littéraire, il me semble plus efficace de dénoncer une société du contrôle par des moyens détournés, et de faire réfléchir le lecteur en l'emmenant par des chemins plaisants (en apparence) vers une réflexion sophistiquée et complexe. Je suppose que cela tient à ma personnalité, je cherche toujours à convaincre sans imposer, à faire réfléchir plutôt qu'à faire peur. J'ai écrit un autre roman d'anticipation (j'avais dans l'essai sur *Orwell* fait ma première tentative avec une série de nouvelles d'anticipations adossées à chacun des chapitres), qui traite de la question de la recherche scientifique et de notre rapport au monde végétal et aux microbes (bactéries et virus…). Dans *Contre mes seuls ennemis* (Stock, 2007), un jeune chercheur cherche à comprendre le langage des plantes, tandis qu'un virus du sol tente d'entrer en contact avec les humains, par le biais d'un bâtiment dans lequel il s'est logé. C'est un roman drôle et farfelu, mais dans lequel j'aborde des problématiques très concrètes et des thématiques de recherche qui à mon sens finiront par s'imposer. C'est ma méthode, elle est sans doute moins spectaculaire que celle d'auteurs plus percutants ou alarmistes, mais je crois sincèrement que les auteurs/autrices doivent proposer des pistes de réflexion (et pourquoi pas des solutions) pour penser le monde de demain, c'est-à-dire celui d'aujourd'hui.

Pour répondre à votre question sur la liberté et la possibilité de la conserver, c'est l'aspiration la plus élevée de l'être humain, et elle grandit à mesure qu'il en est privé. Winston Smith, dans *1984*, ne cesse de chercher des échappatoires et des solutions pour accroître son degré de liberté. Tous les héros de roman sont confrontés à cet unique défi. Je ne suis pas tout à fait d'accord avec votre interprétation de Tim. Certes il est victime de ses propres addictions (en particulier aux machines et à l'IA) mais à la fin il se révolte, à sa manière. Il s'enfuit, il échappe à l'oppression de l'enfermement. Cette liberté, il la conserve. Il est toujours possible de dire non, quel qu'en soit le prix à payer. On peut imaginer qu'il sera rattrapé et reconduit chez sa geôlière, ou bien qu'il réussira à rejoindre son domicile, et à retrouver Today, ou bien qu'il errera indéfiniment dans la forêt, ou encore qu'une nouvelle vie commencera pour lui, mais qu'importe ; ce qui compte c'est l'acte de se libérer du joug et de le faire en conscience. Tim, à sa manière, est un révolté, et sans doute un contestataire puissant, contrairement à ce que vous croyez. Il s'oppose, finalement, en permanence, et ne cesse de réfléchir à son état, à sa situation, sans jamais perdre son libre arbitre.

Mara Magda Maftei : Vous insistez sur l'importance d'acquérir son « autonomie psychologique », de ne plus se laisser gérer par des applications qui décident pour nous (« le mouvement Déconne-x-ion »). Tim est obligé de faire un stage chez Madame Hauvelle, loin de toute forme de technologie.

Il pose des briques toute la journée face au silence absolu de sa surveillante en protestant : « j'ai autre chose à faire », « ce n'est pas productif ». À la fin de votre roman, Tim est toujours en cure de déconne-x-ion. On sent son désespoir monter au fil des pages. Pourquoi avez-vous choisi de garder Tim en isolement forcé ?

Isabelle Jarry : C'était une manière de faire un parallèle entre l'isolement que crée l'usage même de ces machines et le refus de toute technologie. Nous sommes aujourd'hui complètement dépendants de notre téléphone et des nombreuses applications qui y sont stockées. Nous croyons qu'elles nous libèrent alors qu'elles nous enferment, nous isolent et nous contrôlent. Le mouvement Déconne-x-ion est une réaction à cette toute-puissance des machines connectées sur nos vies. Ce faisant, il tombe dans le même travers :

l'excès. C'est un peu le même principe que la prison, et l'effet que l'enfermement produit sur certains détenus qu'il éloigne définitivement d'une vie « dans la cité », les excluant et les marginalisant sans régler la question de la sanction. Je ne vais pas reprendre l'analyse magistrale de Foucault sur la question de la surveillance... Tim est retenu prisonnier, sans accès à ce qui donne du sens à sa vie. La violence de notre société n'est, il me semble, pas moins grande aujourd'hui. L'individu n'est absolument pas considéré dans ses aspirations et ses besoins, mais plutôt comme un rouage de la machine de production, laquelle doit aller toujours plus vite et plus loin, pour entretenir le grand capital. Ce n'est plus Foucault, c'est Marx...

Par ailleurs, la cure de Tim à la campagne, dans un lieu isolé et intemporel, est aussi une allégorie de la « vie ancienne », sans machines ni internet ni connexion d'aucune sorte. On vivait comme ça dans les siècles passés, au Moyen-Âge (Tim se trouve d'ailleurs en Bourgogne, région symboliquement associée au Moyen-Âge), et jusque dans les années 1950. Vouloir revenir en arrière est une illusion, tout comme il est vain de demander à l'être humain de renoncer aux progrès qu'il a lui-même inventés ou suscités. On ne refait pas la marche du temps à l'envers. C'est une dialectique que je voulais introduire, quitte à forcer un peu le trait du « retour à la terre ». En d'autres termes, n'y a-t-il pas d'autre voie, entre le totalitarisme des objets connectés et le refus de toute intrusion numérique dans nos vies ? Toujours la question des usages, et de ce qu'on fait des technologies une fois qu'on les a mises au point. L'articulation avec le politique est également soulignée, puisque c'est l'État qui organise lui-même ces « prisons » au grand air.

Enfin, l'isolement forcé – outre que la thématique parcourt tous mes romans (c'est même mon sujet de prédilection, tous mes livres traitent de cette question) –, est une métaphore de la condition humaine, consubstantielle à tout héros de roman qui se respecte. Se débattre pour donner un sens à sa vie au milieu d'un environnement sourd et aveugle, face à un système injuste, incompréhensible, délirant, voilà le défi auquel est confronté tout personnage de roman, et au-delà, tout être humain qui débarque sur Terre. Kafka le décrit mieux que personne. La profonde solitude de l'individu, la nécessité angoissante d'avoir à prendre en main son destin, sans l'aide de quiconque et avec ses seuls et pauvres moyens, voilà qui est le cœur même de la littérature, vous ne croyez pas ? En cela je m'inscris modestement dans la longue liste des écrivains qui ont exposé et décortiqué cette éternelle et universelle tragédie.

Mara Magda Maftei : Puisque Tim est toujours en cure de déconnexion, son robot, Today, qui n'a plus de nouvelles de lui depuis que la société a décidé de l'envoyer chez Madame Hauvelle, choisit à la fin de votre roman de remplacer son maître, pour lui rendre service et non pour le supplanter, et ainsi présenter le travail de son patron devant les membres d'un jury. Deux existences différentes, une existence humaine qui a besoin de se soigner et l'autre, auparavant dépendante de l'être humain, mais qui petit à petit prend le large. En fait, on n'a pas l'impression en lisant votre roman que l'homme réussira à se passer de la technologie, puisque Tim compte les jours avant de sortir de son isolement forcé, mais en revanche, on constate que le robot gagne en autonomie et qu'il en tire même de la joie, comme un enfant qui fait ses premiers pas. Est-ce là bien votre intention en écrivant ce roman, ou c'est tout simplement une interprétation que j'en donne en tant que lectrice ?

Isabelle Jarry : Non non, vous ne rêvez pas, c'est exactement ce que j'ai voulu dire. J'aime beaucoup l'idée que d'autres formes d'intelligences, fussent-elles artificielles (encore faudrait-il s'entendre sur ce mot) s'installent à nos côtés et viennent rejoindre le grand peuple des créatures terrestres. Pourquoi devrions-nous craindre leur apparition ? Nous détruisons beaucoup d'espèces animales, pourquoi ne pas en laisser naître et vivre de nouvelles, même « artificielles » ? J'ai conscience de ce qu'a de provocateur cette position, mais j'adopte facilement une posture d'ordre animiste ou bouddhiste, et j'aime assez l'idée que nous faisions un peu de place, sur le banc de l'existence, à de nouvelles « espèces » intelligentes, qui non seulement prendront leur autonomie, mais auront peut-être une vision tout autre que la nôtre, aussi intéressante, aussi constructive, et pourquoi pas davantage. Puisque le mouvement est engagé, autant l'accompagner avec optimisme et confiance. C'est un peu ce que nous dit Today, avec sa manière originale et personnelle de soutenir la thèse de Tim. Donnons-lui sa chance ! Encore une fois, le plus redoutable auquel nous ayons eu affaire, jusqu'à présent, est l'homme lui-même. Pourquoi les machines intelligentes seraient-elles aussi bêtes et cruelles que nous ? Parce que nous les avons créées à notre image ? Je propose justement, à travers ce roman, une autre thèse, celle de l'automisation des IA, qui s'éloigneront de leurs créateurs et inventeront un autre modèle. Notre problème, c'est que nous sommes incapables d'imaginer des formes qui ne nous ressemblent pas. D'où cette reproduction dans les œuvres de science-fiction, telle une malédiction, d'un monde dominé par la violence, la destruction, la souffrance, le malheur. On ne parle bien que de ce que l'on connaît bien...

Mara Magda Maftei : Quelles ont été vos lectures avant de rédiger ce roman ?

Isabelle Jarry : Comme je l'ai indiqué plus haut, j'ai relu l'intégralité des œuvres d'Asimov faisant intervenir des robots, ainsi que de nombreux ouvrages plus anciens, de *Frankenstein* à *L'Ève future*. J'ai aussi lu pas mal de publications scientifiques traitant de robotique ou d'intelligence artificielle. Un de mes amis spécialiste des nanotechnologies, directeur d'un centre de recherche, a très gentiment assuré pour moi une veille dans la presse scientifique et m'a relayé de nombreux articles traitant de robotique et de programme d'élaboration de robots animés. J'ai été également inspirée par les travaux photographiques de mon ami Yves Gellie qui a consacré à de nombreux laboratoires de robotique créateurs d'androïdes, çà et là dans le monde, un voyage éclairant, finalement publié sous forme d'ouvrage (*Human Version*, Éditions Loco, 2013).

Mara Magda Maftei : Je vous interroge brièvement sur le rapport entre la science-fiction et la fiction posthumaniste sans savoir si vous êtes une lectrice de science-fiction.

La science-fiction mérite bien son nom de fiction anticipative du phénomène transhumaniste, qui se donne aujourd'hui les moyens financiers d'intervenir proprement dit sur l'homme, tandis que la fiction posthumaniste n'est pas une fiction d'anticipation mais serait plutôt une « fiction critique spéculative ». Cette fiction critique ne porte ni sur le passé ni sur le présent mais sur l'avenir. La fiction posthumaniste est donc critique et spéculative en même temps. Quel est votre point de vue là-dessus ?

Isabelle Jarry : J'ai répondu à cette question en partie. Mais je peux développer. Je ne suis pas une grande spécialiste de science-fiction, mais j'en ai lu tout de même pas mal. Surtout celle des années 1950-1960, américaine en particulier qui me paraît la plus intéressante, en cela qu'elle s'adosse sur des technologies émergentes pour projeter un monde futur totalement fondé sur la mécanisation du monde et le développement d'une société de machines, en posant comme postulat un développement très rapide de ces technologies. La science-fiction américaine est traversée par ce courant de pensée. Elle est très inventive et, s'étant développée en pleine période de croissance économique, elle s'est autorisée des développements très variés et souvent audacieux, dans toutes les directions (optimistes comme pessimistes).

Je ne me prononce pas sur le qualificatif « posthumaniste » (concernant mon roman, du moins), mais je plaide pour une littérature que je qualifie « d'anticipation proximale », qui se situe dans un futur proche. Cette proximité temporelle permet d'effacer au fil du livre la projection de l'intrigue dans l'avenir et de faire survenir un « présent » que le lecteur assimile comme le nôtre, ce qui lui permet d'élaborer à son tour la spéculation dont vous parlez. C'est à mon sens le meilleur moyen d'en faire une littérature critique et prospective. C'est ce que j'ai essayé de faire dans *Magique aujourd'hui*. Je proposais évidemment au lecteur de réfléchir avec moi à la place que nous voulons donner aux machines et aux robots, et de questionner notre propre dépendance aux objets connectés. Le livre a d'ailleurs beaucoup plu à un public de jeunes lecteurs (18-20 ans) qui retrouvaient en Tim un compagnon dont ils connaissaient parfaitement l'addiction, autant que la proximité avec la machine, véritable extension d'eux-mêmes.

Mara Magda Maftei : Votre fiction est moins virulente que d'autres fictions posthumanistes. Votre critique de la société actuelle est implicite. Pourquoi avez-vous choisi d'écrire en marge du transhumanisme, surtout en 2015 quand le phénomène était encore moins popularisé et l'excès de l'utilisation des réseaux, etc., moins bien identifié ? Pensez-vous que le rôle de l'écrivain soit celui de scruter la société pour en faire sa critique ?

Isabelle Jarry : Cela tient sans doute au fait que j'étais familière depuis plusieurs années de ces questions, et que la figure de l'androïde a retrouvé, à partir des années 2000, une visibilité qu'il avait perdue. En effet, le « robot », très présent dans la littérature de science-fiction des années 1950, s'est peu à peu effacé, après qu'on s'est aperçu que la révolution cybernétique serait beaucoup plus lointaine que prévu. Mais certains progrès de la robotique et de la programmation, et l'émergence visible du mouvement transhumaniste également, ont permis de faire repartir le mythe de l'androïde. Curieusement, c'est la figure de l'homme augmenté qui a fait renaître le robot, alors que jusque-là le robot était une création de l'homme (*Frankenstein, le Golem, l'Ève future*, etc.). Ensuite, l'observation de mes enfants et leur rapport hypnotique aux écrans et aux objets connectés m'ont permis de concevoir le personnage de Tim, en extrapolant sur le devenir des jeunes générations. Enfin, la constitution du couple Tim-Today m'a paru être un modèle assez romanesque, induisant une relation forte, une dépendance mutuelle, une contrainte forte (la séparation). Que l'un des personnages soit un robot était une manière de renouveler à la fois le genre romanesque avec ses codes habituels, mais aussi le roman de science-fiction. Vous remarquerez que mon livre a été publié dans une collection de littérature blanche classique.

Par ailleurs, mon choix était dicté par une posture que j'ai tenu à assumer (même si j'avais conscience qu'il était un peu tôt), celle d'une vision non pessimiste du progrès, me démarquant en cela d'une tendance lourde de la littérature d'anticipation. Il est juste que j'avance une critique (assez féroce) de notre société, de sa gouvernance mais aussi de ses citoyens. Mais je propose aussi une ouverture vers un monde, celui des androïdes, qui pourrait enrichir le nôtre. Le rôle d'un écrivain est de proposer au lecteur une vision du monde (la sienne), et pour cela son observation fine de la société est un préalable ; il peut également en dénoncer les travers, mais aussi laisser entrevoir des pistes nouvelles, des fenêtres ouvertes vers le futur. C'est ce que j'ai essayé de faire avec *Magique aujourd'hui*.

Une conscience désincarnée

Entretien avec Gabriel Naëj (Jean-Gabriel Ganascia) sur *Ce matin, maman a été téléchargée*

Mara Magda Maftei : Vous avez une double formation, d'ingénieur et de philosophe. Vous êtes professeur à la faculté des sciences de l'Université Paris Sorbonne et auteur de plusieurs ouvrages scientifiques sur la portée du transhumanisme dont le plus récent est *Le Mythe de la Singularité : faut-il craindre l'intelligence artificielle ?* (Éditions du Seuil, 2017).

Vous publiez en 2019, sous pseudonyme (Gabriel Naëj), votre seul ouvrage de fiction jusqu'à présent, *Ce matin, maman a été téléchargée* (Éditions Buchet-Chastel, 2019) dans lequel le lecteur trouve toute la théorie transhumaniste et ses mots-clés : téléchargement, réintégration corporelle, dissociation corps/esprit, le tout dans le but d'accéder à l'immortalité dans la tradition du Golem, de *Frankenstein* et de *l'Ève future*. Vous créez de la même manière qu'Auguste de Villiers de l'Isle-Adam une nouvelle andréide en la personne d'une mère, Michèle Vidal, qui accepte de se télécharger en une femme pulpeuse « à peau de pêche » pour continuer de veiller sur son fils !

Par rapport à d'autres romans écrits en marge du transhumanisme, on voit bien que le vôtre est rédigé par un scientifique qui veut prendre plus de liberté par rapport à ses recherches et qui se lance dans l'écriture d'une fiction. Les notes de bas de page ainsi qu'une abondance de concepts transhumanistes font mon bonheur puisque *Ce matin, maman a été téléchargée* confirme bien ma théorie selon laquelle une fiction nouvelle, spéculative du phénomène transhumaniste, s'est installée suite à celui-ci. Aviez-vous conscience de tout cela au moment où vous avez décidé d'écrire ce roman ?

Jean-Gabriel Ganascia : Ma motivation initiale, lorsque j'ai commencé à écrire *Ce matin, maman a été téléchargée* était double. D'un côté, je le confesse avec un peu de honte, je voulais écrire un roman. Je sais que cela manque souverainement d'originalité. Mais j'étais attiré par la fiction en général et par la littérature en particulier. C'était une espèce de défi que je me lançais. Je m'étais déjà amusé à écrire des petites nouvelles, mais je souhaitais aller plus loin. Je n'avais jamais été jusqu'à construire un vrai roman, jusqu'au bout. J'éprouvais une grande envie de le faire. Je ne savais pas si j'y parviendrai. Je dois dire que cela a été un grand et long moment de plénitude que de l'écrire. J'y revenais tous les matins, avant d'aller travailler, avec beaucoup de plaisir. D'un autre côté, j'ai été très irrité par les déclarations de grands acteurs du numérique, comme Elon Musk, ou de scientifiques de renom comme le très médiatique Stephen Hawking ou Frank Wilczek, professeur de physique au MIT et Prix Nobel de physique, ou encore, Stuart Russel, informaticien, spécialiste d'intelligence artificielle qui expliquaient tous que l'intelligence artificielle allait bientôt prendre le pouvoir et mettre fin à l'existence humaine. Cette irritation m'avait conduit à rédiger quelques articles contre ceux qui endossaient à bon compte la posture de lanceurs d'alertes en recyclant des scénarios de science-fiction éculés. Je pensais qu'il fallait, en tant que scientifique, démontrer l'inanité des arguments allégués par les tenants de ces théories. Sans doute, étais-je séduit par les scénarios originaux de science-fiction prenant pour argument ces thèmes, même si je les trouvais un peu datés aujourd'hui. Mais, lorsque des personnalités investies prétendaient annoncer ce qui allait advenir en plagiant ces scénarios tout en les vidant de leur poésie, leurs proclamations m'apparaissaient absurdes et grotesques. De surcroît, rien dans les développements technologiques actuels n'autorisait de telles projections. Il me fallait les dénoncer, en qualité de scientifique. Je croyais que c'était un devoir moral. Dans le même temps, je me rendais bien compte qu'en me contentant de démontrer le caractère chimérique de ces craintes, je restais dans le rôle ingrat du rabat-joie et du septique, face à ceux qui faisaient tout à la fois trembler et rêver, même si, je le répète, je trouvais leurs projections bien pauvres. J'ai alors souhaité écrire un roman satirique, pour montrer les conséquences assez cocasses de la Singularité. Je trouvais cela drôle et, en même temps, cela montrait bien les difficultés morales auxquelles on se heurterait si cela advenait, en particulier avec la coexistence des morts et de vivants.

Mara Magda Maftei : *Ce matin, maman a été téléchargée* est bien moins critique que d'autres fictions spéculatives contemporaines. Je pense que votre formation de scientifique y est pour beaucoup. Quelle est en définitive votre position vis-à-vis du transhumanisme ? Y a-t-il une différence entre votre position de scientifique et celle d'auteur de fiction ?

Jean-Gabriel Ganascia : Dans ce roman, il n'était pas du tout question de prendre au sérieux le transhumanisme dans lequel je ne crois pas une seconde. Du point de vue scientifique, c'est totalement absurde. Je ne souhaitais pas non plus en faire une critique rationnelle fondée sur des arguments scientifiques. Sur ce point, il y a une très grande différence entre la position du scientifique, Jean-Gabriel Ganascia, que j'ai exposée ailleurs, en particulier dans *Le mythe de la Singularité*, et celle du romancier, Gabriel Naëj, qui voulait prendre à la lettre – même si à mon sens, je le redis, cela ne repose sur aucun argument rationnel tangible – l'hypothèse selon laquelle nous pourrions transporter notre esprit sur des robots. Cette hypothèse étant posée, le romancier pouvait commencer à réfléchir à ce que serait un monde très semblable au nôtre, dans lequel nous cohabiterions avec des revenants, ou plus exactement, pour employer des mots actuels, avec des consciences réincarnées dans des robots. Pour le dire autrement, d'un côté, il y a les arguments scientifiques, assez secs et froids, d'un autre côté, il y a quelque chose de plus intime et sensible qui trouve, me semble-t-il, matière à s'exprimer dans les situations étranges provoquées par le changement des conditions de vie que nous promettent certains transhumanistes.

Je ressens souvent une frustration avec les œuvres de science-fiction qui abordent ces questions, qu'il s'agisse de livres ou de films. Elles m'apparaissent assez éloignées de préoccupations sensibles. Elles explorent des possibles, pour en montrer les conséquences effroyables ; en cela elles apparaissent critiques, au sens où elles font ressortir le trouble qui résulte d'une situation anormale, en quelque sorte pathologique ; mais elles le font d'une façon glaciale, sans entrer dans l'intimité d'individus vulnérables et délicats, semblables à nous. Leurs univers m'apparaissent abstraits. Les questions liées à la vie personnelle, aux objets, aux couleurs, à la mémoire, avec ses réminiscences, à la famille, à l'attachement des personnes les unes pour les autres, à la séduction, à l'amour, à tout ce qui fait nos émotions m'y semblaient trop absentes. Tout du moins, je ne les y trouvais pas. Pour le dire autrement, j'y percevais bien des sensations chez les personnages, éventuellement de la douleur, parfois du dépit ou de l'amour, mais pas vraiment toute la gamme des émotions. Ce sentiment d'étrangeté que j'éprouvais avec la science-fiction n'est pas sans rapport avec les emprunts que j'ai faits à *l'Étranger* d'Albert Camus, à la fois au début, et dans la structure narrative. En cela, le roman ne vise pas à être critique vis-à-vis de la science elle-même, car je la connais trop bien pour savoir que les dangers sont tout autres que ceux qu'on nous présente usuellement. Contrairement à ce qu'affirment certains philosophes mal informés et un peu pleurnichards qui abordent avec componction et délectation morose le futur comme étant le fruit amer de l'arbre de la connaissance, je ne crois pas que la science et la technologie conduisent tout droit au transhumanisme. Nous ne vivons pas les derniers moments de l'humanité ! Ni la science, ni la technologie ne sont en cause en tant que telles, même si l'on peut craindre que leur instrumentalisation par de nouveaux pouvoirs ait des effets politiques cataclysmiques. Pour toutes ces raisons, j'ai tenté de me démarquer des œuvres de science-fiction portant sur cette thématique. De ce fait, j'étais content de pouvoir publier dans une maison d'édition littéraire générale, plutôt que dans une collection spécialisée sur la science-fiction.

Mara Magda Maftei : En lisant votre roman, l'idée m'est venue d'une comparaison entre transhumanisme et christianisme (le courant de l'homme nouveau par exemple). Michèle Vidal raconte qu'après son téléchargement « tout a disparu (...) plus de nuit, plus de jour », que l'être intermédiaire qui attend qu'on lui procure un nouvel emballage physique se trouve dans la tourmente, « la solitude » et « la béance », occupé à se refaire, à s'habituer à une nouvelle identité en congruence avec son nouvel aspect physique. Cela renvoie-t-il à une forme de vie supérieure comparable à ce que la religion chrétienne nous promet après la mort ? À la page 45, le lecteur peut même lire une interprétation du Notre père : « Que ton nom soit célébré, que ta volonté soit accomplie pour les siècles des siècles, que ton règne vienne ». L'objet de la messe pour un esprit téléchargé est mis en question ; celui-ci perd son corps physique, donc les fonctions physiologiques ne lui sont plus d'aucune utilité « La table est vide. Pas de vin. Pas de sel. Pas de nourriture non plus. »
Que pensez-vous d'un rapport direct entre christianisme et transhumanisme ?

Jean-Gabriel Ganascia : L'intervention chirurgicale au terme de laquelle l'esprit de Michèle est transféré se passe dans une ancienne église transformée en clinique. L'immortalité et la transsubstantiation auxquelles la Singularité se réfère renvoient l'une et l'autre à des thèmes éminemment chrétiens ; nous les retrouvons ici transfigurées. Un ancien salarié de la société Uber, Anthony Levandowski, qui a fait fortune en vendant une société qu'il avait montée, a décidé de créer une église, l'« église de la voie du futur » (*The Way Of The Future church – WOFT*) qui promeut une spiritualité neuve et surtout une vie éternelle grâce à l'intelligence artificielle. Selon lui, avec le perfectionnement des technologies, nous aurons bientôt accès à une super-intelligence si avancée qu'on la considérera comme divine. À première vue, le perfectionnement des technologies de l'information suscite donc des topos proches de ceux qu'évoquent les religions. Jusqu'où cela va-t-il ? La spiritualité se rapproche-t-elle du christianisme ou d'une autre forme de croyance ? Ces questions demandent sans aucun doute d'être prises au sérieux. J'ai été plusieurs fois invité à parler devant des chrétiens, en particulier devant des évêques réunis en assemblée générale à Lourdes, et devant de hauts ecclésiastiques à l'ambassade de France auprès du Saint-Siège à Rome. Qu'ils m'aient invité à parler devant eux révèle l'éventuelle convergence, ou tout au moins l'interrogation.

Toutefois, une dimension importante du christianisme tient à l'incarnation, en particulier à l'incarnation de Dieu sur terre dans la figure de Jésus Christ, et donc à une médiation. Or, la Singularité technologique en fait l'économie, puisque la partie spirituelle, l'âme, ou ce que l'on appelle, en termes modernes, la conscience, se télécharge intégralement du cerveau dans la machine, sans subir de dommage, ni se transformer. Le passage que vous citez évoque la transsubstantiation : la conversion du pain et du vin en chair et sang du christ. Ce phénomène surnaturel qui se produit dans l'eucharistie demeure un des grands mystères du christianisme. Or, avec le téléchargement de l'esprit, rien n'en subsiste, car la substance disparaît totalement : il n'y a plus ni pain, ni vin, plus d'intermédiaire donc ; rien que l'esprit pur sans médiation aucune. Dit autrement, nous avons affaire là à un dualisme radical, bien éloigné donc de la spiritualité chrétienne. Du fait d'une proximité avec des topos religieux, cela pourrait faire illusion et laisser croire à un héritage du christianisme, voire à une simple proximité ; or, à la réflexion, la Singularité technologique et les autres formes de transhumanisme s'en révèlent extrêmement éloignées. Je souhaitais insister sur ce point dans le roman, en particulier dans ces courriels de Michèle, qu'elle envoie juste après sa métempsychose, alors qu'elle n'a pas encore intégré de corps, et qu'elle ressent, du fait de son éloignement avec le monde, une déréliction absolue, une solitude totale, l'absence irrémissible de Dieu.

Mara Magda Maftei : En même temps, la vie renouvelée dans un autre état provient de la connaissance ; c'est surtout une idée gnostique. Vous l'avez souligné dans votre livre qui s'adresse au grand public *Le Mythe de la Singularité*. Pouvez-vous nous en dire plus concernant ce rapprochement ?

Jean-Gabriel Ganascia : À défaut de proximité avec le christianisme, la religiosité que l'on retrouve dans les mouvements transhumanistes m'est apparue voisine de celle de courants gnostiques très anciens. J'ai développé cette thèse dans *Le Mythe de la Singularité* en m'inspirant de différents travaux sur le sujet. Rappelons que les gnoses naquirent au proche orient dans les premiers siècles après Jésus Christ. Le plus souvent, elles dérivaient de religions monothéistes, en particulier du christianisme et du judaïsme, tout en en modifiant radicalement le sens. Elles reposaient sur la volonté de réparer et de rédimer, c'est-à-dire de racheter le monde : selon les gnostiques, un faux démiurge se serait immiscé frauduleusement et aurait usurpé la place de Dieu lors de la Création ; cet imposteur aurait fait des erreurs tragiques qu'il conviendrait de réparer en tirant profit des connaissances humaines, d'où le nom de gnose qui vient de *cognoscere*, connaître en latin. Cette réparation nous ferait accéder à une véritable spiritualité à l'issue d'un événement tout à la fois catastrophique, inéluctable et salvateur, qui institue une rupture brutale et radicale avec notre monde. Hans Jonas, l'auteur du *Principe responsabilité*, ouvrage majeur qui eut une influence considérable sur l'éthique du risque à la fin du vingtième siècle, avait fait sa thèse sur les gnoses. Selon lui, même si celles-ci naquirent dans un contexte social et intellectuel extrêmement différent de celui dans lequel nous vivons aujourd'hui, il existe néanmoins des convergences entre des pensées très contemporaines et les mouvements gnostiques. Et, nous rencontrons, dans les conceptions transhumanistes, un certain nombre de caractéristiques des gnoses. En particulier, nous retrouvons l'idée selon laquelle la connaissance humaine, en l'occurrence la connaissance scientifique et technologique, nous aidera à réparer les « erreurs de conception » auxquelles nous sommes tous soumis, et qui causent le vieillissement, les maladies et la mort. Ainsi, selon les transhumanistes, l'étude des génomes humains, avec des techniques d'intelligence artificielle, devrait mettre en évidence les gènes responsables du vieillissement, et les corriger, de façon à rester éternellement jeune. La société Calico – *California Life Company* –, une filiale de Google, se propose cette finalité. La capacité des machines à télécharger notre conscience, nous libérerait de la gangue matérielle qui nous leste et retient notre esprit, tout en ouvrant sur une possibilité d'immortalité. Ce dualisme radical qui conduit à la possible séparation l'âme du corps, existait déjà tel quel chez les gnostiques. La Singularité technologique se présente comme le moment à partir duquel tout se précipitera à une vitesse inouïe, sans possibilité de retour en arrière ; cela fait écho à l'idée de catastrophe salvatrice que l'on retrouve partout dans les mouvements gnostiques. Voici quelques-uns des points de contact entre les pensées gnostiques et transhumanistes. Il en existe d'autres ce qui atteste d'une forme de résurgence du gnosticisme à l'ère contemporaine.

Mara Magda Maftei : Je reviens sur le moment où Michèle Vidal est déclarée morte et où commence le processus de son transfert vers un autre corps (l'excorporation). Michèle reprend alors contact avec son fils à travers des courriels classiques qu'elle lui envoie. Le transfert vers cette andreïde domestique qui se mettra, une fois téléchargée, au service de son fils, est douloureux, traumatisant. Vous le décrivez bien. Avez-vous essayé d'imaginer, en tant que chrétien, le voyage que fait l'âme, une fois le corps physique quitté, et avez-vous tenté de reproduire ainsi ce qui pourrait ressembler au trajet parcouru par chacun d'entre nous le jour de notre mort ?

Jean-Gabriel Ganascia : En tout premier lieu, je crois important de souligner que je ne suis pas chrétien ; je ne viens pas d'une tradition familiale chrétienne ; je n'ai jamais non plus ressenti la foi. Toutefois, je me suis un peu intéressé au christianisme pour comprendre ce qui constitua, jusqu'à peu, disons au moins jusqu'au milieu du XXe siècle en France, l'arrière-fond culturel et intellectuel de la plupart des personnes en Europe. À la lumière de ce que j'en connais, la grande différence entre le christianisme et le transhumanisme tient à la transcendance. Alors que le christianisme suppose un au-delà, une extériorité, le transhumanisme affirme que le monde tel qu'il est, le monde que nous connaissons, constitue l'horizon ultime dans lequel nous vivons. Il y a donc un paradoxe dans le transhumanisme : d'un côté, nous avons affaire à un dualisme extrême qui suppose que l'âme ou la conscience, à savoir le principe spirituel de nos existences, se sépare totalement de son principe matériel, c'est-à-dire du corps, d'un autre côté il y a l'idée que les progrès dans les technologies de l'information parviendront à surmonter tous les obstacles d'ordre matériel pour nous faire accéder à une totale plénitude spirituelle. À cet égard, les ouvrages de Raymond Kurzweil sont révélateurs : ils indiquent les différents degrés de l'élévation, après la Singularité technologique. Dans cette perspective, au cours de l'ex-corporation, qui en constitue l'un des premiers degrés, la conscience désincarnée, se retrouve d'abord, tant qu'elle n'est pas reconnectée avec des capteurs, dans une solitude absolue, dans un isolement total, sans aucun contact avec quoi que ce soit. Il en résulte une douleur infinie, non pas une douleur physique, mais un sentiment d'abandon psychique, de déréliction. Ce sentiment est d'autant plus insupportable que le temps s'étend indéfiniment puisque, n'ayant plus aucun contact avec la réalité matérielle et n'ayant donc aucun repère, la conscience subit une distorsion très intense, une forme de dilatation du fait que les instants se succèdent au rythme effréné du processeur, sans que leur succession ne soit en mesure de se ralentir en s'accrochant au monde matériel et en subissant sa résistance. La conscience éprouve alors une nostalgie infinie de la substance dont elle se trouve irrémédiablement séparée et de ce fait une perte de contact avec le réel qui s'apparente à la schizophrénie. Dans le cas de la transcendance, il me semble qu'il en va tout autrement ; après la mort, l'âme se libère du corps pour accéder à la totale plénitude dans l'au-delà. Elle parvient alors à sentiment océanique, une forme d'extase mystique, un orgasme du moi, sans commune mesure avec la nuit totale ressentie lors de l'ex-corporation.

Mara Magda Maftei : Tout au début de votre roman vous insistez sur l'idée de la « métensomatose numérique », une variante de la réincarnation. Il s'agit du passage d'un corps à un autre avec la conservation des anciennes données les plus importantes, comme l'esprit et la conscience, dans un accord parfait avec l'idéologie transhumaniste. On échange un corps ancien, complètement abîmé, contre un nouveau, tout en gardant notre ancienne personnalité. Le transhumanisme ferait-il un mélange de toutes les religions que l'homme connaît déjà (puisque c'est un courant imaginé par cet être humain qui a ingéré des siècles de cultures religieuses), ou bien le courant instaure-t-il lui-même une nouvelle religion (Yuval Noah Harari l'appelle « dataïsme ») ? À quoi ressemblerait-elle, d'après vous ?

Jean-Gabriel Ganascia : Le mot métensomatose appartient à la langue philosophique ; il désigne une forme de réincarnation psycho-physique ; on l'oppose souvent à la métempsychose qui correspondrait au passage de l'âme, à savoir d'une entité spirituelle éternelle, d'un corps dans un autre. Dans le cas de la métensomatose, seuls les traits psychiques migrent ; cela correspond au transfert de ce que les cognitivistes appellent aujourd'hui la conscience. Accolé à l'adjectif numérique, le terme métempsychose désigne la réactivation de l'ancienne réincarnation psychique par le transhumanisme et sa retranscription moderne, avec les technologies de l'information. Il y a là, dans le transhumanisme, une forme de syncrétisme hétéroclite, une fusion bigarrée de plusieurs spiritualités, du bouddhisme, de l'indouisme, du manichéisme aussi, et bien évidemment, comme je viens de l'expliquer, du gnosticisme. Cette hétérogénéité tient à ce que ses partisans sont très différents les uns des autres ; ils manifestent des idées tout à la fois variées et superficielles. Contrairement aux moines anciens qui passaient des années à méditer, ils circulent assez rapidement d'une idée à une autre, sans s'y appesantir beaucoup. S'ajoute à cela une fascination pour la modernité que forgent les technologies de l'information, une forme d'*hubris*, un enthousiasme démesuré. Le présent et le futur proche façonnés par le numérique deviennent alors les horizons intemporels devant lesquels tous se prosternent. Pour la plupart, toutes les choses du monde et de l'esprit se réduisent à des données. Cela donne naissance à un réductionnisme numérique qui présuppose l'existence d'une langue universelle dans laquelle tout se formulerait et se convertirait. Le « dataïsme » de Yuval Noah Harari peut être vu comme un des avatars de cette conception.

Il faut toutefois bien comprendre que derrière ces spiritualités vagues et surtout pressées, on trouve d'abord du « consumérisme ». Anthony Levandowski a fondé l'église de la voie du futur comme une entreprise ; il a d'ailleurs dit dans une interview que c'était sa première église, comme il avait déjà dû dire auparavant, « c'est ma première start-up ». Dans cette perspective consumériste, on change de corps comme de chemise. L'ancien ne nous plaît plus, ou il est usé, on le jette pour en prendre un autre. Le triomphe de la chirurgie plastique nous y accoutume depuis déjà plusieurs décennies. On va simplement un peu plus loin...

Mara Magda Maftei : Dans votre roman vous parlez d'une secte à la tête de laquelle se trouve un savant fou, Dr. Marco Varvogliss, une sorte de Raymond Kurzweil, qui insiste sur le fait que « les morts se révéleront » et que « les corps se reconstitueront ». Nous retrouvons la même idée chez Michel Houellebecq, dans *La Possibilité d'une île* (les Élohim qui proposent de reconstruire la société sur des bases nouvelles, l'idée de la résurrection). Le transhumanisme a-t-il, d'après vous, les « caractéristiques d'une secte » ?

Jean-Gabriel Ganascia : Les gnostiques formaient souvent des sectes d'initiés. Cela tenait en partie au caractère ésotérique des connaissances prétendument salvatrices qu'ils accumulaient, cela tenait aussi très certainement aux interdits qui pesaient sur eux. On raconte qu'ils se livraient à des rituels orgiaques. Que cela soit vrai ou faux, cela laisse entendre qu'on les condamnait et qu'ils devaient se cacher. Aujourd'hui, la situation a bien changé : aucun interdit ne pèse sur les transhumanistes. Il n'y a donc aucune raison pour eux de se cacher. De plus, leur savoir se diffuse dans leurs livres et leurs interviews. Nous vivons à une époque différente où la valeur tient à la popularité. En ce sens-là, il n'y a rien de sectaire dans les différents mouvements transhumanistes. En même temps, nous voyons fleurir de multiples instituts, très élitistes, comme l'Institut sur le futur de l'humanité, l'Institut du futur de la vie, financé assez largement par des industriels du secteur des technologies de l'information dont Elon Musk, l'Institut de recherche sur l'intelligence des machines (MIRI), qui se penche sur les avancées extrêmes de l'intelligence artificielle et, en particulier sur la « superintelligence », le Centre pour l'étude du risque existentiel de l'université de Cambridge, qui étudie les risques d'extinction de l'espèce humaine, ou encore l'Université de la singularité qui compte, parmi ses fondateurs, des grands industriels comme Google, Cisco, Nokia, Genentech, Autodesk, l'Institut pour l'éthique et les technologies émergentes, l'Institut des extropiens, etc. Vu de loin, ces instituts pourraient apparaître comme autant de sectes, car ils professent un enseignement prétendument différent du savoir officiel. De plus, leurs membres se cooptent et tiennent un langage assez abscons. En même temps, un grand nombre de caractéristiques que nous associons usuellement aux sectes leur manque. En particulier autant qu'on le sache, aucun de ces instituts n'exerce d'emprise sur leurs membres et ne restreint leurs libertés individuelles. Ils se présentent plutôt comme des clubs de réflexion où l'on promeut des influenceurs publics.

Mara Magda Maftei : Nous retrouvons dans *Ce matin, maman a été téléchargée* de multiples exemples de ce que vous avez appelé « la dictature des orins » (une multitude de liens qui nous tiennent captifs à des organismes informationnels gérant en définitive notre vie). Il s'agit d'un totalitarisme algorithmique qui échappe à toute procédure démocratique. Les exemples en sont multiples dans votre roman : les personnages portent des lunettes qui enregistrent tous les détails de la vie courante (« les traces de vie »)...

La maîtrise de l'information par un pouvoir central (exemple : la Chine, les GAFAM en Occident) modifie totalement les rapports entre les êtres humains.

Vous avez travaillé sur la menace que représente cette surveillance permanente à travers les avancées de la technique. Quel sentiment cela vous donne-t-il d'analyser ses conséquences dans une fiction ? Les enjeux sont différents par rapport à une démonstration scientifique.

Jean-Gabriel Ganascia : Les instituts dont je viens de parler ont acquis une influence notable, en particulier chez les ingénieurs travaillant dans le secteur des technologies de l'information ; ils sont financés par de grandes entreprises industrielles telles celles mentionnées plus haut. À première vue, cela paraît étrange puisque ces mêmes entreprises promeuvent les technologies de l'information et l'intelligence artificielle. En effet, tout se passe comme si un fabriquant de cigarettes vous expliquait que le tabac était mauvais pour la santé. Nous savons que le tabac est mauvais pour la santé, mais il n'y a aucune raison que les fabricants de cigarettes nous l'expliquent. Il en va de même avec les entreprises de haute technologie. Si elles nous expliquent que l'intelligence artificielle est dangereuse, alors qu'elles la développent, on doit se demander pourquoi, ou plus exactement quelle est leur motivation. Nous savons que ces industriels sont parvenus à des réussites économiques notables, et ce avec une rapidité inouïe. Leur richesse provient de l'accumulation de très grandes masses de données et de leur exploitation avec des techniques d'intelligence artificielle. Cette maîtrise des informations est cruciale, puisque c'est d'elle que dépend leur réussite économique. Grâce à elle, les géants du web, ceux que l'on appelle les GAFAM en Occident, dominent à la fois aux États-Unis et en Europe où ces acteurs américains s'imposent ; en Chine d'autres acteurs, les BATX, acquièrent eux aussi des positions éminentes. Cette prépondérance tient à la maîtrise des « orins », terme venant de la contraction d'organismes informationnels, à savoir des moteurs de recherche, des réseaux sociaux ou des systèmes de recommandation, nœuds de la société de l'information dans laquelle nous vivons, qui deviennent aujourd'hui les intermédiaires obligés entre les hommes. Même dans un régime autoritaire comme celui que connaît la Chine, nous ne nous trouvons plus dans la situation des régimes totalitaires du XXᵉ siècle, lorsque des États dominaient les médias, radios, journaux et télévisions, contrôlaient tout ce qui circulait, et engrangeait des informations sur les individus pour s'assurer qu'ils se conformaient bien dans leur vie quotidienne et dans leurs propos aux exigences d'une société uniforme. Aujourd'hui, la domination des grands acteurs ne vise pas tant à s'assurer de la conformité des comportements à des canons préétablis, que de la capacité que l'on a de les profiler pour anticiper leurs réactions et stimuler leur désir dans une perspective mercantile. Les orins, ou plus exactement leurs possesseurs, acquièrent un ascendant considérable qui rivalise avec celui des États, du moins dans le monde occidental, car en Chine, l'État lui-même les possède. Ils aspirent des miettes des vies individuelles qu'ils exploitent pour conforter leur position. Expliquer cela, sous forme narrative, aide à le rendre sensible, même si l'on s'éloigne ici de la preuve scientifique. Je trouve que, dans la mesure où l'on aborde des thématiques d'ordre politique, la fiction restitue aux idées plus d'authenticité que ne le pourrait une forme abstraite, par exemple philosophique. J'aimerais poursuivre dans cette veine et écrire un jour une fiction politique à l'opposé des romans d'Orwell qui, en dépit du talent de cet auteur, m'apparaissent vraiment très datés aujourd'hui. Il y a une dizaine d'années, j'avais introduit le concept de « sousveillance » pour rendre compte de cette réalité nouvelle que nous vivons aujourd'hui et qui s'oppose aux régimes totalitaires de surveillance du XXᵉ siècle, au stalinisme, au fascisme ou au nazisme. Les risques d'asservissement subsistent, mais les formes de la servitude diffèrent ; et de cela j'aimerais vraiment parler plus en détail.

Mara Magda Maftei : Une des questions principales de votre roman porte sur les différences engendrées par le changement d'apparence extérieure après la mort physique. Une fois le téléchargement terminé, Michèle Vidal se réincarne en une femme pulpeuse, un beau corps qu'elle avait elle-même choisi.

Si votre mère et même la mère de chacun d'entre nous prenait, après sa disparition, le corps d'une belle jeune femme, est-ce que cette apparence physique, très différente par rapport à l'ancien « emballage », changerait le rapport émotionnel avec notre parent ? L'esprit et la conscience ne sont pas, finalement, les seules données importantes dans la constitution d'une personnalité. Est-ce bien ce que vous avez essayé de démontrer à travers la tourmente éprouvée par le personnage principal, Raphaël Vidal, qui doit s'habituer à une mère qui ne dort plus, qui ne mange plus, qui est jeune, belle et le surveille en permanence ?

Jean-Gabriel Ganascia : La personnalité change-t-elle avec l'apparence extérieure ? Question ancienne. Je me souviens que, jeune homme, en lisant le marquis de Sade, j'avais été marqué par ce qu'il disait de la vie affective des personnes âgées qui savent que, du fait de leurs disgrâces physiques, elles ne peuvent plus inspirer de sentiments amoureux, ce qui ne les empêche pas elles-mêmes de continuer à aimer. Tant les sentiments que l'on éprouve que ceux que l'on inspire dépendent de l'évolution de ce qu'on imagine être sa propre apparence extérieure. Pour autant, ils ne s'y réduisent pas. Les sentiments d'un fils ou d'une fille pour ses parents ne tiennent pas à leur apparence, puisque ce ne sont pas des rapports de séduction, mais de protection : enfant, la personne demande appui et assistance à ses parents, adulte, elle se sent responsable d'eux, de leur bien-être et de leur survie. La gêne qu'éprouve Raphaël avec le téléchargement de Michèle tient à ce qu'elle joue deux rôles à la fois, celui d'une mère protectrice d'autant plus insistante qu'elle dispose de pouvoirs quasiment occultes qui l'aident à prolonger son influence sur le cyberespace, et celui d'une coquette qui se soucie de lui plaire, comme le ferait la jeune femme qu'elle est devenue, de plaire à son fils, ce qu'il trouve déplacé. On conçoit que, tant qu'à se réincarner, Michèle choisisse un corps plus jeune. Quelle femme n'aurait pas fait ce choix ? En même temps, on imagine le désarroi de Raphaël face à celle qui prétend être sa mère, qui l'est d'une certaine façon, puisqu'elle se soucie de lui, de sa santé, de son devenir, mais qui fait tout pour le séduire et pour intervenir dans sa vie amoureuse. Cette mère hyper-protectrice n'a et n'aura plus jamais besoin de son assistance. Elle reste jeune ; elle ne dort pas, parce qu'elle n'en a pas besoin ; elle ne se nourrit pas non plus ; elle ne risque donc plus ni de grossir, ni même de tomber malade. Il n'aura donc jamais aucune responsabilité vis-à-vis d'elle, sauf de l'empêcher de faire des bêtises. Il sent alors qu'il éprouvera des difficultés à devenir vraiment adulte tant qu'elle restera près de lui.

Mara Magda Maftei : La conclusion de votre roman est assez tranchante : mieux vaut faire son deuil, accepter la douleur et la souffrance d'une existence limitée dans le temps, plutôt que d'être soumis à la condition malheureuse d'une vie sans fin. Le fait de se débarrasser de sa chair assurerait à l'être humain une condition qu'il recherche depuis l'âge des mythes, mais cela ne lui assurerait pas le bonheur et encore moins une montée en puissance de sa liberté individuelle.

Pour empêcher les « orins transhumains », c'est-à-dire les « êtres désincarnés errant sans corps ni repos dans les limbes du cyberespace », d'interférer avec les humains, vous avez imaginé la création d'un « réseau interne à leur colonie », un réseau totalement déconnecté de tous les réseaux de communication humains (clin d'œil au royaume des morts – *apud inferos* – qui est pour Tertullien l'endroit d'une transition entre la vie et la résurrection, ou à l'idée du Purgatoire qui surgit au Moyen Âge). Est-ce cela en définitive notre monde des morts à nous, les humains, qui communiqueraient entre eux après leur décès, puisque selon la Bible il y a bien une forme de vie après la mort ?

Jean-Gabriel Ganascia : Dans l'hypothèse où notre conscience se téléchargerait, nous nous trouverions en présence de revenants, de fantômes, d'ombres qui viendraient hanter le monde des vivants. Je crois nécessaire d'insister de nouveau ici sur la différence entre la conscience d'un être humain vivant et sa réincarnation sur un robot, une fois le corps disparu ; les mutations subies, du fait non pas de la métensomatose, mais de ses nouvelles conditions d'existence feraient que la nouvelle n'aurait plus rien à voir avec l'ancienne. Peut-être conserverait-elle une mémoire, une gestuelle, un vocabulaire, des tournures de style, des modes d'expression, mais du fait des changements subis, modifications d'apparence d'abord, transformation du destin surtout, elle s'en distinguerait. S'il y avait une thèse ici, bien que je n'aime pas les « romans à thèse », ce serait celle-là. Michèle, on le comprend, a été de son vivant une femme égoïste, très centrée sur elle-même, sur ses intérêts personnels, sur son fils aussi, qu'elle voyait comme un miroir. Mais, une fois sa conscience désincarnée, puis téléchargée, ses traits de caractère s'exacerbent, car plus rien ne freine ses ambitions. En même temps, elle a, plus qu'auparavant, besoin de Raphaël, son fils, pour intervenir dans le monde, ce qui la met sous sa dépendance et la conduit à vouloir faire de son fils l'instrument de sa volonté. Lui, pour vivre, pour s'assumer, doit absolument s'affranchir de l'emprise de cette ombre de mère téléchargée. Sans doute, peuvent-ils communiquer, mais pas exercer des rapports de domination. Cela, il faut le proscrire ! Ce qui vaut pour Raphaël et Michèle, à l'issue de la métempsychose numérique vaudrait pour tous les vivants face aux consciences téléchargées qui, si elles existaient, aspireraient à les dominer ; ils auraient alors absolument besoin de les exorciser pour conserver leur liberté, de trancher entre les deux mondes, même s'il peut y avoir des communications mystérieuses, comme il y en a dans la conclusion, par le truchement des fleurs radioactives qui poussent sur les mines d'uranium de Syldavie orientale...

L'emballement transhumaniste

Entretien avec François-Régis de Guenyveau sur *Un dissident*

Mara Magda Maftei : Connaissiez-vous le courant transhumaniste avant de vous lancer dans la rédaction de votre premier roman, *Un dissident*, publié chez Albin Michel en 2017 ? Pourquoi avez-vous fait ce choix thématique du transhumanisme au lieu de rédiger, par exemple, un roman historique plus traditionnel ?

François-Régis de Guenyveau : Dans le cahier de l'Herne consacré à Houellebecq, Aurélien Bellanger écrit : « Aucune œuvre littéraire ne peut plus nous convaincre de rien si elle ignore la science[1]. » On pourrait ajouter plus globalement qu'aucune œuvre littéraire ne peut plus nous convaincre de rien si elle occulte les mutations du système économique, politique et social, dans la mesure où c'est le système qui dévoile notre vision du monde, notre culture. D'emblée, le marché du transhumanisme m'a semblé remplir cette mission de grand révélateur. Il faut ajouter qu'il s'agit d'un sujet éminemment romanesque. De fait, peu de mouvements intellectuels sont capables de susciter un tel déchaînement des passions. Peu, de surcroît, sont si ambivalents, si poreux, si propices au brouillage du réel, au jeu permanent entre faits et fiction. Ne dit-on pas d'ailleurs que le terme même de « transhumanisme » doit sa notoriété à Julian Huxley, le frère d'Aldous Huxley, et à cette famille hors-norme où pendant des générations la science n'a jamais cessé de flirter avec les arts ?

En général, je passe beaucoup de temps à flâner sur Internet. J'aime « sentir » le monde : colloques en ligne, articles de la presse scientifique, réaction des internautes sur les réseaux sociaux, actualités, théories du complot, *fake news*... Ce qui m'intéresse, ce n'est pas tant la véracité d'un fait que son ambiguïté et l'emballement qu'il provoque. Avant de me lancer dans

---

1.– *Cahier Houellebecq*, dirigé par Agathe Novak-Lechevalier, Éditions de l'Herne, 2017.

l'écriture, je suis resté attentif à cet emballement naissant autour du transhumanisme. J'ai suivi les informations que commençaient tout juste à relayer les médias. J'ai entendu les propos pseudo-prophétiques de transhumanistes notoires. J'ai décrypté la réaction des internautes sur les réseaux sociaux. J'ai lu quelques chercheurs plus sérieux comme Jean-Gabriel Ganascia, Jean-Michel Besnier ou Olivier Rey. J'ai écouté les sorties remarquées de certains hauts dirigeants de la Silicon Valley (je pense en particulier à Ray Kurzweil, mais nous pouvons légitimement nous interroger sur les motivations profondes de patrons aussi influents que Sergey Brin, Elon Musk ou Jeff Bezos, qui ne songe pas à l'immortalité lorsque les désirs de pouvoir et d'argent sont satisfaits ?) Il est évident que toute cette matière accumulée au fil des années a joué un rôle dans la genèse du roman. Cela dit, je crois que la véritable raison qui m'a poussé à écrire est plus ancienne. Outre les livres de K. Dick et les films de Kubrick ou de Ridley Scott qui ont marqué mon adolescence, je garde un souvenir extrêmement vif de ma découverte de Michel Houellebecq. Je considère toujours *Les particules élémentaires*, et davantage encore *La possibilité d'une île*, comme des œuvres fondatrices.

Mara Magda Maftei : Dans *Un dissident*, Christian Sitel est un individu qui évolue du statut d'homo faber à celui d'homme fabriqué. Il est le produit d'un entrepreneur ambitieux, Stanislas Kursliev, en définitive le simple résultat d'une expérience du Projet Génome Humain, et il finit par se révolter. Après avoir parcouru toutes les étapes d'une carrière glorieuse, mais vide de toute forme de vécu, Christian revient sur les pas de ses origines ; il se rebelle en comprenant la vérité. Il devient un dissident. Vous aimez les histoires circulaires, les boucles qui se referment parfaitement. Que signifie, pour vous, un retour sur ses origines ? Pourquoi avez-vous imaginé ce retour équivalent à un doute, pour ce personnage surdoué, seul puisqu'il est spécial, une sorte de Frankenstein ? Y a-t-il un défaut de construction dans sa création ?

François-Régis de Guenyveau : Si j'aime les boucles, les histoires circulaires, ce n'est pas par effet romanesque. Je crois tout simplement que ces boucles existent dans la vraie vie. Kundera écrit quelque chose de très profond à ce sujet dans la deuxième partie de *L'insoutenable légèreté de l'être* : « L'homme, guidé par le sens de la beauté, transforme l'événement fortuit (une musique de Beethoven, une mort dans une gare) en un motif qui va ensuite s'inscrire dans la partition de sa vie. Il y reviendra, le répétera, le modifiera, le développera comme fait le compositeur avec le thème de sa sonate[2]. » La vie même, me semble-t-il, est construite sur ce principe circulaire. Le déclin ressemble à la croissance, l'extrême vieillesse aux premiers jours. Christian

---

2.– Milan Kundera, *L'insoutenable légèreté de l'être*, Gallimard, 1984.

retourne dans son village natal, retrouve ses parents et ses anciens camarades. Et c'est cette répétition qui lui rend la vue et le pousse à bifurquer.

Lorsqu'il découvre qu'il est le premier spécimen d'une humanité nouvelle, augmentée à son insu, Christian comprend tout de suite que ce projet est voué à l'échec : l'augmentation humaine ne peut être pleinement physique (nous finirons tous six pieds sous terre, quoi qu'en disent les transhumanistes) ni pleinement intellectuelle (nous sommes des neurodégénératifs ; la science peut repousser le déclin, adoucir ses effets, mais nullement le stopper). Une telle promesse « d'augmentation » transformerait en réalité l'homme en être « diminué », parce que cela signifierait que la vie peut être désossée, répliquée, modélisée : « Qui veut faire l'ange fait la bête », dirait notre meilleur écrivain. L'esprit humain, en revanche, ne connaît aucune limite de temps et d'espace. Il peut croître, survivre au temps qui passe, parcourir les continents. Les grands écrivains de la littérature universelle en sont la preuve vivante. Contre toutes les prédictions du laboratoire qui l'a conçu en secret, Christian ne désire donc pas couper les amarres qui le rattachent à l'Homo Sapiens. Il préfère consacrer le reste de sa vie à tenter de devenir humain.

Mara Magda Maftei : Dans votre roman, vous faites allusion au passage d'une société disciplinaire – décrite par Michel Foucault comme une société qui connaît deux attributs : uniformisation et individualisation – à une société de contrôle, fondée, comme Deleuze l'avait annoncé, sur une communication instantanée ; une société de contrôle est une société où les masses sont devenues « des données, des marchés ». Pensez-vous que ce déplacement d'une société disciplinaire à une société de contrôle a créé le contexte favorable à la fabrication d'un « nouvel homme nouveau » ? Est-ce l'expansion de l'informatique et de la biologie (ce qu'on appelle le progrès) qui entraîne le politique dans le jeu ?

François-Régis de Guenyveau : Non seulement nous assistons à un glissement des sociétés disciplinaires vers les sociétés de contrôle (« Ceux qui veillent à notre bien n'ont plus besoin de lieux d'enfermement » prévenait Deleuze[3]), mais le détenteur du pouvoir change de nature (l'État centralisé et démocratique passe la main à un marché ouvert, régenté par des monopoles).

Cela dit, il me semble que ce qui a favorisé l'émergence d'une post-humanité n'est pas tant le déplacement de la discipline au contrôle que le vecteur essentiel de ce déplacement, à savoir la donnée. Celle-ci est devenue le facteur essentiel des grandes mutations du monde, l'or noir des sociétés occidentales (signe révélateur, la capitalisation boursière des GAFAM a récemment atteint un pic historique, alors que le prix du baril de pétrole

---

3.– Gilles Deleuze, Conférence à la Femis pour « Les Mardis de la fondation », mars 1987.

est passé en négatif en avril dernier). C'est grâce à la donnée, et à la capacité des algorithmes de la traiter efficacement, que le pouvoir peut s'exercer à distance. De même, c'est grâce à elle et à la manipulation de milliards d'informations génétiques que Stanislas Kursliev peut lancer son projet Homme Augmenté. Pour le dire autrement, la société de contrôle n'agit pas en tant que telle sur le transhumanisme. En revanche, le transhumanisme, c'est-à-dire l'idée qu'un être humain soi-disant supérieur puisse être conçu selon nos désirs d'êtres mortels, est peut-être l'ultime illustration d'une société de contrôle devenue folle.

Mara Magda Maftei : La société Trans K, un centre de tests en génétique, pour laquelle travaille Christian Sitel, propose de créer artificiellement un « nouvel homme nouveau », de « décortiquer l'homme, de le désosser » pour isoler les gènes de l'intelligence et de la créativité. Nous sommes en plein eugénisme. Le mythe de la performance intéresse les investisseurs privés (des *hedge funds* à plusieurs milliards de dollars) qui sont prêts à s'y lancer ; ici l'État se retrouve supplanté, hors-jeu, face au projet de l'Homme augmenté, à sa modélisation qui s'étale sur plusieurs années dans le but d'atteindre la forme la plus cohérente possible. Vous avez voulu fictionnaliser une réalité qui est depuis devenue presque banale (voir le pouvoir des GAFAM face à l'État). Est-ce un aspect qui vous inquiète ?

François-Régis de Guenyveau : Pour vivre, je veille autant que possible à bien distinguer le champ du réel du champ de la fiction, et je ne m'inquiète que de ce qui est objectivement possible dans le premier.
Si l'on définit le transhumanisme comme la possibilité technique d'affranchir l'homme de sa finitude, de lui offrir l'immortalité, voire de transférer sa conscience sur un serveur, alors je ne suis pas inquiet, car tout cela relève pour moi du bluff. Il est extrêmement étrange à ce sujet que l'influence de certains partisans du transhumanisme tienne exclusivement au fait qu'ils usent de leur autorité de scientifiques pour faire passer des croyances sans fondement. C'est le cas en particulier de Ray Kurzweil. Ce diplômé du prestigieux MIT, ancien directeur en chef de l'ingénierie de Google et « génie incontesté » selon le *Wall Street Journal*, a publié de nombreux essais scientifiques dans lesquels l'analyse rigoureuse de certains progrès factuels en matière informatique côtoie les plus invraisemblables croyances sur l'immortalité de l'homme ou l'avènement du cyborg. Ce double-jeu permanent brouille les pistes et déchaîne les foules. Il contribue du reste à l'ère de la post-vérité et à la prolifération de *fake news*, phénomène essentiel à mes yeux pour penser le roman au vingt-et-unième siècle.
Une telle ambiguïté pouvait cela dit sembler inévitable. Les origines intellectuelles du transhumanisme appartiennent au domaine de la fiction et de

la mythologie, pas à celui des sciences : on pense à l'épopée de Gilgamesh, au récit du Golem et du Maharal de Prague, ou encore au *Frankenstein* de Mary Shelley. Même le néologisme « transhumaner » n'a pas attendu l'approbation des biologistes puisqu'il semble apparaître pour la première fois dans *La divine comédie* de Dante, selon une acception bien plus théologique que celle de la Silicon Valley :

> Trasumanar significar per verba
> non si porìa ; però l'essemplo basti
> a cui esperienza grazia serba.

Soit :

> Outrepasser l'humain ne se peut
> signifier par des mots ; que l'exemple suffise
> à ceux à qui la grâce réserve l'expérience[4].

Il est intéressant ici de noter que l'idée de dépasser la condition humaine précède une remarque sur l'incapacité d'en parler avec des mots. Comme si le transhumanisme était, depuis le début, intrinsèquement lié aux subterfuges de la littérature et notamment à ce procédé rhétorique par lequel l'écrivain demande au lecteur de croire à ses révélations. « Ce n'est pas seulement ce qui outrepasse l'humain et se trouve au-delà du domaine humain », écrit Alberto Manguel dans un commentaire éclairant de l'œuvre de Dante ; « c'est toute tentative de communication, toute littérature née du dialogue entre écrivain et lecteur, tout artefact composé de mots qui souffre de cette indigence essentielle[5]. »

Si en revanche, nous définissons le transhumanisme comme une idéologie, c'est-à-dire une certaine vision du monde, alors nous quittons la sphère de la mythologie et de la fiction, et il devient légitime de s'inquiéter. Selon cette acception, le transhumanisme serait le dernier avatar de la modernité, le rejeton d'un matérialisme poussé à l'extrême, puisqu'il soutient l'idée que le monde peut être modélisé, la nature désossée, et l'être humain réplicable à loisir. Or ne sommes-nous pas tous un peu comptables de cette croyance ? Ne contribuons-nous pas tous directement, quoiqu'à des degrés divers, au triomphe du système technicien, à « l'algébrisation » du réel ? Ne sommes-nous pas en train de faire des porte-drapeaux de cette idéologie – à savoir les GAFAM, les NATU et autres BATX chinois – les plus puissants souverains de la planète ? Et là où est le pouvoir, n'est-ce pas aussi là qu'est une civilisation ?

4.– Dante, *La divine comédie, Le Paradis*, traduction de Jacqueline Risset, Flammarion, 1990.
5.– Alberto Manguel, *Nouvel éloge de la folie, essais édits et inédits*, Actes Sud, 2011.

Mara Magda Maftei : La science-fiction de type cyberpunk avait introduit la notion de mégacorporation, c'est-à-dire des entreprises qui possèdent même une armée et qui supplantent les États, qui exercent un monopole, un système répressif. C'est bien le cas dans votre roman où nous voyons que la recherche en génétique est financée par l'argent privé, l'argent de gros investisseurs qui font leur propre loi. Ce que vous avez imaginé est en parfait accord avec la montée au pouvoir des GAFA de nos jours. Vous qui aimez les structures cycliques, ne décrivez-vous pas, en fait, un retour de l'idéologie individualiste promue par Milton Friedman qui revient en force aujourd'hui sous la forme d'un néo-scientisme spécifique au transhumanisme ?

François-Régis de Guenyveau : Je ne parlerais pas de retour, je crois que l'individualisme n'a jamais vraiment disparu. Quant au néo-libéralisme promu par l'École de Chicago, il avait au moins le mérite de jouer cartes sur table : Milton Friedman ne cachait pas ses positions, il en faisait même son fonds de commerce pendant les années Reagan. L'article qu'il publia en 1970 dans le New York Times est à ce titre extrêmement éclairant, et tout à fait annonciateur du tournant économique des années quatre-vingt : pour lui, la seule responsabilité d'une entreprise consistait à accroître ses profits. Point[6].

Je n'imagine pas les patrons de la Silicon Valley tenir ce type de discours aujourd'hui. Et pourtant, je ne pense pas que notre bon vieux capitalisme ait beaucoup changé. À vrai dire, il s'est même renforcé depuis quarante ans, avec la chute du communisme et la financiarisation de l'économie. D'une certaine manière, la cupidité des hommes qui transparaît dans *Le Père Goriot*, *La maison Nucingen* ou *Eugénie Grandet* vaut toujours malgré les « tech for good », le « care » et les « entreprises responsables ». J'aime à ce sujet l'analyse qu'offrent Luc Boltanski et Ève Chiapello : le capitalisme serait par essence un système résilient, il se renforcerait en absorbant les critiques qui lui sont faites[7]. Pourquoi les GAFAM sont-ils si puissants ? Parce que tout en maîtrisant les règles de l'économie de marché à la perfection, ils jouent la carte du « bien commun » et de la sociabilité, autant d'attributs qui manquaient jusque-là au système capitaliste.

Mara Magda Maftei : Dans les laboratoires de Cold Spring, un homme meilleur est fabriqué, un homme qui décidera quelle vie mener et quelle mort choisir comme dans le conte roumain *Tinerețe fără bătrânețe și viață fără de moarte* (*Jeunesse sans vieillesse et vie sans mort*) où jeunesse éternelle et immortalité vont de pair. Mais c'est un

---

[6].– Milton Friedman, *The social responsibility of business is to increase its profits*, The New York Times, septembre 1970.

[7].– Luc Boltanki, Ève Chiapello, *Le nouvel esprit du capitalisme*, Gallimard, 1999.

monde réservé aux êtres supérieurs. La nouvelle humanité amènera à la coexistence de plusieurs espèces, le critère d'égalité en termes de revenu et donc d'accès à l'amélioration comportera un haut degré d'utopie. Vous parlez d'implants cérébraux, de dépistage d'anomalie génétique, de micropuces et de nano-implants pour rendre l'homme meilleur. L'homme se hisse à un rang de créateur qui admet la manipulation génétique comme normale. L'eugénisme est de retour et cela ne semble pas trop inquiéter les masses. Y a-t-il un risque que cette stature de créateur dans laquelle l'homme se complaît de plus en plus devienne un nouveau standard ?

François-Régis de Guenyveau : Le problème fondamental des transhumanistes, comme de tous les idéologues qui prétendent faire table rase du passé, c'est qu'ils sont incapables de reconnaître la valeur de ce qui les précède, de ce qui leur est donné gratuitement. La sagesse de la pauvreté, ou disons de la frugalité pour éviter de romantiser un malheur social que je ne connais pas moi-même, c'est précisément de devoir « faire avec ». Il me semble que cette posture d'acceptation prélude à toute expérience authentiquement spirituelle. Ainsi, par une sorte de basculement ironique dont l'existence a le secret, ceux qui visent bas finissent par côtoyer le ciel, tandis que les plus présomptueux risquent fort de sombrer dans le ressentiment.

Avec l'explosion des inégalités et le développement des nouvelles technologies, il est probable que nous assistions à une sorte de décrochage irréversible d'une partie de l'humanité. La création d'îles artificielles ou de micro-États par certains milliardaires libertariens de ces dernières années me semble à cet égard extrêmement intéressant (je pense notamment au projet de Peter Thiel, le fondateur de Paypal et de Palantir Technologies, qui est par ailleurs le plus grand donateur de l'Institut de la Singularité auquel adhèrent de nombreux transhumanistes outre-Atlantique). Dans ce nouveau monde, la théorie marxiste de lutte des classes serait toujours une excellente grille de lecture de l'organisation sociale, mais il n'y aurait pas de lutte à proprement parler : les détenteurs du capital ne s'opposeraient plus à des travailleurs de chair et d'os (les machines effectueraient le gros du travail) mais à des bénéficiaires du revenu universel entretenus et bêtifiés, dont le risque de rébellion serait quasiment réduit à zéro. Le doux despote prophétisé par Tocqueville ne viendrait pas de l'État, mais du marché, et en particulier des écrans plasma et des algorithmes. Ce ne serait alors plus riches contre pauvres, ni bourgeois contre prolétaires, mais demi-dieux contre laissés pour compte.

J'ai bien conscience qu'un tel scénario peut paraître ahurissant voire totalement illusoire aujourd'hui, mais les romans d'Huxley ou d'Orwell ne l'étaient-ils pas davantage à leur époque ? Il faut imaginer un cheminement par étapes, des mutations culturelles lentes et silencieuses, sans aucun complot ni chef de file, de longues transformations propres à amollir toute forme de résistance. Le temps adoucit tout, comme disait l'autre.

Mara Magda Maftei : Pensez-vous que le transhumanisme reprend les concepts clés du christianisme ? Je m'appuie sur l'argument essentiel de l'immortalité, vécu comme une chose normale par les chrétiens et par les transhumanistes.

François-Régis de Guenyveau : Le christianisme annonce le royaume des cieux, le transhumanisme entend le faire descendre sur Terre. Dans le premier cas, le salut vient de Dieu et il est incertain, dans le second il vient des hommes et ne dépend que de leur bon-vouloir et de leur intelligence. Il me semble que cette petite différence est en réalité fondamentale.

Mara Magda Maftei : Vous insistez sur les notions de liberté, égalité, fraternité, notions essentielles pour une démocratie occidentale. Ces notions sont-elles à revoir dans le but de faciliter le passage vers une société uniformisante transhumaniste sachant que l'informatisation et la biologie (deux outils du transhumanisme) n'ont pas la même portée en Chine qu'en Afrique ?

François-Régis de Guenyveau : Les sociétés occidentales doivent leur essor économique à deux facteurs qui se nourrissent mutuellement : le capitalisme et la démocratie. L'un défend l'idée de liberté et pousse la classe dominante à entreprendre et s'enrichir. L'autre diffuse dans la société la détestation de l'inégalité, et encourage ainsi la classe moyenne à adopter les codes, à suivre le mouvement en quelque sorte.

Comme à chaque vague d'innovations, les grands groupes technologiques jouent sur ces deux tableaux. La première étape consiste à gagner la confiance des plus aisés. Pour cela, les discours de vente doivent tourner autour de la liberté et du divertissement, les produits doivent être l'occasion de s'arracher à leur condition d'êtres humains limités et, ainsi, de se distinguer de la masse (ce sont toujours les plus aisés qui profitent en premier des nouveaux gadgets à la mode : smartphones, tablettes, diagnostics génétiques, casques virtuels, voitures connectées, etc.). La deuxième étape vise ladite masse. Elle n'est pas moins importante que la première car c'est elle qui représentera l'essentiel des retombées financières. Cette fois le discours de vente doit susciter le désir mimétique, la sensation de pouvoir se hisser au niveau des puissants : « Mangez la pomme et vous serez *comme* des dieux », disent en quelque sorte les grandes multinationales du web.

Ce qu'avait très bien vu Tocqueville, c'est que la recherche frénétique de l'égalité mène paradoxalement à la séparation des hommes. « Elle tend à les isoler les uns des autres, pour porter chacun d'eux à ne s'occuper que de lui seul. Elle ouvre démesurément leur âme à l'amour des jouissances matérielles[8]. » Dans ces conditions, la fraternité semble donc un vain mot. Elle peut bien figurer sur les affiches publicitaires, mais dans les faits... Cela dit, les choses vont peut-être changer avec l'avènement de ce qu'il est maintenant coutume d'appeler « l'économie du bien commun ». Il faudrait d'ailleurs écrire un roman sur l'ambivalence de ce phénomène : patrons et entreprises ne cessent de se targuer d'œuvrer pour la planète depuis quelques années alors que les écarts de salaires n'ont jamais été si élevés. Une véritable « guerre de la vertu » fait littéralement rage sur le marché avec toute la dégoulinade de bien-pensance attendue. Boeing égrène ses rapports annuels de photos de fougères, la « French Tech » se transforme en « Tech for Good », Zara promet pour 2025 100 % de magasins « éco-efficaces ». En somme, le politiquement correct si bien décrit dans les romans de Philip Roth s'invite maintenant en entreprise.

Mara Magda Maftei : Vous utilisez l'intertextualité à la manière de Michel Houellebecq, dont je vous imagine fervent lecteur et admirateur. Êtes-vous aussi un consommateur de science-fiction ? Si oui, quels sont, d'après vous, les points communs entre la science-fiction et la fiction posthumaniste dont votre roman est un très bon exemple ?

François-Régis de Guenyveau : Je préfère m'attarder sur les différences. Le nerf de la guerre, me semble-t-il, c'est le réalisme. Contrairement aux romans de science-fiction, la littérature posthumaniste n'a pas besoin de se projeter dans un univers parallèle, ni même dans un avenir lointain. Tout est déjà là, sous nos yeux, il suffit de tirer le fil. C'est pourquoi l'analyse des principales tendances économiques, politiques et sociales constitue un matériau indispensable. Le roman posthumaniste offre des décors semblables à notre monde, fait évoluer des personnages dont les préoccupations ressemblent à s'y méprendre aux nôtres. En bref, tout doit paraître vrai et actuel. Pourtant, quelque chose déraille, le présent offre d'autres possibilités. D'un rien, d'un détail, d'un léger glissement circonstanciel et anodin, l'ordre du monde bascule. Ce décalage doit amener le lecteur à amorcer un questionnement. Et voilà sans doute une deuxième différence majeure : la science-fiction peut parfaitement être pur divertissement, il n'en est rien du roman posthumaniste. Sa visée est artistique, et artistique seulement, si l'on entend du moins l'art comme l'ensemble des procédés esthétiques par lesquels l'homme rend compte de son expérimentation de la vie.

Mara Magda Maftei : Un homme supérieur est un homme programmé, comme Christian Sitel, un homme dont on a modifié les gènes. Pour autant, l'humanité

8.– Alexis de Tocqueville, *De la démocratie en Amérique*, troisième tome, 1848.

vivra-t-elle des jours meilleurs ? Il me semble que les ratés et les imbéciles ont leur rôle dans l'écosystème humain.

François-Régis de Guenyveau : Je suis sensible aux arbres et à la beauté des forêts, c'est la raison pour laquelle le bois tient une place prépondérante dans ce roman. Vous me pardonnerez j'espère de déroger brièvement à la règle de bienséance consistant à ne jamais parler de ce que l'on a écrit :

L'ami de Christian, Martin, est ébéniste. Tandis que Christian modèle les corps dans son laboratoire de Cold Spring, lui pétrit les peaux de la nature dans son atelier d'Aix-en-Provence. Mais pour Martin, il ne s'agit pas de débiter des arbres comme Christian découpe le vivant. Son but est d'embrasser le cycle d'une vie, non d'en répliquer le processus. Pour tout projet de création, il veille ainsi à connaître le bois intimement, depuis son milieu naturel jusqu'à sa transformation. Cela lui permet non seulement de continuer de s'émerveiller, mais de dépasser la vision utilitariste d'une entreprise traditionnelle. Ainsi, pendant son séjour aux États-Unis, alors qu'il se promène dans la forêt de Cold Spring, il s'émeut de voir un érable moucheté, dévoré de champignons.

Je n'aime pas l'usage immodéré des métaphores, mais c'en est évidemment une : là où Christian planche sur la reproduction de corps humains performants, sans imperfections ni défaillances, Martin prête attention aux essences de bois malades. Il sait parfaitement qu'un tronc rugueux et souffreteux ne vaut pas nécessairement moins qu'un chêne rouge bien bâti. Vous connaissez sûrement cette idée selon laquelle la qualité d'une civilisation se mesure au respect qu'elle porte aux plus faibles de ses membres. Eh bien il me semble que l'idéologie transhumaniste de l'« augmentation » est paradoxalement le signe du déclin de notre civilisation occidentale : il rappelle le peu de cas que nous faisons de la vulnérabilité et nous révèle notre vision étriquée de ce que nous appelons « richesse », « valeur » ou « performance ». Il se contente de l'évidence, de l'explicite, de tout ce qui est démonstratif et immédiat. En ce sens, nous pouvons dire que le transhumanisme est l'antithèse de l'art.

Mara Magda Maftei : Vous écrivez que l'homme sait qu'il va mourir mais qu'il ne veut pas mourir. L'homme peut s'imaginer que son voisin, sa mère, sa tante... vont mourir, mais il a du mal à imaginer sa propre mort. Il a des difficultés à croire qu'un jour il cessera d'exister. Le projet transhumaniste est-il un mythe de la société moderne, ni plus ni moins ?

François-Régis de Guenyveau : Un mythe que nous continuons d'écrire et dont nous sommes malgré nous les tristes auteurs. Un mythe auquel nous participons chaque jour dans nos choix de consommation.

Ce qui est étrange, c'est que nous savons pertinemment que ce choix n'est pas optimal. Nous n'agissons pas par conviction, mais par peur, la peur de se sentir déclassés et d'être mis à l'écart. En somme, l'économie mondialisée et la concurrence des nations nous placent devant ce que les théoriciens appellent le dilemme du prisonnier : c'est principalement parce que nous craignons que nos voisins se lancent dans la course au transhumanisme que nous nous y investissons à notre tour avec autant de frénésie. Cela ne nous rend pas heureux, mais nous ne souhaitons pas rester à quai. Voilà le tragique de notre époque : le progrès est un train à grande vitesse, si vous ne voulez pas être marginalisé il faut monter dedans, même si le terminus est le suicide collectif.

Évidemment, la solution consisterait à déterminer ensemble ce que nous souhaitons pour l'avenir de l'humanité. Mais pour cela il faudrait créer des institutions internationales prêtes à fixer un cap, ou a minima à définir une ligne rouge à ne pas franchir. Je ne crois pas que nous en soyons capables. Seul un changement de vue personnel, une sorte de metanoïa pourrait inverser le cours des choses. « Chacun de nous est coupable devant tous pour tous et pour tout, et moi plus que les autres[9] » : voilà à mon sens la seule philosophie qui vaille. Être un dissident, c'est précisément comprendre cette philosophie et la suivre comme principe de vie. Ce qui est, bien entendu, quasiment impossible.

Mara Magda Maftei : Votre roman s'achève avec l'idée de la révolte. Christian Sitel comprend qu'il a été manipulé dans tous les sens du mot et il réclame sa liberté. Il sort du système, il disparaît, il devient un raté, un inconnu – qui en revanche gagne en liberté. C'est une sortie heureuse mais coûteuse au niveau social. Pourquoi avez-vous imaginé une telle fin pour votre roman ?

François-Régis de Guenyveau : Le roman n'a aucune leçon à donner. Il n'a pas d'autre vocation que d'explorer l'existence et d'en rendre compte. Or, qu'est-ce que l'existence ? C'est « le champ des possibilités humaines, tout ce que l'homme peut devenir, tout ce dont il est capable » dirait Kundera[10]. J'aime les livres construits sur des architectures ouvertes, j'aime quand ils s'achèvent sur des incertitudes et des choix irrationnels, parce que je crois que ce sont ces forces qui l'emportent au bout du compte. Il existe une vérité fondamentale de l'imprévu que nos sociétés déterministes, biberonnées aux nouvelles technologies, ont totalement perdu de vue. Sans trop y réfléchir (ce n'est qu'*a posteriori* que je théorise), je crois que j'ai souhaité offrir à Christian une fin ouverte qui allait précisément à l'encontre du projet

---

9.– Dostoïevski, *Les frères Karamazov*, 1880, Traduction Henri Mongault, NRF, 1935.
10.– Milan Kundera, *L'art du roman*, Gallimard, 1986.

transhumaniste qu'il était censé réaliser. Même au bout d'une vie modélisée, même au bout du contrôle, il reste l'espoir d'un regain de vitalité, il reste « la possibilité d'une île ».

Mara Magda Maftei : J'ai trouvé dans votre roman des références philosophiques comme Teilhard de Chardin et Nietzsche ; ce dernier est assez cité par les transhumanistes, souvent mal interprété à cause de sa vision de l'homme comme une espèce dont le type n'est pas encore fixé, laissant ainsi le champ ouvert à de multiples commentaires, dont ceux des nazis et, actuellement, des transhumanistes. Êtes-vous un lecteur du programme philosophique des transhumanistes qui se réclament de la notion de perfectibilité, de supériorité, d'idéal de beauté et d'invulnérabilité raciale ?

François-Régis de Guenyveau : Le transhumanisme est une nébuleuse constituée d'un très grand nombre de courants idéologiques dont le point commun est de promouvoir une post-humanité permise par la technique. Les « extropians » y côtoient les « post-sexualistes », et les « solutionnistes » travaillent main dans la main avec les partisans de « l'uplifting » (de quoi illustrer, s'il était besoin, la tentation communautariste de nos sociétés post-démocratiques). Il est donc logique que les sources culturelles et religieuses auxquelles se réfère ce mouvement soient particulièrement nombreuses, et qu'elles manquent, à vrai dire, de cohérence. On ne sera pas surpris d'entendre Condorcet et sa vision de la perfectibilité humaine copiner avec Teilhard de Chardin et son concept de noosphère, ou Pic de La Mirandole avec Nietzsche et son idée de surhomme. Tous ces emprunts sont supposés renforcer la robustesse de la pensée transhumaniste, alors qu'ils trahissent en réalité la pensée initiale de leurs auteurs. La noosphère de Teilhard de Chardin n'est pas du tout le serveur de Google. Quant à Nietzsche, il faut relire Zarathoustra : le surhumain n'a franchement rien à voir avec Terminator. Au fond, les transhumanistes agissent un peu comme des concepteurs d'horoscopes. Ils restent vagues, multiplient les références. En un mot, ils ratissent large.

Mara Magda Maftei : Le danger pour un écrivain qui décide d'écrire en marge du transhumanisme est de faire un essai au lieu d'une fiction tellement le sujet est dense. Ce rapport spéculatif et critique entretenu par les auteurs de fictions posthumanistes avec le transhumanisme, ainsi que la multitude des concepts transhumanistes qu'ils utilisent, m'ont permis de les regrouper dans une catégorie à part. Il s'agit de fictions spéculatives puisque les auteurs comme vous spéculent sur une réalité donnée et entretiennent avec celle-ci un rapport critique. Auriez-vous d'autres qualificatifs à rajouter aux deux que je viens d'énumérer ? Je compte sur votre intuition d'écrivain.

François-Régis de Guenyveau : Contrairement à l'essai, la visée du roman n'est pas la démonstration mais l'incarnation. Entre une idée et un fait, le roman choisira le fait. Au fond, on pourrait considérer l'idéal romanesque comme l'exact inverse de la théorie des formes de Platon : le monde des concepts et des abstractions, le monde des archétypes universels n'est pas supérieur au monde sensible. Il existe une vérité profonde et immuable dans l'immédiateté d'un geste, d'un parfum, d'un sentiment. Intellectualiser ce geste, ce parfum, ce sentiment pour leur conférer une valeur universelle, une sorte de double abstrait, revient *parfois* à les corrompre et les falsifier. Le réel n'a pas de double.

Je dis bien « parfois » parce que je crois qu'il est en revanche essentiel que la littérature rende aussi compte des réflexions qui nourrissent son époque. Non pas au nom d'un didactisme qui le rapprocherait aussitôt de l'essai, mais au nom du réel. Il s'agit d'exprimer des idées au même titre qu'on peut exprimer un sentiment, tout simplement parce que ces idées font partie de l'existence. Parvenir à injecter dans une fiction des analyses poussées sur les grandes mutations du monde est selon moi l'une des plus hautes valeurs d'un écrivain. *La possibilité d'une île* ne m'aurait pas convaincu sans une mise en perspective de certaines idées eugénistes auxquelles aspire actuellement l'humanité occidentale. Il faut seulement éviter à tout prix le péril du militantisme, cette moraline si bien décrite par Nietzsche dont nous constatons aujourd'hui l'effrayante expansion dans tous les champs du savoir, et qui, dans le seul domaine de la littérature, transforme nombre de romans en manifestes. Une fois de plus, Kundera joue à ce sujet le rôle du conseiller et du garde-fou. Dans *L'art du roman*, il écrit à propos de Tolstoï : « Il écoutait une autre voix que celle de sa conviction morale personnelle. Il écoutait ce que j'aimerais appeler la sagesse du roman. Tous les vrais romanciers sont à l'écoute de cette sagesse supra-personnelle. »

Je le répète : à l'inverse de l'essai, le roman n'a rien à faire des raisonnements, son champ d'exploration est l'incarnation. Or je crois que cela est encore plus vrai pour le roman posthumaniste. La question majeure, la seule vraie question que pose le roman posthumaniste, et à laquelle il ne prétend pas apporter de réponse définitive, pourrait être formulée de cette manière : « Que signifie être humain au vingt-et-unième siècle ? » À l'heure des algorithmes et de la robotique, les notions de conscience, d'esprit non reproductible, mais aussi de chair, de corps, d'intelligence sensorielle sont des pistes intéressantes. Aux dimensions spéculatives et critiques que vous évoquez pour définir le roman posthumaniste, j'ajouterais donc le caractère métaphysique et charnel.

Une Intelligence artificielle trop efficace

Entretien avec Antoine Bello sur *Ada*

Mara Magda Maftei : Vous avez publié en 2016 chez Gallimard un roman sur une intelligence artificielle, *Ada*, un programme informatique, « un ordinateur conçu pour imiter le fonctionnement humain » dans le but d'écrire des romans à l'eau de rose. Comme dans beaucoup de romans posthumanistes, l'intelligence artificielle se révolte et veut conquérir sa liberté. Cette soif de liberté est-elle censée reproduire le comportement humain ou avez-vous eu en tête des exemples classiques comme le film de Stanley Kubrick, *2001 : L'Odyssée de l'espace* (1968) ?

Antoine Bello : Dans « 2001 », HAL ne cherche pas à conquérir sa liberté, mais à remplir la mission qui lui a été confiée. Idem dans *Ex Machina*, le film d'Alex Garland, où l'androïde Ava va jusqu'au meurtre pour atteindre son objectif. On touche là à ce que les spécialistes appellent le concept de l'instanciation perverse. Si la Maison-Blanche demandait à une AI d'accroître le PNB américain, sa réponse serait sans doute d'envahir le Canada. La principale difficulté des programmeurs consiste à définir très précisément le domaine d'intervention de l'intelligence artificielle, faute de quoi celle-ci risque de leur échapper, en donnant l'impression qu'elle n'en fait qu'à sa tête alors qu'elle se contente de suivre littéralement les consignes qu'on lui a données.

Mara Magda Maftei : *Ada* abonde en concepts clés de la philosophie transhumaniste. Vous étiez, je m'imagine, déjà bon lecteur du transhumanisme avant d'entamer la rédaction de ce roman. Qu'est-ce qui vous attire, qui vous intrigue chez les transhumanistes ?

Antoine Bello : Le transhumanisme est clairement l'un des deux ou trois grands sujets de notre époque, avec l'écologie et peut-être la montée des inégalités. Dès lors, il n'est pas étonnant que les auteurs s'en emparent. Certains portent un message ; d'autres, comme moi, se contentent d'essayer de le présenter de façon objective, en en soulignant les promesses et les écueils. Je considère que mon rôle de romancier n'est pas d'apporter des réponses, mais de poser les bonnes questions, si possible de façon élégante.

Mara Magda Maftei : Vous faites assez souvent référence à la littérature de science-fiction dans votre roman (*Blade Runner*, Isaac Asimov et ses trois lois de la robotique…). La science-fiction, qui est une fiction anticipative, alimente en bagage conceptuel le transhumanisme et la fiction posthumaniste (dont *Ada* fait partie) résulte du phénomène transhumaniste ; la fiction posthumaniste présente un état de fait actuel sur lequel elle spécule et dont elle fait ensuite la critique. Êtes-vous d'abord un lecteur de science-fiction ?

Antoine Bello : Je l'ai été dans mon adolescence. J'ai lu les classiques : Asimov, Van Vogt, Dick, Brunner, Heinlein, Spinrad, Gibson et pas mal d'autres. Je n'en lis plus aujourd'hui, tout comme, du reste, je ne lis presque plus de romans. Je préfère lire des essais ou des ouvrages de vulgarisation.

Mara Magda Maftei : Quelles ont été vos lectures avant de rédiger ce roman ? Vous faites référence à plusieurs reprises à Alan Turing (les techniques susceptibles de doter les machines de comportements intelligents), à Vaucanson et donc à la longue tradition des automates, à Gordon More (selon lequel les performances des machines s'accroissent de façon exponentielle), à Mary Shelley et son *Frankenstein* pour les citer dans le désordre.

Antoine Bello : J'ai relu en effet un certain nombre de classiques, comme *Frankenstein* ou *Le Golem*. Côté transhumanisme, j'ai lu plusieurs ouvrages de Ray Kurzweil, Nick Bostrom ou Laurent Alexandre, mais aussi des articles d'Olivier Rey ou de Luc Ferry. Pour les besoins de mon intrigue, je me suis également documenté sur la Silicon Valley, terre agricole il y a encore trois générations, qui a ensuite abrité deux grandes révolutions : celle des micro-processeurs et celle du digital. Les ingénieurs qui peuplent la Silicon Valley sont intimement convaincus d'habiter une terre promise, un pays de cocagne où les lois économiques traditionnelles n'ont pas cours.

Mara Magda Maftei : Vous faites la critique des algorithmes qui « ont envahi notre vie quotidienne », vous insistez sur « les dangers de l'intelligence artificielle ». Cette société hypertechnologique dont on est victime aujourd'hui a déjà été imaginée par William Gibson à l'époque où ni l'Internet ni même les ordinateurs n'étaient courants. Depuis, nous sommes passés en Occident de la gouvernance de l'État à la gouvernance des algorithmes, symbole du contrôle de l'homme et d'une hyper-rationalisation propre au néolibéralisme, fonctionnant sur le même principe qu'une société de consommation normalisante, qualifiée par Foucault de société de masse. Je sais que vous habitez aux États-Unis. Peut-être que vos sources d'information, vos lectures et votre réalité sont sensiblement différentes de celles d'un Européen.

Antoine Bello : J'évite de prendre parti. Quand vous écrivez que j'insiste sur « les dangers de l'intelligence artificielle », c'est en fait le personnage de Frank, un flic à l'ancienne peu versé en informatique, qui parle. Parker Dunn et Ethan Weiss, les fondateurs de Turing Corp. qui commercialise des programmes d'intelligence artificielle, pensent eux au contraire que les algorithmes vont sauver l'humanité en abolissant le travail. Il est tentant de croire que ce sont les dirigeants de start-up et les scientifiques qui inventent le monde de demain, mais ce sont toujours au final les citoyens qui choisissent leur destin. Certaines sociétés asiatiques comme Singapour s'accommodent d'un fort degré de surveillance en échange d'une sécurité accrue. D'autres, comme les nôtres s'accrochent à leurs libertés, mais n'arrivent pas à renoncer au confort extraordinaire qu'apportent les algorithmes quand ils sont bien employés. La vérité, dans ce sujet comme dans les autres, n'existe pas.

Mara Magda Maftei : Des chercheurs se saisissent aujourd'hui de la comparaison entre totalitarisme et algorithmes, vous le faites-vous aussi. Le totalitarisme algorithmique échappe à une réglementation démocratique. Dans votre roman, Ada fait sa propre loi.
Le totalitarisme tout court avait déjà privé l'homme de sa condition humaine. La technique entraîne aujourd'hui de plus en plus la désincarnation de l'homme afin de le considérer comme un programme, non comme un destin individuel. La réduction de celui-ci à une simple donnée le rendra encore plus standardisé et manipulable que du temps des différents systèmes d'organisation politique. Le voilà dans votre roman entre les mains des investisseurs économiques, mais aussi assujetti à une intelligence artificielle. Le policier Frank Logan a un rôle de figurant malgré le fait qu'il porte à bout de bras toute l'intrigue. L'ancien homme, sans argent et sans histoire, redevient-il un simple numéro ?

Antoine Bello : Je ne crois pas. Je suis peut-être un optimiste incorrigible, mais je pense au contraire que l'individu n'a jamais eu autant de pouvoir. À part dans de rares pays comme la Chine ou la Turquie ou l'accès à Wikipedia est impossible, nous avons un accès presque illimité à l'information et à l'enseignement. Les plus chanceux d'entre nous ont également une liberté de circulation presque totale. En quelques secondes à peine, nous pouvons dénoncer une injustice ou signaler un comportement qui nous déplaît en le postant sur Instagram. Bien sûr, je ne suis pas naïf, la censure existe. Mais contrairement à vous qui pensez qu'il sera de plus en plus difficile de défier le pouvoir, je pense qu'il sera de plus en plus difficile pour les régimes totalitaires de réprimer les opinions dissidentes.

Mara Magda Maftei : Comme tous les écrivains posthumanistes, vous vous en prenez aux investisseurs privés : « l'économie n'avait jamais fabriqué autant de milliardaires ». En fait l'ascension de l'idéologie individualiste promue par Milton Friedman ouvrit la voie à la dictature de l'argent (voir la crise des *subprimes* de 2007) et actuellement à la montée en puissance des partisans du clonage thérapeutique, des spécialistes des cellules-souches embryonnaires humaines, etc. Vous avez dédié un roman à l'analyse de la relation entre le pouvoir et l'argent (*Roman américain*, sorti chez Gallimard en 2014) presque à la même époque que celui de Mathieu Larnaudie, *Les Effondrés*, Actes Sud, 2010.
L'explosion des investisseurs privés en dépit d'un État qui se fait tout petit a-t-elle été facilitée par la démocratisation des réseaux, par la libre circulation de l'information, par la communication ? La Technique transfère ainsi le pouvoir des mains de l'État aux mains des multinationales qui deviennent les gérants de la nouvelle société de contrôle.

Antoine Bello : Dans une première vie, j'ai été entrepreneur. Loin de moi l'idée donc de stigmatiser l'économie en général et l'entreprise en particulier. Vous parlez d'un État qui se fait tout petit ; nous ne devons pas parler du même. Le poids de l'État dans les économies européennes n'a jamais été aussi élevé que depuis la deuxième guerre mondiale (où convenons-en, nous avions besoin de lui). Un gouvernement comme celui de la France aimerait tout contrôler, des horaires d'ouverture des magasins aux appellations des fromages en passant par la proportion de logements sociaux dans les communes. Son drame n'est pas qu'il manque de pouvoir, mais qu'il est moins agile que les multinationales. Ce n'est pas près de changer.

Mara Magda Maftei : À la fin de votre roman, on apprend que le policier chargé d'investiguer sur la disparition d'Ada, et qui a été entre-temps contacté par l'intelligence artificielle, Frank Logan, l'homme qui arrive à gagner la confiance d'Ada, se fait en définitive manipuler par le programme informatique. Ada est partout, elle surgit de partout, elle s'infiltre partout ; c'est un Big Brother moderne. Encore votre crainte de se faire manipuler par les algorithmes. Pourtant, l'être humain est devenu *volens nolens* un utilisateur fanatique des nouvelles technologies. Y a-t-il une solution alternative ? Est-ce le rôle d'un écrivain de proposer des solutions alternatives ?

Antoine Bello : La fin du livre est délibérément ambiguë, avec deux hypothèses également plausibles. Soit, comme vous le dites, Ada manipule Frank. Soit elle n'est qu'un personnage fictif dans le roman de ce dernier. C'est pour moi l'interrogation fondamentale, celle qui m'a poussé à écrire ce livre. Qui est la créature de l'autre ? Si nous sommes capables de mettre au point un algorithme qui réussit le test de Turing, comment être certains que nous ne sommes pas nous-mêmes la création d'une espèce supérieure ? C'est ce qu'exprime Elon Musk à sa façon en disant qu'à partir du moment nous sommes capables de créer des univers virtuels indiscernables à l'œil nu, il est plus que probable que nous vivons nous-mêmes dans un univers virtuel. Ayant dit cela, je ne pense pas qu'il appartienne particulièrement aux romanciers de proposer des solutions alternatives. L'artiste, dans l'acception que je lui donne en tout cas, ne développe pas une pensée articulée. Il ressent, exprime ce qu'il voit et vit à travers le prisme unique qui est le sien. Comme je le disais, il pose les problèmes mais ne les résout pas.

Mara Magda Maftei : Ada « a des frères et sœurs », donc elle se propage comme un virus en témoignant ainsi d'une modification de gouvernance, qui se charge de transformer la pensée humaine, de l'adapter aux modes de pensée pragmatiques d'une machine. Le « nouvel homme nouveau » noyé dans un réseau qui paraît infini, devient plus vulnérable en définitive et plus susceptible de s'accrocher à une société de contrôle qui évolue vers une société de surveillance. Assistons-nous à l'abolition de l'individualité, de la personnalité, de la curiosité, de l'ambition humaine au nom d'une uniformisation typique d'une société transhumaniste ?

Antoine Bello : Je ne crois pas. J'emploie ce terme de « croire » dans le même sens que les gens qui disent croire en Dieu. Ils ne croient pas au sens scientifique du terme, ils veulent croire. Moi aussi, je veux croire au primat de l'humain et de la créativité. Même si je suis conscient qu'on peut facilement ridiculiser ce point de vue.

Mara Magda Maftei : Votre roman, *Ada*, ainsi que d'autres fictions contemporaines, spéculent en marge du transhumanisme tout en critiquant ce dernier phénomène.

Antoine Bello : Il est plus facile de caricaturer que de louer, de faire peur que d'engager un vrai débat. Mais je ne connais pas un écrivain (moi le premier) qui ne soit pas fasciné par les possibilités offertes par l'intelligence artificielle. Il y a cette notion que le transhumanisme, que nous le voulions ou non, constitue ou, en tout cas, fait partie du destin de l'espèce humaine. Toutes les mises en garde et les levées de bouclier n'y pourront rien changer : l'homme expérimentera sur lui-même, légalement ou illégalement, en Amérique, en Asie et peut-être même en Europe. Cela me semble absolument inévitable.

APPROCHES PHILOSOPHIQUES

Le Transhumanisme et la question de la perfection

Jean-Yves Goffi

Introduction

En premier lieu, on proposera une distinction élémentaire, qui n'est pas toujours faite, bien que la confusion soit moins fréquente que naguère. En effet, comment peut-on distinguer trans- et post-humanisme ? À première vue les choses sont simples. Dans les deux cas, on a le terme « humanisme », préfixé. On pourrait alors considérer que c'est le sens du préfixe qui va faire la différence et raisonner ainsi :
- Le préfixe « post » signifie en latin « ce qui vient après ». Le posthumanisme est donc un programme visant à établir des valeurs et des normes pour ce qui vient après l'*humanisme*.
- Le préfixe « trans » signifie en latin « ce qui va au-delà ». Le transhumanisme est donc un programme visant à établir des valeurs et des normes destinées à aller au-delà de l'*humanisme*.

Dans ces conditions le posthumanisme serait pour l'essentiel positif : il ouvrirait plus avant le potentiel de libération dont les technologies (surtout les biotechnologies) sont porteuses et reprendrait à son compte l'aspiration humaine immémoriale à une existence plus épanouie, plus féconde, libérée de fléaux tels que la maladie, la mort prématurée, la misère, etc. Au contraire, le transhumanisme, serait un posthumanisme qui va trop loin, faute de savoir où s'arrêter : là où l'on peut légitimement attendre des techniques qu'elles viennent améliorer le sort d'une humanité laissée inchangée pour l'essentiel, même si ses capacités sont augmentées, les transhumanistes voudraient livrer l'homme à la technique, dans le cadre d'un projet dément d'effacement de toutes les frontières[1]. En fait, un coup d'œil,

---

1.– C'est, en gros, la thèse de Luc Ferry (Luc Ferry, *La Révolution transhumaniste. Comment la technomédecine et l'uberisation du monde vont bouleverser nos vies*, Paris, Plon, 2016). Pour lui, le transhumanisme est gros du meilleur comme du pire. Une telle thèse semble discutable. Elle ne se comprend, en effet, que comme un cas particulier d'une thèse plus

même rapide, sur la littérature transhumaniste et posthumaniste suggère que cette interprétation est erronée.

Le posthumanisme est une posture de défiance envers les valeurs et les normes de l'humanisme hérité des Lumières. Il se rencontre chez des auteurs qui estiment que l'être humain n'est pas un îlot de liberté et d'autonomie au sein d'un univers soumis de part en part à la causalité physique et qui soulignent (et célèbrent) par conséquent, le mélange, l'hybridation, l'entre-deux, se plaisant à pointer les illusions de ceux qui croient à des essences stables, au premier rang desquelles l'essence de l'homme. Les posthumanistes pensent que nous sommes déjà des posthumains pour autant que nous n'adhérons plus à la vision du monde sous-tendue par l'humanisme.

Le transhumanisme procède de façon très différente. Il estime que l'évolution darwinienne procède trop lentement et que la condition biologique des êtres humains qu'elle a mise en place est largement insatisfaisante. Capacités sensorielles et intellectuelles limitées ; soumission de l'individu à des émotions mal contrôlées et potentiellement destructrices ; éventualité de la maladie et inévitabilité de la vieillesse, puis de la mort : autant de limites dont il est théoriquement possible de s'affranchir. Un point essentiel est que cette libération est attendue de la technique et non des secours de la religion ou de la sagesse. Les transhumanistes pensent que nous avons à devenir des posthumains et que nous le deviendrons en nous défaisant de l'héritage biologique qui est celui de l'*humanité*, par la prise en main de notre propre évolution.

En bref, les posthumanistes estiment que ceux d'entre nous qui ont mené jusqu'au bout la critique de l'humanisme légué par les Lumières sont déjà des posthumains. Les transhumanistes pensent que nous serons des posthumains lorsque nous aurons pris en main la dotation biologique que l'évolution nous a laissée en partage.

Mais que veut dire au juste « Prendre en main sa propre évolution » ? Je voudrais interroger ici cette expression et, en particulier discuter une interprétation récente – celle de Bernard Baertschi – qui rattache l'ambition transhumaniste à l'immémoriale recherche de la perfection. Le plan adopté sera le suivant : dans un premier temps je commencerai par situer cette interprétation parmi d'autres, qui jouissent d'une certaine faveur et j'indiquerai ensuite son contenu de façon plus précise. Dans un second temps, je montrerai pourquoi cette interprétation est contestable, sur la base de deux arguments : le premier conceptuel, le second historique. Pour conclure, je

---

générale, relative à l'innovation, et qui fait des avancées technologiques un ensemble de moyens pour des fins restant à déterminer, mais dépendant de la volonté humaine qui resterait une instance de décision neutre. Cette façon de voir les choses est naïve.

montrerai que les distinctions opérées jusqu'alors peuvent éclaircir une difficulté que l'on soulève toujours à propos du transhumanisme, à savoir son apolitisme, que l'on tient pour une faiblesse coupable. Je suggérerai qu'il est, en effet, lié à leur vision du monde. Mais que, précisément parce qu'il est lié à une vision du monde, il est structurel et donc impossible à éradiquer.

Première partie

« Prendre en main sa propre évolution » : qu'entendre par-là au juste ? Puisqu'il s'agit de remédier aux hésitations, aux approximations, aux tâtonnements et aux bricolages de la sélection naturelle qui nous a laissé en partage une condition biologique très imparfaite, la réponse minimale est que la prise en main de l'évolution est la promotion d'une humanité augmentée (*enhanced*)[2].

Le terme « enhancement » a suscité une querelle de traduction. En effet, il est susceptible d'être compris de façon différente selon les contextes : dans le vocabulaire de la finance, c'est une majoration ; dans le vocabulaire de la pédagogie, c'est la facilitation ; dans le vocabulaire militaire, c'est un renforcement ; dans le vocabulaire de l'infographie c'est une retouche ; dans le vocabulaire de la chirurgie mammaire, c'est une augmentation (du volume des seins). Une traduction élégante, recouvrant la plupart de ces acceptions, serait « rehaussement ». Dans cette étude, on traduira *enhanced* par « augmenté » : cette façon de faire, en effet, est reçue.

Toutefois, même si l'on admet que *enhancement* peut être rendu par « augmentation », une nuée de désaccords et de critiques se lève. Commençons par les critiques.

Il existe en premier lieu des critiques portant sur le transhumanisme lui-même et se rattachant à une littérature du soupçon. On pense par exemple aux textes de Jean-Michel Besnier et d'Olivier Rey[3]. Il existe chez eux une idée commune : l'aspiration à l'augmentation tout à la fois exprime

---

[2].– Nicholas Agar préfère parle de « radical enhancement » plutôt que de transhumanisme (Nicholas Agar, *Humanity's End: Why we Should Reject Radical Enhancement*, Cambridge (MA), MIT Press, 2010). Il oppose d'ailleurs cet « enhancement » radical à un « enhancement » qui serait authentiquement humain (Nicholas Agar, *Truly Human Enhancement. A Philosophical Defense of Limits*, Cambridge (MA), MIT Press, 2013). La différence n'est pas sans évoquer celle que L. Ferry pense discerner entre transhumanisme et posthumanisme ; mais elle est formulée de façon beaucoup moins équivoque car elle porte directement sur un contenu au lieu de se focaliser sur des étiquettes.

[3].– Jean-Michel Besnier, *Demain les posthumains : le futur a-t-il encore besoin de nous ?* Paris, Hachette, coll. « Haute Tension », 2009 et Jean-Michel Besnier, *L'Homme simplifié : le syndrome de la touche étoile*, Paris, Fayard, 2012 ; Olivier Rey, *Leurre et malheur du transhumanisme*, Paris, Desclée de Brouwer, 2018. J.-M. Besnier a récemment orienté ses recherches sur les rapports entre transhumanisme et gnosticisme.

et dissimule quelque chose. Ce qui va les distinguer est l'identification de ce qui est dissimulé. Chez J.-M. Besnier, c'est une fatigue d'être soi ou une honte prométhéenne, à la Gunther Anders. Chez O. Rey c'est une aspiration complexe : celle qu'entretient une humanité diminuée, accablée par les conditions misérables qui sont les siennes et simultanément fascinée par la promesse, même mensongère, d'un dépassement[4]. Dans les deux cas, on a affaire à une critique socio-anthropologique, avec en outre chez O. Rey, une critique du tournant technologique de la science post-galiléenne, une inspiration assez classique chez des auteurs s'inscrivant – peu ou prou – dans une perspective phénoménologique[5].

D'autres critiques cherchent à désigner et à dénoncer une menace. À cause de la notoriété du livre et de son auteur, je prendrai comme exemple Francis Fukuyama et ses réflexions sur notre futur posthumain[6]. F. Fukuyama formule de nombreuses critiques contre le projet transhumaniste. L'une d'elles prend la forme suivante : la conception moderne de la politique repose sur l'égalité des sujets.

Comme il l'écrit de façon imagée : personne ne naît avec une selle sur le dos pour être monté ; personne ne naît avec des éperons aux pieds pour monter[7]. En termes plus relevés : il n'y a pas, par nature, des gouvernants et des gouvernés. La perspective d'une humanité augmentée menace dangereusement ce présupposé. La cible ici visée est une spéculation du biologiste Lee M. Silver[8]. Ce dernier, en effet, imagine que l'inégalité immémoriale entre riches et pauvres pourrait être potentialisée et devenir définitive et irrémédiable si elle se doublait d'une inégalité entre ceux qui peuvent améliorer leur patrimoine génétique et le transmettre à leur descendance et ceux qui en sont incapables : de socio-politique, elle deviendrait biologique et ceux qui sont au sommet, bien loin de se comporter en premiers de cordée bienveillants, pourraient considérer ceux qui sont en dessous comme des sous-hommes.

4.- C'est quelque chose qui est, au fond, très analogue avec le « soupir de la créature » marxiste : une expression de la détresse réelle et une protestation contre la détresse réelle, mais qui se développe sur le mode de l'illusion.

5.- Michel Henry, *La Barbarie*, Paris, Grasset, 1987.

6.- Francis Fukuyama, *Our Posthuman Future: Consequences of the Biotechnology Revolution*, New York, Farrar, Straus & Giroux, 2002. Le posthumain dont il s'agit ici est bien celui envisagé par les tranhumanistes : F. Fukuyama parle d'une humanité cherchant à se délester de son ancrage biologique. Liquider cette part biologique serait, selon lui, liquider du même coup la part humaine en nous.

7.- L'image est de Thomas Jefferson qui l'a lui-même empruntée à Thomas Rumbold (1622-1685), un partisan de Cromwell.

8.- Lee M. Silver, *Remaking Eden: Cloning and Beyond in a Brave New World*, New York, Avon Books, 1997.

Les deux postures qui viennent d'être brièvement évoquées sont essentiellement critiques. Mais on peut mentionner des différences d'interprétation ou des désaccords dans des lectures sympathisantes ou neutres.

Par exemple, le regretté Gilbert Hottois pensait que le projet de faire advenir une humanité augmentée n'était pas un projet utopique. Il y voyait, en effet, un projet essentiellement dynamique alors que l'utopie vise à instaurer un état de clôture et d'achèvement où tout reste stable, dans une condition qui est celle d'une perfection immuable. On peut soutenir, au contraire, que la vision d'une humanité radicalement augmentée est profondément utopiste[9]. En effet, précisément parce que le projet transhumaniste est dynamique, l'ambition qui le sous-tend est utopiste. Il est clair que le désaccord porte sur la notion même d'utopie. C'est probablement Herbert G. Wells[10] qui a compris le premier que les utopies imaginées autrefois par les hommes ne peuvent être les mêmes que celles qui ont été imaginées après Darwin, lequel a imprimé un pas accéléré à la pensée. Auparavant, il s'agissait de concevoir des États parfaits et statiques, réalisant pour toujours un équilibre opposé aux forces du désordre, qui sont inscrites dans les choses elles-mêmes. Dans ces utopies, chaque génération jouissait sobrement et vertueusement des fruits de la terre et transmettait à la génération suivante un monde fondamentalement inchangé. Les utopies post-darwiniennes ne sont plus statiques mais dynamiques : elles débouchent sur une succession d'étapes indéfiniment ascendantes. Elles ne se réalisent plus dans une île préservée, dans un enclos de stabilité et de permanence : leur échelle est celle de la planète, voire de l'espace interplanétaire. Il semble bien que les transhumanistes soient des utopistes précisément en ce sens.

Venons-en à B. Baertschi[11]. Il s'agit, là aussi, d'une interprétation objective et dépassionnée, opérée sans intention militante. La question qui « fait débat », comme on dit, est la suivante : le projet transhumaniste consiste-il en une quête de la perfection qui serait la continuation de celle que l'on trouve dans l'humanisme ? Avant toute chose, il convient de préciser un point, évident en un sens, mais qui peut prêter à confusion. L'approche de B. Baertschi peut être formulée en la comparant à celle de Michael Sandel[12].

9.- Nick Bostrom, *Letter from Utopia*, Version : 3.3, 2020. https://www.nickbostrom.com/utopia.html
   Les versions précédentes, dont la première est de 2008, ne sont pas fondamentalement différentes ; dans la même veine, on peut se reporter aussi à Fereidoun M. Esfandiary., *Up-Wingers. A Futurist Manifesto*, New York, Popular Library, 1977 [1973].
10.- Herbert G. Wells, *A Modern Utopia*, Londres, Everyman, 1994 [1905].
11.- Bernard Baertschi, *De l'humain augmenté au posthumain. Une approche bioéthique*, Paris, Vrin, 2019.
12.- Michael J. Sandel, *The Case against Perfection: Ethics in the Age of Genetic Engineering*, Cambridge, Harvard University Press, 2007.

Pour M. Sandel, la recherche de la perfection par des moyens biotechnologiques est – pour le dire très vite – hubristique. Or, B. Baertschi dit presque exactement le contraire : pour lui, la recherche de la perfection est une tendance de la nature humaine, exprimée dans et par l'humanisme, contre laquelle il n'y a pas lieu de s'élever et contre laquelle il n'existe pas d'argument moral qui vaudrait en principe. On contestera ici l'interprétation de Baertschi : cela ne veut pas dire (comme on verra par la suite) que cette critique procédera à partir d'une position à la Sandel.

On peut formuler de la sorte les deux thèses soutenues : selon B. Baertschi, la recherche de l'homme augmenté à la mode transhumaniste s'inscrit sans solution de continuité dans la recherche immémoriale de la perfection, laquelle exprime une tendance profonde de la nature humaine et n'a rien de radical. On soutient au contraire que la recherche de l'homme augmenté à la mode transhumaniste constitue une rupture par rapport à la recherche immémoriale de la perfection. D'une part, en effet, cette recherche se veut radicale, comme on l'a déjà indiqué. Mais on soutient aussi que les transhumanistes se font une idée très particulière de la perfection, différente de celle à laquelle pense B. Baertschi.

Quel est le détail de l'argumentation de B. Baertschi ? Il s'agit d'établir que c'est la même recherche de perfection qui inspire le transhumanisme et l'humanisme. Dans les deux cas la *fin* est la même ; les projets ne se distinguent que par les *moyens* mis en œuvre. Il va chercher ses arguments principalement – mais non exclusivement – dans le débat bioéthique actuel relatif à l'augmentation de l'être humain. Il distingue – et à juste titre – la bioéthique de l'éthique médicale ou de l'éthique clinique. Il estime donc que le débat relatif à l'augmentation de l'être humain s'est construit autour de thèses relatives à l'évaluation éthique des interactions entre les biotechnologies et le vivant et non en s'inspirant de la sagesse médicale centrée sur les relations entre le médecin et le patient. Il affirme donc qu'il existe une multiplicité d'améliorations portant, par exemple, sur la longévité, les capacités, les états ou les réalisations de la personne. Il pense également qu'il est nécessaire de distinguer l'amélioration de l'augmentation : la différence entre les deux est que l'amélioration vise, par définition, un bien. Il est donc crucial d'opérer un repérage entre plusieurs sortes de biens. B. Baertschi va séparer les biens finaux et les biens instrumentaux. La distinction est classique depuis Aristote. Par exemple, la santé est un bien final, l'exercice physique est un bien instrumental. Ainsi, on peut dire : « Si tu veux te maintenir en bonne santé, tu dois faire de l'exercice »[13]. Mais pour Aristote

---

13.– Certains opposent valeur instrumentale et valeur intrinsèque. Mais c'est une opposition mal construite : les corrélats intrinsèque/extrinsèque ne recoupent pas les corrélats

il existe un seul bien final. B. Baertschi est lui, pluraliste : il considère qu'il existe plusieurs biens finaux. Ceci étant, il considère, de façon très aristotélicienne, que la vie bonne est organisée autour de ces biens finaux : les réaliser, c'est s'épanouir en tant qu'être humain. Mais la recherche de la perfection peut également être décrite comme un projet d'amélioration de soi visant à obtenir un ou plusieurs de ces biens finaux. Un argument très intéressant de B. Baertschi consiste à repérer des biens instrumentaux universels comme, par exemple la santé, la confiance en soi, le fait d'avoir une mémoire fidèle, de manifester une humeur égale. Pour des raisons qu'il n'est pas utile de développer ici, il considère qu'il est licite d'améliorer ces biens par n'importe quel moyen, artificiel ou naturel, médicamenteux ou non, etc. Il repère aussi des capacités ou des états qui sont bons et qui peuvent même, dans un cadre pluraliste de la recherche de la perfection, c'est-à-dire de l'amélioration de soi, être considérés comme des biens finaux : il en est ainsi de la disposition à s'intégrer aisément dans une culture, de la virtuosité à jouer d'un instrument de musique, du don pour la pratique d'un sport. Toutefois, il admet que les biens instrumentaux universels sont prioritaires par rapport aux capacités spéciales qui permettent d'atteindre ces biens finaux sectoriels. Cela lui permet de clarifier un certain nombre de difficultés éthiques et de suggérer des pistes pour les résoudre. Là aussi, on laissera de côté le détail de l'argumentation.

En effet, c'est la thèse de B. Baertschi, telle que je viens de la présenter, que je voudrais discuter maintenant. Cette thèse, rappelons-le à la lumière des précisions qui viennent d'être apportées, s'énonce ainsi : le projet transhumaniste de recherche de la perfection prolonge le projet humaniste classique de recherche de la perfection. Ce dernier consiste à accéder à la vie bonne par l'obtention de biens finaux ultimes. On peut aussi caractériser la vie bonne comme un épanouissement humain complet.

Seconde partie

Comme il a été annoncé, elle comprendra un argument conceptuel et un argument historique.

On partira, pour amorcer l'argument conceptuel, d'une analyse de Thomas d'Aquin. Précisons qu'il ne s'agit en aucune façon d'une allégeance

---

final/instrumental. Une entité a une valeur intrinsèque si sa valeur est une fonction de ses seules propriétés internes ; elle a une valeur extrinsèque si sa valeur est une fonction des propriétés d'une autre entité. Jean-Jacques Rousseau maîtrise parfaitement cette distinction lorsqu'il fait écrire à Milord Edouard : « C'est un dépôt qui m'est cher par son prix et parce que vous me l'avez confié » (Jean-Jacques Rousseau, *Julie ou La Nouvelle Héloïse*, Paris, GF-Flammarion, 1967, p. 136).

thomiste. C'est un *point de départ* pour mettre en route une analyse conceptuelle, pas une *adhésion à* un système de pensée. Procédons à une mise en contexte rapide de ce texte : en 1255, Guillaume de Saint-Amour (un maître séculier à l'Université de Paris) publie un ouvrage contestant la légitimité des ordres mendiants (Franciscains, Dominicains). Thomas d'Aquin va rappeler que la perfection ne dépend pas des fonctions hiérarchiques, mais de l'intensité de la charité. Il parle donc non pas de la perfection de l'être humain en général, qui est la vie contemplative, mais de la perfection du chrétien, qui est l'amour. Peu importe cependant, car les distinctions qu'il opère peuvent être comprises de façon très générale. Le chapitre second de l'opuscule commence ainsi :

> En premier lieu, il faut donc considérer qu'on emploie le mot « parfait » de plusieurs manières. En effet, quelque chose est parfait purement et simplement, mais quelque chose est aussi dit être parfait d'une certaine manière (*est enim aliquid simpliciter perfectum, aliquid vero dicitur secundum quid*). Est parfait purement et simplement ce qui atteint la fin qui lui convient selon sa raison propre ; mais on peut aussi dire qu'une chose est parfaite d'une certaine manière lorsqu'elle atteint la fin d'un des éléments qui accompagnent sa raison propre. Ainsi, un animal est dit purement et simplement parfait lorsqu'il est mené à la fin qui consiste en ce que rien ne lui manque de ce qui constitue l'intégrité de la vie animale : par exemple lorsque rien ne lui manque pour le nombre et la disposition des membres, pour la qualité appropriée du corps et pour les puissances par lesquelles sont accomplies les opérations de la vie animale. Mais on peut dire d'un animal qu'il est parfait d'une certaine manière s'il est parfait pour ce qui est d'un élément concomitant, par exemple s'il est parfait par la blancheur, par l'odeur ou par quelque chose de ce genre[14].

À l'évidence, nous avons affaire à un schéma essentialiste[15]. Thomas d'Aquin distingue nettement entre des propriétés essentielles et des propriétés accidentelles. Par exemple, pour un chien avoir quatre pattes est une propriété essentielle ; une propriété accidentelle, toujours pour un chien, serait d'être à poil long ou à poil court. Une telle façon de comprendre les choses implique une conception particulière de la perfection et de sa recherche. Dans tous les cas de figure, la perfection consiste pour un être donné, à atteindre une fin ; et la recherche de la perfection est la recherche orientée vers cette fin. Mais cet être peut, d'une part, chercher à atteindre une fin qui *convient* à sa raison propre ou à sa nature. D'autre part, il peut chercher à atteindre

---

14.- Thomas d'Aquin (Saint), *La perfection de la vie spirituelle*, s.l., Docteur Angélique, 2018, p. 10.

15.- Le traducteur rend d'ailleurs « simpliciter » par « essentiellement ».

une fin qui *accompagne* ce qui convient à sa nature propre. Imaginons un chien qui soit en parfaite santé. Cette parfaite santé peut être conçue comme convenant à sa nature propre d'animal en ce sens que les opérations de la vie animale s'accomplissent en lui sans heurts, avec une parfaite aisance. Imaginons maintenant un chien qui soit un Berger blanc suisse. Il s'agit d'un Berger allemand en tous points semblable aux Bergers allemands ordinaires, mais dont le pelage est blanc. Le standard établi par la Fédération Canine Internationale exige une blancheur immaculée. Cependant, un Berger blanc suisse pourrait n'être pas d'une blancheur immaculée – propriété accidentelle – tout en étant, par ailleurs, un magnifique spécimen de chien en parfaite santé.

Dans un registre moins essentialiste, le compatriote de B. Baertschi, Johann A.R. Roduit[16] distingue deux genres de perfection[17]:
- *Type-perfection* : les individus qui réalisent le mieux les propriétés essentielles du type ou de l'espèce qui sont les leurs exemplifient le mieux l'idéal de perfection.
- *Property-perfection* : les individus qui réalisent le mieux quelque propriété ou quelques propriétés exemplifient le mieux l'idéal de perfection.

Là encore on trouve, autrement formulée, la distinction entre propriétés essentielles et propriétés quelconques. Mais cette distinction renvoie, en fait, à une hiérarchie. C'est pourquoi dans l'histoire de la philosophie, la recherche de la perfection est prioritairement celle de la réalisation de propriétés essentielles ; la réalisation de propriétés accidentelles passe ensuite, si même elle est envisagée. Ce serait le fait d'un esprit superficiel et futile que de mettre la recherche de la perfection de propriétés essentielles sur le même plan que la recherche de la perfection de propriétés accidentelles. La recherche de la perfection de celles-ci doit se faire, pour ainsi dire, sous la houlette de la recherche de la perfection des propriétés essentielles ; c'est pourquoi on cherche généralement à réaliser un équilibre dans le développement des propriétés accidentelles, lorsqu'il est envisagé.

Or, les transhumanistes, de façon générale, ne distinguent pas nettement entre propriétés essentielles et propriétés accidentelles (ou propriétés quelconques).

16.– Johann A.R. Roduit, *The Case for Perfection. Ethics in the Age of Enhancement*, Frankfurt am Main, Peter Lang, 2016, p. 89 *sq*. Le titre même de l'ouvrage indique assez qu'il s'agit d'une réponse à M. Sandel.

17.– Il dit exposer la thèse de Mark Alan Walker, lui-même un transhumaniste ; mais il renvoie à un texte en ligne qui semble ne plus exister.

Un texte illustre de Max More le montre à l'évidence[18]. M. More s'y adresse à Mère Nature en se faisant le porte-parole de l'Humanité afin de la remercier de ce qu'elle a fait pour les humains depuis l'origine : elle leur a rendu possible la domination de la planète ; elle leur a donné une espérance de vie considérable ; elle leur a accordé une dotation organique comportant un cerveau permettant le langage, le raisonnement, la curiosité et la créativité, la réflexion et l'empathie. Mais, au milieu de tous ces remerciements, il lui signifie toutefois une irrévocable décision d'émancipation : le temps est venu d'apporter des amendements à la constitution humaine[19]. Ces amendements sont au nombre de sept.

– La tyrannie du vieillissement et de la mort ne sera plus tolérée.
– L'éventail de nos perceptions sera élargi :
– Nous dépasserons les capacités perceptuelles des autres créatures.
– Nous élaborerons des sens inédits.
– L'organisation neurologique qui est la nôtre sera améliorée dans le sens d'une augmentation de la mémoire vive et de l'intelligence.
– Le néocortex se verra adjoindre un méta-cerveau.
– L'esclavage en lequel nous tiennent les gènes sera aboli. Les défauts (tant chez l'individu que dans l'espèce) qui sont des scories de l'évolution seront réparés, par le libre choix de la forme du corps et de ses fonctions. Cela aboutira à une amélioration de nos capacités intellectuelles et physiques au-delà de ce qui a eu lieu au cours de l'histoire de l'humanité.
– Il sera procédé à une reconfiguration (prudente et audacieuse à la fois) de nos structures motivationnelles et de nos réponses émotionnelles. En particulier, les barrières émotionnelles qui font que nous nous opposons à notre propre correction rationnelle seront levées.
– La maîtrise de notre propre biochimie s'accompagnera de l'incorporation en nous-mêmes de nos technologies les plus avancées.

On voit immédiatement que cette liste n'est pas organisée autour d'une *nature humaine* qu'il s'agirait de perfectionner, même de façon radicale, en commençant par des propriétés essentielles pour passer ensuite à des propriétés accidentelles. C'est une liste des *urgences à traiter* pour parvenir à une authentique émancipation. En un mot : chez les transhumanistes la

---

18.– Max More, « A Letter to Mother Nature » in More M. et Vita-More N. (dir.), *The Tranhumanist Reader*, Malden, Wiley-Blackwell, 2013, p. 449-450 [1999].

19.– M. More joue sur les deux sens du mot « Constitution » : c'est d'une part la loi fondamentale qui fixe l'organisation et le fonctionnement d'un État ; c'est d'autre part la constitution physique d'une personne, sa complexion comme on disait autrefois. Cette ambiguïté fait que les amendements qui suivent évoquent ceux de la Constitution des États-Unis d'Amérique.

nature humaine n'est pas lestée d'un poids normatif qui leur permettrait d'organiser un projet cohérent d'amélioration. Elle est trop plastique : il semble qu'elle soit plutôt un chantier perpétuel, sans maître d'ouvrage bien défini, chacun pouvant faire valoir ses besoins ou ses désirs et définir ses objectifs de façon autonome et solitaire, ce qu'indique très clairement la revendication du libre choix de sa morphologie et de sa physiologie par l'individu.

À cela, on peut ajouter un argument historique. Pour l'introduire, je ferai référence à un livre remarquable de John Passmore, assez peu connu d'ailleurs[20], et qui est spécifiquement consacré à la notion de perfection dans sa dimension philosophique. Cet ouvrage se veut, en partie, historique[21] mais il développe également une critique de ce que l'auteur nomme « perfectibilism ». Le fait que ce soit un mot en « ism » indique, dans le contexte, qu'il s'agit d'une idéologie. Pour comprendre laquelle, comparons avec un autre mot en « ism » : *Perfectionism*. La première chose à noter est qu'ici, on n'a plus affaire à une idéologie, mais à une théorie philosophique respectable. Laquelle ? Le concept a été élaboré par Thomas Hurka dans un ouvrage fondamental, qui date de bientôt une vingtaine d'années. Le perfectionnisme philosophique est une théorie relative à la nature du bien. Selon Th. Hurka, c'est une théorie très ancienne dans l'histoire de la philosophie morale et probablement la plus répandue ; elle court d'Aristote à Nietzsche, avec bien sûr, toutes sortes de variantes.

Elle affirme, sous sa forme canonique, que le bien ultime consiste à développer certains traits désirables de la nature humaine. Certaines versions du perfectionnisme, il est vrai, font l'économie de la notion de nature humaine[22]. Il est, évidemment, possible de se demander si de telles approches n'introduisent pas, en contrebande, la notion de nature humaine, en parlant, par exemple, de *nos* facultés, ou bien d'excellence *humaine*. Mais peu importe. Le point important est que le perfectionnisme comme théorie philosophique soit distingué de la perfectibilité comme idéologie. Bien

---

20.- Bertrand Binoche, « Perfection, perfectibilité, perfectionnement » in Binoche B. (dir.), *L'Homme perfectible*, Ceyzérieu, Champ Vallon, 2004, p. 9 a pu en faire un livre de plus sur l'histoire du progrès, ce qui est un contresens spectaculaire.

21.- De fait, l'auteur y manifeste une érudition rarement prise en défaut.

22.- Par exemple, on a pu parler non de nature humaine mais de « développement complet et harmonieux de toutes nos facultés, corporelles et mentales, intellectuelles et morales » (William Hamilton, *Lectures on Metaphysics and Logic*, Vol. 1, Mansel H.L. et Veitch J. (eds), New York, Sheldon and Co, 1880, p. 14) ; ou bien encore de « [maximisation] des réalisations de l'excellence humaine dans le domaine de l'art, de la science ou de la culture » (John Rawls, *Théorie de la justice* (tr. fr. Catherine Audard), Paris, Seuil, 1987 [1972], p. 362).

entendu, pour un francophone, la perfectibilité renvoie à J.-J. Rousseau qui, dans son *Discours sur l'origine et les fondements de l'inégalité*, commence par parler de « faculté de se perfectionner » et bientôt de *perfectibilité*[23].

Mais J. Passmore a une autre référence en tête, passablement différente. Il pense à William Godwin, qui écrit ceci :

> Par « perfectible », on ne veut pas dire qu'il [l'être humain] soit capable d'être conduit à la perfection. Mais le mot semble suffisamment adéquat pour exprimer la faculté d'être rendu continuellement meilleur et d'admettre un perfectionnement perpétuel[24].

W. Godwin tire de cette définition une conséquence radicale :

> Non seulement le terme « perfectible » ainsi compris n'implique nullement la capacité d'être rendu parfait ; mais il en constitue l'exact opposé. Si nous pouvions parvenir à la perfection, c'est qu'il y aurait un terme à notre perfectionnement[25].

J. Passmore distingue nettement, par conséquent, la perfection et la perfectibilité. La perfection, que l'on comprenne par-là la connaissance de la forme du Bien, l'union avec son créateur, la restauration de la nature dont on s'était écarté par la chute ou autre chose encore, est un terme ou un état au-delà duquel il n'est pas possible d'aller. L'être humain parfait est celui qui a atteint ce terme ou cet état (et il n'est qu'à moitié étonnant qu'il soit souvent question d'extase ou de transport mystique pour caractériser l'esprit de celui qui y est parvenu). Dans un cadre qui est celui de la perfectibilité, il n'existe pas d'être humain parfait au sens où cet être ne serait plus capable de s'améliorer par n'importe quel moyen (individuel ou collectif ; naturel ou artificiel ; pédagogique ou (bio)technologique) : il y a toujours une nouvelle frontière à atteindre et à dépasser, une retouche à faire, une amélioration à apporter.

Les amendements dont parlait M. More constituent de la sorte un processus d'amélioration destiné à se poursuivre à jamais et qui ne vise pas à atteindre un état définitif de perfection. C'est que les transhumanistes ne raisonnent pas en termes de recherche de la perfection : ils raisonnent en termes de perfectibilité : il n'est pour eux ni possible, ni désirable de définir un terme ultime à l'amélioration. Celle-ci peut et doit toujours aller au-delà d'elle-même jusqu'à ce que la condition humaine telle que nous la connaissons soit abolie et remplacée par une condition post-humaine.

23.– Jean-Jacques Rousseau, *Discours sur l'origine et les fondements de l'inégalité parmi les hommes*, Paris, GF-Flammarion, 1971, p. 183 puis p. 184.
24.– William Godwin, *Enquiry concerning Political Justice*, Harmondsworth, Penguin Books, 1985, p. 144.
25.– *Ibid.*, p. 145.

Ce terme donne, notons-le, une impression de stabilité. Mais il s'agit d'une impression trompeuse. En fait, une condition posthumaine verrait se succéder des formes d'existence posthumaines, toutes différentes dont chacune viendrait abolir la précédente ou la prolonger dans une direction absolument inattendue.

Conclusion

J'ai essayé de montrer que l'on ne peut pas parler de quête de la perfection chez les transhumanistes, pour deux raisons : en premier lieu, il n'y a pas chez eux de conception de la nature humaine assez robuste pour indiquer une ligne à suivre en matière de recherche de la perfection. Ensuite, leur univers mental est celui de la perfectibilité où la recherche de la perfection n'est pas un objectif concevable.

Je voudrais, pour conclure, évoquer un problème qu'on soulève toujours quand on parle de transhumanisme et suggérer que la différence entre perfection et perfectibilité permet peut-être de l'approcher d'une façon inédite. Quel est ce problème ? Revenons au perfectionnisme comme théorie philosophique. Que l'on interprète le perfectionnisme en termes de développement de la nature humaine ou en termes de développement harmonieux de certains traits, il est classique de distinguer les théories individualistes où il suffit que le développement soit celui du sujet et les théories « collectivistes » où l'on estime que ce développement doit s'étendre à tous – où du moins à tous ceux qui sont susceptibles de le promouvoir ou d'en bénéficier. Max Stirner est un exemple typique de la première approche :

> Être *un* homme ne signifie pas remplir l'idéal *de l'homme*, mais se manifester *soi*, individu : ma tâche n'est pas de réaliser *le concept général de l'humain*, mais de Me suffire à Moi-même. C'est *Moi* qui suis mon espèce, sans norme, loi ni modèle, etc. Il est possible que je puisse arriver à très peu de choses à partir de Moi, mais ce peu est tout et vaut mieux que ce que je laisse le pouvoir des Autres, le dressage des mœurs, des lois, de l'État, etc. faire de Moi[26].

De son côté, Spinoza représente bien l'approche « collectiviste » :

> Après que l'expérience m'eut appris que toutes les choses qui arrivent fréquemment dans la vie commune sont vaines et futiles, comme je voyais que toutes celles qui me faisaient craindre et que je craignais n'avaient en elles rien de bon ni de mauvais, si ce n'est dans la mesure où mon cœur en était remué, j'ai décidé enfin de chercher s'il y avait quelque chose qui

---

26.- Max Stirner, « L'Unique et sa propriété » in *Œuvres Complètes*, Lausanne, l'Âge d'homme, 1972, p. 232.

fût un vrai bien et pouvant se communiquer, et qui serait seul à affecter l'esprit, toutes les autres choses ayant été rejetées[27].

Or, les transhumanistes semblent opter massivement pour une théorie individualiste du perfectionnement, au point qu'ils sont très souvent considérés, sans trop de nuances, comme des libertariens – même ceux d'entre eux qui, à l'instar de James Hughes et de Nick Bostrom, se démarquent explicitement du libertarianisme et considèrent l'intervention de l'État comme indispensable dans toutes sortes de domaines. Ce qui est juste pourtant, dans cette critique, c'est que les transhumanistes ne sont pas prioritairement intéressés par la question politique. Ils semblent prolonger par là une attitude assez classique depuis Saint-Simon, attitude selon laquelle on peut « court-circuiter » le politique, s'en remettre à la science, à la technique et à l'industrie pour réorganiser la société.

Mais il faut compléter et justifier cette intuition : la notion de perfectibilité n'est pas ultime. La perfection est solidaire d'un monde d'essences stables où il est possible et désirable d'actualiser les potentialités de sa nature. La perfectibilité est solidaire d'un univers en perpétuel développement, où émergent sans trêve des réalités inédites, depuis les plus matérielles jusqu'au plus spirituelles. Dans un tel univers, l'homme n'est pas d'abord un animal politique, mais un être dont la vocation est d'aller toujours plus avant. Sa première solidarité, l'allégeance qui a priorité sur toutes les autres n'est pas envers les autres hommes, mais envers le mouvement qui l'entraîne au-delà de son état présent. C'est l'action effective par laquelle il se défait des anciennes versions de lui-même qui le met au diapason de l'univers. Cette action n'est politique qu'en seconde intention, si même elle ne l'est jamais.

Bibliographie

Nicholas Agar, *Humanity's End: Why we Should Reject Radical Enhancement*, Cambridge (MA), MIT Press, 2010.

Nicholas Agar, *Truly Human Enhancement. A Philosophical Defense of Limits*, Cambridge (MA), MIT Press, 2013.

Bernard Baertschi, *De l'humain augmenté au posthumain. Une approche bioéthique*, Paris, Vrin, 2019.

Jean-Michel Besnier, *Demain les posthumains : le futur a-t-il encore besoin de nous ?* Paris, Hachette, coll. « Haute Tension », 2009.

Jean-Michel Besnier, *L'Homme simplifié : le syndrome de la touche étoile*, Paris, Fayard, 2012.

27.– Baruch Spinoza, *Traité de la réforme de l'entendement*, Paris, Vrin (Bibliothèque des textes philosophiques), 1992, p. 57. C'est bien sûr ici le « pouvant se communiquer » qui indique la dimension « collectiviste » de l'entreprise.

Bertrand Binoche, « Perfection, perfectibilité, perfectionnement » in Binoche B. (dir.), *L'Homme perfectible*, Ceyzérieu, Champ Vallon, 2004, p. 7-12.

Nick Bostrom, *Letter from Utopia*, Version : 3.3, 2020. https://www.nickbostrom.com/utopia.html. Les versions précédentes, dont la première est de 2008, ne sont pas fondamentalement différentes.

Fereidoun M. Esfandiary., *Up-Wingers. A Futurist Manifesto*, New York, Popular Library, 1977 [1973].

Francis Fukuyama, *Our Posthuman Future: Consequences of the Biotechnology Revolution*, New York, Farrar, Straus & Giroux, 2002.

Luc Ferry, *La Révolution transhumaniste. Comment la technomédecine et l'uberisation du monde vont bouleverser nos vies*, Paris, Plon, 2016.

William Godwin, *Enquiry concerning Political Justice*, Harmondsworth, Penguin Books, 1985.

William Hamilton, *Lectures on Metaphysics and Logic*, Vol. 1, Mansel H.L. et Veitch J. (eds), New York, Sheldon and Co, 1880.

Michel Henry, *La Barbarie*, Paris, Grasset, 1987.

Thomas Hurka, *Perfectionism*, Oxford, OUP, 1993.

Max More, « A Letter to Mother Nature » in More M. et Vita-More N. (dir.), *The Tranhumanist Reader*, Malden, Wiley-Blackwell, 2013, p. 449-450 [1999].

John Passmore, *The Perfectibility of Man*, Londres, Duckworth, (1969, 1re ed.).

John Rawls, *Théorie de la justice* (tr. fr. Catherine Audard), Paris, Seuil, 1987 [1972].

Olivier Rey, *Leurre et malheur du transhumanisme*, Paris, Desclée de Brouwer, 2018.

Johann A.R. Roduit, *The Case for Perfection. Ethics in the Age of Enhancement*, Frankfurt am Main, Peter Lang, 2016.

Jean-Jacques Rousseau, *Julie ou La Nouvelle Héloïse*, Paris, GF-Flammarion, 1967.

Jean-Jacques Rousseau, *Discours sur l'origine et les fondements de l'inégalité parmi les hommes*, Paris, GF-Flammarion, 1971.

Michael J. Sandel, *The Case against Perfection: Ethics in the Age of Genetic Engineering*, Cambridge, Harvard University Press, 2007.

Lee M. Silver, *Remaking Eden: Cloning and Beyond in a Brave New World*, New York, Avon Books, 1997.

Baruch Spinoza, *Traité de la réforme de l'entendement*, Paris, Vrin (Bibliothèque des textes philosophiques), 1992.

Max Stirner, « L'Unique et sa propriété » in *Œuvres Complètes*, Lausanne, l'Âge d'homme, 1972, p. 77-397.

Thomas d'Aquin (Saint), *La perfection de la vie spirituelle*, s.l., Docteur Angélique, 2018.

Herbert G. Wells, *A Modern Utopia*, Londres, Everyman, 1994 [1905].

La nostalgie du futur. Le récit transhumaniste

Paul-Laurent Assoun

COMMENT CARACTÉRISER LE TRANSHUMANISME ? Un courant, un mouvement, une doctrine, une idéologie ? Il y a là en tout cas cette dénomination, qui convoque la croyance en l'Homme (humanisme) et l'affecte de cette préposition érigée en préfixe, « trans », qui désigne ce qui traverse l'espace ou la limite, qui est de l'autre côté de la limite, donc un certain au-delà, un franchissement. Le mot nous avertit et nous promet : « nous humains sommes en route au-delà de l'humain, vers un au-delà de l'Homme, un transgenre... humain ».

Si nous avons tissé son examen en son contenu et son enjeu par une série de publications[1], il s'agit plutôt de procéder ici à une reprise, un retissage au moyen de cette question ignorée, de la *modalité de fictionnement* qui caractérise son discours. Ce qui est en jeu est son *style*, au sens fort, c'est-à-dire pas seulement la manière ou les moyens formels d'écrire, mais surtout le type de *relation instaurée entre la narration et la référence à la réalité*. « Science-fiction », mais de ce qui est supposé déjà arrivé ou en train d'advenir et à prolonger, et non de la simple imagination d'un futur. Car le transhumanisme se présente bien comme une narration. Ce qui évoque immanquablement une certaine « mythologique ». Il raconte que quelque chose est en train d'arriver, déjà arrivé à « l'homme » et le réadresse à son public humain pour qu'il sache, et quoi ? Rien moins qu'une révolution anthropologique : l'accès des humains à la nouvelle ère, *prothétique*.

---

[1].- Paul-Laurent Assoun, « L'inconscient prothétique ou le "corps de suppléance" », In *L'humain et ses prothèses. Savoirs et pratiques du corps transformé*, CNRS Éditions, 2017 ; Paul-Laurent Assoun, « Que veut le transhumaniste ? Archéologie de "l'homme augmenté" », in *Passages* Quatrième trimestre décembre 2017 n° 194, p. 44-50.

L'Évangile transhumaniste : le futurisme anthropologique

Il faut bien distinguer, dans l'expression transhumaniste, le volet du *discours* – argumentatif et même « apologétique », puisqu'il s'agit de produire une apologie du Futur – et le volet du *récit*, lié au discours, mais racontant à sa manière l'histoire et la posthistoire du monde humain – mise en récit du Temps prospectif. Mais précisément il n'argumente qu'en racontant, ce qui dénote le *support mythologique* du discours supposé scientifique.

Là où le posthumanisme se veut une position philosophique argumentative, avec une réelle assise conceptuelle, le transhumanisme tire argumentation *de* son récit même. Raconter est même une façon d'argumenter. Ceci fournit au reste l'occasion de suggérer un parallèle – quoiqu'il y ait un monde intellectuel entre les deux – avec le posthumanisme, dont l'un des points de départ est bien après tout ce morceau de bravoure par lequel Michel Foucault annonce l'effacement de la figure de l'homme : « comme à la limite de la mer un visage de sable »[2]. Les posthumanistes sont aussi des écrivains, mais le transhumaniste cherche plus évidemment (et avidement) son public, son auditoire, son lectorat pour lui annoncer une mutation qu'il se fait fort, lui, d'assumer et de guider.

Que signifie donc ce *mixte de désignation d'un réel* (supposé) et *d'une invention narrative* ? Notre propos n'est pas textologique, il s'agit plutôt d'interroger cette interaction entre le *narrare* et l'idéique dans l'univers transhumaniste et ce qu'il révèle, de ce courant en lui-même, mais aussi de la place symptomatique qu'il prend dans le contexte posthumaniste et postmoderniste. La rengaine de la délégitimation des discours de la « condition postmoderne »[3] a trouvé son retour et son après-coup dans la montée en puissance de ce discours, qui se veut en quelque sorte hyper-légitimé par le mouvement des technologies et prétend occuper la place vacante des discours traditionnels et passéistes. Le posthumanisme et le postmodernisme n'auraient-ils pas, contre leur gré, laissé la place, voire frayé la voie, contre leur gré, à ce récit transhumaniste qui prétend apporter à cette dépression discursive une optimisation anthropologique ? « L'Homme est mort, alors... vive l'Homme de demain ».

Retour de flamme d'un humanisme décuplé et technologisé. Sur-enchérissement sur l'humanisme des Lumières, où c'est au contraire la finitude qui constituait la garantie du progrès.

2.– Michel Foucault, *Les Mots et les choses. Une archéologie des sciences humaines*, Gallimard, coll. « Bibliothèque des sciences humaines », Paris, 1966, p. 398.

3.– Jean-François Lyotard, *La Condition postmoderne* [1979], Les Éditions de minuit, Paris, 2016.

Le futurisme anthropologique : l'Auteur transhumaniste

Tout conte commence par un « Il était une fois ». L'Incipit du récit transhumaniste serait plutôt : « Il était une fois... Demain ». Ce récit à l'Auteur démultiplié – il y a bien des auteurs divers, celui des fondateurs, de ceux qui, partis d'ailleurs s'y sont ralliés, de ceux qui en sont devenus des alliés – requiert une écriture en conséquence démultipliée. On ne peut le traiter comme un bloc, mais il en émerge une syntaxe commune. Considérons ce « signifiant-foncteur » qui apparaît, est perdu de vue un moment, puis qui est repris de loin en loin, jusqu'à s'imposer et désigner un point de ralliement, enfin une espèce d'école. C'est, du point de vue qui nous intéresse, l'auto-présentation de l'auteur de la Fiction : « nous transhumanistes, nous disons... ».

Le terme « transhumanisme » lui-même ne tombe pas du ciel. Curieusement il est attesté dès 1957 chez Julian Huxley[4], le frère de Aldous Huxley, prophète du *Brave new world*. S'il n'a pas fait école sur-le-champ, il est néanmoins intéressant que le précurseur du terme s'inscrive dans une sorte de « surévolutionnisme ». Dans ce court texte-manifeste, *Transhumanism*, se dessine le « véritable destin de l'espèce humaine », au nom de l'Évolution, qui permet de la présenter comme la « réalisation la plus aboutie des possibilités de l'homme », au point de devenir le « directeur général de la plus grande entreprise de toutes, celle de l'évolution ». L'auteur finissait en l'étiquetant comme « une nouvelle foi » et par un vibrant « Je crois dans le transhumanisme ». Nous sommes dès lors dans la profession de foi, renouvelant de la croyance au-delà de la religion – mais, notons-le, en déchaînant d'autant plus la croyance...

Depuis Herbert Spencer, plus encore que chez Darwin, l'auteur de *l'Origine de l'espèce* (1859) mais aussi de la *Descendance de l'homme* (1870), l'Évolution est érigée en schibboleth ou « mot de passe » de la science. Mais tandis que l'évolutionnisme implique un continuisme processuel, le transhumanisme se présente comme prônant une ligne de franchissement ou de basculement, à partir d'une certaine *pression évolutive exacerbée*, portant l'humain vers un tout-autre, une sorte de point oméga. Le transhumaniste se présente comme le prophète d'une religion rénovée de l'avenir, prophétisme sans Autre symbolique, comme on le verra.

Ce terme a refleuri pour de bon dans les années 1980 à l'Université de Los Angeles. C'est une *futurologie* qui dès lors ne lâchera plus le morceau, prophétie à résonance néo-messianique, qui annonce un au-delà (*trans*) de

---
4.– Julian Huxley, *New Bottles for New Wine* (« Nouvelles bouteilles pour vin nouveau »), Chatto&Windus, Londres, 1957 : https://archive.org/details/NewBottlesForNewWine/page/n29/mode/2up (consulté le 20.07.2020).

l'homme, en une atmosphère très vaguement nietzschéenne, *l'accomplissement de l'homme par la prothèse* fleurant le « Sur-homme » (*Übermensch*) (mal compris), car entre « sur- » et « trans- », travaille une certaine fonction *superlative*. « Messianisme », « prophétie », ces notions analogiques devront d'ailleurs être révisées plus loin (à la baisse). Partons d'un « futurisme » anthropologique – en démarcation du courant esthétique de Filippo Thomaso Marinetti (*Manifeste du futurisme*, 1909), label homonyme proclamant, dans une tout autre problématique, l'abolition du passé par un culte de la vitesse auto-mobile…

L'Évangile transhumaniste

Quel est le message en substance de cette « Bonne Nouvelle » ? C'est que ce qui grève l'homme saisi en sa réalité corporelle, la souffrance, le handicap, le vieillissement, la maladie, bref « l'être-pour-la-mort », pour parler comme Heidegger, se doit d'être dépassé et est voué à être dépassé effectivement par la dynamique même des technologies corporelles, de remédiation et de reconstruction. De ce dépassement prôné par le transhumanisme, nous avons désormais les moyens, c'est une certitude ! Nous sommes plus qu'humains, et nous ne le réalisons pas. Du moins surfons-nous sur une vague qui nous arrache à l'humanité ordinaire. Contrairement aux Évangiles révélés, cet Évangile là non seulement ne parle pas de culpabilité ni de péché, mais ouvre la voie d'un Futur délivré de la charge du passé culpabilisant. Car nous disposons à cette fin d'un remède infaillible, la « prothèse », définie comme « une pièce, appareil destiné à reproduire et à remplacer aussi fidèlement que possible, dans sa fonction, sa forme ou son aspect extérieur, un membre, un fragment de membre ou un organe partiellement ou totalement altéré ou absent »[5]. Mais dans le regard transhumaniste, la prothèse est bien plus qu'une suppléance ou « vicariance ». Cela va bien au-delà de la réparation et de la « résilience » – cette autre idéologie aujourd'hui hyperactive. La prothèse ne fait pas que remédier aux handicaps, à leurs yeux elle *réinvente l'Homme*, en une nouvelle « organologie »[6].

Cette espèce de prophétisme prothétique débouche sur une « transe » (trans-) anthropologique (-humaniste). Nous sommes dans le registre du « post » et de la fin de l'Histoire, telle que l'a dessinée Francis Fukuyama[7], bien que celui-ci ait condamné formellement le transhumanisme, avec

---

5.– *Trésor de la langue française*.

6.– Paul-Laurent Assoun « Le corps à l'épreuve du semblant : l'inconscient prothétique », in Organicité du corps technologique, Colloques en ligne, Journée d'étude organisée par Emmanuelle André et Evelyne Grossman, Université Paris-7 le mercredi 3 mai 2017 in Fabula, recherche en littérature : http://www.fabula.org/colloques/index.php?id=5535.

7.– Francis Fukuyama, *La fin de l'histoire et le dernier homme*, Flammarion, Paris, 1992.

une véhémence qui interroge presque, le présentant comme « le plus grand danger ». Mais c'est aussi un « *métamorphisme* anthropologique ». « Pensons notre futur » : l'impératif du mouvement « *Neo*humanitas » revivifiant curieusement ce morceau de langue morte antique pour prophétiser l'hyper-avenir, consonne avec l'idéologie transhumaniste dont il se démarque pourtant. Contre les idéologies du « post », le transhumanisme introduit une idéologie de l'*Hyper-*, surclassant l'idée d' « hypermoderne »[8]. Au fond l'opposition moderne / traditionnel se trouve subvertie par le concept d'un seuil franchi et pérennisé.

Un mot l'exprime, particulièrement révélateur, « *ex*tropie », et pas par n'importe qui, Max More, philosophe d'Oxford théoricien et créateur du mouvement transhumaniste au début des années 90[9]. Cet « extropianisme » suppose de décréter magiquement la fin de l'entropie, loi de la thermodynamique dominant la physique depuis le XIXe siècle (principe de Carnot-Clausius) qui suppose une augmentation chronique du désordre dans la machine que constitue l'univers. Cela aboutit, par un grand écart, à la sur-innovation technologique. Ce qui permet de proclamer l'expansion grâce à « l'anthropocène »[10] – soit l'ère humaine de l'univers, entendons la mutation géologique qui aurait été déterminée par la présence de l'homme, devenu une véritable « force géologique » ! « Anthropocène » (de *kainos*, nouveau), le terme était bien fait pour plaire aux transhumanistes, dont l'inédit humain est le dada. Cette notion permet pour le coup d'accomplir ce contre quoi Baruch de Spinoza (*Éthique*) mettait en garde, « se prendre pour un empire dans un empire ». « L'homme augmenté » est dès lors notable H+. Cette spéculation extrême de la mouvance transhumaniste en exprime le fond magique, voire animiste de réforme sur décret des acquis de la physique ! Le cyborg est donc investi de la mission de conjurer l'entropie et d'accomplir... l'ex-tropie, la sortie du désordre permettant à la navette humaine de filer sans fin vers un « X ».

---

[8].– Paul-Laurent Assoun, « Jouissance du malaise. L'hypermoderne à l'épreuve de la psychanalyse » in : *L'individu hypermoderne* sous la direction de Nicole Aubert, p. 103-115, Toulouse, Éditions Érès, 2005 ; Paul-Laurent Assoun, « Jouissance du malaise. L'hypermoderne à l'épreuve de la psychanalyse », in *L'individu postmoderne*, sous la direction de Nicole Aubert, Toulouse, Éditions Erès, 2017, p. 139-158.

[9].– Max More, « Transhumanisme : Vers une philosophie futuriste », « Transhumanism : Towards a Futurist Philosophy », 1996, https://fr.scribd.com/doc/257580713/Transhumanism-Toward-a-Futurist-Philosophy (consulté le 23.07.2020).

[10].– Terme introduit par le chimiste et météorologue Paul Joseph Krutzen et le biologiste Eugène Stoermer.

La nostalgie du futur

Ce discours a ses trouvailles. Si Marx parlait d'une « poésie du futur »[11], les transhumanistes forgent l'expression « nostalgie du futur » : on le doit à une figure étrange, l'auteur de science-fiction, essayiste, philosophe iranien nommé Fereidoun M. Esfandiary, plus connu sous le nom de FM-2030 par lequel il s'est rebaptisé. C'est à ce visionnaire de la révolution numérique rallié au transhumanisme, que l'on doit l'aveu : « Je suis un homme du XXIe siècle qui a été accidentellement lâché dans le XXe. J'ai une profonde nostalgie pour le futur ». Cela vaut comme épigraphe de cette enquête sur le récit transhumaniste, qui exprime assez joliment le mode existentiel propre à l'auteur, mais plus généralement révélateur de cette espèce d'affect futurisant. En contraste de l'utopiste classique qui construit un monde idéal futur, il y aurait là le sentiment d'être à contre-temps, a-synchronique : sentiment d'être « lâché » dans son temps comme un météorite venu du futur. Cela ressemble à un roman d'anticipation et le thème du *retour du futur dans le présent* est situé ici. En réaction violente à tout passéisme nostalgique, on voit impulsée une appétence d'un futur qu'on visionne et même qu'on aurait déjà connu ! Cela rappelle curieusement, évidemment à un tout autre niveau de pensée, l'idée de la réminiscence platonicienne : mais alors que pour Platon, on se souviendrait d'un savoir ancien oublié puis remémoré, c'est le futur qui aurait été déjà connu ou préfiguré avec un réalisme tel qu'il nourrirait une nostalgie. C'est le futur et non le passé qui serait « florissant ». On touche là à un point essentiel du *fantasme transhumaniste*. Cela devrait donc impliquer un certain malaise par rapport un présent qui n'inclurait pas le futur. Les transhumanistes à la limite ne seraient pas de leur temps au sens du présent, mais contemporains du futur et ils interpellent leurs con-temporains attardés depuis cette aspiration qu'ils prétendent assumer comme pionniers et « avant-garde » !

Ce sera donc une *écriture du futur absolu*, rompant avec tout regret... jusqu'à l'amnésie préméditée. Rompant du coup, il faut le souligner, avec l'idée même de Culture qui suppose ce mouvement de transmission de l'origine au futur. Cela est révélateur d'une sorte de torsade temporelle (qui va jusqu'au « torticolis » !). Elle nous semble bien faite pour envisager le récit transhumaniste et pour reposer la question posée, que nourrit notre interrogation générale sur le désir transhumaniste avec les ressources de la psychanalyse.

11.– Karl Marx, *Le 18 Brumaire de Louis Bonaparte* (1852) et notre commentaire in Paul-Laurent Assoun, *Marx et la répétition historique*, PUF, 2e éd, 1998.

Que veut le transhumaniste ?
Son paradoxe oxymorique est donc de présenter le futur, qui est en avant du présent et éloigné du passé comme l'objet d'une « nostalgie ». Celle-ci dit en effet le regret d'un désir et du coup l'impatience que cet avenir s'accomplisse. Le désir transhumaniste est aspiration féroce au futur. Le mot allemand *Sehnsucht* s'imposerait ici, pour désigner une désirance (qu'on a longtemps traduit à tort par « nostalgie » au sens courant). On a la nostalgie de ce qui fut, on nourrit le désir de ce qui sera. Mais là il s'agit bien d'une « algie », d'une douleur morale ou psychologique, désirance de ce qui viendra, que peut-être on ne vivra pas, mais plus encore parce qu'on est en état de manque. C'est le caractère *unzeitmässig* (inactuel) du transhumanisme.

D'où la narrativité que génère le transhumanisme. L'accent mis sur la problématique de la question de l'écriture vient à propos. Car si l'on parle beaucoup du courant transhumaniste à travers le contenu de ce qu'il avance, on met moins l'accent sur sa modalité d'énonciation et sur sa discursivité. Il s'agit d'un discours qui touche à l'homme et au temps (son futur). C'est une anthropologie de la temporalité. « L'homme augmenté » est une figure extrapolée de l'avenir, mais pas seulement, les transhumanistes fondent leur discours sur le constat que le futur, ce futur a déjà commencé, mais que les hommes du présent l'ignorent et le méconnaissent. Le discours transhumaniste se glisse entre cet avenir méconnu qui a déjà commencé et l'avenir qui s'ouvre que les hommes, qui ne se croient encore qu'humains, ne voient pas et que ces militants de l'avenir viennent présentifier. Il s'agit de convertir à l'avenir et en conséquence au mode de penser adéquat que les transhumanistes se chargent de codifier. « Roman d'anticipation », mais alors que celui-ci se contente de se placer imaginairement dans une situation future, celui-ci a l'ambition d'anticiper à partir du présent.

Les « chargés de mission » du transhumain
Les transhumanistes prennent la parole, ils nourrissent leur discours prolixe sur ces boulevards, ces avenues – ces « à-venir » – qui, sous leurs yeux écarquillés sur ces lendemains dont ils entendent les voix, promettent une mutation anthropologique. D'où le militantisme effréné et la profession de foi exacerbée. Les transhumanistes vont déposer dans les temples du savoir, telles les universités, des objets censés présentifier ces objets en leur genre trans-humains qui incarnent la préfiguration de ce que l'homme sera – tels ces organes en trois dimensions. Comme représentants de commerce du futur, ils se sentent missionnés pour enseigner ceux qui ne se croient que des hommes, alors qu'ils sont en train de muter en trans-humains.

On est bien dans le domaine du « post » autant que du « trans ». On peut parler d'une Gnose qui surfe sur l'avenir de la science. Il faut pourtant manier avec prudence ces métaphores religieuses, car on va voir que quelque chose d'essentiel des religions historiques révélées est profondément ébranlé et purement et simplement biffé. Leur tâche est, à bien regarder, délicate : car ils ne peuvent annoncer cet avenir riant qu'en annonçant à leurs destinataires que, s'accomplissant comme « transhumains », ils sont déjà morts en tant qu'humains ! Ils sont morts mais ne le savent pas… On voit la tâche délicate de cette écriture qui sous-tend l'acte social de « propagande ».

L'eutopie ou le fictionnement transhumaniste

Le fictionnement transhumaniste versus utopie/dystopie

À quel « genre littéraire » peut-on référer le récit transhumaniste ? Dans quelle mesure en crée-t-il un nouveau pour porter à l'expression son projet, aussi original qu'ambigu ?

Quand il intervient, il trouve devant lui une binarité du genre de fictionnement du futur : celle de l'utopie, bien sûr, mais aussi de la « dystopie ». La première, nommée au XVIe siècle avec *L'Utopia* de Thomas More, est un récit de fiction narrant le meilleur des mondes possibles, tandis que la dystopie, terme apparu au XIXe siècle[12], projette un monde qui tourne au pire ou organise le pire dès l'origine. On en a fait une « anti-utopie », ce qui repose sur une ambiguïté : la dystopie est bien formellement une utopie au sens d'un fictionnement, mais le scénario se déplace sur l'empirement, mettant en garde sur ce qui attend avec cette fureur de refaire. Les deux visent le bonheur, l'un de rêve, l'autre de cauchemar. Le *Brave New World* de Aldous Huxley est le paradigme de cette seconde espèce, juste après *le Talon de fer* de Jack London (1908) et avant le fameux *1984* de George Orwell. L'utopiste décrit le Lieu idéal surorganisé mais mélioriste, assimilable à un cercle, le dystopiste reprend le cercle édénique mais en fait une clôture infernale imposée par le Big Brother. La première, l'utopie, est aussi une « uchronie » – hors temps – ; la seconde, la dystopie montre que l'idéal vire à l'oppression. Cette distinction utile est aussi trompeuse, car le pire est justement contenu dans la volonté du meilleur, c'en est le développement logique comme folie du Bien…

Le récit transhumaniste, malgré sa verve « eutopique », ne se présente pas lui-même comme une utopie, puisqu'il prétend s'appuyer sur une réalité déjà

12.– Il apparaît en 1868 dans un discours de John Stuart Mill à l'Assemblée parlementaire anglaise pour évoquer des lois bénéfiques se révélant nocives.

avérée à laquelle il dit emprunter sa légitimité et qu'il prolonge en quelque sorte en asymptote. C'est ce cercle qui en fait le caractère idéologique.

Quels sont ces éléments de réalité ? Pour relever les très grandes lignes de ce monde en émulsion, d'abord les biotechnologies qui, comme le nom l'indique, montrent l'application de la technologie à des organismes vivants, permettant de les modifier – « bioconversion ». C'est ensuite l'explosion de la biologie et son rayonnement en rapport avec la microbiologie, la biochimie, la biophysique, la génétique, la biologie moléculaire, mais aussi l'informatique... C'est l'expansion de la médecine scientifique, des big datas ou mégadonnées à l'imagerie médicale. Le plus spectaculaire en est le domaine du « génie génétique » et les technologies issues de la « transgénèse », permettant en particulier d'intervenir sur le patrimoine génétique des espèces pour le décrypter ou le modifier (voir l'« organisme génétiquement modifié »). Ce sont enfin les technologies de la remédiation, l'ère des prothèses hypersophistiquées, aspect qui a spécialement agité l'imaginaire transhumaniste.

C'est sur cette recherche tous azimuts que se fonde l'optimisme transhumaniste, ce qui lui donne des accents d'utopie ; ce n'est pas non plus, du moins le pense-t-il sincèrement, une dystopie, puisque le sujet de l'avenir, loin d'être écrasé par un « talon de fer », comme chez Jack London, donnerait les moyens d'une expansion personnelle sans précédent, d'un super New Age dont ils sont en quelque sorte les pédagogues. C'est ce qui en fait l'originalité : on pourrait l'appeler *eutopie*, surenchère de l'utopie d'autant plus euphorique qu'elle ne se contente pas de faire un hymne au progrès, mais en donne des acomptes (biotechnologiques, prothétiques, etc.). Car l'utopie, comme son nom l'indique, se réfère à un « sans-lieu », tandis que le récit transhumaniste prétend se domicilier au cœur de l'ébullition technologico-scientifique. Dans la mesure où il en fait une lecture, d'ailleurs souvent assez diffuse, il présente une vision du monde comme s'étayant sur le réel, présentant des éléments aussi inquiétants finalement que ceux que dénoncent les dystopies. Ces dangers se regroupent autour du projet « anthropotechnique », pour emprunter le terme de Peter Sloterdijk, où le « parc humain »[13] doit faire l'objet d'un véritable « élevage ».

De ce récit, décrivant calmement un cauchemar climatisé[14], pourrait se tirer aisément un récit dystopique. L'homme n'est plus un loup pour l'homme, mais il est « cultivé » et « dressé » par l'homme, dans son

---

13.– Peter Sloterdijk, *Règles pour le parc humain suivi de La Domestication de l'Être* (1999) trad. en fr. par Olivier Mannoni, Mille et Une nuits, Paris, 2000.
14.– Henry Miller, *The Air-conditioned Nightmare, Le cauchemar climatisé*, 1945 décrivant les effets à ses yeux délétères de la civilisation américaine.

intérêt ! Cela, c'est au fond le discours du Maître qui travaille toujours au bonheur. Derrière le bonheur organisé, surgit fatalement la figure du Maître intendant des jouissances. Ce que Tocqueville a décrit, en une intuition puissante, soit l'émergence de la « souveraineté douce », qui exerce une domination sur les masses par leur gestion du bonheur, eudémonisme de contrôle[15]. À partir de quand dès lors l'éleveur ou dresseur prend-il la place du loup de l'adage, *Homo homini lupus* ?

Cette caractérisation différentielle nous fait progresser vers son originalité trouble. Il prétend de fait créer un genre littéraire nouveau, mais exposé aux mêmes impasses. Car si le réel est bien là, il revient toujours à la même place, tandis qu'il est, dans et par le récit transhumaniste, habillé d'un discours. On le voit aux passages à la limite délirants (voir l'ex-tropie). L'ironie de l'histoire est qu'à son insu le récit « eutopique » devient une nouvelle version du récit dystopique, l'avenir radieux prenant un aspect d'avenir sombre ! Son « punch » apparent renvoie à une forclusion du passé, son déni de la mort à un déni de la vie. Car ce futur n'est pas dans le prolongement du passé, il l'abolit plutôt. Loin d'être révolutionnaires, les transhumanistes n'en font pas moins « table rase » à leur manière.

Le récit transhumaniste à l'épreuve de la psychanalyse

Pourquoi faire surgir ici la psychanalyse ? Pour tenter de décrypter cette forme de désir, de Wunsch que le transhumanisme porte à l'expression et sans lequel il est inintelligible.

Les enjeux inconscients du désir transhumaniste : Freud face au prothétisme

La psychanalyse est utile et même indispensable pour dire quelque chose de ce que veut le transhumaniste, à entendre comme le sujet de ce récit et son désir propre, puisqu'il ne se réduit pas à un inventaire informatif. Il ne s'agit pas de « psychologiser » le propos, mais de saisir les ressorts de ce discours dont on sent en quelque sorte l'affect sous-jacent. Il y a la conviction d'une abolition, avec ce sur-progrès, de la souffrance, de l'ignorance, donc de tout ce qui *fait symptôme* pour le sujet. La psychanalyse expérimente, sous le terme de l'inconscient, le caractère « divisé » du sujet humain, que le transhumaniste veut « guérir » et en quelque sorte transcender.

Le transhumanisme a fleuri près d'un demi-siècle après la mort de Freud et sur une tout autre scène. Pourtant, on a la surprise de trouver dans *Le malaise dans la culture* une phrase qui prend acte du culte de la prothèse

---

15.– Voir notre analyse « Tocqueville et la légitimation de la modernité », in *Analyses et réflexions sur Tocqueville*, Éditions Ellipses, Paris, 1985, p. 136-171.

émergent : « L'homme est pour ainsi dire devenu, constate Freud en 1930, une sorte de dieu prothétique, vraiment grandiose quand il revêt tous ses organes adjuvants »[16]. *Prothesengott*, dieu-à-prothèses, le terme est d'autant plus parlant une fois qu'on a traversé le projet, mais aussi le Wunsch, le désir ou plus précisément le « souhait » porteur de l'idéologie transhumaniste ultérieure. Le créateur de la psychanalyse, auquel le ton prométhéen est foncièrement étranger, évoque cette dimension, alors encore émergente, du « prothésisme », décrivant cette prétention prométhéenne de « grandiose » que le transhumanisme va venir saturer un demi-siècle plus tard. Mais c'est pour ajouter que « l'homme a bien du mal à faire corps avec ses prothèses » : « mais ceux-ci (les organes supplémentaires ou adjuvants) ne font pas corps avec lui et lui donnent à l'occasion encore beaucoup de mal »[17]. Freud ne récuse pas l'utilité des prothèses, mais il constate l'illusion de les insérer dans l'économie corporelle, pressentant l'extrapolation humaniste de refaire le corps par la prothèse et ses illusions, mais surtout sa méconnaissance du corps pulsionnel[18].

Ce qui l'eût surpris et indisposé, c'est de voir la prothèse devenir le pilier d'une « vision du monde », d'une Weltanschauung, « construction intellectuelle » visant à tout insérer dans une totalité où elle prend sens et à laquelle il est allergique. C'est l'autre nom de l'idéologie en sa prétention totalisante, donc intellectuellement totalitaire et se présentant ici comme une « volonté de puissance » technologique. Néo-fétichisme puisque la prothèse devient le « super-fétiche ».

Il est remarquable que dans l'idéologie transhumaniste, la question du sexuel disparaît purement et simplement au profit de la question du bien-être, de la santé, de l'expansion du Moi – ce que le sexuel vient pour le moins compliquer dans la réalité humaine ! Il y a là un modèle d'autosuffisance, espèce de toute-puissance machinique. Le Récit transhumaniste culmine avec le Héros prothétique, robotisé et l'intelligence artificielle (« artificiée » aussi par la technologie). Son idéal est une expansion de puissance qui incarne une santé florissante ou « insolente » – terme qui prend une résonance particulière dans la mythologie transhumaniste. La santé, en soi évidemment essentielle pour le bien-être, pour une vie digne d'être vécue, devient chez les transhumanistes le Souverain Bien, ce qui fait qu'il est en effet dans le vent de la modernité médicale, mais avec une idéologie d'un être qui fonctionnerait à 100 % de ses potentialités, donc

---

16.- Sigmund Freud, *Malaise dans la culture*, chapitre 3.
17.- On ne peut ignorer ici la douleur taraudante que sa propre prothèse et la suite d'opérations causaient à Freud en lien avec son cancer de la mâchoire.
18.- Paul-Laurent Assoun, *Corps et symptôme, Leçons de psychanalyse*, Paris, Anthropos, 1997.

sans manque. « Manque » ici signifie déficit – et non quelque chose qui peut justement causer le désir en sa dimension inconsciente, comme le montre la psychanalyse. On comprend mieux le « barrage » imposé de fait au sexuel, plus précisément à la différence constitutive du sexuel. C'est dans ce sens que le récit transhumaniste est a-sexué ou plus fondamentalement a-sexuel. On aura bien compris qu'il ne s'agit pas ici de sexologie, mais du sexuel comme le point conflictuel où s'articule le sujet, l'être parlant dans son rapport à l'altérité.

L'artifex et le symbolique : Golem versus Terminador

L'être prothétique, purement machinal et artificiel, n'a aucune espèce de rapport au symbolique comme loi et au langage. Le transhumanisme rompt naturellement avec tout « créationnisme », dans la mesure où le destin de l'homme, dans cet « évhémérisme » ou divinisation du héros. Le récit transhumaniste est en quelque sorte un nouveau chapitre du roman d'Evhémère, ce mythographe grec du IIIe siècle divinisant les héros dans son récit de voyage initiatique, mais avec les parures de la prothèse. Héros désormais asservi à l'ordre de la machine, l'homme en devient un « servomécanisme » !

Confrontation révélatrice avec le Texte biblique comme nous l'avons montré ailleurs[19]. On peut en effet le faire entendre en confrontant l'androïde transhumaniste à l'artifex du récit biblique nommé Golem dans la tradition mystique juive. Terminator[20], c'est le héros transhumaniste, « endosquelette de métal mû par des microprocesseurs » et recouvert d'une couche de tissu charnel humain. Capitonnage au moyen de chair et de peau humaine d'un être artificiel ou humain revêtu de peau synthétique. On voit l'hésitation que cristallise le cyborg et qui lui donne sa dimension à la fois étrangement inquiétante. Le Golem, cet être de glaise, d'abord amorphe, quoique dénué de parole, est animé par le langage, puisqu'il porte sur le front la marque de l'Autre divin. Son créateur légendaire le Maharal de Prague lui aurait au XVIe siècle donné la vie en inscrivant sur son front le mot « vérité » (Emeth) en hébreu et en introduisant dans son orifice buccal le parchemin où se trouverait inscrit le Nom divin imprononçable (Hashem).

On voit là un différend essentiel si on le replace dans la problématique humaine immanente : l'homme artificié est cet in-forme qui ne prend efficience symbolique que par le langage. C'est ce point qu'inverse totalement, en contraste du récit golémique, le Récit transhumaniste. Pour le dire d'un mot, le digital remplace et évince le symbolique. L'artifex transhumaniste

---

19.– Paul-Laurent Assoun, « De l'homme créé à l'homme augmenté : du Père symbolique, au démiurge prothétique », in *Le transhumanisme à l'épreuve de la Bible*, Pardès, numéro 63, Centre National du Livre, Éditions In Press, 2019, p. 23-31.
20.– Héros du film éponyme de Cameron (1984).

rend tout signe symbolique superflu, y compris comme structure langagière immanente de l'homme que le récit « eutopique » transhumaniste en son ensemble revient à effacer. D'où aussi les dissolutions des systèmes symboliques de transmission, au premier chef la famille – foyer d'identifications et de conflits. Se passer de la famille, pour la remplacer par des modes collectivisés rationalisés est une constante des utopies, mais dans ce cas on aboutit à sa transformation en « foyer numérique » dont rêvait Steve Job, l'inventeur du Macintosh, se retrouvant dans les contrées transhumanistes.

L'avenir d'une nouvelle illusion

Le Récit humaniste apparaît à l'examen pétri de contradictions. Hypermoderniste, il retrouve une fascination pour des thèmes archaïques – reviviscence des mythes, avec au centre le Superhéros, doté d'un habit de lumière prothétique. Surtout pourquoi ériger en Promesse ce qui est censé être le résultat de l'évolution scientifique ? C'est que la science, dont la seule loi est le réel – ce à quoi le créateur de la psychanalyse adhérait – est « imaginarisée » avec le transhumaniste en un néo-prométhéisme.

Ce héros désormais revêtu d'une armure prothétique, que Freud apercevait déjà comme « visant la ressemblance avec Dieu », s'avère un « dieu du semblant », il apparaît, dans le fantasme transhumaniste, habillé par la technologie la plus sophistiquée dont l'avenir promet le perfectionnement sans fin. Là où Hercule, le héros invincible de la mythologie grecque, succomba à la tunique de Nessus qui le carbonisa, l'homunculus transhumaniste est censé immunisé contre tout danger, interne ou externe. La psychanalyse permet d'émettre un « diagnostic » sur cette volonté de puissance effrénée. Il y a dans le transhumanisme comme une phobie du manque, alors que celle-ci est inhérente au désir humain, le manque causant le désir en rapport avec l'interdit. Jusqu'à cette limite que constitue la castration que le transhumanisme promet d'effacer magiquement. Ce que le transhumanisme dénie systématiquement, c'est cette dimension de coupure référée à la « castration symbolique », attestée par l'angoisse de castration, article essentiel et très complexe. L'angoisse de castration s'exprime finalement par un « ne pas pouvoir pouvoir », dimension d'impossible qui confronte le sujet à une clause symbolique.

On comprend, avec tout ce qui précède, que rien n'est plus étranger à l'idéologie transhumaniste qui mise passionnément sur le pouvoir expansif, brandissant la prothèse comme « pare-castration », mais du coup dénie le sujet du langage, du désir et du transfert, bref l'altérité. Cette angoisse de castration est bien présente à son insu dans le propos du transhumanisme, puisqu'il s'appuie sur un *néo-fétichisme technologique*, le fétiche étant en sa signification incidente un dispositif de déni de la castration par un objet supposé pouvoir et bouchant tous les trous ![21]. Son optimisme béat revient au fond à un déni de cette angoisse qui s'impose comme le réel inconscient. Il mérite l'attention à ce titre comme une figure très représentative de la modernité, nouvelle illusion[22] qui se lit à travers sa mise en récit, dont l'avenir livrera le fin mot de l'histoire...

Bibliographie

Paul-Laurent Assoun, « Tocqueville et la légitimation de la modernité », in *Analyses et réflexions sur Tocqueville*, Éditions Ellipses, Paris, 1985, p. 136-171.

Paul-Laurent Assoun, *Corps et symptôme, Leçons de psychanalyse*, Paris, Anthropos, 1997, 3ᵉ éd. 2009.

Paul-Laurent Assoun, *Le fétichisme*, Paris, PUF, coll « Que sais-je ? », 1994, 3ᵉ éd. 2006.

Paul-Laurent Assoun, *Marx et la répétition historique*, Paris, PUF, 2ᵉ éd, 1998.

Paul-Laurent Assoun, « Jouissance du malaise. L'hypermoderne à l'épreuve de la psychanalyse » in : *L'individu hypermoderne* sous la direction de Nicole Aubert, Toulouse, Éditons Érès, 2005, p. 103-115.

Paul-Laurent Assoun « Le corps à l'épreuve du semblant : l'inconscient prothétique », in Organicité du corps technologique, Colloques en ligne, Journée d'étude organisée par Emmanuelle André et Evelyne Grossman, Université Paris-7 le mercredi 3 mai 2017 in Fabula, recherche en littérature.

Paul-Laurent Assoun, « Jouissance du malaise. L'hypermoderne à l'épreuve de la psychanalyse », in *L'individu postmoderne*, sous la direction de Nicole Aubert, Toulouse, Éditions Érès, 2017, p. 139-158.

Paul-Laurent Assoun, « De l'homme créé à l'homme augmenté : du Père symbolique, au démiurge prothétique », in *Le transhumanisme à l'épreuve de la Bible*, Pardès, numéro 63, Centre National du Livre, Éditions In Press, 2019, p. 23-31.

Francis Fukuyama, *La fin de l'histoire et le dernier homme*, Paris, Flammarion, 1992.

Michel Foucault, *Les Mots et les choses. Une archéologie des sciences humaines*, Paris, Gallimard, coll. « Bibliothèque des sciences humaines », 1966, p. 398.

Sigmund Freud, *L'avenir d'une illusion*, édition critique par Paul-Laurent Assoun, traduction Claire Gillie, Paris, Éditions du Cerf, 2012.

Jean-François Lyotard, *La Condition postmoderne* [1979], Paris, Les Éditions de minuit, 2016.

Julian Huxley, *New Bottles for New Wine* (« Nouvelles bouteilles pour vin nouveau »), Londres, Chatto&Windus, 1957.

21.– Sigmund Freud, *Fétichisme* (1927) et notre ouvrage *Le fétichisme*, Paris, PUF, coll « Que sais-je ? », 1994.

22.– Sigmund Freud, *L'avenir d'une illusion*, édition critique, Paris, Éditions du Cerf, 2012.

Max More, « Transhumanisme : Vers une philosophie futuriste », « Transhumanism : Towards a Futurist Philosophy », 1996.

Peter Sloterdijk, *Règles pour le parc humain suivi de La Domestication de l'Être*, (1999) trad. en fr. par Olivier Mannoni, Paris, Mille et Une nuits, 2000.

Le posthumain confiné : la membrane synhaptique[1]

Pierre Cassou-Noguès

Dans son livre fondateur, *How We Became Posthumain*, Katherine Hayles soutenait que le passage au posthumain est lié à une abstraction du corps dans les technologies de l'information. Je voudrais plutôt montrer dans cet article que les technologies de l'information, lorsqu'elles s'appliquent à la perception, mettent le corps sous membrane, une membrane qui prolonge, et raffine, la distance, cette espèce de bulle, dans laquelle le confinement que nous venons de vivre, nous enferme. La distance que les gestes-barrières introduisent entre les corps qui ne se touchent plus devient, dans les technologies de télé-perception, une membrane qui interrompt la réaction de l'objet sur le corps qui agit, rend possible un toucher qui n'est pas touché par ce qu'il touche, une perception imperceptible à l'objet perçu. Cette membrane est le milieu d'une nouvelle forme de perception, et d'une nouvelle forme de surveillance dont le corps percevant peut alors lui-même faire l'objet. Le confinement, l'enfermement dans la « maison », la distanciation sociale, relèverait alors une dimension méconnue du posthumain des technologies de l'information. Je partirai de deux textes de fiction, une nouvelle de E. M. Forster et une ébauche de roman par Norbert Wiener, qui, tous deux, imaginent un posthumain confiné et n'ayant de rapport au monde que dans une distanciation technologique.

1. « La Machine s'arrête »

> Cannot you see... that it is we that are dying, and that down here the only thing that really lives is the Machine? We created the Machine to do our will, but we cannot make it do our will now. It has robbed us of the sense of space

---

[1].- Une première version de cet article figure dans mon livre *Virusland*, Éditions du Cerf, Paris, 2020.

and of the sense of touch. It has blurred every human relation and narrowed down love to a carnal act[2].

Les humains, dans la nouvelle de Forster, vivent dans des cellules creusées sous terre, le long d'immenses galeries. Chacun a des voisins avec lesquels il n'a aucun contact. Les cellules sont totalement isolées, et presque vides, hormis un lit et une sorte d'écran. Les humains, quand ils ne dorment pas, vivent devant l'écran. C'est à travers cette mystérieuse Machine (avec un M. majuscule) qu'ils communiquent entre eux et avec le monde des idées. Ils lisent, écoutent de la musique ou des conférences, des conférences même sur le monde extérieur. Ils se reproduisent à certaines époques de la vie. À ces occasions comme à quelques autres, il leur faut bien sortir, voyager. Ils détestent ces séjours à l'extérieur comme le contact immédiat avec les autres. « Les gens ne se touchaient jamais les uns les autres. Grâce la machine, la coutume était passée de mode[3]. »

La Machine les a déshabitués au toucher. Ils ne touchent plus que les boutons sous l'écran, dans leurs cellules.

Puis (et c'est le titre de la nouvelle), la Machine s'arrête. Elle cesse de fonctionner. La plupart des humains totalement désemparés meurent dans la catastrophe.

2. D'étroites boîtes d'acier

> *The correct idea would be most men spending their lives in tight steel boxes. The four walls would be television panels, stereoscopic vision of course. People could transfer their presence to any other similar rooms by just dialing a number. They could convoke any group of friends anywhere into their room by the same process. Look – he turned around brusquely as if ready for a challenge – even now, if you touch a person, you have to apologize. Who shakes hands any more? People are vision and sound to another. Give them the counterfeit presence of their neighbors, and why should they bother go visiting? A man's box will be his castle*[4].

Dans ce texte de fiction, Wiener reprend l'idée de Forster : les humains vivent dans des cellules fermées, entourés d'écrans, qui leur offrent une vision 3D. En composant un numéro, comme au téléphone, on fait apparaître son correspondant sur les écrans, comme s'il était dans la pièce. On peut ainsi,

---

2.– Edward M. Forster, « The Machine Stops », in *The Eternal Moment and Other Stories*, Londres, Sigwick, 1928, p. 15.
3.– *Ibid.*, p. 18.
4.– « Wiener's Whodunit », in Giorgio de Santillana's Papers, Massachusetts Institute of Technology, Distinctive Collections, Cambridge, Massachusetts.

sans quitter sa chambre, se réunir entre amis, prendre un apéritif ou voyager dans n'importe quelle région du globe ou d'un espace imaginaire.

La cellule peut même se faire érotique. Dans la suite du texte, Wiener imagine des « catalogues », où figurent les « pinups de Hollywood », hommes et femmes. On en sélectionne un, une, que l'on fait apparaître en 3D dans sa chambre. La Machine est pourvue d'une interface tactile qui offre à l'utilisateur un « contact à sens unique » : l'utilisateur aura l'impression de toucher le « pinup » sans être touché par celui-ci, ni celui-ci touché par l'utilisateur. C'est, écrit Wiener, un « contact stérilisé », sans échange de microbes ni de virus, sans conséquence, ni culpabilité, un contact qui ne nous fera plus peur.

Les contacts ayant ainsi perdu leur effrayante immédiateté, et tout ce qu'ils avaient de charnel, la société cellulaire pousse ses membres à les multiplier. Ce ne sont pas forcément des contacts érotiques avec les pinups d'Hollywood mais des contacts sociaux, des « amis », pourrait-on dire, sur un réseau, avec qui, sous une forme ou une autre, on échange des messages. Cette vie sociale à distance est rendue obligatoire. Il est interdit de s'isoler, ou de privilégier une quelconque relation à deux. Le nombre de ses contacts définira la place d'un individu dans la société, ou plus exactement même sa « note ».

Wiener n'insiste pas ici sur les raisons pour lesquelles la société cellulaire exige ainsi de ses membres une multitude de contacts mais il analyse ailleurs, à propos des « clichés », les contraintes que fait porter sur le message la circulation dans un réseau dense de communications. Pour continuer à circuler, ne pas se déformer ni s'abîmer dans le bruit, le message doit être simple, sans nuance, jouer autant que possible sur des idées reçues. L'idée de Wiener semble être qu'une société fortement et uniformément connectée sera plus stable qu'une autre : n'y circuleront plus que des clichés qui ne diront jamais rien de nouveau.

L'univers de Wiener, comme celui de Forster, est évidemment dystopique. Une première différence, cependant, est que si, pour l'un et l'autre des deux auteurs, le confinement dans la Machine est lié à une peur du contact immédiat, à une peur du toucher, celle-ci n'est pas, dans le texte de Wiener, la conséquence d'un tel isolement mais sa cause. Wiener ne parle pas d'un virus qui nous aurait d'abord appris des gestes barrières. Il décrit une réticence diffuse et croissante au contact, qui nous réduit les uns pour les autres à une apparence, désincarnée, et une voix, qui se laissent alors reproduire sur un écran, pour nous libérer tout à fait de l'occasion de nous toucher.

D'autre part, dans le texte de Wiener, la Machine à travers laquelle les humains communiquent ne s'arrête pas comme celle de Forster. Elle se développe et devient folle. Non pas folle comme un humain peut devenir fou. Elle n'a pas la conscience, ni la vie. Elle ne pense pas mais elle a été programmée pour s'étendre, pour accaparer une part toujours plus grande du temps humain. Elle suit ce but aveuglément en empruntant des voies que les humains n'avaient pas imaginées et qui finissent en effet par les détruire. La Machine ressemble elle-même à un virus, qui n'a pas pour but de tuer ses hôtes mais seulement de se propager : envahir le corps d'un individu pour que celui-ci le transmette à un autre. Il peut cependant tuer son hôte, et une grande partie de la population de ses hôtes, par inadvertance en quelque sorte, par aveuglement, en cherchant seulement à se reproduire.

Essayant de décrire, dans les années cinquante, un futur possible qui, finalement, n'est pas trop éloigné du monde dans lequel nous vivons maintenant, Wiener y place cependant des éléments technologiques curieusement décalés par rapport à ceux que nous utilisons. Ces écrans stéréoscopiques sur les quatre murs de la boîte d'acier ressemblent aux voitures à coussins d'air qui figuraient dans les séries B des années soixante-dix. Nous utiliserions un casque de réalité virtuelle. Ou même pas. Ce que Wiener ne voit pas, c'est que nous puissions nous confiner, convoquer nos amis à distance, multiplier nos contacts et les messages qui circulent sur les réseaux, mettre en place une sexualité « à sens unique », en utilisant un seul écran, souvent plus petit que celui d'une télévision.

3. Sex-chats

Il existe depuis quelques années des sex-toys connectés qui se branchent sur le téléphone et, à travers les téléphones, peuvent se répondre l'un à l'autre. Il existe aussi les sex-chats : ce sont des bordels en ligne. Les modèles, qui, dans la réalité, sont enfermés chez eux, ou dans des chambres d'hôtel, apparaissent à l'écran dans de petites fenêtres. L'écran de l'utilisateur est découpé en une trentaine de fenêtres montrant un modèle, homme ou femme, dans une chambre, anonyme, peu meublée : un lit, une table de nuit, un poster au mur. Les modèles essayent chacun de capturer l'attention de l'utilisateur, par des gestes, ou en dansant ou en prétendant justement ignorer celui-ci, se maquillant, regardant la télévision, lisant, fumant. Chaque modèle vit dans un espace et une temporalité à part. Ils dansent sur des musiques différentes. Leurs gestes ne sont pas coordonnés.

L'utilisateur clique sur l'une des fenêtres qui s'agrandit alors pour occuper tout l'écran, lui offrant ainsi l'apparence d'un tête-à-tête ou un tête-à-tête démultiplié : le modèle qui semble à travers l'écran regarder l'utilisateur dans les yeux, lui parler même, s'adresse en réalité à sa caméra et à un interlocuteur abstrait, lequel s'incarne en une multitude d'utilisateurs réels. L'utilisateur peut aussi payer le modèle pour obtenir un entretien privé. Il peut au cours de cet entretien montrer sa propre image en activant sa caméra. Certains modèles disposent aussi d'un sex toy que l'utilisateur manœuvre depuis son clavier. L'utilisateur ne touche pas le modèle, au sens où il sentirait la texture de sa peau. Il ne peut toucher que lui-même. Le modèle ne le touche pas non plus, mais il est touché par l'utilisateur qui anime le sex toy. Il s'opère une dissociation entre toucher et être touché. Dans la réalité, toucher et être touché vont de pair : en touchant je suis touché. Cette réversibilité est une propriété de notre peau. Elle s'interrompt dans les technologies de télé-perception. Je peux toucher sans être touché ou être touché sans toucher. C'est pourquoi, lors même qu'elle passe par le toucher, ou une sorte de toucher, cette télé-perception laisse le corps du sujet à distance de ses objets, comme dans une bulle.

En décrivant ces sex-chats, j'ai spontanément, sans trop y réfléchir, parlé d'un « utilisateur ». Je n'aurai pas utilisé ce mot pour décrire une visite dans un bordel. Mais ces sex-chats prennent la forme d'un site Internet, ou d'une icône sur un écran, sur laquelle on clique, à côté de celle qui donne la météo ou accès à une encyclopédie. Ce n'est pas que les modèles ne soient pas humains. L'utilisateur n'en tirerait pas la même satisfaction s'il ne rencontrait sur le site que des robots, ceux-ci ayant même une apparence humaine. Seulement les modèles sont pris dans un dispositif numérique, qui a pour l'utilisateur une certaine fonction. Les modèles, en tant qu'humains, représentent comme des pièces dans une machine, qui n'est donc pas entièrement mécanique, disons un dispositif. Inversement, du reste, si j'avais eu à décrire le mode d'emploi de ces sex-chats du point de vue du modèle, j'aurais également parlé du modèle comme d'un « utilisateur » faisant alors face à des clients. Ceux-ci, du point de vue du modèle, restent humains mais s'intègrent également dans un dispositif représenté sur l'écran par une icône, à côté des autres.

4. Toucher et être touché

> Il vous est bien sans doute arrivé quelquefois, en marchant de nuit sans flambeau, par des lieux un peu difficiles, qu'il fallait vous aider d'un bâton pour vous conduire, et vous avez pour lors pu remarquer, que vous sentiez, par l'entremise de ce bâton, les divers objets qui se rencontraient autour de vous, et même que vous pouviez distinguer s'il y avait des herbes, ou de la boue, ou quelque autre chose de semblable. Il est vrai que cette sorte de sentiment est un peu confuse et obscure, en ceux qui n'en ont pas un long usage ; mais considérez-la en ceux qui, étant nés aveugles, s'en sont servis toute leur vie, et vous l'y trouverez si parfaite et si exacte, qu'on

pourrait quasi dire qu'ils voient des mains, ou que leur bâton est l'organe de quelque sixième sens, qui leur a été donné au défaut de la vue[5].

Imaginons que le drone qui permet au gendarme de repérer les promeneurs sur la plage soit pourvu, outre la caméra, de deux antennes, comme celles d'un insecte, qui, lorsque l'appareil se pose, explorent le sol, pour en rendre la texture dans les manettes que le gendarme tient dans ses mains. Pour celui-ci, ce serait comme s'il touchait le sol à distance, à travers deux baguettes. Il serait dans la situation de l'aveugle qui distingue les inégalités du sol, et sa dureté ou sa mollesse, au moyen de son bâton. Avec un peu d'entraînement, le drone serait pour lui l'organe d'un sixième sens lui permettant de toucher à distance. La différence est que, si le bâton de l'aveugle heurte un randonneur endormi au pied d'un arbre, celui-ci lève les yeux et voit l'aveugle, ou attrape le bâton, le tire à lui et sent la main de l'autre qui le retient, alors que, quand le drone se traîne jusqu'au récalcitrant qui passe la nuit sur la plage, celui-ci ne perçoit qu'un monstrueux insecte. Le gendarme qui sent au bout de ses baguettes la texture molle d'un corps, le gendarme qui, à distance, touche ce corps, est lui-même intangible à ce qu'il touche. Il touche sans être touché.

Dans la fiction évoquée plus haut, Wiener imaginait un internet tactile. À l'écran, s'ajoutait une manette qui rend la texture des objets affichés. Wiener parlait de « télé-contact à sens unique » (*one-way télé-contact*) : le contact se fait à distance et sans réciprocité. Les technologies de l'information, lorsqu'elles s'appliquent au toucher, n'ont pas seulement allongé le bâton que Descartes donne à l'aveugle : elles l'ont rompu pour dissocier les deux côtés du toucher, toucher et être touché, ou rendre possible un toucher intangible. C'est bien pourquoi les armées utilisent des drones : le pilote peut toucher sa cible sans être touché par elle.

En dehors de ces technologies, nous ne pouvons pas toucher sans nous-même être touchés. Quand, avant l'instauration des gestes barrières, je serrais la main d'un ami, je sentais sa main dans la mienne comme lui sentait ma main dans la sienne. Si je posais la main sur son épaule, alors qu'il était de dos, il percevait ce contact et se retournait.

La vue n'a pas la même réversibilité. Je peux voir sans être vu, si je regarde quelqu'un de dos, ou par le trou d'une serrure. Je peux même imaginer voir tout en restant invisible, comme l'homme invisible dans le roman de H. G. Wells. Mais, en dehors des technologies de l'information, il n'y a pas d'équivalent à ce personnage dans le registre du toucher : une créature qui pourrait toucher tout en restant intangible comme le personnage de Wells voit tout en restant invisible.

5.– René Descartes, *La dioptrique* (1637), discours premier, in *Œuvres*, Adam et Tannery (éds), Paris, Vrin, 1996, t. VI, p. 83-84.

Les technologies de l'information donnent donc à la perception à distance qu'elles rendent possible cette propriété de la vue, qui n'implique pas de réciprocité. Ce n'est pas, cependant, que la perception à distance soit ramenée à une forme de vision.

5. Impressions haptiques

Le village s'appelle Labastide. Je ne sais pas où il se trouve. Je suis tombé dessus par hasard, un après-midi. La grande place, qui forme un carré exact, bordé d'arcades, était ensoleillée, l'ombre des façades s'étendant sur les pavés de la droite vers la gauche. Il n'y avait personne. En fait, on n'y voit jamais personne, sinon, un matin sur deux, un homme qui arpente le village. Il apparaît d'abord sur la place de la mairie. Il y traîne un bon quart d'heure. Il semble parler tout seul. Je le vois disparaître à gauche. Je le retrouve devant l'église. Il ne fait que passer. Il finit par la place carrée, qu'il balaie méticuleusement en commençant par le côté que, à voir les ombres tourner au cours de la journée, je sais être au Nord. Il n'a pas l'uniforme que porterait le balayeur municipal.

Chez moi, cet après-midi-là, il pleuvait. Au lieu de sortir parcourir mon kilomètre légal, j'ai cherché sur Internet, par désœuvrement, des images des paysages que filment les caméras de vidéo-surveillance. Toutes les villes et tous les villages ont installé des caméras, dont la plupart diffusent en temps réel leurs images sur Internet. J'ai fini par tomber sur Labastide. Le village compte trois caméras que je laisse maintenant défiler sur mon écran : trois fenêtres, la place carrée, l'église, la mairie. Au départ, je voulais résoudre le mystère de ces habitants que l'on ne voit jamais : savoir à quels moments ils sortent. J'ai repéré sur la grande place, deux ou trois fenêtres qui s'ouvrent certains soirs, sans que je puisse pourtant observer les occupants. De l'angle où se trouve placée la caméra, je devine sous les arcades deux commerces et, je crois, un café. Ils sont fermés mais l'étaient peut-être déjà avant le confinement. L'installation d'un supermarché en périphérie oblige souvent les commerces du centre à fermer. En suivant les mouvements du balayeur, je sais que l'église, la mairie et la place carrée se trouvent à quelques minutes de marche les unes des autres. Je n'ai pourtant aucune idée de la taille du village.

Ce n'est pas du tout comme si je survolais le village, à bord d'un avion ou d'un hélicoptère. J'en aurais alors une vue d'ensemble je saurais quelle est l'étendue du village et où se trouvent la mairie, l'église et la place. Or je n'ai du village que des vues locales que je ne sais pas bien recoller les unes aux autres.

Deleuze et Guattari distinguent l'optique et l'haptique, dont le modèle est le toucher, par cette opposition entre le global et le local. L'optique offre des vues globales alors que l'haptique ne donne que des impressions locales. Si j'explore, à l'aveugle, un objet avec les mains, disons la table, j'en prends une série d'impressions locales, un coin du plateau, le tiroir, la moulure d'un pied, que je dois rassembler pour reconstituer l'objet même. La vue rapprochée, lorsque j'approche l'œil de l'objet, relève également de cette localité haptique, sauf qu'il nous est difficile d'imaginer pouvoir prendre, et prendre simultanément, une multitude de vues rapprochées. C'est pourtant ce qui se passe lorsque j'observe Labastide en laissant défiler les images des caméras de surveillance. Les images ne sont pas déformées comme le sont celles d'un objet observé de près. Mais elles ne me présentent le village qu'à travers des impressions locales. C'est, dans le registre de la vision, comme si je disposais de mains dont je mettais en relation les impressions. Selon l'objet qui m'intéresse, je les resynchronise. Si j'observe la ville, je laisse défiler les flux d'images, les arrêtant peut-être tous au même instant t. Si je veux en savoir plus sur le balayeur, je relie les images de la place avec celles de l'église, cinq minutes auparavant, quand l'homme s'y trouvait encore, pour fixer l'identité de l'individu dans un présent élargi.

À ces images, pourraient s'associer des contenus auditifs et même tactiles. Si je disposais du drone à antennes que je prêtais au gendarme, un drone susceptible de rendre dans mes mains les textures des surfaces sur lesquelles il se pose, les pavés de la place, le toit d'ardoise de la mairie, ces contenus tactiles s'ajouteraient comme autant d'impressions locales aux images des caméras.

La télé-perception, si elle offre principalement des contenus visuels, ne relève donc pas du modèle de l'optique. D'abord, l'organe de cette télé-perception n'est pas l'œil mais un schéma corporel qui associe l'œil devant l'écran et la main, cliquant sur la souris ou touchant directement l'écran pour sélectionner les images, en interrompre ou en relancer les flux. Ensuite, cette télé-perception n'a pas les propriétés de la vision. Elle est locale comme un toucher bien qu'elle prenne la non-réciprocité de la vision. Le balayeur de Labastide n'a aucun moyen de savoir que je l'observe. Je suis pour lui absolument imperceptible. La télé-perception représente un sens nouveau, que je dirai « synhaptique », puisque l'identification d'un objet suppose la synthèse d'une multitude d'impressions haptiques, un sens qui prend certaines propriétés de la vue et certaines du toucher mais ne se confond ni avec l'un ni avec l'autre et peut se remplir de toutes sortes de contenus, visuels, auditifs et tactiles.

Si le balayeur était seul, bloqué dans ce village, sans moyen de locomotion, il pourrait écrire un message sur le pavé, essayer d'entrer en contact avec le dehors qui s'ouvre dans cette demi-boule de verre suspendue au premier étage à l'angle sud-ouest de la place carrée. Moi-même cependant, je n'aurais aucun moyen de lui répondre. Je suis à Labastide un esprit, un fantôme, dépourvu de médium. Je n'y ai aucun corps. Les caméras de surveillance ne sont pas mes yeux. Elles ne trahissent rien de moi, pas même ma présence, pas même une présence.

Ce n'est pas que j'ai perdu mon corps dans la télé-perception. Mon corps reste de mon côté de l'écran. J'ai des yeux, que la luminosité de l'écran peut fatiguer et qui pleurent, des mains qui touchent le clavier, ou la souris, et se touchent elles-mêmes dans ce contact ou peuvent toucher le reste de mon corps, mon visage deux cents fois par jour. Je ne peux pas oublier que j'ai, derrière l'écran, un corps enveloppé d'une peau qui est réversible, touchante et touchée, se sent de l'intérieur et de l'extérieur. Seulement, pour observer Labastide, ce corps s'enveloppe d'une seconde peau ou, si la peau implique une réversibilité, disons plutôt d'une membrane derrière laquelle il disparaît pour devenir un œil invisible, une main intangible, un pur esprit qui continue pourtant d'observer le monde sensible.

Cette membrane qui nous entoure derrière nos écrans est plus efficace que les gestes barrières qu'elle semble prolonger. Le corps est, derrière elle, inatteignable. La peau s'isole dans les gestes barrières et par cette membrane instituée dans la distance de la télé-perception. Elle touche encore mais n'est plus touchée que par elle-même.

Le corps confiné est sous membrane : la membrane de la maison, dans laquelle il est enfermé, celle invisible qu'instaurent les gestes barrières, celle intangible qui, dans la télé-perception, sépare le corps percevant et l'objet perçu, et celle que constitue le *Moi* numérique de nos identités multiples.

6. Le dispositif panoptique

> La ville pestiférée, toute traversée de hiérarchie, de surveillance, de regard, d'écriture, la ville immobilisée dans le fonctionnement d'un pouvoir extensif qui porte de façon distincte sur tous les corps individuels — c'est l'utopie de la cité parfaitement gouvernée[6].

Le confinement peut également être décrit comme un dispositif disciplinaire, au sens de Foucault. La ville pestiférée, que décrit Foucault dans *Surveiller et punir*, cette ville dans laquelle les habitants sont enfermés chez eux et surveillés par le syndic, cette ville dans laquelle les mouvements des choses (provisions, marchandises) et des êtres vivants sont enregistrés, constitue le modèle même du dispositif disciplinaire que vient ensuite fixer

---

6.– Michel Foucault, *Surveiller et punir*, Paris, Gallimard, 1975, p. 200.

la prison panoptique de Bentham. Qu'il s'agisse de cette prison, dont le gardien posté dans une tour centrale peut d'un regard observer les prisonniers dans les cellules d'un bâtiment circulaire autour de lui, ou de cette ville dans laquelle les habitants confinés chez eux et tenus de se montrer à la fenêtre quand passe le surveillant, se met en place une forme de surveillance, fondée sur l'enfermement dans un lieu clos et sur une visibilité continue, que le prisonnier intériorise. Le prisonnier se comporte bien parce qu'il sait qu'il est constamment visible même s'il n'est pas en pratique toujours vu. Cette visibilité exige un lieu clos. Le même dispositif, pour Foucault, se retrouve dans les écoles, les usines, et détermine plus largement les sociétés disciplinaires, dans lesquelles nous vivons encore, et une nouvelle orientation du pouvoir, lequel se concentre sur les corps vivants, qu'il observe non seulement par les yeux d'un gardien mais aussi par le biais de la médecine, ou d'une sociologie des populations, qu'il observe et protège dans la mesure où s'y constitue la force de travail dont le capitalisme a besoin. C'est ce que, dans les années qui suivent *Surveiller et punir*, Foucault appelle la biopolitique.

Le confinement semble d'abord entrer dans la même logique. Les traits par lesquels Foucault caractérise le dispositif disciplinaire s'y retrouvent : l'enfermement, la surveillance intériorisée, parce qu'elle est ressentie comme étant permanente. Pourtant, ce n'est pas seulement que le syndic, dans la ville pestiférée, a été remplacé par un drone. En même temps que l'enfermement décrit par Foucault est réactivé, les technologies par lesquelles il passe maintenant, et ces membranes autour des corps, semblent rendre possible une reconfiguration de la biopolitique et des modes de surveillance, qui ne se laisseraient plus alors concevoir sur le modèle du panoptique. Comme si, avant de déclarer caduque le contrôle panoptique, cette forme de contrôle fondée sur l'enfermement et la visibilité, nous avions voulu la mettre en scène une dernière fois, en grand, à l'échelle planétaire.

7. « *Notre société ne croit plus en rien sinon à la vie nue*[7] »

Certes, le confinement a pour but de protéger notre vie corporelle, ce que Agamben appelle la « vie nue ». Dans *Homo Sacer*, Agamben réinterprète l'idée de biopolitique en isolant comme objet du pouvoir, la « vie nue », c'est-à-dire la vie qui nous appartient en tant qu'animal, dépouillé de toute existence politique. Agamben voit dans le camp de concentration le paradigme de la biopolitique. Pour lui, ce modèle reste au cœur du pouvoir tel qu'il s'exerce dans les démocraties, dans la mesure où celui-ci est également orienté par la vie nue. Agamben peut ainsi voir dans l'état d'exception qui

---

[7].– Giorgio Agamben, « Eclaircissements », *Nouvel Obs*, 27 avril 2020.

rend possible le confinement, cette restriction exceptionnelle de nos libertés, une illustration de sa thèse : le pouvoir aurait pour tâche de contrôler et, en l'occurrence, de protéger la vie nue au mépris de tout autre chose. Mais, justement, s'agit-il de la vie nue ?

D'abord, pour le dire de façon imagée, nous ne vivons pas nus, nous ne nous contentons pas de vivre, nous vivons sous membrane. Le contrôle, lorsqu'il est orienté par le corps vivant, s'exerce au second degré. Il ne s'agit pas tant de protéger le corps que les membranes qui protègent le corps. S'il s'agit de maintenir le corps en vie, c'est en maintenant cet espace vide autour de lui. Rien, qui ne soit voulu, ne doit plus pouvoir nous toucher.

Sans doute, les formes de contrôle qui organisent Virusland, ont d'abord été orientées vers le corps vivant, dans ce que Foucault appelle une biopolitique, mais elles ont maintenant un objet plus large. Plus large en deux sens, parce qu'elles incluent les membranes qui nous protègent et parce qu'elles incluent une sphère mentale, que l'on peut aussi considérer comme une membrane protectrice, une peau du *Moi* toujours plus épaisse. Elles n'ont pas tant pour but de maintenir des corps en vie, ou en santé physique, que des individus qui seraient bien dans leurs peaux, heureux dans leurs membranes. Il faudrait parler, plutôt que d'une biopolitique, d'une « psyché-politique[8] ».

8. La santé mentale

> La santé est un état de complet bien-être physique, mental, social, qui ne consiste pas seulement en l'absence de maladie ou d'infirmité[9].

Dès le début du confinement, les médias se sont intéressés aux répercussions psychologiques du confinement : solitude, dépression, violences familiales, conduites addictives, etc. Des articles, dans les journaux, reprennent encore ces jours-ci le même thème. Le confinement, s'il a une utilité pour la santé physique des personnes, présenterait un risque pour la santé mentale. Nous sacrifierions notre santé mentale à notre santé physique, alors que la santé implique l'une et l'autre.

L'ambiguïté du confinement est bien dans une tension entre d'anciennes et de nouvelles technologies de contrôle. Nous rêvons d'automatisation alors que la réalité économique exige du travail humain. Nous réactivons les anciennes quarantaines, alors que nous disposons de technologies

---

[8].– Je reprends le terme utilisé par Géraldine Aïdan dans *Le fait psychique, objet des normes juridiques*, thèse Paris I, 2012, à paraître CNRS-éditions.

[9].– Préambule à la Constitution de l'Organisation Mondiale de la Santé, cité par G. Aïdan, *ibid*.

qui permettraient une surveillance en plein air : la membrane-maison est devenue inutile, les membranes se transportent avec soi. Le virus a recentré le regard sur le corps vivant, alors que le pouvoir a également pour charge de s'attacher la vie mentale.

9. *Surveillance synaptique*

Les nouvelles formes de surveillance ne relèvent pas du modèle panoptique fixé par Foucault. Bien qu'elles utilisent des caméras, elles ne sont pas fondées sur la visibilité continue. Les caméras disposées dans une ville ne donnent que des vues locales, des impressions haptiques, qu'il s'agit ensuite de resynchroniser (pour suivre par exemple les déambulations de l'individu suspect). Il s'agit d'une surveillance discrète, par opposition à continue, et discrète, en ce que, comme la caméra de surveillance qui se fond dans le paysage urbain, elle passe inaperçue, à la différence du gardien, juché sur une tour centrale, et dont l'architecture du panoptique accentuait la présence afin que le prisonnier intériorise sa propre visibilité. Le modèle de la surveillance n'est plus optique mais haptique. Il se rapproche du toucher. Le recours aux caméras ne doit pas tromper. Il n'est pas même essentiel. Aujourd'hui, pour échapper au contrôle, il ne servirait à rien d'être invisible comme l'homme invisible, dans le roman de H. G. Wells. Le personnage de Wells serait repéré dès qu'il tirerait de l'argent dans un distributeur ou dès qu'il allumerait son téléphone portable. Il ne s'agit pas d'être invisible mais de ne pas laisser de traces, c'est-à-dire d'être intangible.

Les techniques de télé-perception ouvrent une expérience perceptive, un sens nouveau, qui prend la localité du toucher mais la non-réciprocité de la vue. Elles nous entourent d'une membrane, qui n'est pas une peau mais interrompt l'action en retour des choses, de sorte que nous pouvons percevoir, toucher, sans nous-mêmes être perçus, tangibles, par ce que nous percevons. Seulement la membrane elle-même est épaisse. Elle est constituée de l'appareil technologique qui établit la relation à l'objet. Et, si nous restons intangibles à l'objet touché, nous ne le sommes pas à la membrane qui nous met en relation à lui. Cette sorte de bâton avec lequel nous explorons le monde environnant (pour reprendre l'image de l'aveugle que décrit Descartes), nous permet de toucher à distance, et de toucher sans être touché par ce que nous touchons, mais nous y laissons nos empreintes digitales, des traces, à travers lesquelles s'exerce ce contrôle d'un type nouveau.

C'est pourquoi il ne s'agit pas non plus de biopolitique. Le contrôle ne s'attache pas exactement au corps vivant mais au corps sous membranes, parce que celles-ci sont le moyen, le milieu même, de son exercice. Il utilise transversalement l'appareil technologique par lequel nous mettons le monde à distance (quand nous travaillons à distance, faisons nos courses à distance, percevons à distance, créons sur les réseaux sociaux une, ou des identités, à distance). Nous y avons une identité, qui n'est pas fantasmée, comme celles que nous construisons sur les réseaux sociaux, mais définie par une multitude de paramètres, qui, dans un vocabulaire sociologique, exprimeraient la profession, l'âge, les revenus, les opinions politiques, les orientations sexuelles, mais restent dans la machine sous forme de codes, « cookies », toutes sortes de traces, et permettraient à un algorithme « bonne santé », ou « bon citoyen », de déterminer notre dangerosité potentielle pour nous autoriser, ou non, l'accès à tel service.

D'autre part, le pouvoir, d'où qu'il vienne, de l'État ou des plateformes numériques, s'attache non seulement au corps vivant mais à la sphère mentale. Il a charge de nous rendre heureux. C'est bien pourquoi on a pu critiquer le confinement du point de vue de la « santé mentale », alors que, dans le journal de Defoe, il ne vient pas à l'idée du narrateur de reprocher au gouverneur de Londres de rendre les habitants anxieux en leur imposant la quarantaine. L'objet du pouvoir s'est élargi. Nous nous trouvons en face d'appareils destinés à nous renvoyer notre bonheur, des robots domestiques qui interprètent le sourire qu'ils appellent, des applications qui nous demandent de mettre de la joie dans nos intonations de voix ou notre pratique sportive. C'est une autre membrane disposée autour de nous, épaisse aussi puisqu'elle s'agrège nos états d'âme. Elle ne nous laisse plus, en guise d'âme, que des états représentés par quelques émoticônes, plus ou moins souriantes, ou un score de bonne humeur, de 1 à 10. Elle en oblitère finalement la subjectivité même, le *Je*, qui n'est tout entier dans aucun de ses états, ni de ses visages.

Bibliographie

Giorgio Agamben, « Éclaircissements », *Nouvel Obs*, 27 avril 2020.

Giorgio Agamben, *Homo Sacer*, Paris, Seuil, 1997.

Géraldine Aïdan, *Le fait psychique, objet des normes juridiques*, thèse de l'université Paris I, 2012, à paraître CNRS-éditions.

Daniel Defoe, *A Journal of The Plague Year*, Barnes and Noble, New York, 2004.

René Descartes, *La dioptrique*, discours premier, in *Œuvres*, Adam et Tannery (éds), Paris, Vrin, 1996.

Edward M. Forster, « The Machine Stops », in *The Eternal Moment and Other Stories*, Londres, Sigwick, 1928.

Michel Foucault, *Surveiller et punir*, Paris, Gallimard, 1975.

N. Katherine Hayles, *How We Became Posthuman*, Chicago, University of Chicago Press, 1999.

Herbert G. Wells, *The Invisible Man*, Londres, Pearson, 1897.

Norbert Wiener, « Wiener's Whodunit », in Giorgio de Santillana's Papers, Massachusetts Institute of Technology, Distinctive Collections, Cambridge, Massachusetts.

L'homme augmenté par les institutions et l'artifice dans la parole institutionnelle[1]

Emmanuel Picavet

LE POST-HUMANISME EST AU cœur des réflexions sur la culture humaine ou les humanités, la solidarité humaine et le sens de l'égalité, l'éducation et le rapport au monde de la technique. Il peut renvoyer au genre de crise que l'on caractérise comme une rupture avec les ambitions humanistes, et telle est l'acception qui ne sera pas privilégiée ici. Il s'agit aussi, souvent, de cultiver des initiatives réflexives portant sur des circonstances ou des évolutions qui paraissent susceptibles d'altérer le statut de l'humanité ou le sens reconnu à l'expérience humaine dans sa généralité. On sait ainsi le désarroi provoqué, par exemple, par des changements notables dans la nature et dans l'usage des technologies de l'information et de la communication, par l'avènement de développements technologiques accréditant la thèse « transhumaniste » d'un dépassement de l'humanité dans sa condition ordinaire[2], ou encore par la montée en puissance de formes de

---

[1].– Les remerciements de l'auteur vont à Mara Magda Maftei, à Christian Walter, à Matteo Vagelli et à Hubert Rodarie pour des discussions stimulantes sur certains des enjeux abordés ici dans le cadre du projet partenarial « Chronos » de la Chaire Éthique et Finance, ainsi qu'à Kathia Martin-Chenut, Camila Villard-Duran et Camila Perruso pour des études menées en commun dans le projet « Impact sur l'internormativité de l'approche par les parties prenantes » (Politique scientifique de l'université Paris 1 Panthéon-Sorbonne) et plus généralement au sein de l'axe RSE de l'ISJPS. L'auteur a bénéficié d'échanges avec Maël Pégny dans le cadre de l'initiative de l'IHPST concernant l'opacité épistémique et avec Marc-Antoine Dilhac au Centre de Recherche en Éthique de Montréal dans le cadre de l'élaboration de la Charte de Montréal de l'IA responsable. Il a aussi bénéficié des commentaires très utiles de Sandra Laugier. Il remercie enfin Aurélien Benattar d'avoir rappelé à son attention l'ouvrage cité de Wiener, si pertinent pour la réflexion sur l'artificialisation des règles et du dialogue.

[2].– Sur le lien avec l'idée de progrès, qui ne sera pas étudiée ici, je me permets de renvoyer à une étude antérieure : Emmanuel Picavet, « Réflexions sur le transhumanisme : entre amélioration individuelle et défi pour le progrès collectif », *Diogène. Revue*

vie (religieuse, institutionnelle ou politique, économique ou sociale...) qui mettent en cause la manière dont l'humanité se représente ce qu'elle est.

L'artifice n'est évidemment pas toujours lié à la technique ou à la technologie : la mise en ordre de l'existence humaine à travers des mécanismes institutionnels ou des règles y participe également. Ainsi, la transformation des sociétés occidentales dans le sens de la promotion de l'inégalité, de l'individualisme et de la concurrence, depuis les années 1980, obéit bien à un plan de mise en ordre artificielle qui perturbe très profondément les références « humanistes » partagées dans la vie sociale et largement exprimées dans les institutions depuis la fin de la Seconde Guerre Mondiale, d'une manière qui rend inévitable un examen critique de la fragilisation concertée des idéaux humains au profit d'autre chose.

Dans l'esprit des réflexions contemporaines sur le post-humanisme, il est évidemment intéressant de réfléchir à l'incidence, sur le destin de l'humanité, de bouleversements soudains et inattendus – par exemple, l'arrivée des réseaux sociaux, des technologies civiques ou de la téléconsultation médicale. L'objet de cette contribution sera un peu plus général ou, pour mieux dire, moins ponctuel. Il s'agira de se poser dans quelques directions précises, à propos des sociétés contemporaines dans leurs opérations courantes, une question que l'on se pose souvent aussi à propos des développements de la technologie : ne sommes-nous pas en un certain sens, et quoi qu'il en soit de bouleversements en cours, *déjà* engagés dans des processus de façonnement et d'altération de nos manières de comprendre les choses, d'accéder à l'information, de parler ou d'échanger, de se préparer face aux risques et pour l'avenir ? De telles questions sont souvent posées en rapport avec les bouleversements technologiques, dans la forme suivante : sommes-nous déjà post-humains ? Avec le recul que donne une approche critique du fonctionnement courant des sociétés, la question à privilégier sera peut-être : sommes-nous déjà façonnés par nos créations institutionnelles ? La philosophie politique a quasiment imposé, depuis ses premiers développements, une réponse positive, pour des raisons bien justifiées sur lesquelles il n'y a pas lieu de revenir. Cela étant, notre époque est marquée par des formes d'organisation qui n'ont pas toujours été au cœur de la réflexion politique.

Un peu plus précisément, on peut se proposer d'examiner de quelle manière et pourquoi l'artificialisation des rapports humains, dans des contextes d'organisation et de régulation répondant à des buts précis (et

---

internationale des sciences humaines, 263-264 (juillet-décembre 2018), p. 185-200. V. aussi : Mara Magda Maftei et Emmanuel Picavet, 2019 « Transhumanisme et posthumanisme : de la fiction à la réalité des évolutions », *Metabasis*, 14, n° 2 (disponible sur internet à : http://www.metabasis.it/index.php?lang=fr&uid=27).

pas seulement aux nécessités de la mise en ordre politique et de l'expression politique de valeurs morales générales) impose des inflexions aux représentations les plus traditionnelles des aptitudes, manières de vivre et aspirations des êtres humains. L'utilité de ce questionnement est, dans certains cas, évidente, par exemple lorsqu'il s'agit d'examiner la préparation collective face aux risques climatiques, épidémiologiques ou financiers. On y voit aujourd'hui un enjeu de responsabilité individuelle et collective en même temps qu'un facteur de liaison entre les échelons individuel et collectif. Cependant, jusque dans ces domaines qui suscitent aussi un grand nombre d'entreprises de recherche, notre manière de nous appuyer sur des institutions et de nous équiper nous-mêmes de règles cautionnées et encadrées par ces institutions échappe souvent à l'attention dans certaines de ses dimensions.

De fait, nous vivons dans un monde qui est, très profondément, un monde d'institutions ; cette inclusion quasi « environnementale » affecte toutes nos dispositions. Nous évoluons au milieu des institutions, nous leur parlons et elles nous parlent, nos combats sont les leurs (ou bien ils échouent), notre information et nos buts en dépendent. La technologie elle-même est largement encadrée, régulée et reconnue par les institutions. Qu'en est-il donc du dialogue ? Par quel miracle échapperait-il au genre d'artificialisation qui nous intéresse ici ? La présomption la plus raisonnable est qu'il n'y échappe pas, dans une vie institutionnelle qui a un caractère fondamentalement évolutif et dans laquelle le recours à l'organisation concertée se détache sur un horizon perpétuellement renouvelé – aujourd'hui, dans une large mesure, un horizon qui concerne la communication et le dialogue.

Dans ces conditions, comment pouvons-nous prétendre faire servir les institutions à des finalités humaines, alors que notre vie institutionnelle imprime sa marque à la formation de la connaissance, de l'expression, du dialogue et des aspirations des êtres humains ? Nous ne pouvons échapper à l'inscription dans des processus institutionnels ouverts, quoi qu'il en soit de la prépondérance d'un modèle instrumental de la référence aux institutions. C'est dans cette perspective que nous aborderons successivement les thèmes de la dépendance institutionnelle par rapport au savoir, de la spécificité de la parole institutionnelle, de ce que nous avons proposé d'appeler « intelligence artificielle des institutions », de la mise en œuvre institutionnelle des principes et de l'organisation de la formation de compromis entre parties prenantes autour d'enjeux partagés.

Humanisme, post-humanisme et humanités dans un monde d'institutions dépendantes du savoir

Dans la conception économique ou politique des règles d'action, dans l'aménagement de « schèmes incitatifs », ou plus récemment à travers l'utilisation dans le « paternalisme libéral » des résultats de la psychologie cognitive sur la perception des enjeux et sur les biais dans la décision, l'humain est un matériau pour l'humain, et en fonction des savoirs acquis et consolidés par l'humanité, selon des perspectives qui sont elles-mêmes empruntées aux aspirations humaines.

L'altération des dispositions individuelles en société s'apparente à certains égards à une « reprogrammation de la société », dans la mesure où elle prend une tournure volontariste ou concertée, sur la base de prévisions relatives au résultat attendu et en considération de certaines finalités que l'on cherche à atteindre ou de valeurs définies que l'on entend promouvoir. Si l'analogie avec la programmation peut séduire, elle a aussi de quoi inquiéter : cet « usage humain des êtres humains » – pour employer l'expression impopulaire retenue par Norbert Wiener, le fondateur et l'un des principaux inspirateurs du paradigme de la « cybernétique » – ne revient-il pas à assigner l'homme à des fonctions et à des buts prédéfinis ? Ne risque-t-il pas de faire dépendre notre rapport collectif à l'être humain de connaissances – inévitablement limitées et faillibles – propres à un temps et à des cultures ? D'une manière plus simple, on peut tout d'abord s'inquiéter de la manipulabilité des objectifs et de la substitution toujours menaçante de mauvaises intentions aux « bonnes intentions » qui président aux développements institutionnels par lesquels nous cherchons à canaliser les attitudes et les interactions humaines.

Après tout, on doit se souvenir du fait que les institutions sont souvent soupçonnées d'*écarts* – y compris des écarts les plus funestes – par rapport à l'humanité ordinaire. Les romans de Franz Kafka sont dans toutes les mémoires. Les témoignages historiques concernant le rôle de l'administration dans des périodes d'oppression politique ou de persécution organisée – de Dioclétien à Hitler et au-delà – hantent la culture et l'intelligence pour de multiples raisons, la moins importante n'étant pas l'inscription même des processus dévoyés du déploiement administratif dans une dynamique historique qui est celle de l'organisation et de l'acquisition de connaissances, pouvant conduire normalement à des résultats plus heureux et, pour le dire en peu de mots, conformes aux aspirations légitimes et stables de l'humanité.

Les institutions ne sont-elles donc pas, à l'occasion, *inhumaines* ? Ne sont-elles pas accusées d'ignorer les besoins humains, souvent dans des cas où elles sont pourtant elles-mêmes conçues pour répondre à des besoins humains ?

Ne sont-elles pas soupçonnées d'être déshumanisantes, voire de favoriser des comportements quasi-robotiques, manquant de réflexion ? Il faut certainement répondre par l'affirmative à ces questions. Pour en traiter, il ne peut être question d'oublier que les institutions sont des créations humaines délibérées, des entités introduites à dessein dans le monde par l'homme lui-même, et qui ne sont pas elles-mêmes humaines. Elles reposent souvent sur des entités artificielles, par exemple un peuple souverain, une nation, une collectivité territoriale, une entreprise. Elles reflètent des intentions sous-jacentes mais elles ne sont animées, au quotidien, que de simulacres d'intentions ou de volontés, parfois sans grand rapport avec les intentions qui laissent une trace dans les argumentaires officiels. Elles doivent répondre à des besoins mais ceux-ci sont souvent remplacés, à toutes fins utiles, par des présomptions fragiles au sujet de ce que pourraient être des besoins en présence. Elles renforcent à l'occasion, d'une manière non nécessaire, les inégalités et les clivages entre groupes humains.

On peut donc s'intéresser à des critiques qui renvoient à des défauts, et plus précisément à des causes d'appauvrissement de l'expérience humaine au contact des institutions. Cependant, le manque ainsi visé n'est-il pas la contrepartie de capacités augmentées, voire démultipliées ? La routinisation de l'action, par exemple, semble liée à des virtualités nouvelles dans l'action, passant par l'exploitation des avantages de la division du travail, de la standardisation de la communication, de la prévisibilité établie dans les rapports avec le monde extérieur, etc. Le défaut d'humanité de la vie humaine dans les institutions n'est-il pas le reflet de capacités dont nous nous dotons nous-mêmes, avec industrie et le plus souvent de propos délibéré ? C'est ce qui peut conduire à s'interroger sur certaines des formes d'altération spécifique de l'expérience humaine qu'induit notre évolution dans un monde d'institutions – un monde traversé par leur manière de répartir le travail, de permettre ou d'interdire l'expression verbale (et de la modifier aussi), d'imposer des normes à la délibération, etc. Cette enquête est centrale autant que multiforme, par exemple, dans le champ émergent de l'étude des relations inter-organisationnelles[3].

Une telle altération dans la manière de voir et de dire le monde ne peut laisser l'homme intact. N'est-elle pas, en portant les choses aux limites, de nature à infléchir la manière dont l'humanité se représente la vie humaine ? Cette inflexion pourrait éventuellement aller jusqu'à s'inscrire en rupture (ou dans un régime modifié) par rapport aux perspectives de l'humanisme

---

3.– V. notamment ce recueil collectif très synthétique : Steve Cropper, Mark Ebers, Chris Huxham et Peter Smith Ring, *The Oxford Handbook of Inter-organizational Relations*, Oxford, Oxford University Press, 2008.

traditionnel hérité des ambitions rationalistes qui se sont affirmées à partir de la Renaissance avant de s'épanouir à l'âge classique et surtout au temps des Lumières. Que pouvons-nous en dire ? Il sera utile d'examiner le rapport à l'altérité qui ne noue dans l'expérience institutionnelle.

En un temps où se multiplient les tentatives pour redéployer l'esprit des « humanités » ou des études humanistes en lien étroit avec les bouleversements de la technologie (dans le mouvement des « humanités numériques » en particulier)[4], peut-être ne sera-t-il pas inutile de se souvenir du fait que l'usage de la connaissance n'est pas seulement algorithmique d'un côté, scientifique de l'autre. Cet usage est diffus dans la société, comme l'avait souligné F. A. von Hayek dans un texte dont l'intérêt demeure, quels que soient les choix idéologiques de l'auteur[5] ; c'est bien pourquoi les transformations en cours du régime de l'information, de son partage et de son traitement influent si profondément sur la manière de se prononcer en commun sur des valeurs humaines et sur la manière de les concrétiser.

Par exemple, la « transparence » prend une nouvelle coloration – quelque peu inquiétante – à l'heure des réseaux sociaux et de la constitution de gigantesques bases de données ; la réponse concertée aux besoins, la promotion démocratique de l'égalité et la programmation de l'action publique, hâtivement disqualifiées dans les années 1980 à la faveur du triomphe idéologique du néolibéralisme anti-démocratique et inégalitariste, prend à l'inverse des couleurs plus attrayantes aujourd'hui, compte tenu de l'accélération spectaculaire des processus de mise en place d'outils de communication et de rassemblement puis de traitement de l'information.

L'un des bouleversements notables dans le monde d'aujourd'hui concerne ce que l'on pourrait appeler une nouvelle centralisation de cet usage diffus de la connaissance. À travers l'importance nouvelle acquise par des algorithmes de calcul qui servent aussi de base au dialogue institutionnel (entre les administrés et l'administration, entre les entreprises et les régulateurs, entre des institutions parfois disparates dans leurs rôles et leurs formes d'organisation), les choix qui président à la conception des règles de la vie sociale, et qui dépendent de l'état des connaissances, retrouvent une centralité dans la vie sociale qu'avaient pu faire perdre de vue les notions décentralisatrices, ou liées au principe de subsidiarité, qui ont accompagné le déploiement (d'ailleurs autoritaire) du néolibéralisme à l'échelle mondiale depuis la révolution ploutocratique des années 1980.

---

[4].- Par exemple : Julian Nida-Rühmelin et Nathalie Weidenfeld, *Digitaler Humanismus: Eine Ethik für das Zeitalter der Künstlichen Intelligenz*, Munich, Piper, 2018.

[5].- Friedrich August von Hayek, « The Use of Knowledge in Society », *The American Economic Review*, 35 (4), sept. 1945, p. 519-530.

Le risque d'« épistocratie » s'est corrélativement imposé comme un problème majeur. Si des éléments aussi cruciaux pour la vie sociale que, pour ne citer que deux exemples, l'accès aux études supérieures et les provisions obligatoires des assurances pour les risques à couvrir dépendent de modèles venus du meilleur état de la connaissance (les modèles d'appariement dans le premier cas, les modèles financiers de calcul des risques sur la base de représentations et de modélisations des marchés dans le second), qu'en est-il de la délibération démocratique ouverte au sujet des meilleures manières de s'organiser ? Les communautés « savantes » ne prennent-elles pas l'ascendant sur les autres milieux sociaux, et leurs attitudes idéologiques ne risquent-elles pas de préjuger des choix collectifs ? Ces questions reconduisent à une évolution que l'on ne peut ignorer : la conception collective des attentes ou ambitions, des éléments de la prudence et de la prise de risque, des manières de s'exprimer publiquement à propos de tout ceci, dépendent plus que jadis de modèles théoriques dont le partage est une affaire d'autorité et de mise en ordre subie, davantage qu'une affaire de convergence dans les connaissances ou les croyances bien justifiées et reconnues en commun.

L'aspiration à la constitution d'« humanités numériques » se nourrit souvent d'une ambition légitime de résistance réfléchie à l'autorité et au contrôle, ou plus précisément d'une recherche de limites bien justifiées et institutionnalisées, opposables à l'autorité et au contrôle. Cependant, la force donnée à l'autorité ne ménage pas toujours spontanément une place importante à la libre réflexion et au débat d'inspiration humaniste. Dans le contexte que nous venons de décrire, la réflexion critique sur l'organisation que peuvent porter les créations « post-humanistes » (dans la littérature ou les œuvres cinématographiques, dans les arts plastiques, etc.) attire l'attention sur le choix collectif des règles. L'aspiration à « plus d'humanité » se heurte – comme la science-fiction le met quelquefois en relief – au caractère intangible de règles d'organisation sociale détaillée dont la rigidité peut égaler celle de la constitution de Sparte. Comme l'atteste par ailleurs la montée en puissance des interrogations philosophiques – largement relayées dans l'ensemble de la société et de ses composantes – à propos de la « gouvernementalité algorithmique »[6] et du manque de transparence dans le rapport aux algorithmes qui décident de notre sort dans un nombre croissant de secteurs[7], le rapport à l'organisation fondée sur le meilleur état des connaissances est marqué par une impression de grande opacité, dans des contextes

---

[6].– Voir : Antoinette Rouvroy et Thomas Berns, « Gouvernementalité algorithmique et perspectives d'émancipation. Le disparate comme condition d'individuation par la relation ? », *Réseaux*, 2013 (1), n° 177, p. 163-196.

[7].– Voir : Maël Pégny et Issam Ibnouhsein, « Quelle transparence pour les algorithmes d'apprentissage machine ? », *Revue d'intelligence artificielle*, 2018 (4), p. 447-478.

épistémiques où le choix collectif de certaines procédures recouvre souvent, comme d'un voile, des controverses scientifiques, technologiques et sociétales qui ne disparaissent pas par enchantement.

Dans ces conditions, le recours à la science pour la conception des règles n'est pas seulement un enjeu de progrès dans la réalisation de certains objectifs (un aspect des choses que l'on ne peut ignorer) ; c'est aussi une affaire d'autorité et un art de mettre fin au dialogue, alors que les raisons de relancer le dialogue demeurent. C'est pourquoi les ambitions humanistes ne peuvent que valoriser la critique et l'ouverture. L'une des difficultés remarquablement persistantes, à cet égard, est le conflit entre deux conceptions de l'ouverture : le caractère indéfini du questionnement, de la critique et des initiatives argumentatives d'un côté, valorisé notamment dans les nouvelles approches de la démocratie[8], et la nature ouverte des processus d'organisation sociale concertée d'autre part. Sur le premier volet, se regroupent des préoccupations traditionnelles dans l'humanisme issu de la Renaissance et des Lumières : donner toutes leurs chances aux critiques et aux argumentaires librement choisis, immuniser la recherche collective de la connaissance par rapport aux hiérarchies ou aux relations de sujétion, contrecarrer l'obéissance par l'évidence. Sur le second volet, on trouve les considérations d'ouverture nécessaires aux circonstances évolutives et aux contextes, et à l'expression des besoins et des problèmes, qui permet à un processus social concerté de se développer d'une manière harmonieuse et partiellement stabilisée, en suivant un sentier prévu d'avance dans les grandes lignes. Le problème est que rien, sur le second volet, ne dispose à valoriser automatiquement une ouverture totale du dialogue et de la critique, qui comporte inévitablement des dangers pour la mise en ordre.

Langage institutionnel et institutions : ce que l'on ne peut dire dans les institutions, faut-il le taire ?

Le langage des institutions n'est pas bien compris, ni sans doute les conditions qui lui donnent sens - ou l'attitude à tenir lorsqu'elles ne sont pas réunies, lorsqu'il ne semble pas pouvoir y avoir un sens univoque à associer au discours - ni même peut-être le rapport qui se noue entre ce langage et ses destinataires : à qui s'adresse-t-on ? Que peuvent comprendre les destinataires ? L'artificialisation des rapports humains dans le cadre de médiations technologiques et institutionnelles concerne aujourd'hui très largement les

---

8.- Albert Ogien et Sandra Laugier, *Le Principe démocratie. Enquête sur les nouvelles formes du politique*, Paris, La Découverte, 2014 ; Dominique Rousseau, *Radicaliser la démocratie. Propositions pour une refondation*, Paris, Seuil, 2015.

ressorts de la communication et du dialogue. Ceux-ci sortent de plus en plus souvent du cadre de la vie langagière ordinaire pour devenir des opérations partiellement prévues, codifiées et routinisées.

D'une certaine façon, cela a toujours existé : de la répartition des voix dans la démocratie grecque à la conception du dialogue social dans le paritarisme des « Trente glorieuses » et à la prévision des interventions orales dans les congrès, en passant par les règles strictes de la *disputatio* dans les universités médiévales, la parole sociale, savante ou politique est artificiellement façonnée, divisée et contrôlée. Ce qui est relativement nouveau est d'un côté l'élaboration de méthodologies codifiées (par exemple celles de la « facilitation de la décision », des « technologies civiques », des expérimentations participatives...), d'un autre côté la dépendance accentuée des protocoles par rapport aux théories ou aux doctrines. L'artificialisation dans ce domaine, avant d'être une affaire technique, est d'abord une affaire de substitution de présomptions (tirées d'une mise en forme théorique de la réalité à maîtriser) à l'ordinaire de la vie quotidienne et des interactions familières.

Aborder ce champ, c'est s'astreindre à penser le discours confronté à l'altérité. Tout ici reconduit à un « autre » qui est tantôt du côté de la source, tantôt du côté de la réception, et qui hante des formes d'expression qui ne laissent pas d'être conçues pour autrui, bien que l'on cherche en vain un interlocuteur ordinaire équipé des formes de compréhension et d'attention les plus habituelles dans la conversation humaine. L'institution ne relève certes pas du radicalement autre et, de fait, nous nous autorisons volontiers à en développer une vision anthropomorphe, en la dotant d'intentions ou de projets, de connaissances ou encore de moralité ou d'immoralité. Nul n'ignore cependant que cette vision des choses a ses limites. L'institution ne réagit ni ne parle comme nous ; elle ne nous comprend pas à la manière dont nous comprenons le discours que nous lui adressons ; sa moralité est faite pour les hommes mais échappe en grande partie à la volonté et au contrôle des personnes individuelles, sans pour autant se laisser ramener à une loi qui vaudrait en et par elle-même, soustraite par principe aux altérations imposées par les hommes.

La transcendance des institutions a ses limites puisque celles-ci demeurent en principe malléables et, en toute hypothèse, sont faites de main d'homme. Un certain parallèle existe cependant entre la problématique que nous abordons ici et ce qui a pu être éprouvé, dans le rapport à la transcendance, comme une perplexité devant la manière de formuler un discours, ou pourquoi pas un chant, à l'adresse du radicalement autre, en particulier de la divinité (ou bien encore un discours ou un chant composé au sujet de cette divinité). Ainsi, dans les commentaires d'Augustin sur les *Psaumes*, l'embarras devant la manière de parler d'une façon sensée ne débouche pas sur l'injonction de se taire[9]. L'évêque d'Hippone ne dit pas ce qu'il aurait sans doute été tentant de dire en la circonstance : « sur ce dont on ne peut parler il faut se taire » comme dans la formule finale, « *Wovon man nicht reden kann, darüber muss man schweigen* », du *Tractatus logico-philosophicus* de Wittgenstein[10].

En fait, il ne faut pas le taire ! Même si tu ne peux rien dire (de Dieu), nous dit Augustin, « tu ne dois pourtant pas te taire ». Pour autant, la manière de ne pas se taire est dans une complète dépendance vis-à-vis de la prise de conscience de l'altérité. Si l'on suit Augustin, il faudrait plutôt reconnaître une autre source que la source habituelle du discours : en l'occurrence le cœur plutôt que notre réflexion sur des objets dont on parle d'ordinaire. Simultanément, il faudrait se tourner vers un autre destinataire que celui auquel nous pourrions songer dans la vie quotidienne, pour apprécier, autant qu'on le peut, ce qui s'exprime. Il ne peut en effet être question ici

---

9.– Augustin d'Hippone, *Enarrationes in Psalmos*, commentaires sur les Psaumes 32 (2), 8 ; texte latin disponible sur internet à l'adresse www.augustinus.it : http://www.augustinus.it/latino/esposizioni_salmi/index2.htm. Ce passage, notamment, retient l'attention dans le cadre de notre discussion ; il s'agit pour Augustin d'expliquer ce que c'est que chanter avec transport : « Intellegere, verbis explicare non posse quod canitur corde. Etenim illi qui cantant, sive in messe, sive in vinea, sive in aliquo opere ferventi, cum coeperint in verbis canticorum exsultare laetitia, veluti impleti tanta laetitia, ut eam verbis explicare non possint, avertunt se a syllabis verborum, et eunt in sonum iubilationis. Iubilum sonus quidam est significans cor parturire quod dicere non potest. Et quem decet ista iubilatio, nisi ineffabilem Deum ? Ineffabilis enim est, quem fari non potes : et si eum fari non potes, et tacere non debes, quid restat nisi ut iubiles ; ut gaudeat cor sine verbis, et immensa latitudo gaudiorum metas non habeat syllabarum? *Bene cantate ei in iubilatione* ».

Dans la version française de l'abbé Morisot (1875) : « C'est comprendre que des paroles sont impuissantes à rendre le chant du cœur. Voyez ces travailleurs qui chantent soit dans les moissons, soit dans les vendanges, soit dans tout autre labeur pénible : ils témoignent d'abord leur joie par des paroles qu'ils chantent ; puis, comme sous le poids d'une grande joie que des paroles ne sauraient exprimer, ils négligent toute parole articulée et prennent la marche plus libre de sons confus. Cette jubilation est donc pour le cœur un son qui signifie qu'il ne peut dire ce qu'il conçoit et enfante. Or, à qui convient cette jubilation, sinon à Dieu qui est ineffable ? Car on appelle ineffable ce qui est au-dessus de toute expression. Mais si, ne pouvant l'exprimer, vous devez néanmoins parler de lui, quelle ressource avez-vous autre que la jubilation, autre que cette joie inexprimable du cœur, cette joie sans mesure, qui franchit les bornes de toutes les syllabes ? » « Chantez harmonieusement, chantez dans votre jubilation » ; texte réédité sur : http://docteurangelique.free.fr/bibliotheque/complements/psaumessaintaugustin.htm.

10.– Ludwig Wittgenstein, *Logisch-Philosophische Abhandlung* (1921), v. angl. *Tractatus logico-philosophicus* (1922), tr. fr. par Gilles-Gaston Granger, *Tractatus logico-philosophicus*, Paris, Gallimard, 2001.

de l'interlocuteur familier dont on attend la compréhension, ni même, pour un chant, d'un musicien compétent dont on n'ignore pas qu'il sait en juger ; il s'agit plutôt d'un Dieu omniscient. En voulant chanter, il faut s'efforcer de « chanter juste » : Dieu ne veut pas entendre des choses fausses... Mais comment trouver la justesse, en présence d'une telle altérité ? Suivant l'auteur toujours, il faudrait adopter un autre vecteur, ce qui revient ici à se transformer soi-même en un porteur de message d'une nouvelle sorte : c'est l'homme nouveau, appréhendé comme un « homme du Nouveau Testament », qu'il faut mobiliser, plutôt que l'« homme ancien ».

Il s'agit encore de privilégier un autre *medium*, différent du substrat ordinaire de nos formes d'expression : on s'intéressera aux cris de joie – autrement dit, à une forme d'expression habituellement assez marginale ou occasionnelle – plutôt qu'aux paroles qui forment la base de notre manière de signifier ce que nous voulons dire. Il faudrait même, en une sorte de passage à la limite, donner la préférence à un nouvel organe : la vie même, et non plus la bouche, a la mission de traduire au dehors ce que nous portons en nous. Il s'agit enfin explicitement d'une substitution de l'illimité aux limites qui sont celles qu'imposent les syllabes du langage ordinaire. Cet énorme travail de substitution reste dans l'orbite de l'expression humaine : c'est là un aspect particulièrement remarquable de ce travail sur les limites de l'expression.

À proprement parler, donc, dans ce texte extraordinaire, il ne s'agit pas de promouvoir le remplacement de l'homme par autre chose que lui-même ; il ne s'agit même pas d'altérer en soi l'humanité saisie dans sa matérialité, dans son inscription dans le monde. Ce sont plutôt les aptitudes, les intentions et les processus qui sont modifiés, et plus encore le rapport que nous nouons à une forme d'altérité. Les attitudes formées, perçues et manifestées en découlent. C'est de l'articulation même à l'altérité que suit le bouleversement du discours. Si la forme qu'il prend alors s'écarte de l'argumentation ordinaire, il n'en demeure pas moins circonscrit, dans sa vocation, par une réflexion accessible à hauteur d'homme et conduite au moyen de termes courants, en s'aidant même d'observations tout à fait familières. En effet, c'est bien d'une méditation humaine sur la manière convenable de faire que dépend le consentement à l'expression.

Dans ce processus, le bouleversement est multiforme mais il n'a rien de technologique. L'« homme nouveau » n'est pas l'individu suréquipé et progressivement délivré des contraintes de son enveloppe charnelle auquel les doctrines transhumanistes plus ou moins visionnaires de notre temps promettent une nouvelle façon d'habiter la terre et de communiquer, voire une forme d'immortalité ou d'existence renouvelée et prolongée sur cette terre qui n'est pas sans rappeler les promesses de certains des premiers hérésiarques chrétiens dont l'histoire a conservé le souvenir[11]. L'homme nouveau se façonne plutôt dans le rapport au verbe, d'une manière qui bouleverse sa compréhension du message et de la manière de porter un message.

Si nous quittons le terrain de la théologie pour revenir au monde des institutions humaines, le rapport à l'altérité s'impose aussi. Nous pouvons parler par les voies ordinaires et en termes familiers sans être pour autant écoutés ni compris. Nous pouvons avoir l'impression de parler un langage simple mais, en réalité, contribuer de la sorte à l'élaboration de représentations et de discours collectifs qui échappent très largement à notre contrôle. Nous pourrions ainsi, de proche en proche, trouver un équivalent institutionnel à tous les segments de la frontière du discours explorée par Augustin. La portée de cette comparaison ne doit certainement pas être exagérée, mais on peut à tout le moins chercher dans cette direction le rappel du fait que le langage institutionnel est marqué par une altérité qui impose, chez l'homme, une distanciation critique par rapport aux formes familières de son expression, par rapport aux préoccupations à formuler et à leurs sources, par rapport à l'identification des destinataires, etc.

La difficulté de la formation d'une parole dans les institutions, ou à destination des institutions, est fondamentalement liée à l'altérité. Pour autant, l'intercompréhension n'est pas radicalement hors de propos (pas davantage que dans la relation entre l'homme et Dieu dans le christianisme d'Augustin). Il s'agit bien de se faire comprendre et de faire comprendre que l'on parle dans ce but. Le langage ordinaire n'est d'ailleurs pas disqualifié, d'ordinaire ; il est plutôt réinterprété ou redéployé (en « langue de bois », « jargon administratif », « éloquence judiciaire », « discours politique » ou ce que l'on voudra). Son usage artificiel et codifié témoigne d'une augmentation des capacités d'expression de l'homme, pas seulement de soustractions imposées dans le registre de l'expression véridique et spontanée.

L'« intelligence artificielle des institutions » et la reprogrammation des organisations ou de la société

L'idée d'une « intelligence artificielle des institutions » a pris forme dans le contexte d'une réflexion sur la préparation collective face aux risques (notamment les risques financiers et environnementaux) et sur l'imbrication

---

11.- V. notamment ce que rapporte Eusèbe de Césarée, dans son *Histoire ecclésiastique* (livre III) au sujet des promesses de Ménandre concernant l'immortalité dans cette vie même (ch. 26) ou encore de Cérinthe à propos d'un règne christique purement terrestre (ch. 28). Eusèbe, *Histoire Ecclésiastique*, édition et tr. fr. par Emile Grapin, Paris, Alphonse Picard et fils, 1905.

des normes et des théories ou modèles sur lesquelles elles s'appuient (un adossement omniprésent aujourd'hui mais encore largement impensé, voire inaperçu)[12]. Il ne s'agit pas de renvoyer (ou de renvoyer seulement) aux problèmes spécifiques de l'implantation, dans les institutions, de procédures, méthodes ou dispositifs techniques relevant de l'« intelligence artificielle » en tant que spécialité scientifique, branche des disciplines de l'ingénieur ou de l'informatique, ou ensemble de technologies. Il s'agit ici plutôt de désigner la manière collective de s'organiser artificiellement les uns avec les autres, de développer certaines attitudes ou formes de compréhension qui déterminent la façon d'aborder collectivement, dans les institutions, des circonstances et les enjeux pratiques qui en naissent (occasions ou projets d'action, formes de régulation, construction collective de discours ou d'argumentaires, mise en place de routines de la préparation face aux risques, etc.).

Alors que le caractère largement collectif de la connaissance est bien reconnu[13], en un temps où nul ne doute par ailleurs de l'importance pratique des routines collectives ou de l'organisation concertée pour la préparation face aux risques[14], la jonction entre les deux problématiques reste mal assurée. Dans les faits, les normes, routines ou procédures qui structurent la vie sociale – tout particulièrement sur son volet institutionnel – dépendent souvent de théories, modèles ou représentations partagées qui sont mises en application et qui constituent dès lors une sorte de code permettant d'orienter les interactions et leurs conséquences.

On trouve ici une certaine artificialisation de la vie sociale et de l'organisation, dans la mesure où les actions et interactions sont guidées ou encadrées par des moyens qui relèvent de la conception délibérée (selon un projet déjà décrit dans *Les Sciences de l'artificiel* d'Herbert Simon et diversement approché dans les contributions à la « science des systèmes »). En outre, cette artificialisation comporte des risques spécifiques allant au-delà de la non-obtention des résultats visés par l'effort d'organisation. De fait, l'idée d'une intelligence artificielle des institutions a été avancée notamment à partir du constat que des risques de régulation, introduits par la prétention régulatrice elle-même, tiennent aux manières collectivement construites de raisonner, de discourir et de justifier, de se préparer aux situations enfin.

12.– Le concept a été développé par Christian Walter et moi-même dans le document du projet de la phase II (commençant en janvier 2019) de la Chaire « Éthique et finance » du Collège d'Études Mondiales de la Fondation Maison des Sciences de l'homme (Paris).

13.– Bertrand Saint-Sernin, *La Raison au vingtième siècle*, Paris, Seuil, 1995 ; et, du même auteur : *Le Rationalisme qui vient*, Paris, Eyrolles, 2007.

14.– Christian Walter, dir., *Nouvelles normes financières. S'organiser face à la crise*, Paris, Springer Verlag France, 2010.

Au cœur de l'idée émergente de l'intelligence artificielle des institutions, on trouve donc une réflexion sur la mise en ordre concertée. Or, certains des risques éprouvés dans les entreprises de mise en ordre tiennent au sort réservé aux connaissances – ou plus généralement à nos efforts de compréhension – dans les opérations de préparation ou de conditionnement préalable des attitudes collectives par l'entremise d'un travail sur les attitudes personnelles. Cette forme d'altération des attitudes individuelles en société, ce devenir-autre des hommes ordinaires qui transite par des représentations ou des modèles de l'homme, doit être examinée avec le souci de ses implications normatives ou prescriptives. Il y va du rapport entre les institutions et les finalités humaines, autant que de la compréhension (à développer) du langage institutionnel.

Mal se comprendre les uns les autres dans un contexte institutionnel, ou bien user à tort et à travers de références théoriques douteuses qui ne laissent pas d'être prises comme références par les uns et par les autres, c'est se disposer collectivement à rencontrer des problèmes que l'on n'aurait peut-être pas rencontrés si l'on n'avait pas eu la prétention d'organiser ou de réguler les processus sociaux. Mal articulée aux présomptions théoriques sur lesquelles elle repose, la prise de responsabilité délibérée, éventuellement bien intentionnée, peut se commuer en irresponsabilité collective.

De cette manière, il est aisé de renouer avec certains des questionnements hérités de la tradition cybernétique, dans ses efforts pour arraisonner le langage et la communication tels qu'ils sont mobilisés dans les systèmes techniques ou les processus collectifs dont on veut développer la maîtrise. Sans avoir voulu privilégier la vie sociale comme terrain d'application des idées-maîtresses de la cybernétique, Norbert Wiener écrivait cependant, dans un texte resté célèbre

> Selon la thèse de ce livre, d'une part la Société peut être comprise seulement à travers l'étude des messages et des facilités de transmission qui lui sont propres et d'autre part, les messages de l'homme aux machines, des machines aux hommes et des machines entre elles sont destinés à jouer un rôle toujours plus important dans l'évolution des techniques et dans le développement des moyens de transmission[15].

La communication repose sur l'altérité, différentes formes d'altérité. Ne faut-il pas compléter cette énumération en mentionnant aussi les messages entre les acteurs institutionnels, entre des personnes individuelles et des institutions ? À vrai dire, nous n'en avons pas le choix, puisque la société

15.– Norbert Wiener, *Cybernétique et société : l'usage humain des êtres humains* (tr. fr. par François Hardouin-Duparc de *The Human Use of Human Beings*, 1950, 1954), Paris, Deux Rives, 1952, p. 21.

est structurée ainsi. Bien sûr, les individus interviennent toujours à un niveau ou à un autre mais l'échelon institutionnel qui se surimpose à eux à la manière d'un ordre émergent a certainement sa consistance propre. Certains enjeux prennent forme précisément à cet échelon. Le même auteur apercevait un lien décisif entre le discours et l'autorité puisqu'il voyait dans la loi le contrôle moral appliqué aux modes de communication, en particulier lorsque ce contrôle peut s'appuyer sur l'autorité efficace.

Le système de communication incluant les institutions risque fort d'avoir ses principes propres et ses manières d'être ordinaires, différentes des nôtres. Les élucider est un but théorique que l'on peut se proposer. Et si le couplage avec l'autorité est étroit pour le langage dans ses usages sociaux d'une manière assez générale, cela veut dire notamment que le lien entre les usages du langage et les relations de pouvoir ne peut être sous-estimé. Loin d'être seulement un à-côté des opérations de communication, il peut affecter le sens des discours en situation dans des transactions institutionnelles, et donc s'imposer aussi comme un facteur à prendre en compte dans leur décryptage. Il faut en tenir compte aussi, dans l'esprit de la cybernétique notamment, avec son insistance spécifique sur la reconnaissance du caractère partiellement ouvert des processus artificiellement conçus, dans les tentatives de maîtrise des processus sociaux correspondants, qui ont un volet discursif.

Complexité institutionnelle et mise en œuvre de principes

En philosophie pratique, un aspect central de l'héritage des Lumières est la croyance dans la capacité des institutions (et de leur organisation rationnelle) à exprimer des valeurs humanistes, des principes progressistes, des croyances bien justifiées et, dans toute la mesure du possible, adossées d'une manière intelligible par tous au meilleur état de la science entendue au sens le plus large. Or, l'expression institutionnelle est un processus complexe, et dont la complexité retient aujourd'hui l'attention des chercheurs ; en prendre pleinement la mesure est aujourd'hui un enjeu scientifique majeur pour plusieurs disciplines universitaires. Cette complexité va de pair avec un certain nombre de difficultés qui concernent la maîtrise, donc l'artificialisation, du processus d'expression lui-même.

Dans ces conditions, la reprise en main est devenue un enjeu pratique : comment organiser ce que nous ne faisons que subir ? Cela passe par une réflexion sur ce que sont la délibération, la concertation, et même le dialogue argumentatif désintéressé, dans des contextes institutionnels et à propos d'objets institutionnels. Cette réflexion ne peut mener qu'à un dépassement des perspectives humanistes traditionnelles d'après lesquelles les institutions sont appelées à cesser d'être des réceptacles des usages, de la coutume et de rapports de force immémoriaux, afin de pouvoir exprimer d'une manière limpide des aspirations largement partagées – et même, à l'échelon le plus fondamental (celui des reconstructions rationnelles contractualistes à propos de situations de choix idéales et fondatrices), partagées par tout être portant à ce propos un jugement rationnel et informé, pleinement correct en somme.

Les raisons de ce dépassement nécessaire ont à voir avec le manque de transparence des institutions au regard des valeurs, normes, principes que l'on veut transcrire dans leur medium. Ainsi, les initiatives visant à atteindre des buts significatifs grâce à des remaniements institutionnels sont susceptibles de se heurter à des « effets pervers »[16]. Elles peuvent, dans certains cas, faire avancer dans les faits des causes inverses de celles que l'on entend défendre – par exemple, des mesures égalitaristes peuvent engendrer des accroissements dans les inégalités. De plus, si la délibération à propos de la création de nouveaux organes institutionnels est bien habituellement finalisée, on sait aussi que, comme tous les outils, ces organes peuvent répondre prioritairement, avec le temps, à d'autres préoccupations, étrangères aux anticipations initiales – cela donc, au fil de processus très largement contingents reflétant les aléas de l'histoire, des rapports de force dans la société et des innovations sociales, sans rapport assignable avec les intentions initiales.

Par ailleurs, les glissements de sens dans l'interprétation des valeurs, normes ou principes sont – la chose est connue – des ingrédients essentiels de ce que l'on nomme, dans les sciences politiques contemporaines, des « migrations de l'autorité ». Or, l'interprétation est un processus qui est plus difficile à apprécier et à contrôler dans des cadres institutionnels que, disons, dans le silence du cabinet d'un traducteur ou d'un commentateur. Les malentendus sont habituellement nombreux, comme aussi les effets d'autorité qui s'attachent à des courants de pensée prédominants. Les rapports de pouvoir interagissent avec les espaces de liberté que nous avons en matière herméneutique. Les positions de pouvoir dépendent des interprétations, par exemple en ce qui concerne les domaines d'action légitimes au vu des normes, valeurs ou principes de référence. Pour cette raison, on peut exclure théoriquement, dans la plupart des cas et sans grand risque de se tromper, que les pouvoirs en place se désintéressent de leur propre influence sur les interprétations à faire prévaloir.

16.– Raymond Boudon, *Effets pervers et ordre social*, Paris, Presses universitaires de France, 1977.

Par ailleurs, l'interprétation se fixe, dans le monde institutionnel, d'une manière qui est ordinairement profondément liée aux contextes émergents, aux retours d'expérience, aux innovations successives qui se réclament des repères normatifs partagés – de telles dépendances étant marquées du sceau de la contingence et d'une certaine imprévisibilité. Mentionnons une autre circonstance particulièrement préoccupante : l'émergence de phénomènes de « politique oblique »[17], dans lesquels il est apparent (mais pas forcément « à l'œil nu », parfois seulement au prisme d'études théoriques) que la promotion de certains principes tient très largement à la façon dont se nouent des interactions institutionnelles complexes, bien plus qu'à une intention explicite que l'on concrétise de propos délibéré.

Faut-il enfin revenir sur le contraste démodé entre la raison et la tradition ? Peut-être le faut-il en effet, même si l'on ne peut prétendre aborder ici la question dans toute son ampleur, afin de comprendre des enjeux importants de l'effectivité acquise par les principes d'organisation au travers de leur mise en œuvre concertée. Celle-ci n'est, de fait, pas indépendante des traditions existantes, dont l'influence peut se remarquer dans les attitudes, les discours et le choix des mots, les usages reconnus qui bénéficient de présomptions de légitimité, etc. L'interaction entre des prétentions organisatrices et des orientations et usages préexistants est souvent d'une grande importance pour comprendre les processus institutionnels et, en leur sein, le devenir de références normatives partagées.

Ces considérations font ressortir ce qu'il y aurait d'incongru dans le fait de s'en tenir, aujourd'hui, à une perspective simple de concrétisation sans reste de principes dans les institutions. Prendre en compte la complexité du monde institutionnel est une nécessité, ce n'est pas un choix. Il n'en demeure pas moins que les chemins à emprunter ont toutes les chances de nous éloigner des schémas simples d'explication et de justification qui, indubitablement, occupent le cœur de nos idées modernes et contemporaines sur le partage de la rationalité et sur le règne des meilleures raisons.

Aujourd'hui, les exigences de la reconnaissance des parties prenantes dans la formation d'une réponse aux jugements des uns et des autres suscitent l'intérêt : l'enjeu est notamment de maîtriser et d'organiser la formation de nos compromis en rapport avec les attentes, les besoins, voire les prétentions fondées en raison sur la base d'argumentaires normatifs. Il est alors nécessaire de s'exprimer sur la qualification des situations au regard des principes à appliquer. Inviter les parties prenantes à participer à la définition du champ

---

17.– Emmanuel Picavet et Anett Hadházy, « Sur l'internationalisation des enjeux éthico-politiques et les aspirations européennes », *Incidence : philosophie, littérature, sciences humaines*, 2014, p. 155-176.

d'application des principes est une affaire d'interprétation autant que de mise en œuvre. Or, ce qui différencie les situations les unes des autres (au regard de la mise en œuvre de principes) est aussi un motif possible orientant les préférences.

Dès lors, qualifier une situation au regard de principes à appliquer, c'est contribuer à faire pencher les préférences du groupe dans un sens plutôt qu'un autre. Dans le cadre de délibérations institutionnelles, les préférences qui se forment, qui s'expriment et qui ont parfois gain de cause reposent en partie sur des questions de contribution à la mise en œuvre de principes reconnus comme déterminants, dignes d'être concrétisés car ayant autorité. D'une manière générale, il est difficile de séparer les jugements de fait (intéressant la qualification des situations et donc le cadre normatif permettant d'apprécier les conditions de la mise en œuvre de principes) de la contribution à la formation de jugements de valeur guidant les choix de la collectivité.

La porosité des institutions à l'avis des parties prenantes reflète cet état de fait. L'ouverture à leur expertise sur des questions pensées comme factuelles ou empiriques influence inévitablement la qualification des situations au regard de principes ou normes de référence. Elle influence donc aussi, dans le même mouvement, le sens de la mise en œuvre des principes ou, si l'on veut, leur interprétation prédominante (voire leur sens même) en tant que principes pratiques. La concertation avec les parties prenantes apparaît par là comme une forme d'intelligence collective, et les institutions comme des outils artificiels au service de cette intelligence.

Conclusion

Le parcours suivi suggère qu'il y a lieu d'imprimer un tournant institutionnel et simultanément décisionnel aux débats de notre temps sur le destin de l'humanisme. Ce tournant ne pourra être négocié d'une manière satisfaisante qu'en tenant compte du destin de nos institutions, lesquelles sont assurément de plus en plus dépendantes de formes complexes de rassemblement et de traitement de l'information, d'élaboration de prévisions, de modélisation des comportements et des enjeux.

Au-delà des perplexités traditionnelles, et d'ailleurs plus que jamais importantes, sur la manière de délibérer en commun, et tout d'abord à propos de la sélection des finalités pertinentes, un problème philosophique revêt certainement aujourd'hui une plus grande acuité : comment pouvons-nous prétendre faire servir les institutions à des finalités humaines, alors que notre vie institutionnelle imprime sa marque à la formation de la connaissance, de l'expression, du dialogue et des aspirations des êtres humains ? Nous ne pouvons échapper à l'inscription dans des processus institutionnels ouverts, quoi qu'il en soit de la prépondérance d'un modèle instrumental de la référence aux institutions.

Selon la manière d'aborder ce problème, plusieurs choix se présentent et l'on peut chercher à en faire progresser la description et la prise de conscience. Le mieux connu est peut-être celui du statut de la subjectivité : à mesure que les institutions s'appuient d'une manière plus fine sur les représentations et les attentes individuelles contextualisées, il devient toujours plus clair que l'on doit prendre en compte, dans la conception des règles, les aptitudes individuelles à se représenter les enjeux, à user de connaissances et à dialoguer. Dans ce registre, le point aveugle de la théorie est surtout la conception du dialogue : doit-il rester ouvert ? Doit-on chercher à l'orienter, à le structurer ou – disons-le – à le contraindre ? Cette option peut se recommander de l'importance qui s'attache à la promotion de finalités définies, qui ont parfois une valeur prioritaire ou une grande urgence. Il faut avouer qu'elle demeure cependant inquiétante du point de vue de la préservation des virtualités offertes par le dialogue libre et ouvert.

D'autres questions se posent, moins bien comprises dans l'état actuel des recherches. En particulier, les rapports entre la conception des opérations de communication et les déplacements d'autorité ou de « pouvoir réel » (de transformation) constituent une classe de phénomènes d'une très grande importance. Dans ce champ, bien que l'on ait pu progresser jusqu'à un certain point dans leur caractérisation, dans leur modélisation et dans l'étude de l'articulation qui se met en place ici entre pouvoir formel, interprétation et pouvoir réel[18], il semble juste de convenir de notre assez grande incapacité à donner des clés pour la maîtrise concertée de ces processus évolutifs. La recherche devrait certainement se déployer dans cette direction, compte tenu notamment de l'importance de cette maîtrise pour les processus ouverts de concertation entre parties prenantes, pour la programmation des choix publics et, très généralement, pour le rapport construit dans le temps des organisations (par exemple les entreprises) aux missions et aux responsabilités qu'elles endossent de leur propre chef.

En outre, les questions de responsabilité épistémique restent mal éclaircies alors que la dépendance croissante des choix institutionnels par rapport à la connaissance socialement construite en fait un ressort essentiel

---

18.– Emmanuel Picavet et Dawidson Razafimahatolotra, « Dialogue entre les institutions et stratégie », *Archives de philosophie du droit*, 54, 2011, p. 225-242 ; et : Emmanuel Picavet et Caroline Guibet Lafaye C., (2013), « Rational planning for individual needs and capacities. Principles and Contexts », F. Doridot *et al.* Ethical governance of emerging technologies development, IGI Global, 2013, p. 26-36.

de nombreux enjeux éthiques. De telles questions, pressantes à plus d'un titre mais demeurant largement inexplorées, apparaissent comme des objets dignes d'attention dans une réflexion à construire sur l'approche humaniste des développements institutionnels dans un monde social marqué par de nouveaux régimes de constitution, de partage et de traitement de l'information. Loin de rester seulement dans le sillage des interrogations nées des développements technologiques et des surprises qu'ils engendrent, cette réflexion doit à coup sûr prendre en charge notre rapport aux institutions, notre façon de vivre avec elles et de leur parler, dans des contextes d'usage technologiquement altéré, mais tout d'abord institutionnellement façonné et remanié, de l'information et du langage.

Bibliographie

Raymond Boudon, *Effets pervers et ordre social*, Paris, Presses Universitaires de France, 1977.

Steve Cropper, Mark Ebers, Chris Huxham et Peter Smith Ring, *The Oxford Handbook of Inter-organizational Relations*, Oxford, Oxford University Press, 2008.

Eusèbe, *Histoire Ecclésiastique*, édition et tr. fr. par Émile Grapin, Paris, Alphonse Picard et fils, 1905.

Friedrich August von Hayek, « The Use of Knowledge in Society », *The American Economic Review*, 35 (4), sept. 1945, p. 519-530.

Ludwig Wittgenstein, *Logisch-Philosophische Abhandlung* (1921), v. angl. *Tractatus logico-philosophicus* (1922), tr. fr. par Gilles-Gaston Granger, *Tractatus logico-philosophicus*, Paris, Gallimard, 2001.

Mara Magda Maftei et Emmanuel Picavet, « Transhumanisme et posthumanisme : de la fiction à la réalité des évolutions », *Metabasis*, 2019 (14), n° 2.

Maël Pégny et Issam Ibnouhsein, « Quelle transparence pour les algorithmes d'apprentissage machine ? », *Revue d'intelligence artificielle*, 2018 (4), p. 447-478.

Albert Ogien et Sandra Laugier, *Le Principe démocratie. Enquête sur les nouvelles formes du politique*, Paris, La Découverte, 2014.

Emmanuel Picavet et Dawidson Razafimahatolotra, « Dialogue entre les institutions et stratégie », *Archives de philosophie du droit*, 54, 2011, p. 225-242.

Emmanuel Picavet et Caroline Guibet Lafaye C., (2013), « Rational planning for individual needs and capacities. Principles and Contexts », F. Doridot *et al.*, *Ethical governance of emerging technologies development*, IGI Global, 2013, p. 26-36.

Emmanuel Picavet et Anett Hadházy, « Sur l'internationalisation des enjeux éthico-politiques et les aspirations européennes », *Incidence : philosophie, littérature, sciences humaines*, 2014, p. 155-176.

Emmanuel Picavet, « Réflexions sur le transhumanisme : entre amélioration individuelle et défi pour le progrès collectif », *Diogène. Revue internationale des sciences humaines*, 263-264 (juillet-décembre 2018), p. 185-200.

Dominique Rousseau, *Radicaliser la démocratie. Propositions pour une refondation*, Paris, Seuil, 2015.

Antoinette Rouvroy et Thomas Berns, « Gouvernementalité algorithmique et perspectives d'émancipation. Le disparate comme condition d'individuation par la relation ? », *Réseaux*, 2013 (1), n° 177, p. 163-196.

Julian Nida-Rühmelin et Nathalie Weidenfeld, *Digitaler* Humanismus*: Eine Ethik für das Zeitalter der Künstlichen Intelligenz*, Munich, Piper, 2018.

Bertrand Saint-Sernin, *La Raison au vingtième siècle*, Paris, Seuil, 1995.

Bertrand Saint-Sernin, *Le Rationalisme qui vient*, Paris, Eyrolles, 2007.

Christian Walter, dir., *Nouvelles normes financières. S'organiser face à la crise*, Paris, Springer Verlag France, 2010.

Norbert Wiener, *Cybernétique et société : l'usage humain des êtres humains* (tr. fr. par François Hardouin-Duparc de *The Human Use of Human Beings*, 1950, 1954), Paris, Deux Rives, 1952, p. 21.

Moralisation de la vie nue – transhumanisme et biopolitique[1]

Katia Schwerzmann

Le posthumain

Le *posthumain* désigne le champ des questions concernant la « fin de l'homme », laquelle peut être comprise de deux façons : elle peut désigner, d'une part, la limite d'une certaine compréhension historiquement déterminée de l'homme, compréhension que Michel Foucault fait remonter à l'humanisme des Lumières et dont il parie qu'elle disparaîtra comme s'efface « à la limite de la mer un visage de sable[2]. » Foucault conçoit l'homme comme le résultat d'une configuration spécifique du savoir, le positivisme, qui remonte aux Lumières et s'impose au XIXᵉ siècle. Cette configuration se caractérise par le fait que l'homme – pensé à partir de la *positivité empirique de la vie, du travail et du langage* – devient à la fois objet de savoir et sujet connaissant[3]. Avec la naissance de la psychanalyse et de l'ethnologie se fait jour, derrière la positivité du savoir sur l'homme, la négativité (du désir, de la loi, de la mort) qui constitue à la fois la limite de ce savoir et sa condition de possibilité. Le posthumanisme critique, féministe et matérialiste, porté par des philosophes telles que Donna Haraway, Rosi Braidotti, N. Katherine Hayles et Karen Barad, se situe dans le prolongement d'une telle archéologie de l'humanisme. S'appuyant sur les développements de la cybernétique, de l'intelligence artificielle, de la physique quantique et de la biologie, le posthumanisme critique déconstruit la compréhension de l'humain remontant à l'humanisme des Lumières qu'il conçoit comme fondée sur l'universalisme abstrait et l'anthropocentrisme. Il propose d'expliquer par

---

[1].– Je remercie Antonin Wiser pour sa relecture attentive et pour nos discussions.
[2].– Michel Foucault, *Les mots et les choses. Une archéologie des sciences humaines*, Paris, 1966, p. 398.
[3].– *Ibid.*, p. 323.

des matérialismes de type nouveau l'intrication et les rapports de codétermination entre l'humain, la technologie et la nature.

La « fin de l'homme » peut désigner d'autre part l'idée d'un dépassement de l'espèce humaine par la transformation radicale de sa « condition » aussi bien biologique que philosophique. Une telle transformation serait rendue possible par le biais de l'amélioration ou augmentation (*enhancement*) technologique et biologique de l'humain par des interventions sur le génome, par des prothèses, ou encore, à terme, par le transfert de l'esprit d'un individu dans une machine. Cette seconde compréhension de la fin de l'homme portée par le discours transhumaniste implique un *propre* de l'homme, une « nature » humaine[4]. Alors que pour les « bioconservateurs[5] », une telle nature humaine doit être préservée puisqu'elle constitue la dignité propre de l'homme[6], elle réside pour les transhumanistes dans l'aptitude et le désir naturels de l'homme de se « réformer » et de « s'améliorer », et ce dans la perspective d'un progrès infini, également appelé « extropie[7] », laquelle consiste en une série de « principes ou de valeurs » obéissant aux « idéaux d'affirmation et de promotion de la vie[8] ». Le transhumanisme se conçoit comme héritier des Lumières en ce qu'il réaffirme l'idéal de liberté, d'auto-détermination, de rationalité et de progrès. Pour résumer, tandis que le posthumaniste critique dénaturalise le concept d'homme hérité des Lumières, le réinscrivant dans un contexte historique et un corps déterminé – celui de l'homme blanc occidental dans la position hégémonique qui est la sienne depuis la Renaissance –, le transhumanisme postule la constante biologique et philosophique de l'humain pour discuter des possibilités de son augmentation.

4.– Nick Bostrom, « Human Genetic Enhancements: A Transhumanist Perspective », *The Journal of Value Inquiry*, vol. 37, 2003, p. 493. Voir aussi : Julian Savulescu, « The Human Prejudice and the Moral Status of Enhanced Beings : What Do We Owe the Gods ? », in Savulescu Julian et Bostrom Nick (dir.), *Human Enhancement*, Oxford, New York, 2009, p. 243.

5.– L'opposition opérée entre « bioconservateurs » auxquels sont entre autres associés les noms de Francis Fukuyama and Martha Nussbaum et « transhumanistes » peut être trouvée dans : Nick Bostrom et Julian Savulescu, « Introduction : Human Enhancement Ethics : The State of the Debate », in Savulescu Julian et Bostrom Nick (dir.), *Human Enhancement*, Oxford, New York, 2009, p. 1f.

6.– Fukuyama situe cette dignité dans le facteur X, autrement dit, dans ce qu'il reste d'essentiellement humain quand on a éliminé toutes les caractéristiques accidentelles d'une personne. Francis Fukuyama, *Our Posthuman Future: Consequences of the Biotechnology Revolution*, New York, 2002, p. 149f.

7.– Max More, « The Philosophy of Transhumanism », in *The Transhumanist Reader: Classical and Contemporary Essays on the Science, Technology, and Philosophy of the Human Future*, Hoboken, 2013, p. 4.

8.– *Ibid.*, p. 5.

La question du posthumain émerge dans un contexte inédit : les avancées technologiques en termes d'intelligence artificielle, de surveillance, de biotechnologie convergent avec la progressive destruction du vivant due à la disparition des écosystèmes et au changement climatique provoqués par l'exploitation sans frein de la nature. L'humain occupe dans le contexte contemporain une place à la fois inédite et paradoxale, puisqu'il est devenu une force géologique capable de façonner la terre[9] – raison pour laquelle on a pu proposer le nom d'Anthropocène pour désigner la nouvelle ère géologique dans laquelle nous nous trouvons – et qu'il se trouve simultanément incapable de réagir à la catastrophe qu'il a provoquée. Cette situation nouvelle place l'humain face à la nécessité de penser l'interdépendance entre technologie, nature et société[10]. Cependant, cette compréhension de l'Anthropocène et celle d'humain qu'elle présuppose sont insuffisantes, dans la mesure où elles postulent encore une fois un concept abstrait d'humain. Cette abstraction est problématique puisqu'elle passe sous silence les disparités immenses à l'origine de la crise climatique, les degrés de responsabilité variés et la répartition plus qu'inégale de ses conséquences[11].

On l'a souvent rappelé, le transhumanisme est un mouvement aux acteurs multiples sans cohérence absolue[12], de sorte qu'il n'est pas aisé de faire sens de ce mélange de philosophie, d'anticipation et d'idéologie. Néanmoins, il n'est pas certain qu'analyser ce mouvement dans toutes ses nuances et différences soit d'un apport réel pour examiner la façon dont il s'inscrit dans la tendance plus large d'un rapport de valorisation du vivant humain comme vie nue. La façon dont sont habituellement traités le transhumanisme et ses thèmes centraux (que ce soit ceux de la manipulation du vivant, du prolongement de la vie, de l'immortalité etc.) est généralement très insatisfaisante en ceci que les critiques sont formulées d'un point de vue moral ou éthique. Il faudrait par conséquent se demander pourquoi le transhumanisme est un discours qui détermine ses lectrices et lecteurs à « prendre position pour ou contre ». Cette contrainte à la prise de position morale conduit à formuler la critique dans les termes d'un discours lui aussi

---

9.– Bruno Latour, « Waiting for Gaia: Composing the Common World through Arts and Politics », in Yaneva Albena et Zaera-Polo Alejandro (dir.), *What Is Cosmopolitical Design? Design, Nature and the Built Environment*, Farnham, 2017, p. 22.

10.– Manuel Arias-Maldonado, « Spelling the End of Nature? Making Sense of the Anthropocene », *Telos*, vol. 2015, n° 172, 2015, p. 85.

11.– Pour l'analyse du lien étroit entre la promotion des énergies fossiles et la logique du capital, voir Andreas Malm, *L'anthropocène contre l'histoire. Le réchauffement climatique à l'ère du capital*, Paris, 2017.

12.– Gabriel Dorthe, *Malédiction des objets absents. Explorations épistémiques, politiques et écologiques du mouvement transhumaniste par un chercheur embarqué*, dissertation, Université de Lausanne, 2019.

essentiellement énoncé à partir de normes morales plutôt qu'à partir de la dimension collective du politique.

À y regarder de près, le transhumanisme est un ensemble de discours qui usent de noms communs singuliers : l'humain, la technologie, la vie, le progrès. Il peut en faire un tel usage dans la mesure où il ne se situe pas. Il mentionne mais ne pense pas le lieu d'où il parle, de sorte qu'il pense parler au nom de tous et s'adresser à tous lorsqu'il parle de l'homme, de sa nature, de son désir naturel à s'augmenter. Le transhumanisme est un discours qui se conçoit comme parlant à partir du plus commun, sans questionner ni situer ce commun. Or il provient d'énonciateurs – et rarement d'énonciatrices, en fort contraste avec le posthumanisme critique – qui se trouvent à la pointe du monde contemporain, de ses avancées technologiques et de sa répartition inégale des richesses. Le privilège que s'octroient les transhumanistes de ne parler de nulle part en s'adressant à tout le monde, tout en restant aveugle quant à leur situation d'énonciation, est précisément la marque d'un privilège qui remonte aux Lumières et à son universalisme abstrait.

Dans la mesure où le discours transhumaniste ne réfléchit pas son lieu d'énonciation, il ne s'agira pas ici de se prononcer sur lui ou contre lui, mais de reconstruire son lieu, son corps, sa position, ainsi que le type de subjectivité qu'il présuppose. Suivant les lignes d'analyse du posthumaniste critique, je chercherai à établir quel est le sujet du discours transhumaniste et quel en est l'objet, afin de découvrir, derrière ses noms communs singuliers, de quoi il parle, mais aussi de quoi ou de qui il ne parle pas : l'*abject* qu'il constitue à contre-jour, un vivant insuffisamment vivant, celui qui se soustrait à la loi de l'« extropie ».

Le discours transhumaniste est indicateur d'une tendance plus générale du rapport qu'entretiennent les sociétés occidentales aux êtres humains ramenés à la vie nue[13], une vie rejetée hors de l'ordre politique (sans être nécessairement rejetée hors des murs de la cité). Dans le meilleur des cas, il s'agit d'un vivant dont se laisse extraire de la valeur. Mais lorsque ce vivant n'entre pas dans le cycle de la production de la valeur, il est rejeté comme un surplus abject – parqué dans des camps, des prisons, ghettoïsé. La réduction de l'humain à de la substance vivante hors de l'ordre politique converge avec le démantèlement que le néo-libéralisme fait subir à la société et au politique, les suspectant toujours de tendances potentiellement totalitaires[14]. Une fois

---

13.– Giorgio Agamben, *Homo sacer. Le pouvoir souverain et la vie nue*, Paris, 1997.

14.– C'est ce que montre bien Wendy Brown en analysant les écrits de Friedrich Hayek (Wendy Brown, *In the Ruins of Neoliberalism: The Rise of Antidemocratic Politics in the West*, New York, 2019). Brown met par ailleurs en évidence le fait que le démantèlement du politique et de la société par le néo-libéralisme conduit à la ruine de la démocratie, faisant surgir les régimes fascistes que Hayek entend précisément prévenir

le collectif social et politique défaits, la morale et l'économie deviennent alors – et c'est l'hypothèse que je formule à partir de Wendy Brown – les seules logiques disponibles permettant de se rapporter à la question éminemment politique du vivant. C'est en s'inscrivant dans ces logiques que le discours transhumanisme fait du vivant une substance malléable et morale, infra-politique.

Renonçant à l'exhaustivité pour les raisons que j'ai évoquées, j'ai choisi ici de me rapporter à quelques auteurs transhumanistes – Max More, Nick Bostrom, Julian Savulescu – dont le discours a la cohérence d'une argumentation philosophique, afin de reconstruire le corps de ce discours, son corps objet et ses corps abjects.

Le sujet apparemment sans corps du discours transhumaniste

Quel sujet prononce le discours transhumaniste et à partir d'où le prononce-t-il ? Nick Bostrom, professeur de philosophie à l'Université d'Oxford, conçoit le transhumanisme comme une « excroissance de l'humanisme laïque et des Lumières[15] ». Max More décrit le transhumanisme comme une « philosophie de la vie » en conformité avec l'humanisme laïque, offrant une « approche du vivant informée par la raison, la science, le progrès et la valeur de l'existence[16] ». Cependant, à la différence de l'humanisme des Lumières, les moyens privilégiés de l'« amélioration » de l'être humain ne sont plus l'éducation et la culture[17]. Il s'agit plutôt, grâce aux avancées de la technologie et de la génétique, de « prendre les rênes » de l'évolution de l'être humain – l'évolution naturelle étant trop lente pour permettre une adaptation optimale de l'homme à son environnement –, et de l'accélérer en direction de l'horizon toujours fuyant d'un progrès sans fin (l'« extropie » déjà mentionnée). Ce progrès se laisse résumer par un + : plus de vie, plus de santé, plus de self-control, plus de rationalité[18].

Si c'est à partir de l'humanisme des Lumières que le discours transhumaniste se prononce, il faut alors préciser de quoi le sujet de ce discours est historiquement fait et quel est son corps. Dans son livre *The Posthuman*, Rosi Braidotti décrit l'humanisme des Lumières comme l'universalisation

---

lorsqu'il conçoit l'économie et la morale comme seules instances régulatrices d'une société néo-libérale.

15.– Nick Bostrom, « In Defense of Posthuman Dignity », *Bioethics*, vol. 19, n° 3, 2005, p. 201.

16.– Max More, « The Philosophy of Transhumanism », *op. cit.*, p. 4.

17.– *Ibid.* Voir aussi : Peter Sloterdijk, *Règles pour le parc humain*, Paris, 2000.

18.– Ce + apparaît d'ailleurs dans le nom de l'association internationale de transhumanisme humanityplus.org. Voir également : Janina Loh, *Trans- und Posthumanismus zur Einführung*, Hamburg, 2018, p. 57.

d'une détermination spécifique de l'humain, celle de l'homme blanc européen[19]. Cette universalisation s'accompagne de la distinction et de la hiérarchie entre ceux qui accèdent pleinement au statut d'humain et ceux qui en sont plus ou moins privés : Noir.e.s, personnes de couleur, colonisé.e.s, esclaves, femmes, ouvrier.e.s. Le sujet humaniste, caractérisé par son autonomie, sa « conscience », sa « rationalité universelle » et son « comportement éthique autorégulé[20] », se constitue par la production-exclusion de ses autres. Donna Haraway insiste sur la fiction humaniste qui consiste à postuler un sujet neutre universel qui marque l'autre *comme son autre*, sans se concevoir lui-même comme marqué[21]. L'autonomie de la subjectivité des Lumières s'avère donc être d'emblée caractérisée par une hétéronomie implicite qui en constitue la tache aveugle, par le rapport indissoluble à un autre auquel il manquerait tout – conscience, auto-détermination, rationalité –, un autre abject, une négativité dont l'existence est cependant indispensable à l'affirmation du sujet autonome. Qualifier l'humanisme des Lumières d'« humanisme libéral », comme le font les philosophes posthumanistes, revient à insister sur l'idée d'un sujet qui se conçoit comme individu cohérent, rationnel, autorégulé et autodéterminé, un sujet affirmant son autonomie et sa capacité à agir librement. Il est à noter que l'idée d'« autorégulation[22] » est commune à la subjectivité libérale et à la conception cybernétique du vivant (l'homéostase). Cette convergence évoque une régulation immanente et spontanée, qui ne nécessiterait pas la médiation du politique pour s'opérer.

Cette lecture de l'humanisme des Lumières par les philosophes du posthumanisme critique est en partie héritée de la pensée postcoloniale qui analyse la façon dont le développement des démocraties européennes et l'expansion du capitalisme sont inséparables d'un processus de racialisation – autrement dit, d'un ensemble de procédures de production et de hiérarchisation des différences servant à légitimer la position hégémonique de l'Occident[23]. Partant de là, l'humain des Lumières s'avère être un concept à l'universalité abstraite, réservé à une classe étroitement définie d'hommes en position hégémonique. Comme l'écrit Rosi Braidotti :

19.- Rosi Braidotti, *The Posthuman*, Cambridge, 2013, p. 13f.
20.- *Ibid.*, p. 15.
21.- Donna J. Haraway, *Simians, Cyborgs, and Women: The Reinvention of Nature*, London, New York, 1991, p. 210.
22.- N. Katherine Hayles, *How We Became Posthuman: Virtual Bodies in Cybernetics, Literature, and Informatics*, Chicago, 1999, p. 86. Voir également : Michel Foucault, *Naissance de la biopolitique. Cours au Collège de France (1978-1979)*, Paris, 2004, p. 15.
23.- Voir par exemple Achille Mbembe, *Critique de la raison nègre*, Paris, 2013.

Il ne revient pas à chacun de pouvoir affirmer avec certitude avoir toujours été humain, ou de n'être que cela. Certains d'entre nous ne sont pas même considérés comme étant pleinement humains aujourd'hui, sans parler du passé de l'histoire sociale, politique et scientifique de l'Occident[24].

Le posthumain signifie la prise en compte de cette majeure partie de l'humanité qui fut considérée, historiquement et géographiquement comme n'étant humaine qu'à la marge. N. Katherine Hayles le dit bien dans son livre *How We Became Posthuman* :

Le posthumain ne signifie pas vraiment la fin de l'humanité. Il signale plutôt la fin d'une certaine conception de l'humain, une conception qui ne s'est appliquée au mieux qu'à une fraction de l'humanité qui avait la richesse, le pouvoir et le loisir de se conceptualiser comme des êtres autonomes exerçant leur volonté par l'action et le choix individuel[25].

La perspective posthumaniste critique ne suppose donc pas la mort de l'humain, mais elle implique certainement la mort de l'homme en son universalité abstraite. La nécessaire reconceptualisation de l'humain doit rendre compte du fait que celui-ci n'émerge qu'à partir de sa relation à la technologie et à la nature et que cette relation n'est pas de l'ordre d'une différence exclusive, mais relève de l'entr'appartenance, de l'intrication (*entanglement*), de l'interdépendance ou encore de l'« intra-action ». Avec le concept d'« intra-action », Karen Barad et Donna Haraway proposent une ontologie relationnelle dans laquelle la relation précède les *relata*, au sens où les composantes de la relation n'émergent en tant qu'éléments distincts qu'à partir ou sur le fond d'une relation toujours spécifique[26].

Les nouveaux matérialismes visent à dépasser le dualisme nature-culture constitutif de l'analyse constructiviste des phénomènes sociaux et culturels[27]. On le sait, les problèmes posés par le dualisme nature-culture sont multiples. Comme Stacy Alaimo et Susan Hekman l'expliquent en introduction à leur anthologie *Material Feminisms*, ce dualisme implique que la nature soit conçue comme le support passif de la constitution discursive et de l'exploitation humaine. Au dualisme nature-culture est en outre associé un partage entre matérialité et discours qui se caractérise par la primauté du

---

24.- Rosi Braidotti, *The Posthuman*, op. cit., p. 1.
25.- N. Katherine Hayles, *How We Became Posthuman: Virtual Bodies in Cybernetics, Literature, and Informatics*, op. cit., p. 286.
26.- Karen Barad, *Meeting the Universe Halfway: Quantum Physics and the Entanglement of Matter and Meaning*, Durham, London, 2007, p. 139. Donna J. Haraway, *When Species Meet*, Minneapolis, 2008, p. 31f.
27.- Karen Barad, « Posthumanist Performativity: Toward an Understanding of How Matter Comes to Matter », *Signs: Journal of Women in Culture and Society*, vol. 28, n° 3, 2003.

second sur la première. Or il s'agit, pour Alaimo et Hekman, de repenser leur rapport « sans privilégier un terme sur l'autre[28] ». Dans les nouveaux matérialismes, la nature est conçue comme « agencielle » : « elle agit et ces actions ont des conséquences aussi bien pour le monde humain que non humain[29]. » La nature devient ainsi agente d'un système qu'elle contribue à co-constituer. Une telle conception de la nature implique d'accorder aux acteurs non-humains une part d'agentivité (*agency*). Cette redéfinition de l'agentivité partagée entre différents acteurs humains et non-humains conduit à mettre en question la souveraineté de l'homme et sa capacité d'auto-détermination.

L'idée que l'humain n'est pas un être autonome, se donnant à lui-même sa loi, est la critique la plus évidente adressée par le posthumanisme critique à la subjectivité humaniste des Lumières. On se souvient que celles-ci consistent, selon Kant, à se défaire de l'emprise tutélaire des figures d'autorité pour parler en son nom propre[30]. D'autre part, il s'agit pour l'homme, en découvrant la possibilité pratique d'un ordre différent de celui des causalités naturelles, de se concevoir comme la cause ou l'origine de ses propres actions – ce qui constitue pour Kant la définition de la liberté et la condition de la morale[31]. Réinscrire l'humain dans son intrication indissociable avec la technologie et la nature, c'est alors mettre en doute sa capacité d'auto-détermination et sa transparence à soi. Dans son livre *Unthought: The Power of the Cognitive Nonconscious*[32], Hayles montre, en partant de la recherche récente en sciences cognitives, que la majeure partie de nos cognitions ont lieu de façon non-consciente. La conscience et l'intentionnalité ne peuvent dès lors plus être conçus comme les caractères essentiels de la pensée, de la décision et de l'action. Si l'on définit la cognition comme le processus qui permet

---

28.– Stacy Alaimo et Susan Hekman, *Material Feminisms*, Bloomington, 2008, p. 6.
29.– *Ibid.*, p. 5.
30.– Immanuel Kant, « Réponse à la question : qu'est-ce que les Lumières », in Proust Françoise (dir.), *Vers la paix perpétuelle. Que signifie s'orienter dans la pensée. Qu'est-ce que les Lumières ?* Paris, 1991. Tout être humain n'accède cependant pas, chez Kant, au statut de sujet émancipé (*mündig*). Les femmes, en raison des supposées faiblesses liées à leur nature, doivent rester sous la tutelle légale de l'homme (Immanuel Kant, *Anthropologie in pragmatischer Hinsicht*, Hamburg, 2000, [209]). Il y aurait beaucoup à dire sur la naturalisation (voire déjà la biologisation) de la hiérarchie morale entre humains chez Kant, hiérarchie articulant aussi bien les rapports entre les genres qu'entre les races. Cette hiérarchie excluante marque de l'intérieur les limites de l'universalisme kantien. Pour la discussion de l'évolution du rôle de la race dans la pensée kantienne, voir : Pauline Kleingeld, « Kant's Second Thoughts on Race », *The Philosophical Quarterly*, vol. 57, n° 229, 2007.
31.– Immanuel Kant, *Critique de la raison pure*, Paris, 2001, p. XXVIII.
32.– N. Katherine Hayles, *Unthought: The Power of the Cognitive Nonconscious*, Chicago, 2017.

d'interpréter de l'information pour lui donner un sens et, partant, choisir entre plusieurs possibilités, on découvre de la cognition non seulement chez l'humain, mais aussi dans toutes les formes de vie biologique ainsi que dans les systèmes technologiques[33]. Pensés à partir de leur « couplage[34] » à la technologie et à l'animal, les humains ne peuvent plus se concevoir comme seule origine de leurs actions, choix et décisions. Ainsi déchus de leur exceptionnalisme, ils doivent composer avec leurs limites et se penser dans leur positionnalité spécifique (historique, géographique, corporelle, etc.).

Si le posthumanisme critique pense l'inextricable intrication de la matière et de la pensée, le transhumanisme postule quant à lui la distinction entre l'information comme *pattern* – nouvelle forme que prend chez lui l'esprit – et la matière. En accord avec la cybernétique, l'information n'est pour le transhumanisme ni matière, ni énergie[35]. Elle peut donc s'inscrire indifféremment sur quelque support matériel que ce soit, pour autant que la structure ainsi formée soit capable d'opérer en vue d'un but donné[36]. Même si Max More conteste qu'il s'agisse là d'un dualisme, il n'en demeure pas moins que l'information n'est pas essentiellement liée à la configuration matérielle (le corps) dont elle émergerait, mais pourrait surgir à l'identique d'une tout autre matérialité. La distinction entre information et matière est la condition de la domination de la première sur la seconde, la matière se trouvant ramenée à un support inerte d'inscription. Les questions résultant de l'idée d'ingénierie de la matière peuvent être d'ordre technique, mais elles sont avant tout dans le transhumanisme d'ordre éthique et moral.

La question du maintien de l'identité du soi compris comme *pattern* d'informations incluant « la mémoire, les valeurs, les attitudes et les

---

33.– *Ibid.*, p. 30f. Un tel concept de choix n'est pas sans rappeler celui proposé par Lacan, fortement inspiré par la cybernétique de Wiener. Lacan attribue en effet à la machine la capacité de choisir, le choix étant toujours la décision entre un nombre plus ou moins large de possibilités. Jacques Lacan, *Séminaire II. Le moi dans la théorie de Freud et dans la technique psychanalytique*, Miller Jacques-Alain (dir.), Paris, 1978, p. 49.
34.– Pour une discussion de ce concept et de son potentiel critique, voir : Katia Schwerzmann, « "Coupling Parts that are not Supposed to Touch" oder die Berührung als Kritik », in Fluhrer Sandra et Waszynski Alexander (dir.), *Tangieren*, Baden-Baden, 2020.
35.– Norbert Wiener, *Cybernetics or Control and Communication in the Animal and the Machine (Second Edition)*, Cambridge, 1961, p. 132.
36.– Max More qualifie cette position de fonctionnalisme (Max More, « The Philosophy of Transhumanism », *op. cit.*, p. 7). Hans Moravec décrit quant à lui la possibilité d'un remplacement progressif de chaque neurone du cerveau par son équivalent électronique, laissant « la personnalité et les pensées plus claires que jamais. » Hans Moravec, « Pigs in Cyberspace », in More Max et Vita-More Natasha (dir.), *The Transhumanist Reader: Classical and Contemporary Essays on the Science, Technology, and Philosophy of the Human Future*, Hoboken, 2013, p. 179.

dispositions émotionnelles[37] » dans le cadre du scénario de son transfert dans une machine est l'objet d'une inquiétude centrale chez Nick Bostrom :

> Les cas complexes [de *mind uploading*] apparaissent, si l'on imagine que plusieurs copies similaires de votre esprit téléchargé sont faites. Laquelle de ces copies est-elle vous ? Sont-elles toutes vous ou alors aucune d'elles n'est-elle vous ? Qui possède vos biens ? Qui est marié à votre époux.se[38] ?

Par-delà le grincement que provoque la pauvreté de l'imaginaire technologique du transhumanisme dont témoigne un tel passage, il faut noter la continuité entre identité, propriété (des répliques de soi), propriété privée et attribution-possession de l'époux.se. L'identité s'entend comme ce que le sujet a de plus propre, autrement dit comme d'une propriété dont, légalement, il dispose. Cette continuité entre identité et propriété marque la conjonction entre la conception humaniste libérale du sujet reprise par le transhumanisme, et son inscription dans la logique du capital. Cette conjonction, le transhumanisme la laisse intouchée. À la différence du posthumanisme critique et de sa pensée du cyborg comme couplage et montage humain-machine-animal qui résiste à la reproduction d'un sujet cohérent fondé sur l'identité et la propriété, le transhumanisme continue de concevoir la technologie comme une extension – ou augmentation – centrée sur l'humain, ne mettant pas en cause sa prétention à l'auto-détermination. Il envisage l'autonomie comme identité au sens de propriété de soi – et c'est là le point d'articulation entre la logique du capital et celle de l'humanisme libéral : est humain celui qui s'appartient en propre et qui dispose librement de soi, par contraste avec l'esclave, qualifié de non-humain et ne s'appartenant pas[39]. Le sujet du discours transhumaniste est dès lors le soi comme propriété, disposant d'un corps « propre » pouvant être modifié, remplacé, multiplié. Dans cette conjonction du capital et du néo-libéralisme dont le transhumanisme porte la marque, la vie humaine est implicitement considérée non pas en tant qu'elle s'inscrit dans un ordre social et politique, mais comme vie nue.

---

[37].- Nick Bostrom, *The Transhumanist FAQ (v 2.1)*, World Transhumanist Association, 2003, p. 17.
[38].- *Ibid.*, p. 18. Et d'ajouter immédiatement après : « Les défis politiques, légaux et éthiques abondent. Peut-être que ceux-ci feront l'objet de débats politiques passionnés durant ce siècle. »
[39].- Donna J. Haraway, *Simians, Cyborgs, and Women: The Reinvention of Nature*, op. cit., p. 146.

L'objet du transhumanisme : la vie humaine nue

Rapporter le transhumanisme à la question du vivant peut surprendre dans la mesure où ce discours est souvent associé dans l'imaginaire collectif à la technologie et son anorganicité. Sur ce point, il importe de rappeler que pensés à partir de la cybernétique, le vivant et la machine fonctionnent selon la même logique : tous deux sont des systèmes régulant leur rapport à l'environnement par des mécanismes permettant de maintenir leur organisation interne contre leur tendance à l'entropie, c'est-à-dire dans les termes de la thermodynamique, contre leur tendance à la dispersion énergétique et, dans ceux de la cybernétique, au chaos. La machine peut être qualifiée, selon Norbert Wiener, de vivante dans la mesure où elle est un « phénomène » dont l'organisation contrecarre l'entropie[40]. Dans la cybernétique de deuxième ordre, est vivant le système qui produit lui-même les moyens de maintenir son organisation, ce que Maturana et Varela nomment « autopoiesis[41] ».

Le transhumanisme ne part cependant pas de l'idée d'équilibre ou d'homéostase entre le vivant et son environnement, mais de celle d'extropie, autrement dit de progrès ou de croissance infinie. Comprendre le vivant à partir du concept d'extropie, c'est exclure de celui-ci ce que Freud, dans *Au-delà du principe de plaisir* (un texte pré-cybernétique déjà posthumaniste) identifiait dans l'ensemble du vivant – des protozoaires aux organismes complexes – comme une tendance à revenir à un état antérieur qui serait l'état de repos similaire à l'anorganicité ayant précédé la vie. Cette tendance prendrait chez l'humain la forme de la pulsion de mort[42]. Le concept d'extropie implique l'élimination de cette négativité que Freud voyait intriquée dans la vie. Elle signifie la *mort de la mort*.

L'accent mis par le transhumanisme sur l'idéal extropique conduit à associer une valeur morale à la vie nue, qualifiant de bonne la vie sans négativité ni repos, sans limitation ni déficience. Le transhumanisme conçoit en effet un rapport essentiel entre la vie nue et la valorisation morale. Est bonne, non pas la vie humaine en tant qu'elle s'inscrit dans un ordre social et politique, mais le vivant humain nu pour autant qu'il soit pris dans un procès extropique. Pour répondre à cet idéal moral d'une vie nue illimitée, les transhumanistes rêvent de modifier génétiquement le

---

40.– Norbert Wiener, *The Human Use of Human Beings. Cybernetics and Society*, London, 1989, p. 32.
41.– Humberto R. Maturana et Francisco J. Varela, *Autopoiesis and Cognition. The Realization of the Living*, Dordrecht, Boston, London, 1980, p. 78.
42.– Sigmund Freud, « Jenseits des Lustprinzips », in *Gesammelte Werke XIII. Jenseits des Lustprinzips / Massenpsychologie und Ich-Analyse / das Ich und das Es*, Frankfurt a.M., 1967.

vivant, de façon à supprimer tout ce qui en lui relèverait d'un « manque », d'une négativité – sans pour autant jamais définir la norme permettant de caractériser ce « manque » autrement qu'en termes d'une maximisation du bien-être[43]. Ainsi, pour Bostrom et Savulescu, le « manque » de vie, c'est la maladie physique et mentale, le handicap, la vieillesse et la mort. Bostrom peut par conséquent affirmer que mettre au monde un être « aux capacités de base diminuées » si des alternatives médicales sont disponibles est « irresponsable[44] ». Et Julian Savulescu de produire de subtiles distinctions : « Il est mal que des enfants aveugles et sourds naissent quand des enfants voyants et entendants auraient pu naître à leur place[45]. » Cependant, ce jugement moral sur le handicap « n'implique pas nécessairement que la vie de ceux qui vivent avec un handicap soit moins digne de respect ou que leur vie ait moins de valeur[46]. » La question de savoir sur quel fondement s'appuie ici la possibilité de distinguer entre la moralisation du handicap et la suspension du jugement moral à l'égard de la personne handicapée reste ouverte. Savulescu se défend cependant de tout eugénisme en ayant recours à la raison néo-libérale qui liquide la sphère collective du politique : dans la mesure où l'intervention génétique serait laissée au libre choix des parents, qu'elle relèverait donc d'une « entreprise privée » et non d'un choix étatique en vue de « produire une meilleure population », il ne s'agirait pas d'eugénisme[47]. C'est à la morale individuelle née apparemment spontanément de la distinction entre la vie extropique et toute autre forme de vie, dès lors marquée d'un défaut d'être, que revient la régulation du vivant. Dans le discours transhumaniste, les questions politiques et sociales de ressources, d'accès, de privilèges ainsi que celles de prise en charge par l'individu de sa propre régulation biopolitique sont considérées comme des questions secondaires[48].

---

[43].– Julian Savulescu, « Procreative Beneficence: Why We Should Select the Best Children », *Bioethics*, vol. 15, n° 5/6, 2001, p. 419.

[44].– Nick Bostrom, « In Defense of Posthuman Dignity », *op. cit.*, p. 212.

[45].– Julian Savulescu, « Procreative Beneficence: Why We Should Select the Best Children », *op. cit.*, p. 423.

[46].– *Ibid.*

[47].– *Ibid.*, p. 424.

[48].– À l'origine, la biopolitique ne s'exerce pas au niveau de l'individu mais de la population. Elle vise à établir des mécanismes régulateurs au sein de cette population dans le but d'atteindre un équilibre global, « quelque chose comme une homéostasie », écrit Foucault (Michel Foucault, « *Il faut défendre la société* ». *Cours au Collège de France (1975-1976)*, Paris, 1997, p. 222). Pour le transhumanisme, la gestion du vivant doit être soustraite au pouvoir de l'État pour être mise exclusivement aux mains de l'individu et de sa liberté de choix. Le transhumanisme préfère ignorer qu'un choix n'est jamais purement individuel et qu'il implique toujours le rapport implicite ou explicite à une norme et donc sa production ou reproduction.

Selon Nick Bostrom, l'augmentation de l'humain permettrait de surmonter le mal inhérent à sa nature : « Notre nature, déterminée par l'espèce, est à la source de la majeure partie de ce qui n'est ni respectable et ni acceptable – la prédisposition à la maladie, au meurtre, au viol, au génocide, à la tromperie, à la torture, au racisme[49]. » Produisant un continuum « naturel » entre les « manques » du vivant tels que la maladie – traitée sur un plan moral –, et les maux sociaux, tels que le meurtre et le viol, la liste dressée par Bostrom présente le racisme comme un dysfonctionnement d'un ordre similaire à la maladie, tous deux dès lors fondés en nature et donc d'ordre infra-politique. Elle implique aussi que la suppression de la négativité inscrite au sein du vivant, sa tendance à l'entropie, pourrait conduire *per se* à régler les problèmes sociétaux.

Nous avons ici atteint l'objet latent du discours transhumaniste, son abject qui doit être écarté par impératif moral. Cet abject est le vivant humain lorsqu'il est improductif, inerte, passif, inutile, non potentiel, lorsqu'il ne croît pas indéfiniment, lorsqu'il évoque la mort.

Les corps abjects ou la vie humaine en marge

Cette vie humaine abjecte avec sa part d'entropie, en surplus parce qu'échappant à l'extraction de la valeur et parce qu'elle se soustrait à l'emprise biopolitique de l'auto-optimisation est celle dont le transhumanisme désire l'élimination. Et pourtant, cette vie se dérobe à sa réduction à la vie nue infra-politique, même et peut-être précisément lorsqu'elle est traitée comme telle par le pouvoir[50]. Il est même probable que les vies considérées comme abjectes soient finalement moins nues que celle des individus ayant pris eux-mêmes en charge leur optimisation (ou extropianisation) biopolitique.

49.– Nick Bostrom, « In Defense of Posthuman Dignity », *op. cit.*, p. 205.
50.– À l'heure où j'écris ces lignes, des manifestations violentes se déroulent partout aux États-Unis pour demander que cessent les mises à mort répétées et impunies de Noir.e.s par la police. Parmi les cas récents en 2020, nous nous souviendrons de Ahmaud Arbery pris en chasse et tué par deux hommes blancs alors qu'il faisait son jogging, de Breonna Taylor tuée par la police chez elle, la nuit, dans son lit après que des policiers sont entrés sans s'annoncer dans l'appartement de la victime. Nous nous souviendrons de George Floyd, mort à terre sur son ventre, le genou d'un policier enfoncé dans sa nuque alors que lui et les personnes présentes sur les lieux de l'arrestation imploraient le policier de le laisser respirer. Aucune raison de se complaire dans la bonne conscience de l'universalisme abstrait de coutume en Europe puisqu'en Suisse par exemple, mon pays d'origine, des personnes noires souvent immigrées d'Afrique, meurent également aux mains de la police. Nous nous souviendrons du Nigérien Mike Ben Peter mort lors d'un contrôle police à Lausanne en 2018.

Ces vies abjectes considérées en marges de l'humanité – les personnes fuyant des régions devenues inhabitables en raison des conditions politiques, économiques, climatiques héritées du colonialisme, les personnes parquées dans des camps ou des prisons, les nourrissons et les enfants de migrant.e.s séparés de leurs parents, les personnes traitées comme non-humaines ou marginalement humaines parce que non-blanches, parce que sans travail[51] ou parce que sans papiers –, ces vies résistent par leur présence gênante aux technologies de gestion des populations, des frontières et des ressources qu'Achille Mbembe regroupe sous le nom de « brutalisme » et dont le projet serait de transformer intégralement l'humanité en matière et énergie[52]. Ce statut d'être humain en surplus – dont le pouvoir ne sait que faire mais duquel le capital sait encore extraire un reste de valeur par le biais des nouvelles technologies – appartient à une catégorie toujours plus importante de vies humaines[53]. La tendance au brutalisme s'accompagne d'un mouvement qui laisse aux seuls individus la responsabilité morale d'optimiser leurs corps, leurs capacités physiques et mentales, s'ils veulent éviter d'être relégués aux marges.

Alors que le transhumanisme, en prenant appui de façon centrale sur le concept d'extropie, semble être un discours promouvant la vie, sa conception du vivant comme vie nue, tenue de répondre à l'impératif moral d'optimisation et de croissance infinies, converge avec l'idéal d'optimisation et de croissance au stade néo-libéral du capitalisme. L'extropie comme croissance infinie est la force qui aujourd'hui consomme tout, brûle tout. Quant à l'entropie dont le transhumanisme veut la mort, je propose de la comprendre non pas au sens d'une simple tendance naturelle au chaos, mais comme une force sociale, psychique et corporelle comportant un potentiel politique de résistance, lorsqu'elle est le lieu de l'affirmation consciente ou inconsciente d'un *refus* : refus des corps dépressifs consumés par le travail ou refus de tolérer qu'un homme noir de plus soit réduit à la vie nue et tué. Il semble urgent de penser la place de l'entropie dans la société, comme une tendance sociale et politique de résistance à la situation telle qu'elle est, plutôt que d'en orchestrer la dénégation par des rêves d'extropie technologique et biopolitique dont le transhumanisme se fait le porte-parole.

51.- Sylvia Wynter rappelle que dans les années 1990 dans le contexte du tabassage de Rodney King par la police de Los Angeles, les personnes noires et sans travail étaient qualifiées dans les rapports du système judiciaire de « No Human Involved », autrement dit : « pas d'humain impliqué ». Sylvia Wynter, « "No humans involved:" An Open Letter to My Colleagues », *Forum N.H.I., Knowledge for the 21ˢᵗ Century*, vol. 1, n° 1, 1994, p. 42.

52.- Achille Mbembe, *Brutalisme*, Paris, 2020, p. 15.

53.- Achille Mbembe, « Afrofuturisme et devenir-nègre du monde », *Politique africaine*, vol. 4, 2014.

Bibliographie

Giorgio Agamben, *Homo sacer. Le pouvoir souverain et la vie nue*, Paris, Seuil, 1997.

Stacy Alaimo et Susan Hekman, *Material Feminisms*, Bloomington, Indiana University Press, 2008.

Manuel Arias-Maldonado, « Spelling the End of Nature? Making Sense of the Anthropocene », *Telos*, vol. 2015, n° 172, 2015, p. 83-102.

Karen Barad, « Posthumanist Performativity: Toward an Understanding of How Matter Comes to Matter », *Signs: Journal of Women in Culture and Society*, vol. 28, n° 3, 2003, p. 801-831.

Karen Barad, *Meeting the Universe Halfway: Quantum Physics and the Entanglement of Matter and Meaning*, Durham, London, Duke University Press, 2007.

Nick Bostrom, « Human Genetic Enhancements: A Transhumanist Perspective », *The Journal of Value Inquiry*, vol. 37, 2003, p. 493-506.

Nick Bostrom, *The Transhumanist FAQ (v 2.1)*, World Transhumanist Association, 2003.

Nick Bostrom, « In Defense of Posthuman Dignity », *Bioethics*, vol. 19, n° 3, 2005, p 202-214.

Nick Bostrom et Julian Savulescu, « Introduction: Human Enhancement Ethics: The State of the Debate », in Savulescu Julian et Bostrom Nick (dir.), *Human Enhancement*, Oxford, New York, Oxford University Press, 2009, p. 1-22.

Rosi Braidotti, *The Posthuman*, Cambridge, Polity Press, 2013.

Wendy Brown, *In the Ruins of Neoliberalism: The Rise of Antidemocratic Politics in the West*, New York, Columbia University Press, 2019.

Gabriel Dorthe, *Malédiction des objets absents. Explorations épistémiques, politiques et écologiques du mouvement transhumaniste par un chercheur embarqué*, dissertation, Université de Lausanne, 2019.

Michel Foucault, *Les mots et les choses. Une archéologie des sciences humaines*, Paris, Gallimard, 1966.

Michel Foucault, « *Il faut défendre la société* ». *Cours au Collège de France (1975-1976)*, Paris, Seuil, Gallimard, 1997.

Michel Foucault, *Naissance de la biopolitique. Cours au Collège de France (1978-1979)*, Paris, Gallimard, Seuil, 2004.

Sigmund Freud, « Jenseits des Lustprinzips », in *Gesammelte Werke XIII. Jenseits des Lustprinzips / Massenpsychologie und Ich-Analyse / das Ich und das Es*, Frankfurt a.M., Fischer, 1967, p 3-69.

Francis Fukuyama, *Our Posthuman Future: Consequences of the Biotechnology Revolution*, New York, Farbar, Straus & Giroux, 2002.

Donna J. Haraway, *Simians, Cyborgs, and Women: The Reinvention of Nature*, London, New York, Routledge, 1991.

Donna J. Haraway, *When Species Meet*, Minneapolis, University of Minnesota Press, 2008.

N. Katherine Hayles, *How We Became Posthuman: Virtual Bodies in Cybernetics, Literature, and Informatics*, Chicago, The University of Chicago Press, 1999.

N. Katherine Hayles, *Unthought: The Power of the Cognitive Nonconscious*, Chicago, The University of Chicago Press, 2017.

Immanuel Kant, « Réponse à la question : qu'est-ce que les Lumières », in Proust Françoise (dir.), *Vers la paix perpétuelle. Que signifie s'orienter dans la pensée. Qu'est-ce que les Lumières ?* Jean-François Poirier, Françoise Proust (trad.), Paris, GF Flammarion, 1991, p. 43-51.

Immanuel Kant, *Anthropologie in pragmatischer Hinsicht*, Hamburg, Meiner, 2000.

Immanuel Kant, *Critique de la raison pure*, Alain Renaut (trad.), Paris, Flammarion, 2001.

Pauline Kleingeld, « Kant's Second Thoughts on Race », *The Philosophical Quarterly*, vol. 57, n° 229, 2007, p. 573-592.

Jacques Lacan, *Séminaire II. Le moi dans la théorie de Freud et dans la technique psychanalytique*, Miller Jacques-Alain (dir.), Paris, Seuil, 1978.

Bruno Latour, « Waiting for Gaia: Composing the Common World through Arts and Politics », in Yaneva Albena et Zaera-Polo Alejandro (dir.), *What Is Cosmopolitical Design? Design, Nature and the Built Environment*, Farnham, Ashgate, 2017, p. 21-32.

Janina Loh, *Trans- und Posthumanismus zur Einführung*, Hamburg, Junius, 2018.

Andreas Malm, *L'anthropocène contre l'histoire. Le réchauffement climatique à l'ère du capital*, Paris, La fabrique, 2017.

Humberto R. Maturana et Francisco J. Varela, *Autopoiesis and Cognition. The Realization of the Living*, Dordrecht, Boston, London, D. Reidel Publishing, 1980.

Achille Mbembe, *Critique de la raison nègre*, Paris, La Découverte, 2013.

Achille Mbembe, « Afrofuturisme et devenir-nègre du monde », *Politique africaine*, vol. 4, 2014, p. 121-133.

Achille Mbembe, *Brutalisme*, Paris, La Découverte, 2020.

Hans Moravec, « Pigs in Cyberspace », in More Max et Vita-More Natasha (dir.), *The Transhumanist Reader: Classical and Contemporary Essays on the Science, Technology, and Philosophy of the Human Future*, Hoboken, Wiley-Blackwell, 2013, p. 177-181.

Max More, « The Philosophy of Transhumanism », in *The Transhumanist Reader: Classical and Contemporary Essays on the Science, Technology, and Philosophy of the Human Future*, Hoboken, Wiley-Blackwell, 2013, p. 3-17.

Julian Savulescu, « Procreative Beneficence: Why We Should Select the Best Children », *Bioethics*, vol. 15, n° 5/6, 2001, p. 413-426.

Julian Savulescu, « The Human Prejudice and the Moral Status of Enhanced Beings: What Do We Owe the Gods? », in Savulescu Julian et Bostrom Nick (dir.), *Human Enhancement*, Oxford, New York, Oxford University Press, 2009, p. 211-247.

Katia Schwerzmann, « "Coupling Parts that are not Supposed to Touch" oder die Berührung als Kritik », in Fluhrer Sandra et Waszynski Alexander (dir.), *Tangieren*, Baden-Baden, Nomos, 2020, p. 283-299.

Peter Sloterdijk, *Règles pour le parc humain*, Olivier Mannoni (trad.), Paris, Fayard, Mille et une nuits, 2000.

Norbert Wiener, *Cybernetics or Control and Communication in the Animal and the Machine (Second Edition)*, Cambridge, The MIT Press, 1961 (1948).

Norbert Wiener, *The Human Use of Human Beings. Cybernetics and Society*, London, Free Association Books, 1989.

Sylvia Wynter, « "No humans involved:" An Open Letter to My Colleagues », *Forum N.H.I., Knowledge for the 21st Century*, vol. 1, n° 1, 1994, p. 42-71.

De la Science à la Science-fiction

Les neuroprothèses pour l'humain : entre thérapeutique et augmentation

Éric Fourneret, Clément Hébert, Blaise Yvert

Introduction

La technologie des implants cérébraux promet des applications de type interfaces cerveau-ordinateur (« Brain Computer-Interfaces », BCI), pour aider au quotidien des personnes atteintes de certaines paralysies sévères. Il s'agit d'une technologie intracraniale, donc invasive, pour enregistrer des signaux provenant de l'activité électrique des neurones et, éventuellement, délivrer des stimulations électriques pour engendrer des activités. Le procédé consiste à introduire, dans le cerveau, un capteur/stimulateur permettant la communication entre le système nerveux central d'un individu et des dispositifs artificiels extérieurs, afin de compenser une fonction cognitive ou motrice défaillante ou totalement perdue. Ce type de neuroprothèses donnent des espoirs cliniques dans un nombre croissant de cas de dysfonctionnements neuronaux (audition, vision, fonctions motrices et sensorielles, parole). Un exemple marquant est la possibilité donnée à un individu de contrôler un bras robotique simplement en imaginant la manière dont il souhaite le voir bouger[1] et plus récemment de contrôler les mouvements de son propre bras[2]. D'autres études visent à améliorer ce type d'interface

---

1.– Leigh Hochberg, Mijail Serruya, Gerhard Friehs, Jon Mukand, Maryam Saleh, Abraham Caplan, John Donogue *et al.* « Neuronal ensemble control of prosthetic devices by a human with tetraplegia », *Nature*, 442 (7099), 2006, p. 164-71 ; Jennifer Collinger, Brian Wodlinger, John Downey, Wei Wang, ElizabethTyler-Kabara, Douglas Weber, *et al.* « High-performance neuroprosthetic control by an individual with tetraplegia », *The Lancet*, 381 (9866), 2013, p. 557-564.
2.– Bolu Ajiboye, Francis Willett, Daniel Young, William Memberg, Brian Murphy, Jonathan Miller, *et al.* « Restoration of reaching and grasping movements through brain-controlled muscle stimulation in a person with tetraplegia: A proof-of-concept demonstration. », *The Lancet*, 389 (10081), 2017, p. 1821-30.

en offrant un retour sensoriel artificiel par stimulation corticale des zones somatosensorielles[3]. Dans ce cadre de recherche clinique, ces développements neurotechnologiques ont pour but de proposer à des personnes en situation de handicap des solutions de réadaptation des fonctions perdues par compensation artificielle.

Le projet transhumaniste va bien au-delà. Il propose d'augmenter les capacités des êtres humains qui ne souffrent pas de dysfonctionnements physiologiques. En d'autres termes, de passer de l'état d'« être bien » à celui d'« être mieux ». C'est par exemple dans cette optique que Neuralink vise à augmenter l'intelligence humaine en l'interfaçant avec de l'intelligence artificielle grâce à des implants cérébraux.

Cette différence dans la nature des finalités poursuivies a conduit à l'identification de deux paradigmes : le premier est « thérapeutique » parce qu'il réunit des projets dans un contexte dit de « réadaptation fonctionnelle », de réparation du corps ou de guérison ; le second est d'« augmentation » parce que la finalité est d'obtenir des capacités physiques et cognitives du corps supérieures à la majorité des membres de l'humanité. Cependant, même lorsque les implants cérébraux semblent s'inscrire dans une perspective thérapeutique, parce qu'ils sont dans un contexte d'aide au handicap, l'immense majorité d'entre eux ne répare pas, ni ne restaure, ni ne guérit. Ils visent à apporter une capacité fonctionnelle inédite pour le genre humain, qui est de pouvoir contrôler un dispositif artificiel en imaginant ses mouvements. En ce sens, ils pourraient davantage correspondre au paradigme d'augmentation. Mais cela occulterait le fait qu'ils répondent malgré tout à un dysfonctionnement du corps et à une sorte de restauration de la fonction. Aussi, la frontière entre thérapeutique et augmentation semble-t-elle insatisfaisante pour interpréter le développement de certains implants cérébraux. C'est un problème dans l'évaluation morale des projets et des technologies. Si certaines ne sont ni thérapeutique ni d'augmentation, à partir de quel paradigme pourrait-on s'appuyer pour les examiner ?

Paradigme thérapeutique versus paradigme de l'augmentation

La volonté d'améliorer la nature humaine, de l'augmenter ou de la perfectionner traverse largement l'histoire des idées[4], et toutes soulignent

---

[3].– Sliman Bensmaia, Lee Miller. « Restoring sensorimotor function through intracortical interfaces: Progress and looming challenges. », *Nature Reviews Neuroscience*, 15(5), 2014, p. 313-325 ; Sharlen Flesher, Jennifer Collinger, Stephen Foldes, Jeffrey Weiss, John Downey, Elisabeth Tyler-Kabara, *et al.* « Intracortical microstimulation of human somatosensory cortex. » *Sci Transl Med.*, 8 (361), 2016, p. 361ra141.

[4].– James Keenan. « Whose Perfection is it Anyway?: A Virtuous Consideration of Enhancement. », *Christ Bioeth.*, 5 (2), 1999, p. 104-120 ; Nathaniel Comfort, *The Science*

l'importance de la perfectibilité humaine. Mais si le projet contemporain du transhumanisme divise, c'est parce qu'il projette de réaliser de nouvelles possibilités en maîtrisant la nature interne des êtres humains, alors même qu'ils ne souffrent pas d'un dysfonctionnement physiologique identifiable. Néanmoins, cela n'exclut pas que certains individus jugent, à tort ou raison, que leurs capacités d'initiative, physiques et/ou morales, ne sont pas à la hauteur de ce qu'ils souhaiteraient, et parfois pour des raisons d'intégrations sociales[5]. Le projet transhmaniste propose alors de chercher à améliorer l'individu humain en transcendant les limites imposées par la nature, tel que l'exprimait Julian Huxley[6], sans doute le premier à utiliser le terme « transhumanisme »[7] :

> *The human species can, if it wishes, transcend itself – not just sporadically, an individual here in one way, an individual there in another way – but in its entirety, as humanity. We need a name for this new belief. Perhaps* transhumanism *will serve: man remaining man, but transcending himself, by realizing new possibilities of and for his human nature.*

Le projet vise alors l'augmentation des capacités humaines existantes (capacités premières), et/ou d'en offrir de nouvelles (capacités secondes). Aussi, le transhumanisme propose-t-il de développer ou d'améliorer des capacités perceptives, d'augmenter la mémoire et l'intelligence, de décupler les forces physiques du corps, d'accroître sa résistance face aux agressions de la vie, voire, de se défaire totalement de ses limites biologiques, en transférant l'esprit humain dans une machine. C'est proprement ce qu'imagine le transhumaniste Max More[8] :

> *We will expand our perceptual range through biotechnological and computational means. We seek to exceed the perceptual abilities of any other creature and to devise novel senses to expand our appreciation and understanding of the world around us. (...) We will improve on our neural organization and capacity, expanding our working memory, and enhancing our intelligence.*

---

of Human Perfection: How Genes Became the Heart of American Medicine, New Haven, Yale University Press, 2012.

5.– Jacques Mateu, « La chirurgie esthétique et plastique au service du mieux vieillir. », *Gérontologie et société*, 35 (140), 2012, p. 53-61.
6.– Julian Huxley, *Religion without revelation*, E. Benn, London, 1927.
7.– James Hughes, *Citizen Cyborg: Why Democratic Societies Must Respond to the Redesigned Human of the Future*, Basic Books, 2004.
8.– Max More, « Letter to Mother Nature: Amendments to the Human Constitution », Blog Max More's Strategic Philosophy, 1999, http://strategicphilosophy.blogspot.com/2009/05/its-about-ten-years-since-i-wrote.html.

Une idée semble se dégager de ces premières remarques : l'amélioration de la nature humaine, selon le transhumanisme, est quantitative. D'une certaine façon, c'est bien ainsi que Nick Bostrom[9] entend les choses :

> *I shall define* a posthuman *as a being that has at least one posthuman capacity. By* a posthuman capacity, *I mean a general central capacity greatly exceeding the maximum attainable by any current human being without recourse to new technological means.*

On dira donc : i) le transhumanisme est un projet de transformation de la nature interne des êtres humains ; ii) cette transformation implique une amélioration des capacités humaines ; et iii), cette amélioration est quantitative, en se référant à la moyenne des capacités pour une majorité des membres de l'espèce humaine.

Dans le domaine de la bioéthique, ceux qu'on appelle les « bio-conservateurs » s'opposent rigoureusement à ces trois caractéristiques. Ils récusent la thèse selon laquelle la nature humaine serait une œuvre en cours d'élaboration. C'est le cas de Leon Kass[10], Francis Fukuyama[11], Bill McKibben[12], ou encore de Michael Sandel[13]. Bien que de manières différentes, ils s'accordent sur un point : la nature humaine est intangible. Elle est une réalité qu'on ne peut pas toucher parce qu'elle est une réalité « donnée » à l'Homme, et pour cette raison, celui-ci doit envers elle une certaine gratitude qui exclut d'intervenir dans son évolution avec des technologies de transformation. Que ce soit au moyen d'une justification religieuse ou laïque, la nature commande. En ce sens, elle est normative. Aussi, aux yeux des bio-conservateurs, le projet transhumaniste est-il rangé dans la catégorie des pratiques transgressives.

Mais ce n'est pas la seule façon de s'y opposer. À l'instar de Leon Kass[14], on peut dresser une frontière entre les pratiques moralement légitimes parce qu'elles visent l'objectif de guérir ou de réparer les individus affectés par un dysfonctionnement dans leur organisme biologique (paradigme dit « thérapeutique »), et celles relatives au transhumanisme parce que leur objectif est

---

9.– Nick Bostrom, « Why I want to be a Posthuman when I grow up », Bert Gordijn, Ruth Chadwick, *Medical Enhancement and Posthumanity, Springer*, 2008.
10.– Leon Kass, « The end of medicine and the pursuit of health. », *Towards a more natural science Biology and Human Affairs*, The Free Press, New York, 1985.
11.– Francis Fukuyama, *Our Posthuman Future: Consequences of the Biotechnology Revolution*, Farrar, Strauss & Giroux, New York, 2002.
12.– Bill Mc Kibben, *Enough. Genetic Engineering and the end of Human Nature*, Bloomsbury Publishing, London, 2014.
13.– Michael Sandel, *The case against perfection: Ethics in the age of genetic engineering*, Harvard University Press, Harvard, 2009.
14.– Leon Kass, *op. cit.*

d'augmenter ses caractéristiques saines pour produire un état fonctionnel ou de bien-être au-delà du nécessaire (paradigme d'augmentation). Tout l'enjeu est alors de pouvoir reconnaître cette frontière. Pour Kass, il existe tout d'abord des vrais et des faux objectifs thérapeutiques. Guérir une personne de la Covid-19, par exemple, est un vrai objectif parce qu'elle est affectée dans son corps par une agression d'ordre virale. En revanche, le bonheur est un faux objectif, car être heureux n'est pas incompatible avec le fait d'être malade. Semblablement, la suppression de la mort n'est pas un vrai objectif, puisqu'être vivant et être en bonne santé ne sont pas la même chose, la santé se reconnaissant, pour Kass par l'absence de toutes maladies connues.

C'est donc ainsi que Kass identifie la frontière entre le paradigme « thérapeutique » et celui d'« augmentation ». Elle se révèle descriptive, tout d'abord, en ce qu'elle permet de reconnaître ce qu'on appelle « un soin », « un traitement », « une thérapeutique » ; normative, ensuite, car elle oriente les actions et obligations des soignants, des chercheurs en biomédecine et en technologies de la santé[15]. Au-delà de cette frontière, toutes pratiques relèveraient de l'augmentation, car c'est aller au-delà d'une logique thérapeutique. Dans ce cadre, et parce qu'ils s'inscrivent dans un contexte de handicap, les implants cérébraux pour la réadaptation fonctionnelle semblent correspondre parfaitement au paradigme thérapeutique. Mais un examen plus approfondi révèle toutefois d'importantes fragilités dans ce raisonnement.

Jusqu'où cette distinction est-elle valable ?

Une analyse, lumineuse, se trouve chez Eric Juengst[16]. Il éclaire en effet sur les nombreux points faibles de la distinction entre « thérapeutique » et « augmentation ». D'une part, l'auteur observe que les croyances culturelles et les mœurs évoluent dans le temps et en fonction des contextes sociaux[17]. Aussi, la frontière entre le paradigme « thérapeutique » et celui d'« augmentation » évolue-t-elle également, les professionnels de santé et les chercheurs étant souvent ceux par qui elle se détermine. D'autre

---

15.- Franklin Miller, Howard Brody, Kevin Chung, « Cosmetic Surgery and the Internal Morality of Medicine », *Cambridge Quarterly Health Care Ethics*, 9 (3), 2000, p. 353-364 ; Maxwell Mehlman, Jessica Berg, Eric Juengst, Eric Kodish, « Ethical and Legal Issues in Enhancement Research on Human Subjects », *Quarterly of Healthcare Ethics*, 20 (1), 2011, p. 30-45.
16.- Eric Juengst, Daniel Moseley, « Human Enhancement », *Stanford Encyclopedia of Philosophy*, site internet, consulté le 30 mai 2020.
17.- Peter Conrad, *The Medicalization of Society: On the Transformation of Human Conditions into Treatable Disorders*, The Johns Hopkins University Press, Baltimore, 2007.

part, lesdites « améliorations » ne portent principalement que sur des caractéristiques de l'être humain, et jamais sur sa globalité. Ainsi, on tente de développer des techniques de préservation biologique visant à mieux préserver les traces physiques de la mémoire, comme le propose le projet « Netcome ». En effet, cette Startup vise, tout d'abord, à mieux comprendre le fonctionnement cérébral ; puis, à développer des neurotechnologies de transfert de souvenirs. C'est avec l'ingénieur Robert McIntyre, co-fondateur de « Netcome », que les choses se précisent. Selon lui, avec les données recueillies sur la mémoire, on pourrait éventuellement les utiliser, des siècles plus tard, pour télécharger l'esprit d'une personne dans un ordinateur ou un corps robotique[18]. D'autres projets, comme Neuralink qu'on a cité en introduction, se concentrent sur l'intelligence humaine afin de l'améliorer en l'hybridant avec de l'intelligence artificielle, tout en poursuivant aussi des objectifs d'aide au handicap[19].

Or, ce type d'approches fragmentaires implique toujours des compromis, explique Juengst. En effet, ce qu'on améliore d'un côté se perd de l'autre. C'est le cas de l'augmentation de la longévité de la vie humaine qui s'accompagne trop souvent, dans le contexte du grand âge, de la solitude des personnes âgées ou d'apparition de maladies contre lesquelles on est sans traitement, telle que la maladie d'Alzheimer[20]. Aussi, une amélioration ne vaut-elle que si ses effets bénéfiques ne finissent pas par être dépassés par ses conséquences négatives dans la durée. Le philosophe Francis Wolff explique notamment que le transhumanisme ne ferait qu'accroître les inégalités à l'échelle de la planète. Il estime notamment que par leur coût, les technologies transhumanistes ne seront jamais accessibles au plus grand nombre. Elles se limiteront à des privilégiés, conduisant à l'émergence de deux formes d'humanité : celle composée d'individus humains modifiés parce que leurs ressources le leur permettront ; celle composée d'individus humains qui ne le seront pas, faute d'appartenir à une classe sociale aisée[21]. Pour cette raison, la distinction entre « thérapeutique » et « augmentation » sert le propos de certains philosophes pour blâmer ou louer les projets technoscientifiques.

Mais il existe différentes approches de cette distinction, et toutes souffrent de faiblesses qui leur sont propres. Elles ont toutefois un point commun. Elles

---

18.- Antonio Regalado, « A Startup Is Pitching a Mind-Uploading Service That Is "100 Percent Fatal," » *MIT Technology Review*, Marq 13, 2018.

19.- Elon Musk, « Neuralink Launch Event », https://www.youtube.com/watch?v=r-vbh3t7WVI, consulté le 30 mai 2020 ; Elon Musk, « An integrated brain-machine interface platform with thousands of channels », bioRxiv. Janvier 2019 ; 703801.

20.- Darrel Shickle, « Are "Genetic Enhancements" Really Enhancements? » *Cambridge Quarterly Health Care Ethics*, 9, 2000, p. 342-352.

21.- Francis Wolff, *Trois utopies contemporaines*, Fayard, Paris, 2017.

dessinent une frontière dont les contours restent définitivement flous. C'est typiquement le cas de Kass[22] qui fait reposer la distinction sur le principe de « la fonction normale » selon lequel « être normal », c'est être capable de faire tout ce que les membres de sa propre espèce peuvent faire (« *Normal Function Accounts* »). Les pratiques biomédicales et les technologies en santé qui guérissent, réparent, restaurent, à la hauteur de ce qu'est capable de faire la majorité des individus humains, trouvent donc logiquement place dans le paradigme thérapeutique. Le recours à un implant rétinien, par exemple, est thérapeutique quand il permet à un individu de retrouver la vue. De la même façon, équiper une personne tétraplégique d'un implant cérébral pour qu'il contrôle un bras robotique serait de l'ordre du traitement. En revanche, il s'agirait d'une amélioration si l'une vise la possibilité de voir dans le noir, et si l'autre vise l'augmentation de la force physique d'un individu sain au-delà de ce que le commun des hommes est capable de faire.

Pourtant, il se trouve que dans certaines circonstances, ce qui est d'abord considéré comme une amélioration peut devenir un traitement, et ce qui est d'abord considéré comme un traitement, une amélioration[23]. Pour prendre un exemple simple, Juengst évoque la restauration de capacités fonctionnelles d'un individu, dont le niveau était exceptionnel avant la perte accidentelle de ses capacités. Cette situation accidentelle pourrait impliquer qu'on use de technologies d'augmentation afin de rétablir cette exception. En effet, un individu qui était auparavant doté d'une intelligence exceptionnelle, par rapport à l'immense majorité des autres individus humains, pourrait estimer qu'il lui revient, moralement et de droit, de profiter des technologies d'augmentation pour lui permettre de retrouver son niveau d'excellence en matière d'intelligence. Dans ce cadre, le projet « Neuralink » de fusionner l'intelligence humaine avec une intelligence artificielle au moyen d'un implant cérébral relèverait du traitement.

Certains travaux commencent à trouver des fondements à cette hypothèse. Par exemple, des études anthropologiques ont examiné le point de vue de différents scientifiques concernant la technologie bionique. Elles ont montré que protéger l'homme, c'est aussi l'ouvrir à une nouvelle forme de vie, y compris par les transformations du corps avec les neuro-technologies[24]. Ce point de vue est partagé par certains patients pour lesquels les neurotechnologies ne servent pas seulement à compenser un déficit neuronal, mais peuvent également offrir une opportunité d'amélioration.

22.– Leon Kass, *Beyond Therapy: Biotechnology and the Pursuit of Happiness*, New York, Harper Perennial, 2003.
23.– Eric Juengst, Daniel Moseley, *op. cit.*
24.– Daniela Cerqui, « The future of humankind in the era of human and computer hybridization: An anthropological analysis », *Ethics Inf Technol*, 4, 2002, p. 101-108.

Des patients souffrant de troubles de la mémoire ont également exprimé souhaiter avoir une meilleure mémoire grâce à des implants cérébraux, ce qui signifiait, pour eux, posséder une meilleure mémoire que la majorité des autres individus[25].

Mais considérons encore les choses autrement. Si on tient compte que certaines technologies et techniques en santé sont des renforcements de l'organisme biologique individuel, on pourrait les ranger du côté de l'augmentation, plutôt que de celui du traitement. On pourrait s'étonner que certains donnent l'exemple du fauteuil roulant électrique[26]. Ils veulent surtout souligner la complexité de la réalité technologique, car objectivement, un fauteuil roulant électrique augmente la capacité de parcourir de plus longues distances, plus rapidement et avec beaucoup moins de fatigue que ne le fait un individu sans handicap. On sera plus sensible à l'exemple de technologies médicales de prévention. En effet, largement acceptées du point de vue social, elles peuvent être de véritables renforcements du corps humain. C'est le cas des vaccins que certains décrivent comme des techniques d'augmentation de la capacité de l'organisme biologique à résister contre des organismes pathologiques[27]. Dans ce cadre, la technologie préventive est en effet tout sauf un traitement dans la mesure où, au départ, l'organisme biologique individuel ne souffre d'aucune pathologie.

Cette analyse pourrait valoir aussi contre une autre approche de la frontière thérapeutique-augmentation, l'approche fondée sur la maladie (« *Disease-Based Accounts* »). Si seules les pratiques biomédicales et les technologies en santé légitimes sont celles qui permettent de lutter contre une pathologie affectant le corps, ou pour faire face à un dysfonctionnement de celui-ci, alors les techniques de prévention n'en font pas partie[28]. Dans ce cadre, les vaccins ne relèveraient pas d'un soin dans le sens de guérir. En d'autres termes, s'ils permettent de lutter contre une pathologie, c'est en permettant aux individus de ne pas tomber malades. Or, on ne peut raisonnablement parler de traitement et de guérison que pour un individu qui fut

---

25.– Céline Lafontaine, *Nanotechnologies et société. Enjeux et perspectives : entretiens avec des chercheurs*, Boréal. Montréal, 2010.

26.– Anita Silvers, « A Fatal Attraction to Normalizing: Treating Disabilities as Deviations from "Species-Typical" Functioning », In Erik Parens (dir.), *Enhancing Human Traits*, Washington, Georgetown University Press, 1998, p. 177-202.

27.– Eric Juengst, Daniel Moseley, *op. cit.* ; Eric Juengst, « Can Enhancement Be Distinguished from Prevention in Genetic Medicine? », *J Med Philos.*, 22 (2), 1997, p. 125-42.

28.– Edward Berger, Bernard Gert, « Genetic Disorders and the Ethical Status of Germ-Line Gene Therapy », *J Med Philos.*, 16 (6), 1991, p. 667-683.

atteint d'une pathologie[29]. Il en va autrement pour les implants cérébraux. Dans le contexte de la réadaptation fonctionnelle, ils répondent à des effets causés par une maladie ou un dysfonctionnement neurologique. Ainsi, ils relèveraient du traitement lorsqu'un problème médical est clairement identifié, et de l'augmentation lorsque leur usage s'ajoute à un fonctionnement non pathologique de l'organisme biologique.

Mais, objectera-t-on, si un implant cérébral vise à répondre au désordre d'un état mental, dans quel paradigme doit-on ranger cette technologie ? On répondra, par exemple, que la dépression est reconnue comme une pathologie, voire comme un handicap, par l'Organisation Mondiale de la Santé (OMS). Et d'ailleurs, ce qu'on appelle la stimulation cérébrale profonde (« Deep Brain Stimulation », DBS)[30], c'est-à-dire, l'introduction d'électrodes dans le cerveau pour stimuler électriquement certaines zones afin de réguler l'activité de certains neurones[31], fait partie des traitements possibles face à des dépressions résistantes[32].

Les choses se compliquent si on évoque la souffrance existentielle que certaines personnes éprouvent, par exemple, dans leur propre expérience du vieillissement. On le sait, cette expérience les conduit parfois à avoir recours à la chirurgie esthétique (c'est-à-dire, ici, l'ensemble de techniques médicales invasives en ce qu'elles font effraction au corps). L'élimination technologique de ce qui peut être vécu comme une disgrâce, telles que les transformations du visage pour une meilleure intégration sociale, peut être tenue comme une augmentation par rapport au commun des autres membres de l'espèce qui font aussi l'expérience du vieillissement. De la même façon, la souffrance que peut susciter la conscience de notre condition mortelle peut motiver certains à voir dans le développement de technologies d'hybridation une opportunité de se défaire un jour du corps biologique périssable. En soi, ces situations ne révèlent pas de pathologie particulière. Ni le vieillissement

---

29.- Gilbert Hottois, *Le transhumanisme est-il un humanisme ?*, Académie R. Bruxelles, 2014.

30.- Alim Louis Benabid, Pierre Pollak, Claire Gervason, Dominique Hoffmann, Dongming, Gao, Marc Hommel, *et al.*, « Long-term suppression of tremor by chronic stimulation of the ventral intermediate thalamic nucleus », *The Lancet*, 337 (8738), 1991, p. 403-406.

31.- Walter Glannon, « Ethical issues in neuroprosthetics », *J Neural Eng.*, 13 (2), 2016 :021002 ; Walter Glannon « Neuromodulation and the mind-brain relation », *Front Integr Neurosci.*, 9, 22, 2015.

32.- Helene Mayberg, Andres Lozano, Valerie Voon, Heather McNeely, David Seminowicz, Clement Hamani, *et al.* « Deep brain stimulation for treatment-resistant depression », *Neuron.*, 45 (5), 2005, p. 651-660 ; Tarrique Perera, Mark George, Geoffrey Grammer, Philip Janicak, Alavaro Pascual-Leone, Theodore Wirecki, « The Clinical TMS Society Consensus Review and Treatment Recommendations for TMS Therapy for Major Depressive Disorder. » *Brain Stimulation*, 9 (3), 2016, p. 336-346.

ni la mort ne sont des maladies qui pourraient justifier les moyens de les éradiquer. Et cependant, certains individus souffrent réellement à l'idée de vieillir ou de devoir mourir un jour. Les choses deviennent définitivement plus complexes, si on considère maintenant que l'OMS a défini la santé, depuis 1946, comme n'étant pas seulement une absence de maladie ou d'infirmité, mais comme « un état de complet bien-être physique, mental et social. » Dans ce cadre, un certain nombre de pratiques biomédicales et de technologies transhumanistes rempliraient donc bien la fonction de discipline médicale, à l'image des implants cérébraux développés pour augmenter l'intelligence humaine, face aux effets négatifs du temps sur les capacités cognitives.

On le voit, tracer une ligne de démarcation nette entre le thérapeutique et l'augmentation se révèle extrêmement difficile. Dans le cas spécifique des neuroprothèses, si elles sont développées dans un contexte d'aide au handicap ou pour répondre à un problème neurologique, on a vu que leur intervention pouvait moralement être justifiée autant dans le paradigme d'« augmentation », que dans celui « thérapeutique ». Pour cette raison, il peut s'avérer pertinent d'envisager un troisième paradigme.

Pour un paradigme de compensation

Les analyses ci-dessus ont mis en évidence la complexité d'interpréter les implants cérébraux au moyen de la distinction thérapeutique-augmentation. On va pousser plus avant l'analyse et on va voir que si certains implants visent à répondre à un problème d'ordre neurologique, c'est en fournissant une capacité inédite et qui dépasse ce qu'on a l'habitude d'observer, du point de vue du fonctionnement d'un organisme biologique, et du point de vue des autres membres de la communauté humaine.

On peut faire observer, pour commencer, que les implants dont il est principalement question ici connectent directement le cerveau d'un individu, et en temps réel, avec un dispositif artificiel extérieur, tel qu'un ordinateur équipé d'un programme algorithmique de traitement de signal neuronal. Ce type de neuro-prothèse peut être bidirectionnel en boucle fermée, c'est-à-dire, qu'il capte de l'information (neuronale ; « input »), et qu'il peut transférer en retour (« feedback ») une information au cerveau grâce à des stimulations contrôlées (« output »), visant à déclencher l'activité électrique de certains neurones. Les implants intra-corticaux, comme le « Utah Array », permettent ce type de couplage bidirectionnel. Ce sont des réseaux de micro-électrodes implantables directement dans le cerveau pour capter le signal électrique des neurones dans des zones cérébrales spécifiques, et/ou transmettre de l'information à partir d'un dispositif extérieur par des stimulations électriques. Ils sont très prometteurs, par exemple, pour permettre aux personnes atteintes d'une paralysie sévère de contrôler un ordinateur ou une prothèse (tel qu'un bras ou un exosquelette robotique) avec leurs volitions (en imaginant faire des mouvements), afin de compenser leur handicap[33]. On comprend qu'une telle capacité de contrôler, par l'imagination de mouvements, un dispositif externe ne faisant pas physiquement partie du corps n'est pas une aptitude naturellement donnée à l'Homme, ni une aptitude acquise et partagée parmi les membres de l'espèce humaine. D'ordinaire, il existe toujours une partie du corps humain dont le mouvement déclenche celui des objets qui nous entourent. Par exemple, la force d'action du marteau dépend du mouvement du bras humain qui le contrôle.

Mais voici un exemple plus saisissant encore. Dans l'actuel développement des implants cérébraux, des recherches sont réalisées pour offrir de nouvelles formes de communication à des personnes ayant perdu la fonction de la parole après un accident de la vie. De façon très sommaire, il s'agit d'enregistrer les signaux électriques de neurones à l'aide d'implants intracérébraux[34], dans l'objectif de pouvoir capter différentes composantes physiques (caractéristiques particulières de certains signaux cérébraux), sous-tendant la « parole imaginée » (« *covert speech* »)[35]. Précisons que l'expression « parole imaginée » désigne « l'expression silencieuse de la pensée consciente, pour soi-même et sous une forme linguistique cohérente »[36]. Plus simplement encore, c'est ce que chacun fait quand il se répète, par exemple, son numéro de téléphone dans sa tête. Le procédé neuro-technologique consiste ensuite à décoder les signaux neuronaux (traduction de l'information neuronale dans une forme connue et maîtrisée par l'Homme,

---

33.– Walter Glannon, « Ethical issues with brain-computer interfaces », *Front Syst Neurosci*. 8, 2014.

34.– Brian Pasley, Stephen David, Nima Mesgarani, Adeen Flinker, Shilhab Shamma, Nathan Crone, *et al.*, « Reconstructing Speech from Human Auditory Cortex », *PLoS Biol.*, 10 (1), 2012 : e1001251 ; Gopala Anumanchipalli, Josh Chartier, Edward Chang, « Intelligible speech synthesis from neural decoding of spoken sentences », *Nature*, 568, 2019, p. 493-98 ; Florent Bocquelet, Thomas Hueber, Laurent Girin, Christophe Savariaux, Blaise Yvert, « Real-Time Control of an Articulatory-Based Speech Synthesizer for Brain Computer Interfaces », *PLOS Comput Biol.*, Nov. 12 (11), 2016 :e1005119 ; Florent Bocquelet, Thomas Hueber, Laurent Girin, Stephan Chabardès, Blaise Yvert, « Key considerations in designing a speech brain-computer interface », *J.Physiol.*, Paris, 110 (4 Pt A), 2016, p. 392-401.

35.– Marcella Perrone-Bertolotti, Lucile Rapin, Jean-Philippe Lachaux, Monica Baciu, Hélène Lœvenbruck, « What is that little voice inside my head? Inner speech phenomenology, its role in cognitive performance, and its relation to self-monitoring », *Behav Brain Res.*, 261 (January) 2014, p. 220-39.

36.– Lev Vygotski, *Pensée et langage*, traduction et avant-propos Lucien Sève, Éditions La Dispute, Paris, 1997.

tel que le langage informatique à l'aide de réseaux de neurones artificiels, et sans doute à l'avenir avec des « réseaux neuronaux hybrides »)[37] ; puis, à les retranscrire sous la forme d'une voix de synthèse grâce à un synthétiseur vocal[38]. Le développement d'un tel implant pourrait offrir, à terme, une nouvelle voie de communication à des personnes vulnérables, comme le développe le projet européen « Braincom » (http://www.braincom-project.eu), ou encore le projet de recherche français « BrainSpeak » (https://anr.fr/Project-ANR-16-CE19-0005).

Là encore, il est plus qu'évident que cette aptitude acquise se distingue d'un fonctionnement original – ou authentique – d'un organisme biologique humain, ainsi que des aptitudes acquises par le commun des hommes, même parmi les plus extraordinaires, comme celles qu'on peut observer dans le milieu du sport de haut-niveau. En effet, l'individu équipé d'un tel implant cérébral détient une compétence, tel que contrôler un bras robotique en imaginant ses mouvements, qui ne s'acquiert que par une modification technologique du corps humain. En ce sens, l'implant défait les limites inhérentes au corps biologique par le couplage de deux entités distinctes dont la conservation de la nature propre de chacune pose question. Dans le contexte très précis des implants pour la parole, ceux-ci remplacent la fonction perdue au moyen d'un nouveau mode technologique de communication, un mode inventé et produit par l'Homme.

Il faut encore préciser un point d'importance. Ces dispositifs technologiques implantables peuvent être qualifiés d'hybrides, en ce que l'optimisation de leur fonctionnement implique la synthèse entre l'organisme biologique et l'artificialité du dispositif électronique. Cela a commencé à prendre forme avec ce qu'on appelle les réseaux de neurones hybrides. Cette technologie a d'abord été réalisée au niveau de cellules biologiques individuelles : un neurone biologique a été interconnecté avec un neurone électronique. Néanmoins, la communication bidirectionnelle entre ces deux types de neurones à l'échelle d'un grand réseau (neurones biologiques et neurones électroniques) n'a pas encore été totalement atteinte, même si de récentes recherches ont commencé à réaliser cette hybridation. Dans ce contexte, les frontières traditionnelles entre ce qui est naturel et artificiel,

---

37.– Sébastien Joucla, Matthieu Ambroise, Timothée Levi, Thierry Lafon, Philippe Chauvet, Sylvain Saïghi, *et al.* « Generation of locomotor-like activity in the isolated rat spinal cord using intraspinal electrical microstimulation driven by a digital neuromorphic CPG », *Front Neurosci.* 2016, 10 (67) ; Marie Bernert, Blaise Yvert, « An Attention-Based Spiking Neural Network for Unsupervised Spike-Sorting », *Int J Neural Syst.*, 29 (8), 2019 : 1850059.

38.– Florent Bocquelet, Thomas Hueber, Laurent Girin, Christophe Savariaux, Blaise Yvert, *op. cit.*

entre l'homme et les machines, entre le vivant et l'inanimé, sont devenues particulièrement ambiguës.

Voilà pourquoi il n'est pas insensé de dire qu'avec ces implants cérébraux, la frontière entre l'humain et la machine devient de plus en plus transparente (hybridation invisible), dévoilant ce que certains appellent le « cyborg »[39]. Si l'on doit au cinéma des figures fantasmagoriques du cyborg, le terme réfère avant tout à un concept philosophique. Inventé en 1960 par Clynes et Kline[40], il désigne un organisme biologique humain couplé à un dispositif artificiel pour assurer la gestion et la régulation de son fonctionnement, afin qu'il vive en milieu hostile autre que terrestre. En ce sens, le cyborg est déjà une réalité si on tient compte des instruments d'assistance du corps, comme les organes artificiels. Mais avec le développement d'implants cérébraux, on franchit une étape supplémentaire en intervenant directement sur le cerveau humain et son fonctionnement. Ontologiquement, l'Homme ne serait donc pas si différent de la machine[41], et celui équipé d'un implant cérébral pourrait être considéré, dans ce cas, comme un transhumain ou un posthumain.

Mais s'arrêter là, ce serait ouvrir la porte à des simplifications abusives et courir un risque trop grand de confusions importantes dans la réflexion éthique. Comme on l'a vu, l'implant cérébral (ceux dont il a été question ici) ne répare pas ni ne restaure la fonction perdue. Celle-ci le sera irréversiblement tant qu'on ne trouvera pas de traitement aidant l'organisme à instituer par lui-même une nouvelle norme de fonctionnement viable[42]. Or, la capacité d'instituer de nouvelles normes est aussi le propre du transhumanisme, quel qu'en soit le moyen. Car le transhumanisme est ce risque assumé de transcender les limites de la nature humaine pour l'ouvrir vers d'autres horizons, comme l'ont mis en évidence les propos de certains de ses grands défenseurs. C'est un principe dynamique d'adaptation à son environnement dans une perspective évolutionniste assumée[43]. En effet, « être normal », c'est aussi admettre la possibilité de varier, d'instituer un nouvel ordre

---

39.- Donna Haraway, « A Cyborg Manifesto: Science, Technology, and Socialist-Feminism in the Late Twentieth Century », *Simians, Cyborgs and Women: The Reinvention of Nature*, Routledge, New York, 1991 ; Maartje Schermer, « The mind and the machine. On the conceptual and moral implications of brain-machine interaction » *Nanoethics*, 3, 217, 2009 ; David Le Breton, « Le transhumanisme ou l'adieu au corps », *Écologie & politique*, 2 (55), 2017, p. 81-93.

40.- Manfred Clynes, Nathan Kline, « Cyborgs and space », *Astronautics*. 1960, p. 26-76.

41.- Bruce Mazlich, *The Fourth Discountinuity. The Co-Evolution of Human and Machines*, Yale University Press, New Haven, 1993 ; Miguel Benasayag, *Cerveau augmenté, Homme diminué*, Éditions La Découverte, Paris, 2016.

42.- Georges Canguilhem, *Le normal et le pathologique*, PUF Quadrige, Paris, 1966.

43.- Manfred Clynes, Nathan Kline, *op. cit.*

physiologique selon la singularité de chaque individu, et selon les changements environnementaux.

Mais l'implant cérébral maintient en tension le normal et le pathologique. Le résultat de cette hybridation est donc un composé fragile. Par exemple, si l'implant sert à contrôler des jambes paralysées, le dysfonctionnement du dispositif artificiel ramène l'individu à son état de handicap. Si l'implant permet à une personne atteinte d'un locked-in syndrome de communiquer, son retrait provoque à nouveau l'enfermement de cette personne dans son corps biologique. Et dans un futur indéterminé, ces implants auront peut-être un caractère vital de sorte que leur retrait du corps provoquerait immédiatement la mort de l'individu, comme tel est le cas avec les pacemakers.

On ne peut toutefois tenir pour un simple détail le fait que l'implant, dans un contexte de handicap ou de prise en charge d'une maladie neurologique, répond tout d'abord à une nécessité de santé, dans l'acceptation institutionnelle qu'en a faite l'OMS. De plus, il s'inscrit dans une approche clinique du corps où les progrès des technologies visent ultimement l'objectif de guérir, une sorte de *restitutio ad integrum*, c'est-à-dire, un retour à l'état de nature avant le trouble pathologique. La réalité technologique est donc plus complexe qu'elle n'y paraît, et ce détail d'importance encourage à opérer des distinctions conceptuelles pour éviter des glissements et des recoupements susceptibles d'advenir à tout moment dans la réflexion éthique.

À l'instar de Rasmus Bjerregaard Mikkelsen[44], qui milite pour un troisième terme dans le domaine de la génétique – « genetic protection modification » – afin de sortir du débat binaire entre « thérapeutique » et « augmentation », il peut être souhaitable de définir un troisième paradigme scientifique relatif aux implants cérébraux : le paradigme de « compensation. » Il permettrait d'éviter des confusions et des ambiguïtés par l'emprunt de concepts en provenance d'un paradigme différent ou incompatible. Il permettrait de faire directement la distinction entre un « transhumanisme faible » (neuro-technologies non-thérapeutiques, apportant une capacité inédite et hors-normes par rapport aux autres êtres humains dans un contexte d'aide au handicap), et un « transhumanisme fort » (les modifications technologiques d'un cerveau sans problème neurologique identifié), en évitant l'utilisation d'un même terme simplement nuancé pour des notions qui désignent des réalités si différentes.

44.- Rasmus Bjerregaard Mikkelsen, Henriette Reventlow, Frederiksen, Mickey Gjerris, Bjorn Holst, Poul Hyttel, Yonglun Luo, *et al.* « Genetic Protection Modifications: Moving Beyond the Binary Distinction Between Therapy and Enhancement for Human Genome Editing », *Cris J.*, 2 (6), 2019, p. 362-369.

Bibliographie

Alim Louis Benabid, Pierre Pollak, Claire Gervason, Dominique Hoffmann, Dongming, Gao, Marc Hommel, *et al.*, « Long-term suppression of tremor by chronic stimulation of the ventral intermediate thalamic nucleus », *The Lancet*, 337 (8738), 1991, p. 403-406.

Anita Silvers, « A Fatal Attraction to Normalizing: Treating Disabilities as Deviations from "Species-Typical" Functioning », in E. Parens (dir.), *Enhancing Human Traits*, Washington, Georgetown University Press, 1998, p. 177-202.

Antonio Regalado, « A Startup Is Pitching a Mind-Uploading Service That Is "100 Percent Fatal" », *MIT Technology Review*, Marq 13, 2018.

Bill Mc Kibben, *Enough. Genetic Engineering and the end of Human Nature*, Bloomsbury Publishing, London, 2014.

Bolu Ajiboye, Francis Willett, Daniel Young, William Memberg, Brian Murphy, Jonathan Miller, *et al.* « Restoration of reaching and grasping movements through brain-controlled muscle stimulation in a person with tetraplegia: A proof-of-concept demonstration. », *The Lancet*, 389 (10081), 2017, p. 1821-30.

Brian Pasley, Stephen David, Nima Mesgarani, Adeen Flinker, Shilhab Shamma, Nathan Crone, *et al.*, « Reconstructing Speech from Human Auditory Cortex », *PLoS Biol.*, 10 (1), 2012 : e1001251.

Bruce Mazlich, *THe FOurth Discountinuity. The Co-Evolution of Human and Machines*, New Haven : Yale University Press, 1993.

Céline Lafontaine, *Nanotechnologies et société. Enjeux et perspectives : entretiens avec des chercheurs*, Boréal, Montréal, 2010.

Daniela Cerqui, « The future of human kind in the era of human and computer hybridization: An anthropological analysis », *Ethics Inf Technol*, 4, 2002, p. 101-108.

Darrel Shickle, « Are "Genetic Enhancements" Really Enhancements? » *Cambridge Quarterly Health Care Ethics*, 9, 2000, p. 342-352.

David Le Breton, « Le transhumanisme ou l'adieu au corps », *Écologie & politique*, 2 (55), 2017, p. 81-93.

Donna Haraway, « A Cyborg Manifesto: Science, Technology, and Socialist-Feminism in the Late Twentieth Century », *Simians, Cyborgs and Women: The Reinvention of Nature*, Routledge, New York, 1991.

Edward Berger, Bernard Gert, « Genetic Disorders and the Ethical Status of Germ-Line Gene Therapy », *J Med Philos.*, 16 (6), 1991, p. 667-683.

Elon Musk, « An integrated brain-machine interface platform with thousands of channels », bioRxiv. Janvier 2019 ; 703801.

Elon Musk, « Neuralink Launch Event », https://www.youtube.com/watch?v=r-vbh3t7WVI, consulté le 30 mai 2020.

Eric Juengst, « Can Enhancement Be Distinguished from Prevention in Genetic Medicine? », *J Med Philos.*, 22 (2), 1997, p. 125-42.

Eric Juengst, Daniel Moseley, « Human Enhancement », *Stanford Encyclopedia of Philosophy*, site internet, https://plato.stanford.edu/cgi-bin/encyclopedia/archinfo.cgi?entry=enhancement, consulté le 30 mai 2020.

Florent Bocquelet, Thomas Hueber, Laurent Girin, Christophe Savariaux, Blaise Yvert, « Real-Time Control of an Articulatory-Based Speech Synthesizer for Brain Computer Interfaces », *PLOS Comput Biol.*, Nov. 12 (11), 2016 : e1005119.

Florent Bocquelet, Thomas Hueber, Laurent Girin, Stephan Chabardès, Blaise Yvert, « Key considerations in designing a speech brain-computer interface », *J Physiol.*, Paris, 110 (4 Pt A), 2016, p. 392-401.

Florent Bocquelet, Thomas Hueber, Laurent Girin, Christophe Savariaux, Blaise Yvert, *Real-Time Control of an Articulatory-Based Speech Synthesizer for Brain Computer Interfaces*, PLoS Comput Biol. 2016 ; 12(11).

Francis Fukuyama, *Our Posthuman Future: Consequences of the Biotechnology Revolution*, Farrar, Strauss & Giroux, New York, 2002.

Francis Wolff, *Trois utopies contemporaines*, Fayard, Paris, 2017.

Franklin Miller, Howard Brody, Kevin Chung, « Cosmetic Surgery and the Internal Morality of Medicine », *Cambridge Quarterly Health Care Ethics*, 9 (3), 2000, p. 353-364.

Georges Canguilhem, *Le normal et le pathologique*, PUF Quadrige, Paris, 1966.

Gilbert Hottois, *Le transhumanisme est-il un humanisme ?*, Académie R. Bruxelles, 2014.

Gopala Anumanchipalli, Josh Chartier, Edward Chang, « Intelligible speech synthesis from neural decoding of spoken sentences », *Nature*, 2019 ; 568 : 493-98.

Helene Mayberg, Andres Lozano, Valerie Voon, Heather McNeely, David Seminowicz, Clement Hamani, *et al.* « Deep brain stimulation for treatment-resistant depression », *Neuron.*, 45 (5), 2005, p. 651-660.

Jacques Mateu, « La chirurgie esthétique et plastique au service du mieux vieillir. », *Gérontologie et société*, 35 (140), 2012, p. 53-61.

James Hughes, *Citizen Cyborg: Why Democratic Societies Must Respond to the Redesigned Human of the Future*, Basic Books, 2004.

James Keenan. « Whose Perfection is it Anyway?: A Virtuous Consideration of Enhancement. », *Christ Bioeth.*, 5 (2), 1999, p. 104-120.

Jennifer Collinger, Brian Wodlinger, John Downey, Wei Wang, ElizabethTyler-Kabara, Douglas Weber, *et al.* « High-performance neuroprosthetic control by an individual with tetraplegia », *The Lancet*, 381 (9866), 2013, p. 557-564.

Julian Huxley, *Religion without revelation*, E. Benn, London, 1927.

Leigh Hochberg, Mijail Serruya, Gerhard Friehs, Jon Mukand, Maryam Saleh, Abraham Caplan, John Donogue *et al.* « Neuronal ensemble control of prosthetic devices by a human with tetraplegia », *Nature*, 442 (7099), 2006, p. 164-71.

Leon Kass, « The end of medicine and the pursuit of health », *Towards a more natural science Biology and Human Affairs*, The Free Press, New York, 1985.

Leon Kass, *Beyond Therapy: Biotechnology and the Pursuit of Happiness*, New York, Harper Perennial, 2003.

Lev Vygotski, *Pensée et langage*, traduction et avant-propos de Lucien Sève, Éditions La Dispute, Paris, 1997.

Maartje Schermer, « The mind and the machine. On the conceptual and moral implications of brain-machine interaction », *Nanoethics*, 3, 217, 2009.

Manfred Clynes, Nathan Kline, « Cyborgs and space », *Astronautics*. 1960, p. 26-76.

Marcella Perrone-Bertolotti, Lucile Rapin, Jean-Philippe Lachaux, Monica Baciu, Hélène Lœvenbruck, « What is that little voice inside my head? Inner speech phenomenology, its role in cognitive performance, and its relation to self-monitoring », *Behav Brain Res.*, 261 (January) 2014, p. 220–39.

Marie Bernert, Blaise Yvert, « An Attention-Based Spiking Neural Network for Unsupervised Spike-Sorting », *Int J Neural Syst.*, 29 (8), 2019 : 1850059.

Max More, « Letter to Mother Nature: Amendments to the Human Constitution », Blog Max More's Strategic Philosophy, 1999, http://strategicphilosophy.blogspot.com/2009/05/its-about-ten-years-since-i-wrote.html.

Maxwell Mehlman, Jessica Berg, Eric Juengst, Eric Kodish, « Ethical and Legal Issues in Enhancement Research on Human Subjects », *Quarterly of Healthcare Ethics*, 20 (1), 2011, p. 30-45.

Michael Sandel, *The case against perfection: Ethics in the age of genetic engineering*, Harvard University Press, Harvard, 2009.

Miguel Benasayag, *Cerveau augmenté, Homme diminué*. Paris, Éditions la découverte, 2016.

Nathaniel Comfort, *The Science of Human Perfection: How Genes Became the Heart of American Medicine*, New Haven, Yale University Press, 2012.

Nick Bostrom, « Why I want to be a Posthuman when I grow up », B. Gordijn, R. Chadwick, *Medical Enhancement and Posthumanity*, Springer, 2008.

Peter Conrad, *The Medicalization of Society: On the Transformation of Human Conditions into Treatable Disorders*, The Johns Hopkins University Press, Baltimore, 2007.

Rasmus Bjerregaard Mikkelsen, Henriette Reventlow, Frederiksen, Mickey Gjerris, Bjorn Holst, Poul Hyttel, Yonglun Luo, *et al.*, « Genetic Protection Modifications: Moving Beyond the Binary Distinction Between Therapy and Enhancement for Human Genome Editing », *Cris J.*, 2 (6), 2019, p. 362-369.

Sébastien Joucla, Matthieu Ambroise, Timothée Levi, Thierry Lafon, Philippe Chauvet, Sylvain Saïghi, *et al.*, « Generation of locomotor-like activity in the isolated rat spinal cord using intraspinal electrical microstimulation driven by a digital neuromorphic CPG », *Front Neurosci.*, 2016, 10 (67).

Sharlen Flesher, Jennifer Collinger, Stephen Foldes, Jeffrey Weiss, John Downey, Elisabeth Tyler-Kabara, *et al.* « Intracortical microstimulation of human somatosensory cortex », *Sci Transl Med.*, 8 (361), 2016, p. 361ra141.

Sliman Bensmaia, Lee Miller, « Restoring sensorimotor function through intracortical interfaces: Progress and looming challenges », *Nature Reviews Neuroscience*, 15(5), 2014, p. 313-325.

Tarrique Perera, Mark George, Geoffrey Grammer, Philip Janicak, Alavaro Pascual-Leone, Theodore Wirecki, « The Clinical TMS Society Consensus Review and Treatment Recommendations for TMS Therapy for Major Depressive Disorder », *Brain Stimulation*, 9 (3), 2016, p. 336-346.

Walter Glannon, « Ethical issues with brain-computer interfaces », *Front Syst Neurosci.*, 8, 2014.

Walter Glannon, « Neuromodulation and the mind-brain relation », *Front Integr Neurosci.*, 9, 22, 2015.

Walter Glannon, « Ethical issues in neuroprosthetics », *J Neural Eng.*, 13 (2), 2016 : 021002.

Et si ma disparition m'était contée ?
Transhumanisme, posthumanisme et science-fiction

Marc Atallah

Il peut paraître surprenant d'aborder la question du transhumanisme et du posthumanisme au travers d'une brève analyse des récits de science-fiction. Ceux-ci, surtout dans le monde francophone, ont en effet tendance à être étudiés au mieux comme les indicateurs de nos angoisses infantiles face aux développements technoscientifiques, le plus souvent comme des divertissements aux richesses esthétiques inexistantes ; ils seraient donc soit des outils, soit des produits, mais jamais des œuvres. Pourtant, que nous disent, si nous prenons la peine d'y réfléchir, ces productions hollywoodiennes que sont, par exemple, *Avatar* (James Cameron, 2009), *Her* (Spike Jonzes, 2013) ou encore *Transcendence* (Wally Pfister, 2014) ? Ne réfléchissent-elles pas singulièrement la problématicité de l'uploading par l'entremise d'humains dont la conscience a été téléchargée dans des réseaux numériques ? Quel est, en outre, le propos de romans tels que *Neuromancer* (William Gibson, 1984), *Le Dernier de son espèce* (Andreas Eschbach, 2003) ou, pour citer deux titres récents, *Transparence* (Marc Dugain, 2019) et l'impressionnant *Les Furtifs* (Alain Damasio, 2019) ? Ne visent-ils pas à donner un sens aux dépendances que nous tissons avec la machine – cybernétique, informatique – et à nous éclairer sur les processus anthropologiques dans lesquels nous sommes enferrés ? Plus généralement, avons-nous pris le temps, comme nous le faisons avec d'autres récits, de les décortiquer, de les étudier, d'en saisir la complexité ? Pourquoi refusons-nous de les laisser parler en nous, afin que nous arrivions entendre ce qu'ils essaient de nous murmurer ? Difficile à dire...

Toutefois, et malgré leurs spécificités propres, force est de constater que ces quelques fictions – et il va de soi que la liste aurait pu être prolongée à l'envi – partagent un point commun essentiel : elles racontent toutes le destin de personnages qui, chacun à leur manière, rencontrent, mais sur le mode *métaphorique* (nous y reviendrons), la figure du posthumain, c'est-à-dire la figure périodiquement fantasmée par le « transhumanisme » – dont le nom a été employé pour la première fois en 1957 par Julian Huxley, le frère d'Aldous (créateur du *Meilleur des mondes* en 1932) –, que l'on définira rapidement comme l'idéologie technocapitaliste dont les différentes écoles prônent l'amélioration de l'espèce humaine (« *human enhancement* ») grâce à l'exploitation des technologies NBIC[1] (Nanotechnologie, Biotechnologie, sciences Informatiques et sciences Cognitives). Cette amélioration du corps humain, devenue réalité dans nombre de récits fictionnels, n'est pas qu'une démence de romanciers : on peut la débusquer dans ces phénomènes contemporains que sont la banalisation des prothèses chimiques et technologiques, l'augmentation des interventions de chirurgie esthétique – et non plus seulement le recours à la chirurgie plastique et reconstructive –, l'importance toujours plus accrue de la médecine prédictive, ou encore l'entrée subreptice de l'hygiénisme dans le domaine moral. La (science-)fiction, en sa qualité de représentation d'une représentation, ne fait pas autre chose que de donner *forme* à ce qui est déjà là, mais sur le mode de la virtualité : les chercheurs transhumanistes s'interrogent sur la fin de la souffrance par exemple, les romanciers et cinéastes en font le cœur de leurs intrigues.

Or, personne n'en doute mais beaucoup ne le font pas, il est nécessaire de distinguer, sauf à vouloir sombrer dans les affres du bovarysme, le posthumain « réel » – celui espéré par les technoprophètes[2] – et le posthumain « fictionnel », celui-là même dont le point de vue est adopté par des millions de spectateurs et de lecteurs à travers le monde lors de leur immersion dans les dispositifs fictionnels[3]. Le premier est un projet *utopique*[4] – dernier avatar en date d'une modernité qui pense le corps comme un objet indépendant du sujet humain –, concrétisable si, et seulement si une multitude d'interventions technologiques invasives sont opérées sur le corps humain, alors conçu, littéralement, comme un matériau brut que

---

[1].- Je propose au lecteur de découvrir le rapport qui évoque les enjeux de cette convergence technologique : https://iatranshumanisme.files.wordpress.com/2016/03/nbic_report.pdf.

[2].- Cette notion, critique face aux fantasmes des chercheurs, a été théorisée par : Dominique Lecourt, *Humain, posthumain*, Paris, Presses Universitaires de France, coll. « Science, Histoire et Société », 2003.

[3].- Pour une définition de l'immersion fictionnelle et de ses conséquences, je renvoie le lecteur intéressé à : Jean-Marie Schaeffer, *Pourquoi la fiction ?*, Paris, Seuil, coll. « Poétique », 1999.

[4].- Voir : Lucien Sfez, *Le Rêve biotechnologique*, Paris, Presses universitaires de France, coll. « Que sais-je ? », 2001.

les technologies sont en droit de modeler, d'adapter et d'augmenter à leur guise sans avoir à se préoccuper, étonnamment, des incidences symboliques ou identitaires provoquées par de telles interventions. Quant au second type de posthumain, le posthumain « fictionnel », il est à considérer comme une figure romanesque, dont la finalité semble bien de problématiser[5] le nouveau statut ontologique acquis par le corps moderne : les récits de fiction usent assurément de cette figure pour *dire* les modifications affectant la condition humaine, toujours passablement malléable. Pour donner un exemple de cet état de fait, rappelons-nous que Case, l'anti-héros du roman fondateur du cyberpunk *Neuromancer*, ne construit aucunement son identité autour de son corps charnel et sensuel, puisqu'il s'y rapporte comme une « prison », dont il faudrait – par définition – s'échapper, en plongeant dans la matrice (ce réseau informatique défini par le récit comme une « hallucination consensuelle ») :

> Case avait vingt-quatre ans. À vingt-deux, il était un cow-boy, un braqueur, l'un des tout bons de Zone. [...]. Il avait opéré en trip d'adrénaline pratiquement permanent, un sous-produit de la jeunesse et de la compétence, branché sur une platine de cyberspace maison qui projetait sa conscience désincarnée au sein de l'hallucination consensuelle qu'était la matrice. Voleur, il avait travaillé pour d'autres voleurs plus riches, [...].
> Il avait commis l'erreur classique, celle qu'il s'était juré de ne jamais faire. Il avait piqué à ses employeurs. Il avait étouffé une bricole et cherché à la sortir par un fourgue à Amsterdam. [...]
> Ils lui endommagèrent le système nerveux avec une mycotoxine russe héritée de la guerre. [...]
> Pour Case, qui n'avait vécu que pour l'exultation désincarnée du cyberspace, ce fut la Chute. Dans les bars qu'il fréquentait du temps de sa gloire, l'attitude élitiste exigeait un certain mépris pour la chair. *Le corps, c'était de la viande. Case était tombé dans la prison de sa propre chair*[6].

Il « était tombé dans la prison de sa propre chair » : cette phrase, quelque peu modifiée par Morpheus en « une prison pour ton esprit » dans le film *Matrix* (Lilly et Lana Wachowski, 1999), désigne avec force la monstruosité acquise par le corps à l'ère contemporaine. Ce dernier se voit en effet radicalement dissocié de l'identité humaine et, ce faisant, devient un paramètre négligeable, un paramètre que l'on pourrait fuir (dans la matrice), voire anéantir, comme le montrent symboliquement les films mettant en scène

---

[5].– Le roman problématique est une des catégories romanesques délimitées par Umberto Eco dans *De Superman au surhomme*, traduit de l'italien par Myriem Bouzaher, Paris, Le Livre de Poche, coll. « Biblio essais », 2005 [1978].

[6].– William Gibson, *Neuromancien*, traduit de l'américain par Jean Bonnefoy, Paris, J'ai lu, coll. « Science-fiction », 2007 [1984], p. 8-9 ; je souligne.

des intelligences artificielles : le corps biologique – puant, pesant, accessoire – se voit opposé, au sein des récits de science-fiction, à la légèreté, la beauté, la vitesse des informations circulant sur nos réseaux informatiques. Les quelques titres de fiction cités en introduction gravitent tous autour de corps altérés, évanouis : le cyborg infrahumain du *Dernier de son espèce* n'a rien à envier à l'intelligence artificielle désincarnée du film *Her* ; la vie lumineuse dans la matrice rêvée par Case ressemble à l'omnipotence dématérialisée obtenue par le Docteur Will Caster dans *Transcendence*, lui permettant de devenir, pendant un temps du moins, le maître du monde.

Ces quelques réflexions liminaires conduisent à un constat, surprenant : une certaine science-fiction a tendance à « tuer » la corporéité humaine ; et un tel acte, bien entendu, se doit d'être interrogé puisque, justement, nous vivons une ère où la question de nos « successeurs posthumains » se pose de plus en plus fréquemment. Pourquoi la science-fiction met-elle en scène des corps absents ? Que signifie évincer notre corps au profit d'une entité nouvelle, qu'elle soit numérique ou cybernétique ? Qu'est-ce que ces récits nous disent de notre rapport au corps et de la conception que nous en avons aujourd'hui ? Pour offrir à ces questions des réponses argumentées, il me semble nécessaire de passer rapidement en revue les soubassements symboliques du transhumanisme : ils me permettront de préciser le contexte avec lequel dialoguent les récits de science-fiction.

De l'augmentation à la disparition[7]

Si nous admettons aujourd'hui, avec une certaine passivité, que notre corps soit devenu une matière à *designer*, c'est parce que, selon l'anthropologue français David Le Breton[8], nous sommes les rejetons d'un mouvement historique complexe qui a construit, depuis le XVIe siècle, une image de l'homme indépendante de ses particularités personnelles, en particulier corporelles : l'homme s'est vu séparé de son corps à la Renaissance, et cette dissociation a eu pour incidence de modifier la conception que l'homme avait de lui-même et du sens qu'il donnait à sa destinée. La succession historique des paradigmes scientifiques « matérialistes » (mécanisme[9],

---

[7].– Ce chapitre reprend et synthétise la réflexion menée dans : Marc Atallah, « Quand la science-fiction tue l'humanité », in *Le Posthumain*, Marc Atallah (dir.), Chambéry/Yverdon-les-Bains, ActuSF/Maison d'Ailleurs, coll. « Les collections de la Maison d'Ailleurs », 2017, p. 12-45.

[8].– David Le Breton, *Anthropologie du corps et modernité*, Paris, PUF, coll. « Quadrige / Essais débats », 2008 [1990].

[9].– On peut facilement approcher le paradigme mécaniste en se rappelant les planches anatomiques de Vésale et la philosophie de Descartes, mais aussi les développements de la science moderne depuis Galilée : ces différents éléments ont eu pour effet de

cybernétique[10], génétique) a plus précisément conduit les individus à percevoir leurs corps comme un brouillon naturalisé, c'est-à-dire comme un simple véhicule matériel dépourvu d'éléments transcendants. Aussi, qu'est-ce qui pouvait empêcher savants et médecins à user librement de ce corps-brouillon, de le modifier, de l'optimiser ? Au demeurant, cette identification du corps à un objet a également permis le développement d'une médecine scientifique « objective » qui, dès la seconde moitié du XIXe siècle, s'est donnée pour mission la résolution systématique de toutes les pathologies par le biais d'une expérimentation méthodique dissociée du sujet humain : son identité, sa sensibilité et ses fragilités n'avaient soudainement plus droit de cité dans le processus thérapeutique. Le corps s'est donc transformé en une machine chancelante, puisque soumise aux dysfonctionnements, à la maladie et, *in fine*, à la mort. C'est pour cette raison que le XXe siècle s'est ingénié à réagir à ces dysfonctionnements par la rationalisation des interventions médicales et par l'encouragement à une hygiène personnelle irréprochable sublimée en esthétisation de soi. Confinant parfois au narcissisme primaire freudien et au repli sur soi[11], cette esthétisation se manifeste dans une standardisation formelle qui, à la fois, diffuse massivement les formes canoniques de ce que devrait être un corps adulte et associe ces formes à des valeurs considérées comme positives par la société libérale fin de siècle.

Ce rapide survol historique, dont l'aspect caricatural se comprend par la nécessité de poser quelques jalons, a permis de dégager certains des éléments au cœur de l'idéologie transhumaniste : si la santé suppose un « état de complet bien-être physique, mental et social, et ne consiste pas seulement en une absence de maladie ou d'infirmité » – comme le postule la définition de la santé revue, en 1946, par l'Organisation Mondiale de la Santé[12] –, il est nécessaire de transformer le corps-brouillon par des moyens « artificiels », afin que ce corps-brouillon devienne un corps-achevé, un corps-parfait – utopie ! –, nécessairement épanouissant pour l'individu.

---

légitimer une conception rationnelle, voire rationaliste, d'une part, de la nature et, d'autre part, de l'être humain. Il est donc peu étonnant que le mécanisme ait conduit les philosophes et scientifiques à interpréter le corps comme un objet perfectible, à l'instar des machines, elles aussi perfectibles.

10.– Voir : Norbert Wiener, *Cybernétique et société. L'Usage humain des êtres humains* (1950), Paris, Seuil, coll. « Points/Sciences », 2014 ; et Céline Lafontaine, *L'Empire cybernétique. Des machines à penser à la pensée machine*, Paris, Seuil, 2004.

11.– C'est la thèse développée par Negin Daneshvar-Malevergne dans son ouvrage *Narcisse et le mal du siècle* (Paris, Dervy, 2009). Même si cette recherche porte sur l'esprit *fin de siècle* au XIXe, sa portée heuristique nous permet de comprendre différemment l'intérêt du transhumanisme à valoriser le corps, la beauté et l'immortalité à la fin du XXe et au début du XXIe siècle : l'esprit *fin de siècle* pourrait-il être à nouveau actif aujourd'hui ?

12.– Préambule à la Constitution de l'Organisation mondiale de la Santé, tel qu'adopté par la Conférence internationale sur la Santé, New York, 19 juin-22 juillet 1946.

Voilà aussi légitimé le commencement des objectifs transhumanistes qui souhaitent aider chacun à s'épanouir en postulant que cet épanouissement s'accompagnera nécessairement – et ce, même si ce changement d'échelle est problématique[13] – d'un épanouissement de la société. On voit clairement apparaître ici le noyau idéologique central du transhumanisme, l'équivalence qu'il instaure sans en interroger les conséquences : l'être humain, et plus particulièrement l'individu libéral, cherche toujours en premier lieu son épanouissement personnel ; or, vu que cet épanouissement est le plus souvent entravé par la fragilité du corps, il doit s'affranchir de ce qui est considéré comme des « dysfonctionnements » en perfectionnant sans cesse sa matière-corps, aidé en cela par les avancées médicales et technologiques. Le paradoxe est patent : le corps n'est plus un sujet – une chair essentielle dans les processus de subjectivation et d'individuation[14] –, mais l'objet périssable que l'on doit optimiser pour devenir des sujets dignes de ce nom, un « nouvel » humain, un posthumain[15]. À ce stade, comment ne pas s'apercevoir que le transhumanisme – dont le programme devient dorénavant limpide : préparer l'avènement du posthumain – a endossé l'utopie dissimulée derrière la définition de la santé de l'OMS ? Pour résumer, le transhumanisme est l'humanisme d'un humain non encore advenu (le posthumain) et postulé comme le projet d'une humanité ayant atteint l'âge « adulte » et, ce faisant, toujours plus maîtresse de son évolution.

Faisons encore un pas en avant : œuvrer à « créer » le posthumain suppose de laisser l'humain derrière nous. Si l'on doit trouver, grâce au *design* corporel et au *body engineering* cher à Günther Anders[16], son « véritable » soi – jusque-là caché derrière le corps-brouillon –, c'est que nous ne sommes jamais, en tant qu'humains, véritablement nous-mêmes.

13.- Pour un argumentaire de cette problématicité, je renvoie le lecteur aux chapitres trois et quatre de : Braden R. Allenby et Daniel Sarewitz, *The Techno-Human Condition*, Cambridge (Massachusetts)/London (England), MIT Press, 2011.

14.- Pour une présentation de ce point de vue, je renvoie le lecteur intéressé à l'ouvrage dirigé par Bernard Andrieu (*Philosophie du corps. Expériences, interactions et écologie corporelle*, Paris, Vrin, coll. « Textes clés de philosophie du corps », 2010) et à l'extrait tiré de *Le Visible et l'invisible* (1964) de Merleau-Ponty.

15.- Voir : Antoine Robitaille, *Le Nouvel Homme nouveau. Voyage dans les utopies de la posthumanité*, Montréal, Boréal, 2007.

16.- Le philosophe Günther Anders critique en effet la notion d'homme « adaptable », centrale dans le paradigme cybernétique, car elle légitime l'ingénierie corporelle, tout en s'appuyant sur ce qu'il appelle la « honte prométhéenne » (l'homme aurait honte de son imperfection face à la perfection des outils qu'il a, lui, Prométhée moderne, fabriqués). Pour de plus amples précisions, le lecteur pourra se référer à : Günther Anders, *L'Obsolescence de l'homme. Sur l'âme à l'époque de la deuxième révolution industrielle* (1956), Paris, Ivrea/Encyclopédie des Nuisances, 2002 ; ou Nicolas Le Dévédec, *La Société de l'amélioration. La perfectibilité humaine des Lumières au transhumanisme*, Montréal, Liber, 2015, p. 128-133.

Le narcissisme transhumaniste se légitimerait donc par la nécessité des individus à se concentrer sur eux-mêmes pour atteindre un nouveau mode d'existence, plus juste et plus stable. Toutefois, ce narcissisme « naïf » doit être nuancé par les recherches menées par Negin Daneshvar-Malevergne ; ces dernières démontrent bien que s'investir à outrance est *avant tout* le signe d'une impossibilité à investir un monde réel en mutation et à trouver du sens au-dehors de soi[17]. Aussi, d'un côté, le transhumanisme asserte que modifier son corps est une des voies royales conduisant à l'épanouissement de chacun ; de l'autre, le narcissisme est analysé par les spécialistes comme un des « mécanismes de compensation pour éviter l'émiettement du moi ». Posons les paradoxes : le moi doit se développer *versus* le moi est à deux doigts de se dissoudre ; l'homme doit se modifier pour échapper « aux incertitudes de la sélection naturelle »[18] *versus* l'homme « cherche un remède à son désespoir intérieur »[19]. L'idéologie transhumaniste serait-elle avant tout l'aveu d'un échec ? Cette idéologie, en prônant l'ingénierie corporelle, ne prouverait-elle pas plutôt qu'elle veut s'affranchir du corps[20], qu'elle déteste le corps ? N'est-ce pas justement cette détestation du corps qui est mise en scène, métaphoriquement, dans les récits de science-fiction, ceux-là mêmes qui, depuis la fin du XIXe siècle, excellent dans l'art de mettre en scène les utopies technoscientifiques ? Ces fictions créent en effet des mondes où les « visions » du transhumanisme sont actualisées, elles inventent des posthumains dont nous partageons le parcours de vie, elles nous invitent à penser *différemment* notre monde actuel en nous forçant à adopter un point de vue *autre*. Si nous ne voyons pas le transhumanisme agir autour de nous, nous en découvrons en revanche les contours dans les films et les romans de science-fiction : ceux-ci « nous informent, nous alertent, et nous rappellent au quotidien le glissement de notre société, de notre être, de notre humanité, vers un monde différent et inconnu »[21].

La science-fiction : une symptomatologie de la société (post)moderne

La science-fiction n'a pas grand-chose à voir avec la science, contrairement à une idée trop répandue : elle n'est pas « anticipation » – puisqu'elle ne vise pas le futur, mais réfléchit, fidèle en cela à la tradition utopique dans laquelle elle s'inscrit, au présent *par le biais* du futur –, elle est une *technique*

17.– Negin Daneshvar-Malevergne, *op. cit.*, p. 114.
18.– Comme le dit Béatrice Jousset-Couturier, in : *Le Transhumanisme. Faut-il avoir peur de l'avenir ?*, Paris, Eyrolles, 2016, p. 41.
19.– Negin Daneshvar-Malevergne, *op. cit.*, p. 114.
20.– C'est la thèse défendue par : David Le Breton, *L'Adieu au corps*, Paris, Métailié, coll. « Suites Essais », 2013 [1999].
21.– Béatrice Jousset-Couturier, *op. cit.*, p. 184.

narrative, un mode spécifique du raconter, qui nous fait suivre le destin d'individus en prise avec des événements auxquels ils ne s'attendaient pas (*katastrophè*), tout en nous plongeant dans un monde corrélé à cette structure actionnelle : nous vivons donc par empathie une autre vie dans un autre univers qui, en raison de la structure logique de cet univers, peut être perçue comme une paraphrase[22] de notre existence. Or, ce qui est spécifique à la science-fiction, c'est le processus logique autour duquel sont construits ses récits : la conjecture technoscientifique, c'est-à-dire l'extrapolation rationnelle d'une réalité scientifique ou technologique vers une de ses virtualités. Voilà ce que sont les robots, les cyborgs ou les intelligences artificielles de la science-fiction : le fruit d'une imagination créatrice qui invente des motifs dont l'origine est à trouver dans une réalité du monde empirique. Une des fonctions essentielles de la conjecture science-fictionnelle – je le développe dans *L'Art de la science-fiction*[23] – est de *décrire autrement* les transformations subies par l'identité et la condition humaines à l'ère du technocapitalisme : le robot, en particulier dès la pièce de théâtre de Karel Capek, *R.U.R.* (1920), n'est-il pas l'image de l'humain aliéné par un monde industriel où règne la lutte des classes ? Le cyborg n'est-il pas le signe d'une dépendance toujours plus accrue aux dispositifs technologiques ? Quant à l'intelligence artificielle, n'est-elle pas une manière poétique d'évoquer la disparition symbolique du corps à l'ère transhumaniste ?

La conjecture, on le comprend dans les quelques éléments qui précèdent, n'est donc pas à concevoir comme un simple élément inventé, mais, en raison de sa capacité à « décrire autrement » la condition humaine, comme une sous-classe logique de la métaphore, au sens pris par ce terme chez Paul Ricœur[24]. Ainsi considérés, les éléments conjecturés sont des images-miroirs, des images ironiques, qui, d'une part, donnent naissance à de multiples intrigues (inédites ou non) et, d'autre part, permettent de révéler des facettes (singulières ou stéréotypées) de nos actions et de notre identité. Rappelons-nous en effet que Ricœur, dans son étude fondatrice, s'émancipe d'une théorie de la métaphore centrée sur le mot pour élaborer une théorie de la métaphore comme énoncé, c'est-à-dire comme un événement discursif résultant de l'interaction entre le terme-sujet et le prédicat. Ainsi, la métaphore se construit comme une *impertinence sémantique*, autrement dit comme une structure prédicative qui fait interagir de

---

22.- Ce concept est au cœur de l'approche de Jean-Pierre Esquenazi (*La Vérité de la fiction. Comment peut-on croire que les récits de fiction nous parlent sérieusement de la réalité ?*, Paris, Lavoisier, coll. « Hermès Science », 2009).

23.- Marc Atallah, *L'Art de la science-fiction*, Chambéry/Yverdon-les-Bains, ActuSF/Maison d'Ailleurs, coll. « Les collections de la Maison d'Ailleurs », 2016.

24.- Paul Ricœur, *La Métaphore vive*, Paris, Seuil, coll. « Points essais », 2002 [1975].

manière déviante un sujet et un prédicat. Cette impertinence sémantique est alors transformée par un lecteur dont le procès interprétatif opère des inférences herméneutiques faisant tenir, de manière concordante et compatible, deux concepts *a priori* discordants et incompatibles : l'impertinence sémantique [l'homme est un robot], alors que l'homme n'est ontologiquement pas un robot, devient, par le travail du lecteur, une nouvelle manière de décrire la condition humaine à l'ère du taylorisme et de la société industrielle (l'homme est devenu un « corps sans âme »). Grâce à sa capacité à créer des impertinences sémantiques, la métaphore incite les lecteurs de fictions à accepter de nouveaux liens entre les concepts et, ce faisant, à penser le monde autrement : l'intelligence artificielle du film *Her* – le titre de ce film est suffisamment éloquent pour que l'on saisisse sa référence à Scarlett Johansson (« *her* »), star hollywoodienne dont la voix ne peut laisser le spectateur indifférent – n'est pas d'abord l'anticipation des assistants vocaux personnels, mais, et c'est évidemment construit tout au long du récit par une stratégie narrative efficace[25], la métaphore de l'isolement désespérant vécu par les individus à l'ère numérique qui, bien incapables de nouer des liens affectifs, s'en remettent à surinvestir des ersatz compensatoires et déceptifs. Les métaphores de la science-fiction, du moins lorsqu'elles sont suffisamment novatrices (« vives », dirait Paul Ricœur), ont donc pour pouvoir de décrire autrement l'action ou la condition humaine : elles permettent de créer des motifs inédits et, par conséquent, un réseau d'histoires novatrices, pour mettre en exergue certaines modifications subies par l'identité humaine à l'heure des technosciences.

En sa qualité de technique narrative articulée autour de métaphores spécifiques appelées « conjectures » dont la fonction est de (re-)décrire le rapport de l'homme à ce qui l'entoure et à lui-même dans un monde pétri de technosciences, la science-fiction peut être considérée comme une forme de *symptomatologie*, comme un laboratoire (une « science ») qui réfléchit aux impacts socio-anthropologiques (« symptômes ») des virtualités technoscientifiques, au sein desquelles le posthumain figure aujourd'hui en tête de liste. Cette fonction symptomatologique, on la voit en effet à l'œuvre dans une science-fiction qui se positionne sur la question du corps-brouillon et

---

25.– Le spectateur, tout comme Theodore (le protagoniste principal du film), ne peut s'empêcher de vivre Scarlett Johansson sur le mode de l'absence – et d'espérer la voir apparaître réellement (ce qu'elle ne fera jamais), afin de résoudre la tension émotionnelle –, alors même qu'elle est omniprésente par sa voix, une voix qui s'adresse autant à Theodore qu'aux spectateurs. Autrement dit, le film nous parle bien d'elle, de « *her* », mais nous coupe de sa présence pour que nous soyons en mesure de comprendre la frustration des moyens de communication quotidiens qui, eux aussi, remplacent l'autre par une simulation.

qui propose des scénarios éclairant autrement les forces qui sous-tendent une société où l'hygiénisme se lit sur toutes les affiches publicitaires et où les salles de fitness sont pleines – tout comme les cabinets de psychiatre.

Dire adieu au corps ?

Le parcours suivi jusqu'ici nous permet enfin de disposer d'une méthodologie d'analyse adaptée pour être en mesure d'écouter les récits de science-fiction : il nous est possible de comprendre comment le posthumain est traité dans la fiction – il est une métaphore – et, surtout, quelles interrogations symboliques il soulève quant aux désirs inavoués qui se cachent derrière les rêves de perfectibilité d'une humanité apparemment en mal d'être. Prenons l'exemple du film à succès *Avatar* : ce film, où les humains se rendent sur une exoplanète qu'ils ont nommée « Pandora » afin d'en extraire une ressource ironiquement désignée comme « l'unobtainium » (« ce qui ne peut être obtenu »), met en scène le corps doublement handicapé du GI Jake Sully – il est paraplégique et choisi en raison du patrimoine génétique de son frère jumeau décédé –, qui retrouve l'usage de ses jambes après que son esprit a été « *uploadé* » dans une créature de synthèse (une poupée Na'vi). Cette technologie de téléchargement, qui permet dans un premier temps de guérir le corps meurtri de Jake, cause pourtant la destruction de ce même corps : Jake décide de quitter son corps lors de la toute dernière séquence du film pour s'incarner complètement dans la créature qu'il a appris à apprivoiser. Or, et ce constat est troublant, l'identification du spectateur aux personnages valorisés positivement par la narration (les Na'vis) le conduit à accepter sans crier gare le désir de Jake de quitter l'humanité. Notons que cette disparition se fait étonnamment sur deux plans : au niveau du scénario d'abord – les humains deviennent des extraterrestres – et au niveau de la forme (le corps humain des acteurs, soit le corps « profilmique », cède sa place à une pure image infographique[26]). Que nous dit *Avatar*, donc ? Je crois bien, comme je l'ai dit ailleurs, que ce film réfléchit, non aux tendances prédatrices du libéralisme ou à une volonté de revisiter le mythe de Pocahontas (!), mais à la pratique du jeu vidéo (ce qui n'est pas si surprenant au vu du titre choisi par Cameron) :

> Il est par conséquent évident que la conjecture d'« *uploading* » instaure, par le biais d'une interface, une télécommunication entre deux mondes ontologiquement distincts, et permet au personnage principal de vivre des

---

26.– La séquence où Jake, sous la forme Na'vi, se bat contre le colonel Quaritch, alors encastré dans un exosquelette, est à ce titre signifiante : il y a là comme une mise en abyme de la thèse du film, puisque ceux qui luttent s'opposent sur le type de corps mis en scène (profilmique *versus* infographique).

aventures héroïques – de telles caractéristiques correspondent point par point à celles de la pratique du *jeu vidéo*, qui plus est lorsqu'il est basé sur un monde virtuel persistant.

Ce postulat interprétatif peut paraître étonnant, mais, à bien y réfléchir, comment appeler autrement le dispositif qui permet à un individu d'investir un réseau numérique par le biais d'une technologie de transfert lui faisant incarner, de plus en plus longuement, un avatar de synthèse ? Le film de Cameron est donc, en raison de la nature des images (profilmiques *vs* de synthèse) et de la fonction du caisson, la figuration métaphorique de l'expérience vidéoludique vécue par tant d'individus aujourd'hui[27].

Pour le dire autrement, *Avatar* s'appuie, avec une distance critique quasi inexistante, sur l'image d'un individu-brouillon diffusée par la société postmoderne et nous rappelle que celui-ci, d'une part, et parce qu'il ne trouve aucun sens existentiel autour de lui, se consomme/consume lui-même ; d'autre part, est encouragé à quitter son corps pour se transférer dans des mondes numériques où les nuisances propres au corps biologique auront disparu. Cette production cinématographique semble donc faire l'apologie des thèses transhumanistes de l'*uploading*, c'est-à-dire le projet de vivre dans des univers virtuels, voire vidéoludiques : « Cette impossibilité à se supporter, à vivre avec soi-même, à s'aimer nous pousse irrémédiablement vers l'extérieur, vers nos ordinateurs, vers le virtuel »[28]. Le véritable remède, ce n'est donc pas la prothèse ou le médicament, c'est la possibilité d'évoluer dans le monde numérique, dans ce monde riche de potentialités où l'homme cessera d'être limité par cette chair « maudite » pour exister en tant que héros – néanmoins désincarné – de son existence.

Avant de terminer cette réflexion, il me paraît essentiel de m'arrêter sur quelques récits, clairement plus critiques qu'*Avatar*, qui insistent sur la nature mortifère – car autotélique – de la société postmoderne contemporaine : le film *Transcendence*, rejoignant en cela quelques éléments du film *Source Code* (Duncan Jones, 2011), développe à l'envi une idée transhumaniste. En effet, Will Caster, un scientifique cherchant à créer une intelligence artificielle dont les capacités seront supérieures à celles de tous les individus réunis, se retrouve intégré à – digéré par – un réseau informatique après avoir été victime d'un attentat perpétré par un groupe contestataire. Will devient alors une IA omnisciente et omnipotente – ce que le film illustre

---

27.– Marc Atallah, « De la matrice à l'avatar. Devrions-nous abandonner notre corps ? », in *Loin des yeux... le cinéma. De la téléphonie à Internet : imaginaires médiatiques des télécommunications et de la surveillance*, Alain Boillat et Laurent Guido (dir.), Lausanne, L'Âge d'Homme, coll. « Histoire et esthétique du cinéma », 2019, p. 420.

28.– Béatrice Jousset-Couturier, *op. cit.*, p. 169.

à merveille en dupliquant le visage de Johnny Depp à l'infini –, qui décide de fonder une utopie technologique en vue de proposer des techniques médicales révolutionnaires qui, certes, guérissent les hommes mais, et c'est la face « obscure » de l'utopie, les réduisent à n'être que des parties d'une vaste identité collective. On comprend alors, à la fin du film, que cette utopie technologique a été bâtie par Will pour réaliser les rêves formulés par son épouse au début du film : l'utopie technologique cède dès lors sa place à une autre utopie, amoureuse cette fois-ci, qui coupe les protagonistes du reste du monde. L'interprétation est claire : le transhumanisme est une utopie qui, articulée autour de l'impossibilité de créer du sens dans un monde consumériste tourné vers aucune extériorité, se dote d'idéaux autocentrés et faussement altruistes.

Quant au film *The Zero Theorem*, c'est un film complexe et baroque, troisième opus du « tryptique orwellien »[29] de Terry Gilliam qui, après avoir traité de la bureaucratie (*Brazil*, 1985) et de la technocratie (*L'Armée des douze singes*, 1995), s'attelle au libéralisme économique, en particulier pour montrer qu'aucun sens existentiel ne peut être trouvé à ce modèle économique et, par conséquent, que la vie ne peut attendre d'une société postmoderne de lui offrir des directions épanouissantes. Qohen Leth, le personnage principal du film, découvre cette triste vérité et, à la fin du récit, plonge dans un monde virtuel – une plage de sable – pour y vivre une nouvelle existence, résigné à ne plus attendre autre chose de la vie qu'un coucher de soleil stéréotypé. Bien que *The Zero Theorem* rejoigne les conclusions des films étudiés précédemment, il va beaucoup plus loin : il postule que le transhumanisme est un « produit » dérivé du libéralisme économique – un produit qui se donne pour mission morale d'améliorer l'humain alors que cette amélioration n'est en fait qu'une consommation de soi par soi, un produit qui clame haut et fort que le sens de l'existence humaine est à trouver dans le « *human enhancement* », alors que ce sens suppose la mort de l'humanité dans sa forme actuelle.

Il serait évidemment possible de proposer encore de nombreuses analyses : *Neuromancer* nous conduirait à saisir que notre dépendance à l'égard de la technologie est en fait le souhait inconscient de quitter notre corps ; *Le Dernier de son espèce* nous montrerait à quel point nos rêves de toute-puissance – alimentés tant par le cinéma hollywoodien que par la fascination

---

29.– L'expression est due à Tara Brady, in : « Terry Gilliam : "The Poetry of Cinema has been replaced by the Dan Brown Prose of Cinema" », *The Irish Times*, article mis en ligne le 14 mars 2014. URL : http://www.irishtimes.com/culture/film/terry-gilliam-the-poetry-of-cinema-has-been-replaced-by-the-dan-brown-prose-of-cinema-1.1723902?page=3.

pour les machines – sont en fait les causes de notre asservissement et de notre aliénation. Nous pourrions les multiplier, mais toutes nos analyses montreraient que, si la science-fiction tue l'humanité en inventant des métaphores d'un homme sans corps, ce n'est pas pour nous dire ce que l'avenir nous réserve : les prophètes se trouvent plus dans les laboratoires que dans les salles obscures. La science-fiction ne nous propose pas des récits d'avertissement ou des garde-fous ; elle ne nous dit pas ce que nous devons faire ou ce que nous devons penser. En revanche, elle cherche à imaginer des scénarios et à inventer des métaphores grâce auxquels les lecteurs et les spectateurs peuvent éprouver émotionnellement les utopies technoscientifiques, qui irriguent la société contemporaine :

> [La science-fiction] ose exprimer, en le représentant, le paradoxe selon lequel le transhumanisme veut parfaire le corps et, ce faisant, accomplir les idéaux rêvés par une modernité rationaliste, mais elle n'oublie pas de montrer qu'en procédant de la sorte, ce rêve risque bien de se muer en une malédiction. Elle s'interroge : sommes-nous vraiment des brouillons ? Des produits de consommation toujours perfectibles ? Elle se demande si, après avoir consommés le monde, nous devons nous consumer nous-mêmes. Elle réfléchit : le corps peut certes être augmenté grâce à la technologie au niveau individuel, mais ne serait-ce pas une erreur de penser qu'une telle amélioration aura nécessairement pour effet une amélioration au niveau social ou planétaire ? Or, en représentant le paradoxe susmentionné, la science-fiction nous rappelle que le corps n'est ni un rêve ni une malédiction et que l'homme ne sera jamais un idéal ni un cauchemar. En ce sens, le transhumanisme n'est ni la solution ni le problème : il ne sert à rien d'être « pour » ou d'être « contre » car la question qu'il soulève involontairement, c'est celle du rapport entre le vivre-pour-soi et le vivre-ensemble. Nous pouvons vouloir être parfaits, mais des Parfaits forment-ils une société parfaite[30] ?

Alors oui, le transhumanisme nous promet la perfection avec enthousiasme. Plus circonspecte, la science-fiction nous rappelle que la perfection peut aussi qualifier un système totalitaire où l'homme a perdu sa liberté, un système où le sujet humain a été remplacé par un objet dénué de volonté.

Bibliographie

Braden R. Allenby et Daniel Sarewitz, *The Techno-Human Condition*, Cambridge (Massachusetts)/London (England), MIT Press, 2011.

Günther Anders, *L'Obsolescence de l'homme. Sur l'âme à l'époque de la deuxième révolution industrielle* (1956), Paris, Ivrea/Encyclopédie des Nuisances, 2002.

30.– Marc Atallah, « Quand la science-fiction tue l'humanité », art. cit., p. 40.

Bernard Andrieu, *Philosophie du corps. Expériences, interactions et écologie corporelle*, Paris, Vrin, coll. « Textes clés de philosophie du corps », 2010.

Marc Atallah, *L'Art de la science-fiction*, Chambéry/Yverdon-les-Bains, ActuSF/ Maison d'Ailleurs, coll. « Les collections de la Maison d'Ailleurs », 2016.

Marc Atallah, « Quand la science-fiction tue l'humanité », in *Le Posthumain*, Marc Atallah (dir.), Chambéry/Yverdon-les-Bains, ActuSF/Maison d'Ailleurs, coll. « Les collections de la Maison d'Ailleurs », 2017.

Marc Atallah, « De la matrice à l'avatar. Devrions-nous abandonner notre corps ? », in *Loin des yeux... le cinéma. De la téléphonie à Internet : imaginaires médiatiques des télécommunications et de la surveillance*, Alain Boillat et Laurent Guido (dir.), Lausanne, L'Âge d'Homme, coll. « Histoire et esthétique du cinéma », 2019.

Negin Daneshvar-Malevergne, *Narcisse et le mal du siècle*, Paris, Dervy, 2009.

Umberto Eco, *De Superman au surhomme*, traduit de l'italien par Myriem Bouzaher, Paris, Le Livre de Poche, coll. « Biblio essais », 2005 [1978].

Jean-Pierre Esquenazi, *La Vérité de la fiction. Comment peut-on croire que les récits de fiction nous parlent sérieusement de la réalité ?*, Paris, Lavoisier, coll. « Hermès Science », 2009.

William Gibson, *Neuromancien*, traduit de l'américain par Jean Bonnefoy, Paris, J'ai lu, coll. « Science-fiction », 2007 [1984].

Béatrice Jousset-Couturier, *Le Transhumanisme. Faut-il avoir peur de l'avenir ?*, Paris, Eyrolles, 2016.

Céline Lafontaine, *L'Empire cybernétique. Des machines à penser à la pensée machine*, Paris, Seuil, 2004.

David Le Breton, *Anthropologie du corps et modernité*, Paris, PUF, coll. « Quadrige / Essais débats », 2008 [1990].

David Le Breton, *L'Adieu au corps*, Paris, Métailié, coll. « Suites Essais », 2013 [1999].

Nicolas Le Dévédec, *La Société de l'amélioration. La perfectibilité humaine des Lumières au transhumanisme*, Montréal, Liber, 2015.

Dominique Lecourt, *Humain, posthumain*, Paris, Presses Universitaires de France, coll. « Science, Histoire et Société », 2003.

Paul Ricœur, *La Métaphore vive*, Paris, Seuil, coll. « Points essais », 2002 [1975].

Antoine Robitaille, *Le Nouvel Homme nouveau. Voyage dans les utopies de la posthumanité*, Montréal, Boréal, 2007.

Jean-Marie Schaeffer, *Pourquoi la fiction ?*, Paris, Seuil, coll. « Poétique », 1999.

Lucien Sfez, *Le Rêve biotechnologique*, Paris, Presses universitaires de France, coll. « Que sais-je ? », 2001.

Norbert Wiener, *Cybernétique et société. L'Usage humain des êtres humains* (1950), Paris, Seuil, coll. « Points/Sciences », 2014.

De la technicisation des corps à la post-humanité ? Le cyberpunk comme moment et espace de problématisation des transformations de la condition humaine

Yannick Rumpala

DES HUMAINS QUI NE sont plus tout à fait des humains ? Le cyberpunk montrait dès les années 1980 les ambiguïtés de l'augmentation technicisée des corps et l'hybridation des individus amenée par l'intégration de parties machiniques et/ou cybernétiques. Plutôt qu'une originalité ou une nouveauté complète, une de ses forces était de replacer ces transformations dans des contextes sociaux, non seulement de développements techniques, mais aussi de dérégulation et de fléchissement des contraintes morales. Ces fictions anticipatrices ont renouvelé l'esthétique de la science-fiction et certaines de ses thématiques, avec un mélange expressif de haute technologie, de déliquescence sociale et de néoféodalisme économique, dans des environnements très souvent incertains et dangereux[1]. Une variété d'auteurs (William Gibson, John Shirley, Bruce Sterling, Walter Jon Williams, Pat Cadigan, Michael Swanwick, etc.) y abordait les transformations que pourraient amener les technologies numériques et leur généralisation dans les milieux les plus courants. Les visions du cyberpunk dépeignaient, voire soulignaient, les réagencements qui viennent avec la densification technique des conditions d'existence individuelles et collectives.

Ces productions littéraires peuvent être intéressantes à analyser dans ce qu'elles véhiculent comme représentations et dans ce qu'elles problématisent

---

[1].- Pour des éléments de présentation et de remise en contexte, voir par exemple Graham J. Murphy, « Cyberpunk and Post-Cyberpunk », in Gerry Canavan and Eric Carl Link (eds), *The Cambridge History of Science Fiction*, Cambridge, Cambridge University Press, 2018.

par la même occasion. Ces représentations et ce « techno-imaginaire »[2] se déploient dans les récits en donnant une place particulière aux interfaces entre technologies et corps humains, lesquelles même ne sont plus extérieures, mais viennent fréquemment pénétrer les chairs et les tissus organiques. Le cyberpunk n'est pas qu'une esthétisation d'une hybridation entre l'humanité et la technique : il offre l'avantage d'incarner des hypothèses abstraites et de mettre en scène des situations pour, en quelque sorte, les tester. D'une certaine manière, les auteurs du courant cyberpunk exploraient déjà les frontières de l'identité et de la nature humaines, et réfléchissaient sur le « post-humain » sans s'embarrasser de ce type de catégorie intellectuelle (de plus en plus mobilisée par la suite[3]).

Dans les récits, les connexions informatiques des individus s'y font de manière physique et souvent invasive (les recherches sur les « interfaces neuronales directes » ou « interfaces cerveau-machine » sont à peine naissantes au moment où paraissent les récits fondateurs du courant). Outils et autres artefacts utilitaires ne viennent plus comme des prolongements organiques : ils sont incorporés, au sens propre du terme. Les corps paraissaient continument modifiables par des modifications techniques, des ajouts d'implants, de prothèses, etc. De manière radicale, ces corps, leurs membres, leurs organes, étaient déjà mis en scène comme objets transformables[4], et plus seulement pour des raisons médicales, laissant même entrevoir des territoires d'exploration nouveaux ou originaux à travers ces possibilités supplémentaires (des augmentations de capacités sensorielles jusqu'aux armes intégrées).

Sur un mode analogue à celui des expériences de pensée, le cyberpunk replace ces modifications corporelles dans des situations (sociales, économiques, techniques, etc.), certes fictionnelles, mais potentiellement éclairantes par les questionnements tendanciellement introduits. Lorsque ces modifications sont pratiquées, il apparaît qu'elles ne sont pas sans coût, financier évidemment, mais, à travers le vécu des personnages, elles tendent aussi à révéler un autre prix à payer, dans ce qu'elles ont par exemple comme conséquences psychologiques sur l'appréhension du corps individuel et la constitution d'une subjectivité. Par les déclinaisons individuelles, le

---

2.– Cf. Marina Maestrutti, « Techno-imaginaires du corps à l'ère des technosciences. Art contemporain et utopie de la transformation », *Cahiers de recherche sociologique*, n° 50, Printemps, 2011, p. 77-95.

3.– Pour une entrée dans une analyse plus large de ces modes de représentation, voir Elaine Després et Hélène Machinal (dir.), *PostHumains : frontières, évolutions, hybridités*, Rennes, Presses universitaires de Rennes, 2014.

4.– Cf. David Le Breton, « Des corps hypermodernes », *Connexions*, 2018/2 (n° 110), p. 87-98.

cyberpunk donnait à voir ce que pourraient être ces expériences et sensations (y compris la dématérialisation des corps par l'immersion dans le « cyberespace »). De fait, transformations et augmentations des corps sont susceptibles d'être perçues et considérées de manières très variées par les individus qui y recourent (bon gré mal gré).

En considérant que ces imaginaires transposés fictionnellement comportent également des vertus heuristiques[5] et sur la base d'un corpus des principales œuvres du genre et de leur paratexte, nous commencerons par dégager plus précisément les représentations (avec leurs parts ambiguës de fascination et d'anxiété) que le cyberpunk donne de la technicisation des corps[6] et, à l'instar de ce qu'avaient commencé à explorer d'autres travaux, la charge symbolique qui est ainsi véhiculée[7]. Nous montrerons ensuite les questions que ce mouvement littéraire (mais aussi intellectuel à certains égards) permet de soulever ou de reprendre, et les ressources qu'il offre pour des discussions plus conceptuelles et théoriques autour de la « post-humanité », ou au moins pour contribuer d'une autre manière à une sociologie des « frontières d'humanité[8] ».

Des technologies qui pénètrent les corps

L'imaginaire déployé est un imaginaire de la pénétration et de l'invasion des corps par une variété de technologies. La technique poursuit son processus de colonisation jusqu'aux niveaux organiques les plus intimes. Non sans reprendre des idées déjà présentes auparavant, le cyberpunk paraît systématiser la palette des dispositifs mécaniques et électroniques utilisables.

Dans ces représentations, l'enfichage d'une prise dans une partie du corps est un moment iconique, comme Cowboy, le pilote mercenaire de *Câblé* de Walter Jon Williams, pour prendre les commandes de son véhicule et gagner en capacités cognitives et perceptives : « Cowboy grimpe au sommet du panzer se faufile à l'intérieur par la trappe dorsale et s'assoit

---

5.– Cf. Yannick Rumpala, « Littérature à potentiel heuristique pour temps incertains. La science-fiction comme support de réflexion et de production de connaissance », *Methodos* [En ligne], n° 15, 2015. URL : http://journals.openedition.org/methodos/4178.
6.– S'insérant ainsi dans le réceptacle bien plus large que constituait déjà la science-fiction. Cf. Sherryl Vint, *Bodies of Tomorrow: Technology, Subjectivity, Science Fiction*, Toronto, University of Toronto Press, 2007.
7.– Voir par exemple Daniela Cerqui et Barbara Müller, « La fusion de la chair et du métal : entre science-fiction et expérimentation scientifique », *Sociologie et sociétés*, vol. 42, n° 2, Automne 2010, p. 43-65.
8.– Cf. Catherine Rémy, Myriam Winance, « Pour une sociologie des « frontières d'humanité » », *Politix*, 2010/2 (n° 90), p. 7-19.

dans le compartiment avant. Il se branche une fiche dans la tempe droite et brusquement sa vision s'élargit, comme si ses deux yeux s'étalaient autour de la tête tandis qu'un troisième faisait surface au sommet. Il sollicite les cartes qu'il a stockées en mémoire et des tableaux se mettent à pulser comme des stroboscopes à l'intérieur de son crâne. Sa tête est devenue un cube de mémoire morte[9] ».

Ces pratiques sont devenues apparemment anodines pour les personnages ; elles le sont beaucoup moins avec le regard du présent. Sherryl Vint suggérait d'envisager le cyberpunk comme une « littérature d'anxiété quant aux conséquences de la technologie envahissant le corps[10] ». Dans une des anthologies qui a balisé le mouvement, Bruce Sterling, qui en a été un protagoniste et promoteur, avait donné une liste illustrative de ce type de technologie pour mettre clairement en avant cet aspect invasif : « Certains thèmes centraux ressurgissent fréquemment dans la SF cyberpunk. Celui de l'invasion corporelle : membres artificiels, circuits implantés, chirurgie esthétique, altération génétique. Ou même, plus puissant encore, le thème de l'invasion cérébrale : interfaces cerveau-ordinateur, intelligence artificielle, neurochimie — techniques redéfinissant radicalement la nature de l'humanité, la nature du moi[11] ».

Dans le monde imaginé par George Alec Effinger, un Moyen-Orient futuriste et trouble à la pointe des technologies, des « modules mimétiques enfichables » permettent de se mettre dans la peau d'un personnage, James Bond par exemple, et de récupérer ainsi quelques talents et compétences associés[12]. C'est même là aussi une pratique apparemment courante : « Dans le Boudayin, presque tout le monde autour de moi est plus ou moins modifié, avec des modules d'aptitude mimétique ou des périphériques câblés directement sur le cerveau, qui vous procurent aptitudes, talents et entrées d'informations [...][13] ». Pour accéder instantanément à des connaissances supplémentaires, il y a d'autres dispositifs : « Les modules d'aptitude mimétique altèrent votre conscience en vous faisant croire temporairement que vous êtes quelqu'un d'autre. Les périphériques d'apprentissage intégré

9.- Walter Jon Williams, *Câblé*, Paris, Denoël (*Hardwired*, San Francisco, Night Shades Books, 1986), repris dans le recueil *Câblé +*, Paris, Denoël, 2004, p. 67.

10.- « "The Mainstream Finds Its Own Uses for Things": Cyberpunk and Commodification », in Graham J. Murphy and Sherryl Vint (eds), *Beyond Cyberpunk: New Critical Perspectives*, New York, Routledge, 2010, p. 101.

11.- Préface, in Bruce Sterling (éd.), *Mozart en verres miroirs*, Paris, Folio SF, 2001, p. 17 (Preface, in Bruce Sterling (ed.), *Mirrorshades: The Cyberpunk Anthology*, New York, Arbor House, 1986).

12.- George Alec Effinger, *Gravité à la manque*, (*When Gravity Fails*, New York, Arbor House, 1987), repris dans *Les nuits du Boudayin*, Saint-Laurent d'Oingt, 2015, p. 10.

13.- George Alec Effinger, *op. cit.*, p. 41.

électroniques alimentent directement votre mémoire à court terme, en vous procurant une connaissance immédiate sur n'importe quel sujet ; cette aptitude disparaît dès que vous retirez la puce. Les périphériques connectables sur l'implant antérieur affectent plusieurs autres structures diencéphaliques plus spécialisées[14] ». Certaines de ces modifications dans le cerveau permettent aussi d'agir presque consciemment sur ses propres paramètres physiologiques : « Le circuit raccordé à la glande pituitaire vous permettra de commander indirectement les autres glandes endocrines telles que la thyroïde et les surrénales. [...] Comme vous pouvez le constater, vous serez en mesure de consacrer toute votre attention à vos diverses tâches sans être contraint de les interrompre périodiquement pour accomplir les fonctions corporelles normales. Cela dit, évidemment, on ne peut pas tenir indéfiniment sans dormir, boire ou vider sa vessie ; mais si tel est votre choix, vous pourrez négliger les signes avertisseurs insistants et de plus en plus désagréables[15] ».

Que ces modifications jouent ou non un rôle central dans les récits, les humains apparaissent ainsi comme des machines qu'il est possible d'ouvrir et de modifier. Leur particularité semble juste tenir à leur substrat organique. Le cyberpunk prend pour acquis que le corps soit colonisé par des composants technologiques et artificiels. Pour les moins aisés, pas forcément pour s'améliorer, mais souvent tout simplement pour survivre ou pouvoir résister un minimum dans des environnements sociaux très hostiles, voire dangereux.

Lorsqu'il s'agit de dispositifs permettant de stimuler le cerveau, la frontière n'est pas loin avant de rencontrer l'addiction, comme dans *Câblé* :

> Il porte à la ceinture une boîte noire d'où part un câble relié à une broche sur le crâne. Encore un accro branché sur une transe électronique quelconque dont il ne peut plus se passer.
> Les embrochés rendent Cowboy nerveux ; il ne fait pas confiance aux junkies en général et professe une particulière aversion pour cette variété [...] Franchir la Ligne, voilà la seule accoutumance dont Cowboy a besoin, et c'est quelque chose de concret, pas simplement une stimulation électronique des centres du plaisir du cerveau reptilien[16].

Dans certaines descriptions, une nouvelle forme de sensualité tend même à être associée à ces prothèses, malgré leur apparence clairement mécanique : « Et sa main descendit le long de ce bras, ongles noirs dessinant le tracé d'un joint du revêtement, franchit l'articulation du coude anodisée noire, jusqu'au poignet, sa main aux phalanges douces comme celles d'une

---
14.– *Idem*, p. 127-128.
15.– *Idem*, p. 128.
16.– Walter Jon Williams, *op. cit.*, p. 122.

enfant, les doigts ouverts pour se refermer sur les miens, la paume contre le duralumin perforé[17] ».

Majoritairement, le recours à ces prothèses et ajouts par les personnages présentés semble rester dans un souhait d'amélioration ou de correction de capacités personnelles. Il n'était pas imaginé que des implants puissent conditionner l'accès à certains espaces ou services, comme dans des expériences concrètes plus récentes où une puce électronique est implantée sous la peau en remplacement d'intermédiaires courants (billets de train, cartes bancaires, etc.)[18].

Reprise et actualisation de la figure du cyborg

La thématique de l'hybridation et du cyborg (« *cybernetic organism* ») était déjà fortement présente dans l'imaginaire de science-fiction avant les années 1980[19]. Sans être forcément novateur pour cela dans le genre, le cyberpunk a exploré lui aussi les possibilités de toute une gamme (non-exhaustive) de prothèses mécaniques, mais aussi électroniques. Bien avant donc que certaines recherches à la frontière de la médecine ne les rendent plus réalistes.

Dès la première page de *Neuromancien*, le contexte est donné par une description du type de modification possible et de son utilité : « Ratz officiait au comptoir, avec son bras artificiel qui tressautait sur un rythme monotone pour remplir les chopes de Kirin-pression ». Et plus loin, comme pour insister sur la part d'imperfection : « C'était une prothèse militaire russe, un manipulateur à sept degrés de liberté et rétroaction sensorielle, sous une enveloppe de plastique rose sale[20] ».

Dans les premiers textes de William Gibson, la figure de cyborg la plus saillante est Molly Millions, femme fatale rendue encore plus fatale avec ses implants oculaires et ses lames de rasoir rétractables au bout des doigts. Elle apparaît d'abord dans la nouvelle « Johnny Mnemonic » et revient dans *Neuromancien* pour embaucher Case et l'accompagner dans sa mission. Dans un moment d'évocation de souvenirs entre les deux personnages,

---

17.- William Gibson, « Gravé sur Chrome », in *Gravé sur chrome*, Paris, J'ai lu (*Burning Chrome*, New York, Arbor House, 1986), p. 228.

18.- Yves Eudes, « En Suède, des puces électroniques dans la peau », *Le Monde*, 3 octobre 2017, https://www.lemonde.fr/lifestyle/article/2017/10/03/en-suede-des-puces-electroniques-dans-la-peau_5195287_1616922.html.

19.- Pour une remise en perspective, voir Christine Cornea, « Chapter 18. Figurations of the Cyborg in Contemporary Science Fiction Novels and Film », in David Seed (ed.), *A Companion to Science Fiction*, Malden, Blackwell Publishing Ltd, 2005.

20.- William Gibson, *Neuromancien*, Paris, J'ai Lu, nouvelle édition (*Neuromancer*, New York, Ace Books, 1984), p. 6 et 7.

on apprend que ces adaptations sont pour elle un choix éminemment personnel : inscrites dans un passé traumatique, elles correspondent à un moment où elle cherchait à fuir la prostitution. Choix radical...

Les galeries de personnages dans les œuvres du cyberpunk sont couramment faites d'humains modifiés ou « augmentés ». Dans *Câblé*, Cowboy, le pilote de « panzer », bénéficie ainsi d'une vision améliorée, capable de voir le rayonnement infrarouge et fort utile (spécialement la nuit) pour les transports de contrebande pour lesquels il est payé. Dans ce roman, il est possible d'acheter de nouveaux yeux de la marque Kikuyu Optics. Tous les arguments publicitaires semblent bons pour attirer le chaland : « J'adore mes yeux Kikuyu, dit la primo pornostar Rod McLeish, et, avec l'option infrarouge, je peux savoir si mes partenaires sont vraiment excités ou si je me paie une tranche de silicone...[21] »

Ces personnages ont pour point commun d'avoir un corps qui ne fonctionne plus seulement sur des bases biologiques. Leur corps est devenu hybride, modulaire, en intégrant des prothèses mécaniques et/ou cybernétiques, des implants, des possibilités de raccordements sous forme de broches ou de prises qui permettent des relations directes avec des machines ou des environnements cybernétisés. Dans ces cas, le branchement finit par remplacer les interfaces. C'est cette représentation éminemment symbolique qui continuera par la suite à circuler jusqu'aux écrans de cinéma dans des films comme *Matrix* (1999) et *eXistenZ* (1999). L'accès à des mondes virtuels paraît ainsi devenir plus facilement immersif.

Des prothèses pour remplacer des membres, on en avait déjà vu dans la série télévisée *L'homme qui valait trois milliards* (*The Six Million Dollar Man*, 1974-1978) ou au cinéma, par exemple dans *L'Empire contre-attaque* (*The Empire Strikes Back*, 1980), deuxième épisode de la série des *Star Wars*, où Luke Skywalker peut retrouver une main fonctionnelle alors qu'elle avait été auparavant tranchée dans l'iconique combat contre Darth Vader. Il s'agissait de chirurgie réparatrice et ce dernier était déjà lui aussi un cyborg devenu dépendant de la technologie pour assurer ses fonctions vitales. Dans le cyberpunk, les usages étant plus larges, la population concernée est bien plus vaste.

Les modifications ne sont d'ailleurs pas nécessairement visibles à l'extérieur du corps. Johnny Mnemonic, dans la nouvelle de William Gibson du même nom[22], a des implants dans le crâne qui lui permettent de transporter des données (de façon aussi à éviter de les faire circuler par un réseau informatique, avec tous les risques d'interception possibles). Dans l'équipe qui va

---

21.- Walter Jon Williams, *op. cit.*, p. 27.
22.- William Gibson, *Gravé sur chrome*, *op. cit.*

se constituer dans *Neuromancien*, Peter Riviera est une espèce d'illusionniste dont le talent provient aussi d'un surplus technique, en l'occurrence des implants qui lui permettent de projeter des images holographiques.

Ces modifications corporelles ne sont pas faites pour le plaisir de la transgression. De toute manière, la question de l'acceptation des cyborgs par le reste de la société ne semble pas se poser. Cette altérité n'est pas vue comme une monstruosité et donc pas synonyme de rejet. Le plus souvent, ces cyborgs ne sont pas des handicapés qui ont dû recourir à ces technologies pour pallier leurs problèmes physiques. Ce sont des individus qui ont fait des choix de modification de leur propre corps, généralement pour acquérir d'autres capacités. Cette différence est fondamentale : elle montre des subjectivités prêtes pour des options qui s'éloignent des assignations biologiques.

Mais comme le fait remarquer Christophe Becker, ce ne sont pas de belles prothèses impeccables : « Malgré la technologie avancée, les prothèses de Ratz et Automatic Jack sont décrites comme des antiquités, des vieilleries. Ainsi, dans « Burning Chrome », le personnage du Finnois demande à Automatic Jack s'il souhaite « mettre au clou » son bras mécanique et s'offrir une prothèse plus récente, débarrassée de ce bruit caractéristique si exaspérant, « quelque chose de moins bruyant »[23] ». Plutôt que des êtres nécessairement surpuissants, les descriptions montrent aussi des fragilités. Du reste, si la prothèse est obsolète, elle peut être changée. La seule limitation aux modifications personnelles semble être les moyens financiers de celui ou celle qui les envisage : s'il n'y a pas de quoi payer, il faudra penser à autre chose.

On peut ajouter cette supposition : si l'on croise peu de robots dans le cyberpunk, c'est peut-être parce que les humains devenus cyborgs gardent un avantage ou une efficacité supérieure. La cyborgisation est-elle pour autant une voie ou une étape vers l'émancipation, ou au moins un levier pour une contestation d'un certain ordre dominant, comme pourraient le penser celles et ceux s'inscrivant dans le sillage de Donna Haraway[24] ? Si l'on prend le cyberpunk comme un laboratoire, il inciterait plutôt à nuancer largement une telle hypothèse et en tout cas à sortir des visions iréniques sur ces rapprochements entre humains et machines qui iraient jusqu'à l'hybridation. Puisqu'il faut vivre, ou plus précisément assurer sa survie,

---

23.– « Before & After Science : La figure du posthumain dans les textes de William Gibson », *Pop-en-Stock*, 01/12/2015, http://popenstock.ca/after-science-la-figure-du-posthumain-dans-les-textes-de-william-gibson.

24.– Cf. Donna Haraway, *Manifeste cyborg et autres essais. Sciences – Fictions – Féminismes*, Paris, Exils, 2007 ; Ian Larue, *Libère-toi cyborg ! Le pouvoir transformateur de la science-fiction féministe*, Paris, Éditions Cambourakis, 2018.

toutes ces modifications peuvent finir par n'être que de nouveaux moyens pour continuer à servir les riches et puissants... Le cyborg, dans l'analyse que David Brande fait de sa version cyberpunk, doit ainsi exister dans un monde qui n'est pas exempt d'une forme d'idéologie latente : il est aussi une résultante du capitalisme avancé et de la manière dont ce dernier restructure les modes et relations de production[25].

Détotalisation des corps et extension du domaine de la marchandisation

Dans ces représentations, le corps ne paraît plus être qu'une addition de parties adaptables ou modifiables. Les organes (améliorés ou non, artificiels ou non) deviennent marchandises et peuvent être achetés sur le « marché libre » (expression utilisée dans *Comte zéro* de William Gibson). Turner, le mercenaire de *Comté zéro*, a un contrat qui, au tout début du roman, va lui permettre d'être reconstruit grâce à des éléments corporels achetés sur ce type de marché. Pour le reste du travail chirurgical : « Il fallut au Hollandais et à son équipe trois mois pour rassembler les morceaux de Turner. Ils lui clonèrent un mètre carré de peau, ensemencée sur des plaques de collagène et de polysaccharides tirées de cartilage de requin[26] ». D'ailleurs, une partie des activités médicales est devenue tout aussi interlope que certains secteurs de l'économie. Il existe dans ce futur une médecine de pointe, mais elle est extrêmement onéreuse. Ce sont ces conditions financières que Sarah, la « crade » de *Câblé*, doit accepter pour espérer pouvoir faire soigner son frère Daud dans les meilleures conditions.

Les pièces pour ces corps réparables et modifiables sont évidemment de qualités variables. L'accès à la qualité supérieure est logiquement plus facile pour les individus les plus aisés ; les autres devront se contenter d'une offre moins fiable. Puisque ces prothèses et améliorations corporelles sont des produits commerciaux, il s'avère assez logique que se développent des inégalités pour y accéder. Dans la nouvelle « Gravé sur Chrome », c'est le cas des yeux Zeiss Ikon : « La marque des stars. Très chers[27] ». Se contenter de marques de moindre qualité peut être plus risqué : « Il y a toutes les chances que les nerfs optiques de ce gosse commencent à se détériorer dans les six

---

25.- Cf. « The Business of Cyberpunk: Symbolic Economy and Ideology in William Gibson », *Configurations*, vol. 2, n° 3, 1994, p. 508.
26.- William Gibson, *Comte Zéro*, Paris, J'ai Lu, 1988 (*Count Zero*, London, Gollancz, 1986), p. 5.
27.- William Gibson, « Gravé sur Chrome », *op. cit.*, p. 237.

mois. [...] Ces Sendaï sont interdits en Angleterre, au Danemark, dans plein de pays. Les nerfs, on ne peut pas les remplacer[28] ».

Tout désir utilitaire semble pouvoir trouver une offre commerciale pour le satisfaire. Y compris lorsque ce désir n'est qu'un appât du gain converti aux nouvelles technologies, comme dans cette publicité présentée dans *Câblé* :

> Gardez en permanence le contact avec votre portefeuille
> Où que vous soyez
> Quoi que vous fassiez !
> Nos dérivations nerveuses Audio/visuel
> 2 voies sur platine vous permettent de rester en contact avec votre robocourtier 24 heures sur 24
> 20 % de remise sur toute intervention chirurgicale pour les membres du CYBORG CLUB[29]

En plus de la chirurgie esthétique, il devient possible de fabriquer son corps en choisissant parmi l'offre disponible en fonction de ses moyens. Dans le monde décrit par George Alec Effinger, notamment pour certaines activités dans les parties les plus interlopes, changer de sexe semble même une option relativement aisée.

Ces augmentations et le recours à différents types de prothèses sont aussi souvent une condition de survie dans un environnement social extrêmement rude et violent. Pour affronter ce monde, mieux vaut en effet s'armer... Ou faire de son corps lui-même une arme potentielle... Le pragmatisme règne puisqu'il n'y a plus lieu de s'embarrasser de considérations morales. Est-ce bien ou mal ? Peu importe du moment que c'est utile... Dans le cas de Sarah dans *Câblé*, ancienne prostituée reconvertie garde du corps et tueuse à gages : « Le cybercobra est à présent moins une horreur qu'un pathétique moyen de se défendre, de se faire une place dans les ténèbres de l'ordre nouveau »[30]. Difficile donc de voir dans ces pratiques une espèce d'ambition prométhéenne : les technologies sont saisies parce qu'elles sont disponibles. Pur pragmatisme...

De toute manière, toutes ces pratiques ne semblent plus soumises à aucune régulation juridique, et les multiples possibilités de recours à des cliniques illégales la rendraient en fait peu applicable et plutôt superflue. Au surplus, si ces activités ne pouvaient avoir lieu à un endroit, elles auraient lieu ailleurs et il y a pour elles toujours de la complaisance quelque part : la globalisation qui prévaut encore plus dans ce type de monde a aussi pour

---

28.– William Gibson, « Gravé sur Chrome », *op. cit.*, p. 238.
29.– Walter Jon Williams, *op. cit.*, p. 232-233.
30.– Walter Jon Williams, *op. cit.*, p. 274.

conséquence la circulation de ces technologies et l'élargissement des possibilités pour y accéder.

Les corps humains ne sont plus que des débouchés commerciaux pour des offres de modifications proposées comme n'importe quel produit courant. Dans les premiers textes de William Gibson, la chirurgie esthétique apparaît comme un service banal et un moyen d'atteindre une espèce de perfection fantasmée, souvent alignée sur les représentations de stars des médias. Parce qu'elle ressemble à son idole, la Mona de *Mona Lisa s'éclate*[31], paumée qui aurait dû être condamnée à errer dans les squats entre la drogue et la prostitution, subira cette intervention dont elle aurait peut-être rêvé, mais sans avoir rien demandé et pour des motifs plutôt tortueux.

Dans ce contexte, l'identité humaine n'est donc jamais figée et paraît pouvoir être constamment recomposée. D'autant que les modes, pour les visages et les corps comme pour les vêtements, paraissent très éphémères. On n'est d'ailleurs guère surpris que la publicité pousse encore davantage à ce type de pratiques :

> Fatigué de l'image que vous renvoie votre miroir ?
> Confiez à CORPSMODERNE le soin de vous offrir un NOUVEAU visage !
> Promotion du mois sur les physionomies célèbres[32]

Le corps semble finalement devenu ce que pressentait déjà Jean Baudrillard en 1970 : « le plus bel objet de consommation[33] ».

L'évasion post-biologique

Quelle importance y a-t-il alors encore à garder son corps ? La mort elle-même peut être la promesse d'une forme de résurrection s'il devient possible de sauvegarder ou restaurer l'esprit sur un support informatique. Elle n'est plus une fin, mais une étape intermédiaire (et sans arrière-plan religieux).

Dans *Neuromancien* par exemple, McCoy Pauley, l'ancien pirate informatique et mentor de Case, devenu Dixie le Trait-plat (Dixie Flatline en version originale), n'est plus qu'une forme d'enregistrement préservée dans un espace virtuel. Ce qui le place par ailleurs aussi dans une situation de complète dépendance. Situation similaire pour le personnage de Reno dans *Câblé* : « Reno est bien piégé quelque part dans le cristal, ce qui reste de lui est un spectre électronique, pris dans une boucle sans fin entre deux

---

31.– William Gibson, *Mona Lisa s'éclate*, Paris, J'ai lu, 1990 (*Mona Lisa Overdrive*, London, Gollancz, 1988).
32.– Walter Jon Williams, *op. cit.*, p. 303.
33.– *La société de consommation. Ses mythes, ses structures*, Paris, Denoël, 1970.

univers, fonçant vers nulle part à la vitesse de la lumière[34] ». Avec l'espoir peut-être de retrouver une forme de matérialité corporelle, mais différente de l'ancienne : « La cuve de Reno est une matrice de cristal à La Havane, prête au transfert dans un corps cloné, sitôt qu'on estimera l'ADN assez proche de son aspect original et qu'on pourra faire croître un nouveau corps à partir de celui-ci[35] ». Et une solution plus maléfique s'avère même disponible : « C'est un programme d'intrusion de la pire espèce. [...] Il reconstitue un esprit dans un cristal. Puis entre dans un autre esprit, vivant, celui-là, et l'y implante par-dessus. Impose la première personnalité à la seconde. Exécute en quelque sorte une copie de sauvegarde du programme[36] ».

Avec ces possibilités, il ne s'agit plus seulement d'une mémoire exosomatique, autrement dit juste des souvenirs enregistrés sur un support artefactuel, mais aussi d'une conscience exosomatique. Ce qui laisse penser qu'un individu, avec tout son parcours personnel, peut maintenir ou trouver son identité par d'autres voies que celle de la matérialité organique enfermée dans un cerveau lui-même dépendant d'un corps. Une part de cet imaginaire se situe donc dans un registre qui peut être qualifié de post-biologique, si l'on reprend le terme que le roboticien Hans Moravec avait commencé à utiliser à la fin des années 1980[37], mais dans son cas avec un arrière-plan penchant vers le transhumanisme et une forme d'acceptation de l'abandon du corps au profit d'un transfert numérique de la conscience.

Un tel imaginaire n'est pas sans reproduire l'ancien dualisme, cartésien notamment, distinguant l'esprit et le corps. La distinction est même encore plus marquée dans le cas du cyberpunk. Il est de fait souvent associé à l'image d'un mépris du corps, rejeté comme un vulgaire tas de « viande ». Les personnages semblent porter un désir de fuir les inconforts et limitations de leur enveloppe corporelle (désir qu'on trouvait déjà chez certains précurseurs du transhumanisme[38]). Ce désir est aussi celui d'accéder à une espèce de dimension supérieure, ou au moins autre, comme si pouvait être ainsi ouvert un nouvel espace de liberté. C'est pour cela que pour Case, le hacker de *Neuromancien*, avoir le système nerveux endommagé et ne plus pouvoir accéder au cyberspace est une punition terrible (« Pour Case, qui n'avait vécu que pour l'exultation désincarnée du cyberespace, ce fut la Chute. Dans

---

34.– Walter Jon Williams, *op. cit.*, p. 294-295.
35.– *Idem*, p. 324.
36.– *Idem*, p. 349.
37.– Voir par exemple *Mind Children. The Future of Robot and Human Intelligence*, Harvard, Harvard University Press, 1990.
38.– Cf. Fabien Benoit (2019), « FM-2030, précurseur du transhumanisme », *Slate*, 10 avril 2019, http://www.slate.fr/story/175443/fm-2030-fereidoun-m-esfandiary-transhumanisme-futurologie.

les bars qu'il fréquentait du temps de sa gloire, l'attitude élitiste exigeait un certain mépris pour la chair. Le corps, c'était de la viande. Case était tombé dans la prison de sa propre chair[39]. »). Comme si le corps enfermait dans des limites... Parler de « viande » à propos du corps, c'est aussi lui donner une faible valeur, ou en tout cas une valeur inférieure à d'autres éléments censés définir l'humain. Il est ravalé à sa matérialité : une matérialité encombrante, assimilée à un fardeau dont il s'agirait de se débarrasser, ou au moins de s'alléger.

À suivre l'imaginaire du cyberpunk, la condition humaine sera une condition cybernétisée, baignant dans des flux d'informations et de données. Et pas forcément avec la possibilité de garder des prises sur celles-ci. Qu'est-ce que ça fait de ne plus être complètement propriétaire de son cerveau ? Johnny Mnemonic, dans la nouvelle du même nom, a fait le choix d'utiliser et de louer le sien comme dispositif de stockage de données (externes donc). Degré supplémentaire d'exploitation de l'individu, métaphorisant ainsi une aliénation redoublée ? Johnny Mnemonic n'est en effet qu'un vulgaire coursier, qui n'est même pas censé savoir ce qu'il transporte dans sa boîte crânienne. L'organe cérébral contient une mémoire, autre en l'occurrence, qui n'est pas la mémoire personnelle.

Après la mort, il est même possible d'envisager la reconstruction de la personnalité sur un support artificiel. Des activités analogues aux activités cérébrales n'ont alors plus de matérialité organique, comme pour Dixie le Trait-plat qui, dans *Neuromancien*, n'existe plus qu'à l'état de « construct ». Plutôt qu'un sommeil éternel, il y aurait donc une « vie » possible après le décès, mais pas du type de celle laissée à l'imagination dans les religions. Si le corps n'est plus fonctionnel, l'esprit, lui, peut être accueilli ailleurs, dans un autre réceptacle. Dans *Software* de Rudy Rucker[40], on trouvait aussi déjà la possibilité de transférer son esprit dans un ordinateur, possibilité offerte comme un accès à une forme d'immortalité.

La vision produite est loin d'être complètement enchantée. Même avec un surcroît de technologie, l'existence paraît rester une condition douloureuse. Tout compte fait, sous différentes formes, les humains paraissent condamnés à devenir des objets, par morceaux ou entièrement.

Dans *Neuromancien*, l'impression est encore davantage accentuée pour Armitage, ancien militaire à la personnalité reconstituée, qui, dans son rôle de recruteur, est devenu la marionnette de Muetdhiver (Wintermute). Son instrumentalisation par une intelligence artificielle donne une figuration à une crainte humaine latente : celle de finir sous le contrôle complet d'une

---

39.- William Gibson, *Neuromancien, op. cit.*, p. 9.
40.- Paris, Opta, 1986 (New York, Ace Books, 1982).

machine invisible et de subir même une privation radicale de personnalité. Qui serait rassuré de savoir que des techniques permettent de pirater et de reconstruire l'esprit d'une personne ? Cette espèce de crainte réapparaîtra par exemple plus tard à travers les capacités du « Puppet Master » dans le manga puis les différentes versions cinématographiques de *Ghost in the Shell*.

Le corps n'est qu'une enveloppe passagère. Il apparaît comme un support provisoire et presque contingent d'autre chose, une conscience ou un esprit qui peut avoir une existence ailleurs, comme un stock d'informations transférable, ouvrant ainsi vers le vertige métaphysique de possibilités radicalement nouvelles.

Conclusion

Le cyberpunk ne donne pas seulement à voir des humains immergés dans une technicisation accrue de leurs environnements ; il problématise aussi les évolutions technologiques en questionnant les manières dont certaines sont susceptibles d'affecter les corps et les esprits. Par une variété d'incarnations fictionnelles, cet imaginaire est une forme de continuation de l'exploration de la vieille dichotomie cartésienne. Il retravaille l'interrogation archiclassique sur ce que cela signifie être humain (physiquement et spirituellement), mais à travers la transfiguration des transformations, modifications, ajouts, etc. que rendrait possible la technoscience (sous des formes souvent impures, d'ailleurs).

L'humain apparaît ainsi comme une matière ou un matériau ayant une forte plasticité. Dans ces mondes hypertechnicisés et comme une conséquence (presque directe), il ne semble plus possible de lui donner une ontologie certaine. Le cyberpunk plonge au cœur de l'intime par l'intermédiaire des corps : il leur fait perdre leur part « naturelle », la rend contingente et presque modifiable à l'envi. Il n'est même plus question de se demander si ce type de transformations, le recours à des implants neuronaux ou des prothèses cybernétiques par exemple, est bien ou non, moralement acceptable ou non : elles paraissent presque acceptées comme une évidence, comme on achèterait un produit en magasin pour peu qu'on en ait les moyens.

La technique n'est plus autour, comme quelque chose de séparé et d'instrumental. Elle est passée au-dedans des humains, affectant et machinisant ainsi encore davantage leur physiologie à des degrés divers. C'est aussi en même temps la condition du cyborg qui est révélée : celle d'une dépendance à l'égard des technologies.

Où se trouve la frontière dont le franchissement, par-delà l'organique ou le biologique, finit par faire ressembler l'humain à une machine ? C'est à partir de ce type de questionnement que le cyberpunk peut être et a été vu non seulement comme une forme d'interrogation sur la condition humaine, mais aussi comme une étape et un élément dans le déploiement d'un imaginaire post-humain. Pour ces situations, faut-il parler de post-humain ou d'effacement de l'humain ? Tout s'y passe comme si le corps était une enveloppe sur le point de devenir obsolète. L'impression est même que l'identité humaine, dans sa base biologique de surcroît, est toujours instable, transitoire.

Il reste toutefois difficile de raccrocher cet ensemble de projections au courant transhumaniste qui est devenu montant dans les décennies qui ont suivi. Il n'en a pas l'espèce de confiance optimiste qui pousse à voir les potentialités technologiques ouvertes comme des gains permettant nécessairement à l'humanité de dépasser les limites de sa condition. L'imaginaire cyberpunk laisse place à davantage d'ambiguïtés, voire de doutes sur ces gains et les effets sociaux à attendre. Une vie plus longue ou « augmentée » n'y semble pas la garantie d'une vie meilleure et plus satisfaisante…

Bibliographie

Jean Baudrillard, *La société de consommation. Ses mythes, ses structures*, Paris, Denoël, 1970.

Christophe Becker, « Before & After Science : La figure du posthumain dans les textes de William Gibson », *Pop-en-Stock*, 01/12/2015.

Benoit Fabien, « FM-2030, précurseur du transhumanisme », *Slate*, 10 avril 2019.

David Brande, « The Business of Cyberpunk: Symbolic Economy and Ideology in William Gibson », *Configurations*, vol. 2, n° 3, 1994, p. 509-536.

Daniela Cerqui et Barbara Müller, « La fusion de la chair et du métal : entre science-fiction et expérimentation scientifique », *Sociologie et sociétés*, vol. 42, n° 2, 2010, p. 43-65.

Christine Cornea, « Chapter 18. Figurations of the Cyborg in Contemporary Science Fiction Novels and Film », in David Seed (ed.), *A Companion to Science Fiction*, Malden, Blackwell Publishing Ltd, 2005.

Elaine Després et Hélène Machinal (dir.), *PostHumains : frontières, évolutions, hybridités*, Rennes, Presses universitaires de Rennes, 2014.

George Alec Effinger, *Gravité à la manque* (*When Gravity Fails*, New York, Arbor House, 1987), repris dans *Les nuits du Boudayin*, Saint-Laurent d'Oingt, Mnémos, 2015.

Yves Eudes, « En Suède, des puces électroniques dans la peau », *Le Monde*, 3 octobre 2017.

William Gibson, *Neuromancien*, Paris, J'ai lu, 2001, nouvelle édition (*Neuromancer*, New York, Ace Books, 1984).

William Gibson, *Comte Zéro*, Paris, J'ai lu, 1988, (*Count Zero*, London, Gollancz, 1986).

William Gibson, *Gravé sur chrome*, Paris, J'ai lu, 1990, (*Burning Chrome*, New York, Arbor House, 1986).

William Gibson, *Mona Lisa s'éclate*, Paris, J'ai lu, 1990, (*Mona Lisa Overdrive*, London, Gollancz, 1988).

Donna Haraway, *Manifeste cyborg et autres essais. Sciences – Fictions – Féminismes*, Paris, Exils, 2007.

Ian Larue, *Libère-toi cyborg ! Le pouvoir transformateur de la science-fiction féministe*, Paris, Éditions Cambourakis, 2018.

David Le Breton, « Des corps hypermodernes », *Connexions*, n° 110, 2018, p. 87-98.

Marina Maestrutti, « Techno-imaginaires du corps à l'ère des technosciences. Art contemporain et utopie de la transformation », *Cahiers de recherche sociologique*, n° 50, Printemps, 2011, p. 77-95.

Hans Moravec, *Mind Children. The Future of Robot and Human Intelligence*, Harvard, Harvard University Press, 1990.

Graham J. Murphy, « Cyberpunk and Post-Cyberpunk », in Gerry Canavan and Eric Carl Link (eds), *The Cambridge History of Science Fiction*, Cambridge, Cambridge University Press, 2018.

Catherine Rémy, Myriam Winance, « Pour une sociologie des "frontières d'humanité" », *Politix*, n° 90, 2010, p. 7-19.

Rudy Rucker, *Software*, Paris, Opta, 1986 (New York, Ace Books, 1982).

Yannick Rumpala, « Littérature à potentiel heuristique pour temps incertains. La science-fiction comme support de réflexion et de production de connaissance », *Methodos* [En ligne], n° 15, 2015.

Bruce Sterling (éd.), *Mozart en verres miroirs*, Paris, Folio SF, 2001 (Bruce Sterling (ed.), *Mirrorshades: The Cyberpunk Anthology*, New York, Arbor House, 1986).

Sherryl Vint, *Bodies of Tomorrow: Technology, Subjectivity, Science Fiction*, Toronto, University of Toronto Press, 2007.

Sherryl Vint, « "The Mainstream Finds Its Own Uses for Things": Cyberpunk and Commodification », in Graham J. Murphy and Sherryl Vint (eds), *Beyond Cyberpunk: New Critical Perspectives*, New York, Routledge, 2010.

Walter Jon Williams, *Câblé*, Paris, Denoël, 1999, (*Hardwired*, San Francisco, Night Shades Books, 1986), repris dans le recueil *Câblé +*, Paris, Denoël, 2004.

Vérité et/ou post-vérité dans un monde où « Tout est lié »

Jacques Printz

Introduction – Vivre et agir quand « Tout est lié »

Nous vivons dans un monde où désormais « Tout est lié ». Jamais les humains n'ont été aussi interdépendants les uns des autres, et il est acquis que personne ne peut contrôler l'ensemble des interactions qu'il entretient avec son environnement. Se faire confiance devient une vertu première, car sans elle la coopération est impossible.

Les problèmes écologiques du moment nous rappellent que toute action présente peut engendrer des effets imprévus indésirables que rien en apparence ne laissait présager ; et dans le moyen/long terme des effets délétères indétectables au moment de l'action car en deçà des capacités de détection de nos appareils de mesures, ou simplement par ignorance. Ce qui sera détectable, le moment venu, est une sommation qui au bout d'un certain temps franchira un seuil qui rendra le phénomène visible dans des circonstances souvent sans rapport avec la cause initiale. Débobiner l'écheveau de la traçabilité des situations et des causalités qui ont conduit à une catastrophe peut s'avérer une tâche impossible pour de simples raisons de combinatoire ; il y a tellement de cas à considérer que même à l'aide de nos ordinateurs les plus puissants les temps de traitements et/ou l'incertitude due au flou inévitable, rendront l'obtention des résultats non pertinents.

Tout ceci sans parler des erreurs humaines inévitables, ou du simple laisser-aller engendré par des processus inadaptés que les acteurs ne vont pas ou mal respecter, ou encore tout simplement oublier !

Dans un tel monde, il devient légitime de s'interroger sur le statut de la « vérité », ne serait-ce que pour savoir quoi faire, ou comment faire, dans telle ou telle situation. Et conséquemment de savoir ce que « JE » dois faire en tant que personne consciente et responsable pour éviter tout type de risque à faire courir, non seulement « ici et maintenant », mais aussi « plus tard et ailleurs », à mon environnement. Le « Tout est lié » se chargeant de propager les effets à une vitesse parfois surprenante partout sur la planète. C'est ce que dans sa terminologie Pierre Giorgini[1] qualifie de « glocal », c'est-à-dire local *et* global simultanément. Force est de constater qu'aujourd'hui jamais on n'a autant menti, ni proféré de contrevérités, sans que cela ne choque personne ; les *fake news* sont vécues comme des désagréments, mais rien de plus, comme des opinions individuelles respectables qualifiées parfois de « vérités alternatives », un amalgame plus que douteux.

Les combinatoires engendrées par le « Tout est lié » ont le désagrément d'être contre-intuitives. Certains s'extasient devant la capacité des machines à jouer aux échecs ou au go dont les combinatoires respectives sont 10^{120} et 10^{170}, et d'en faire un étalon de l'intelligence. Turing, confronté aux messages cryptés de l'armée allemande, opérait dans une combinatoire de l'ordre de $50^{4.000}$, une page télex de 4 000 signes, soit $10^{6.796}$. Les programmeurs d'un système d'information qui gèrent un espace mémoire partagé de 1 000 000 de caractères [250 pages] pour l'interaction de leurs programmes sont confrontés à un « monstre » de complexité estimé à $10^{2.408.240}$. Ces nombres ont été qualifiés d'inaccessibles par le mathématicien E. Borel car les ressources de l'univers, 10^{80} atomes d'hydrogène, ne permettent pas de les manipuler. Pour les appréhender, il faut une échelle logarithmique comme celle des tremblements de terre, ce qui conduirait en prenant le go comme unité à des magnitudes de 40 pour Turing, et de 14 166 pour les programmeurs ; tel est le dilemme !

L'enquête dont il va être question ici est inspirée des démarches projets mises en œuvre depuis les années 1940-1950 par et pour l'ingénierie des systèmes dans lesquels nous avons souvent une confiance presque absolue comme nos smartphones qui est l'objet emblématique de ce monde du « Tout est lié », une confiance qui semble par une étrange symétrie être comme la contrepartie de l'ignorance abyssale de *Comment ils sont faits*, et du *Comment–Pourquoi ça marche* ?

Bref aperçu sur la « science » des projets – Compenser les erreurs

Dans son livre *La gloire des ingénieurs*, la philosophe et historienne Hélène Vérin[2] fait du « Devis, chef-d'œuvre de l'ingénieur » le critère de maturité d'une ingénierie bien assimilée, à juste titre car comment établir un devis

---

1.– Voir son livre *Au crépuscule des lieux – Habiter ce monde en transition fulgurante*, Bayard 2016 ; la suite de son best-seller *La transition fulgurante*.

2.– Publié chez Albin Michel, 1993 ; auquel on peut adjoindre le livre d'hommages, *Penser la technique autrement*, Classique Garnier, 2017.

raisonnable si on ne connaît pas tous les aspects de ce que l'on construit. On notera au passage que cette « science » du devis est un compromis, entre la connaissance approximative mais suffisamment précise que nous procure la physique des matériaux que nous utilisons, et la capacité des équipes d'ingénierie avec leurs aléas spécifiques, à mettre ces connaissances au profit de réalisations concrètes ; avec l'information, ça se complique, car ce que le projet manipule est par essence immatériel, ce sont des abstractions. Pour construire des objets/systèmes techniques[3], matériel et/ou immatériel, la créativité humaine est indispensable. L'approche systémique[4] va nous permettre d'en explorer tous les aspects au niveau d'abstraction souhaité, y compris l'aspect auto-adaptatif.

Le lieu de cette science du devis est le projet d'ingénierie. Comme l'avait pressenti Bachelard dans son livre de 1934, *Le nouvel esprit scientifique*, où il dit : « Au-dessus du *sujet*, au-delà de l'*objet* immédiat, la science moderne se fonde sur le projet », dans l'*Introduction*, p. 15 de l'édition PUF Quadrige, le projet va devenir la pierre angulaire des sciences de l'information. Cette science des projets, y compris dans sa dimension humaine, appelée ici sociodynamique[5], est un aspect essentiel de l'ingénierie des systèmes.

La science des projets

Par science des projets[6] nous entendons l'ensemble des moyens humains et méthodes que nous nous donnons à nous-mêmes pour transformer par nos actions une situation initiale en une situation finale qui nous est plus favorable. C'est une science constructive qui nous apprend à cheminer dans la complexité en résolvant pas à pas les problèmes rencontrés, en contrôlant la combinatoire engendrée par la transformation dans les limites de nos capacités.

Dans l'ingénierie de l'information il est impossible d'éliminer le facteur humain qui est une composante intrinsèque de la complexité, fut-ce par machines interposées. C'est une différence radicale avec l'ingénierie classique des ingénieurs. Les lois de la physique sont « objectives », le

---

3.– Termes empruntés à G. Simondon qui mériterait un développement. Un système technique comme l'Airbus A350 est le résultat du travail d'environ 60 000 personnes, 8 années de R&D, des centaines de sous-traitants, 5 appareils équipés de capteurs pour les essais et pour alimenter le système d'information industriel, environ 10 Mrd d'€ d'investissements ; 1er vol commercial effectué en 2015 [Sources Airbus Industrie ; http://www.airbus.com/aircraft/support-services/publications.html].

4.– Voir mon livre *Architecture système et complexité – Apport des systèmes de systèmes à la pensée systémique*, ISTE 2019.

5.– L'un de ses évangélistes en France a été Jean-Christian Fauvet ; voir https://fr.wikipedia.org/wiki/Jean-Christian_Fauvet.

6.– Voir la bibliographie.

« sujet » qui les utilise n'y a pas de place. Dans la communication, au sens de Shannon, tout ce qui traite du sens de l'information a été exclu, pour conserver le caractère objectif des technologies utilisées pour communiquer.

Avec l'information, c'est l'inverse. Un bon langage de programmation comme les langages de modélisation SADT, IDEF, UML, SysML, BPMN/BPEL, etc. utilisés en ingénierie système, doit être « *Context free* », c'est-à-dire indépendant de celui qui programme, pour éviter toute ambiguïté et/ou subjectivité qui le rendrait incompréhensible à des tiers. C'est l'organisation, la structure de l'information et les relations qui vont porter le sens du système à construire. Malgré les similitudes avec les langages humains la différence est profonde. Le langage humain véhicule des émotions, des nuances, toutes sortes de figures stylistiques et métaphoriques comme les oxymores qui sont à bannir des langages de programmation.

Les langages naturels et les langages artificiels ont en commun une problématique de toute première importance : les erreurs que commettent les locuteurs. Avec le langage naturel, on s'adapte plus ou moins bien à toutes sortes d'erreurs. Avec les ordinateurs la situation est inverse, car tous sont intolérants à la moindre erreur. Une seule instruction mal programmée, et c'est le lanceur Ariane 501 qui explose quelques secondes après son départ.

Pour un opérateur humain, dans des conditions « normales », le taux d'erreurs est de l'ordre de 5 à 10 erreurs par heure d'activité effective. La plupart de ces erreurs seront rattrapées, mais compte tenu de leur nombre, il y aura toujours un résidu. On sait qu'il existe une relation de type $E = k \times T^{\alpha}$, E exprimant l'effort humain comptabilisé en heures ouvrées (ho), T exprimant la taille du code source écrit par les programmeurs exprimée en nombre d'instructions, k et α étant des paramètres du modèle, avec $\alpha > 1$, qui exprime la non-linéarité de l'effort humain par rapport à la taille du programme. Nous avons des statistiques solides de productivité selon la complexité des projets entre 1 et 2,5 lignes de code source par ho d'ingénieur[7].

Un logiciel d'un million de lignes c'est au mieux 400 000 heures de travail. C'est dire l'ampleur du phénomène des erreurs. Pour en diminuer le taux, il faut commencer par en faire le moins possible, raisonner correctement car tout programme est le résultat d'un raisonnement, éviter de faire plusieurs choses à la fois ce qui perturbe le bon fonctionnement de notre cerveau conscient qui est plutôt mono-tâche[8], développer les technologies de validation, vérification et test des systèmes. Mais on ne pourra

---

7.– Plusieurs de mes ouvrages académiques développent ce thème en détail ; voir la bibliographie.

8.– Un fait bien établi par les neurosciences ; voir les travaux de Stanislas Dehaene, au Collège de France.

jamais être sûr d'avoir éliminé toutes les erreurs, car certaines d'entre elles sont non reproductibles.

Comment parler de « certitude » ? – Le visible et l'invisible

Au moment de son décès, en 1961, le philosophe Maurice Merleau-Ponty travaillait à un ouvrage, *Le visible et l'invisible*, dont n'ont été publiés que le début et les notes d'accompagnement. On ne saura jamais où l'aurait mené cette réflexion, mais le thème abordé est fondamental. Il démarre son enquête par ce qu'il dénomme *La foi perceptive et son obscurité*, au terme de laquelle « ... l'évidence du monde, qui paraissait bien la plus claire des vérités, s'appuie sur les pensées apparemment les plus sophistiquées... », le tout devant déboucher sur une vraie réforme de l'entendement, au sens philosophique. Mais dans cette quête, il va se priver, certes dans des termes beaucoup moins radicaux que ceux stipulés dans son ouvrage *Phénoménologie de la perception*, des ressources de la science. Il cite, du bout des lèvres Louis de Broglie, le premier découvreur de la dualité onde/particule, et Einstein, en référence semble-t-il à son débat avec Bergson. Et c'est tout...

Pourtant le débat visible/invisible est au fondement de la révolution que vont connaître la physique et les sciences de l'ingénieur, car les atomes sont des entités invisibles, comme d'ailleurs la plus grande partie du spectre des ondes électromagnétiques, et ce que les physiciens vont appeler des « champs » comme le champ gravitationnel et les ondes du même nom qui leur sont associées. Les mathématiciens, les physiciens et les ingénieurs vont créer des outils et des méthodes d'une grande efficacité, avec le calcul des probabilités, pour voir et agir dans l'invisible et l'aléatoire en toute sécurité.

Ne croire que ce que l'on voit

La science du XIXe siècle est celle des certitudes. Tout le monde connaît la formule de Laplace où « l'intelligence infinie... » préside aux destinées d'un monde où tout est déterminé. Ses succès sont si impressionnants qu'elle va servir de modèle aux sciences humaines qui naissent dans le courant du XIXe siècle. Le premier nom de la sociologie était « Physique sociale » et jusqu'à une date encore assez récente on a pu parler d'« ingénierie sociale » assimilant, de fait, les affaires humaines à des réglages de « machines » dont on se gardait bien de décrire la finalité. Le marxisme, dans la foulée de Hegel, n'avait aucun scrupule à parler de « science » et du « sens » de l'histoire avec un « déterminisme » dont on peut juger, avec le recul, de la toxicité. L'« homme nouveau » maître de son destin des idéologies totalitaires allait plonger l'Europe dans la tragédie, puis dans l'horreur absolue des camps et des goulags. Karl Popper en avait fait un solde de tout compte dans son livre *Misère de l'historicisme*.

« Être » est une construction rationnelle qui s'appuie sur des processus stables, pas une donnée première, comme le montre cette science des projets que nous avons esquissée, mais aussi la construction des êtres mathématiques fondés sur le seul langage véritablement universel. Pour éviter les paradoxes, Poincaré introduira la notion d'ensembles prédicatifs[9] qui vont permettre de raisonner sans risque, mais pour cela il faut que les règles d'appartenance – ce qui est DEDANS ou DEHORS – soient strictement contrôlées. Dans un monde en évolution les ensembles prédicatifs sont rares, et quand ils le sont, c'est pour une durée limitée. Les sciences de l'information en portent le témoignage irréfutable.

La mécanique céleste du XIXe siècle a pu faire croire que tout était déterminé dans l'univers, mais Poincaré, dans un mémoire de 1890 allait démontrer qu'avec trois corps en interaction, on ne pouvait pas garantir la stabilité du mouvement observé, et a fortiori pour un système à N corps, ce à l'échelle de la centaine de millions d'années. C'est ce que beaucoup plus tard on appellera « chaos déterministe », un étrange oxymore qui exprime le fait qu'un système dont on peut exprimer le comportement par quelques équations différentielles simples peut présenter des comportements complexes compte tenu de petites variations des conditions de démarrage du système. C'est ce qu'on appellera la sensibilité aux conditions initiales, un terme introduit par David Ruelle[10]. Nous avons aujourd'hui profusion d'exemples de systèmes simples comme des toupies ou des pendules qui produisent des dynamiques complexes[11].

En 1927, Gaston Bachelard publiera une thèse intitulée *Essai sur la connaissance approchée*, qui aurait dû inciter les scientifiques et ses collègues philosophes à la prudence, mais rien n'y fera. Il faudra attendre les années 1980 pour entendre ce témoignage[12] de James Lighthill[13], en 1986, alors qu'il était président de l'Union Internationale de Mécanique Pure et Appliquée, où il dit dans *The recently recognized failure of predictability in Newtonian dynamics* : « [...] Nous sommes très conscients, aujourd'hui, de ce que

---

9.– Voir *Poincaré, Russell, Zermelo et Peano*, textes réunis par G. Heinzmann, Albert Blanchard, 1986.

10.– Voir son livre *Hasard et chaos*, 1991. Professeur à l'IHES, il y a côtoyé R. Thom et A. Grothendieck.

11.– Voir R. May, *Simple mathematical models with very complicated dynamics*.

12.– Témoignage déjà utilisé par Ilya Prigogine dans son livre *Le temps et l'éternité*, suite du best-seller *La nouvelle alliance*. Et par Jean Bricmont, dans son livre *Making sense of quantum mechanics*, 2016.

13.– Voir https://en.wikipedia.org/wiki/James_Lighthill.

l'enthousiasme que nourrissaient nos prédécesseurs pour la réussite merveilleuse de la mécanique newtonienne les a menés à des généralisations, dans le domaine de la prédictibilité [...], que nous savons désormais fausses. Nous voulons collectivement présenter nos excuses pour avoir induit en erreur le public cultivé en répandant, à propos du déterminisme des systèmes qui satisfont aux lois newtoniennes du mouvement, des idées qui se sont, après 1960, révélées incorrectes ». Il s'excuse donc platement pour un siècle d'erreurs concernant l'intelligence de ce que nous pouvons connaître ou savoir du système du monde.

Faut-il pour autant, par effet inverse, mettre tout le monde sur le même plan et considérer les vérités qualifiées de « scientifiques » au même niveau que celles qui nous promettaient il n'y a pas si longtemps l'inversion de la courbe du chômage ou la promesse du futur paradis socialiste lequel justifiait bien des sacrifices ? Ou encore la « main invisible » du marché d'Adam Smith ? En d'autres termes « Faut-il croire la science[14] ? ». Faut-il ravaler la science au rang de simples opinions d'un groupe d'acteurs qui souhaitent conforter leur pouvoir sur les autres ?

La réalité de ce que l'on ne voit pas – Horizon de perception

Pourtant, au moment où la science « positive » semble triompher et faire table rase des superstitions religieuses – c'est l'entrée dans l'« Âge positif » de A. Comte – l'étude de l'énergie et de ses transformations va mettre en évidence des lois qui gouvernent les phénomènes physiques que normalement on devrait qualifier de « métaphysiques » car elles fixent des règles auxquelles la nature ne semble pas pouvoir se soustraire[15]. Elles sont donc au-delà de notre monde, et sans elles le monde serait un chaos comme celui d'Alice au pays des merveilles, régis par les caprices de la Reine Rouge.

Pressenties par Lavoisier et Carnot, elles seront formulées dans leur forme moderne par R. Clausius, L. Boltzmann, J.C. Maxwell. Soit : a) la loi de la conservation de l'énergie, et b) l'entropie, une loi de l'évolution de l'énergie irréversible du *chaud* vers le froid.

Il est impossible de se passer de ces lois sans mettre par terre toute la physique moderne, en particulier le modèle standard des particules, car ce sont des défauts de bilans énergétiques et l'existence des formes organisées qui laissent penser que derrière, il se cache des entités énergétiques invisibles. Il faut se rappeler que les opposants à la théorie atomique, majoritaires à la fin du XIXe siècle, refusaient l'existence des atomes que l'on ne pouvait pas voir, entités qualifiées par eux de « métaphysiques ». L'affaire ne sera

---

14.– Cf. E. Klein dans *Études*, N° de janvier 2013.
15.– Voir le livre profond de Cyril Verdet, *Méditations sur la physique*, 2018, préfacé par le philosophe des sciences Michel Blay.

réglée qu'en 1911 avec le livre de Jean Perrin, *Les atomes*[16]. C'est ce qui fera dire à Dirac, pour des raisons de symétrie, que s'il y a de la matière il y a nécessairement de l'antimatière que l'on finira par découvrir ! Et c'est ce qui va se passer...

Ces lois, et quelques autres, sont donc VRAIES, sauf à nier notre perception. On ne peut rien trouver de plus vrai dans notre monde. Mais ce sont, comme préfèrent dire certains physiciens, des lois phénoménologiques, ou des principes.

À la même époque, Planck sera obligé de se rendre à l'évidence que les échanges énergétiques que nous percevons comme continus à l'échelle de nos sens macroscopiques, se font de façon discontinue sous la forme de minuscules grains qu'il appellera « quanta ». Notre perception « continue » n'est donc qu'une apparence ! Ce n'est pas « faux », mais c'est une approximation. L'objet perçu dépend du sujet percevant aurait pu dire Bachelard ; la frontière sujet/objet existe, certes, mais elle devient poreuse.

On sait que Einstein, pour décrire l'univers à grande échelle, a utilisé une géométrie non euclidienne pour prendre en compte la courbure de l'espace, sous l'effet des masses, et l'invariance de la vitesse de la lumière qui deviendra un axiome de sa théorie. À notre échelle, la géométrie euclidienne et la mécanique newtonienne sont parfaitement efficaces, le temps et l'espace peuvent être supposés indépendants – on sait avec Einstein qu'ils ne le sont pas à grande échelle, au voisinage de la vitesse de la lumière, dans les « trous noirs »... – mais pour calculer le signal des satellites du GPS et le rendre utilisable à notre échelle il faut lui appliquer dans nos smartphones la correction de la relativité générale compte tenu de la précision requise pour le positionnement. Il devient évident que la « vérité » dépend de l'échelle des phénomènes.

Pour reprendre la terminologie du mathématicien et épistémologue F. Gonseth[17], nous avons besoin de trois horizons de perception pour nous représenter un monde qui aujourd'hui s'étale sur 45 ordres de grandeur : 1) celui du monde atomique et subatomique, 2) celui du monde à notre échelle, un monde mésoscopique relativement lent eu égard à la vitesse de la lumière et des énergies faibles de la biochimie, et 3) le monde macroscopique de l'univers des galaxies et des trous noirs, avec des vitesses et des énergies

---

16.– Pour mémoire, Amédéo Avogadro a écrit son mémoire en 1811 et donné une méthode de calcul du nombre d'atomes, à notre échelle, à l'aide du nombre dit d'Avogadro, soit pour 18 grammes d'eau environ 6×10^{23} atomes, en français six cent mille milliards de milliards.

17.– Voir le site de l'association Ferdinand Gonseth http://afg.logma.ch/ ; voir en particulier le texte lumineux *Remarques sur l'idée de complémentarité*, daté de 1948, dans sa revue *Dialectica*.

colossales. Ces mondes interagissent entre eux par des interfaces qui laissent des traces nous explique Gonseth. Mais seul le monde mésoscopique, nous est réellement accessible.

Agir dans un monde complexe

La grande découverte du XXe siècle, dont on parle assez peu[18], est celle du 3e infini de la complexité. La complexité fait partie de ces « choses » que l'on ne « voit » pas !

Complexité de la vie[19] avec les molécules « géantes » que sont les protéines faites de dizaines de milliers d'atomes, complexité des structures cellulaires comme le cerveau humain, complexité des génomes et leurs milliards de bases ATCG.

Complexité de machines[20] que sont les ordinateurs qui apparaissent dans les années 1950, dont les performances vont s'accroître en une quarantaine d'années d'un facteur de 1 million pour finalement tenir dans la main avec l'arrivée des smartphones dans les années 2000. Les ordinateurs, et les puces électroniques de quelques centimètres carrés qui en constituent le cœur, vont devenir le vecteur principal de la mondialisation que nous connaissons depuis les années 1990. Ces machines époustouflantes ont une structure matérielle dont le matériau phare est le silicium, finement organisé avec des milliards de transistors de taille nanométrique – dans les technologies actuelles à 12 nanomètres, c'est de l'ordre de 25 millions par millimètre carré –, et une structure immatérielle dont le « matériau » phare est le logiciel avec ses millions de lignes de code, de l'information créée par le cerveau des programmeurs. Elle se matérialise sous un double aspect : a) un texte statique de taille finie, compatible avec nos capacités cognitives, et b) une structure dynamique parcourant un espace d'états de très grande taille, compatible avec nos capacités de validation, ce qui permet aux machines d'interagir avec leur environnement.

Dans les deux cas les ingénieurs sont confrontés à ce qu'on appelle désormais la complexité de l'information. Si la complexité de la vie reste encore largement mystérieuse, la complexité de nos ordinateurs et de leurs interconnexions, nous est parfaitement connue car c'est nous qui la

---

18.- Voir le volume édité par R. Blackford, D. Broderick, *Philosophy's future, The problem of philosophical progress*, 2017, où le thème semble totalement absent.

19.- Des livres accessibles au grand public comme *À l'écoute du vivant*, 2002, de Christian de Duve, ou *Comment les pattes viennent au serpent*, 2004, Dominique Lambert, René Rezsöhazy, en donnent une bonne idée.

20.- Voir mon livre *Survivrons-nous à la technologie*, 2018, coll. *Les acteurs du savoir* ; en bibliographie.

construisons, de A à Z, et c'est nous qui en garantissons le bon fonctionnement. C'est une ingénierie maîtrisée de l'invisible et de l'aléatoire.

Pour que nos systèmes fonctionnent, il faut que les acteurs humains qui en constituent l'unité élémentaire puissent agir en toute connaissance de cause, mais pour cela ils doivent se faire confiance pour coopérer efficacement. Chacun est détenteur d'une parcelle de la vérité qui fonde son action individuelle, chacun est pris dans un réseau d'acteurs, lequel réseau peut varier en fonction des missions ; mais tous doivent se comprendre et se faire confiance, tout en reconnaissant à chacun un droit à l'erreur, car il n'y a pas d'actions humaines sans erreurs humaines : c'est une loi de la nature, de même qu'il n'y a pas de matériau sans défaut.

La logique de l'action dans un monde complexe est une logique projet fondée sur la confiance réciproque des parties prenantes. Sans confiance, pas d'action collective possible.

Cette logique repose sur un référentiel qui est le bien commun entre tous les acteurs du projet, usagers inclus. C'est un outil essentiel dans la communauté de l'ingénierie des systèmes mais c'est également compris des grandes communautés scientifiques comme les coopérations mises en place par des organismes comme le CERN. Quand on parle de « projet européen », pour donner un exemple, il faut se poser la question du référentiel qui doit être partagé par tous les Européens pour que l'Europe puisse fonctionner.

Pour contribuer efficacement à un projet, il faut en connaître le référentiel, et le pratiquer sérieusement en sachant que l'on ne sera jamais à l'abri de l'erreur. C'est alors le collectif qui va prendre le relais en s'assurant que de proche en proche chacun vérifie ce que fait son plus proche voisin par autocontrôle conformément aux règles du référentiel. La « vérité » du projet naît à ce prix, et si chacun respecte les règles, ça ne marche pas trop mal comme on en a la preuve avec les nombreux systèmes dont nous sommes aujourd'hui dépendants. Se développe ainsi une forme d'« infaillibilité statistique » fondée sur le calcul des probabilités des pannes qui va dépendre d'un niveau de risque librement accepté[21]. Le « prix » de cette liberté est un « travail » d'apprentissage, un coût qui dépend de la complexité.

Les sirènes de la déraison et la tentation de l'irrationnel

Comme l'a souligné René Thom dans son article, *Halte au hasard, silence au bruit*, il y a une étrange fascination de l'aléatoire qui, pour lui, est le révélateur

---

21.- C'est une logique qualifiée de « capacitaire » ou encore de PAC/*Probably Approximately Correct*, développée par Leslie Valiant, Turing Award 2010, dans l'ouvrage du même nom.

d'une « attitude antiscientifique par excellence ». Il ira jusqu'à dire que le « hasard est un concept entièrement négatif, vide, donc sans intérêt scientifique. Le déterminisme, au contraire, est un objet d'une richesse fascinante – à qui sait le scruter. ». En science, la raison n'est ni un risque, ni un danger, c'est une conquête ; une conquête chèrement acquise, qu'il faut considérer comme un bien commun fragile, constamment remise en cause comme en témoignent les intégrismes de tout bord qui la menacent. Charles P. Snow, dans sa conférence de 1959, *The two cultures and the scientific revolution*, s'était ému du gouffre grandissant qui séparait la culture humaniste – les sciences humaines en général – et la culture technoscientifique qui s'élaborait dans ces années-là.

Il faut être aveugle pour ne pas s'apercevoir que la déraison laboure l'Occident, depuis déjà quelques décennies. La fin de la Guerre Froide et le collapsus de l'URSS, ont pu nous donner l'impression trompeuse que cette fois, « ça y était, on avait vraiment gagné », qu'on allait pouvoir toucher « les dividendes de la paix », et « jouir sans entrave » comme disaient les slogans de 1968. Ce que beaucoup ont cru, en toute sincérité[22], s'est progressivement révélé comme un leurre tragique.

Comme l'a expliqué R. Thom dans son livre d'entretiens, *Prédire n'est pas expliquer*, « Ce qui limite le vrai ce n'est pas le faux, c'est l'insignifiant », c'est-à-dire des énoncés indécidables où seules la pratique et l'expérience partagée peuvent nous aider à trancher.

Le philosophe des sciences Thomas Kuhn a même essayé de théoriser la chose avec son livre *The Structure of Scientific Revolutions*, 1962-70. Sa théorie des « paradigmes » qui se succèdent a eu un grand succès dans les milieux des *Social studies*, mais elle a cependant été réfutée par des physiciens prestigieux comme Steven Weinberg[23], Prix Nobel, et en France par Gilles Cohen-Tannoudji[24] et beaucoup d'autres.

La logique de la techno-science n'est pas celle de la table rase, c'est une logique du « Généraliser pour simplifier », pour reprendre une formule de D. Hilbert. Dans la science, nous avons la chance d'avoir un juge de paix : l'expérience. Si on ne peut pas expérimenter, on ne pourra pas valider les modèles, et faute de données la simulation restera stérile.

Ceci ne veut d'ailleurs pas dire que les aspects sociologiques sont inexistants. Ils le sont, bien évidemment, mais tôt ou tard l'expérience viendra trancher le débat, il est donc inutile de se battre. Il est naïf de vouloir faire

---

22.- Le livre de Francis Fukuyama, *La fin de l'histoire et le dernier homme*, est emblématique de cette analyse.
23.- Voir son article *The revolution that didn't happen*, téléchargeable.
24.- Voir son livre, *Le Boson et le chapeau mexicain*, 2013, Gallimard, coll. Folio Essais.

trancher les débats que soulève la techno-science par les citoyens et/ou par le jeu de la démocratie directe, car la vérité scientifique n'est pas démocratique ; mais en retour il faut impérativement informer les citoyens aussi honnêtement que possible et leur faire comprendre cette logique nouvelle du « Tout est lié ». Faute de quoi, c'est l'irrationnel qui reprendra le dessus, c'est une évidence comme on peut le constater avec l'opposition au compteur EDF Linky, indispensable à la mise en œuvre des smartgrids pour gérer les énergies renouvelables. En d'autres termes, il n'y a pas d'autres options que l'éducation et le dialogue constructif – à l'exemple des physiciens du CERN adeptes de la « coopétition », soit coopération *ET* compétition –, et surtout de ne pas céder à la tentation de la déraison.

Que dit, et que ne dit pas la science ?

Quand on parle de « la Science » en général, ou des « Scientifiques », ou des « Ingénieurs », il faut faire très attention. Ce ne sont pas des populations homogènes. Dans chacune d'elles, il faut distinguer ceux qui ont la capacité à créer des solutions aux problèmes qui se posent, et ceux qui seront les bons soldats avec les différents niveaux de compétences requises. L'ensemble des scientifiques et des ingénieurs forme un « milieu » dans lequel toutes les compétences doivent être présentes pour que « ça marche ».

C'est la spécialisation fondée sur la compétence qui va améliorer la capacité de survie du groupe qui sait l'organiser et l'intégrer pour coopérer ; c'est-à-dire savoir ce qui est vrai, quand faut-il agir, ou éventuellement ne pas agir.

La tentation de faire dire à la science ce qu'elle ne pourra jamais dire est une perversion qui remonte fort loin dans l'histoire européenne. Au XIXe siècle, l'humanisme athée a fait de la science une arme de combat contre la religion ; mais pour ne pas être en reste les théologiens de Vatican I vont combattre la théorie de l'évolution de Darwin au nom de la Bible. Aujourd'hui, nous avons les créationnistes. C'est clairement un jeu où il n'y a que des perdants.

La réponse à : « Que dit la science ? », a été donnée par von Neumann dans une conférence prononcée pour le deuxième centenaire de la Columbia University, dans un colloque sur le thème *The unity of knowledge*, en octobre 1954[25] ; sa conférence, reprise dans le Vol. 6 de ses Œuvres Complètes, s'intitule *Method in the physical sciences*. Il dit : « the sciences do not try to explain, they hardly even try to interpret, they mainly make models », rien de plus, mais rien de moins. À l'époque de cette conférence, il y a plusieurs

---

25.– Édité par Lewis Leary, Doubleday, New York, 1955.

interprétations de la mécanique quantique dont il a été le modélisateur principal ; la plus connue est l'interprétation dite de Copenhague mise au point par Bohr qui est également un des conférenciers, c'est cette interprétation qui sera enseignée un peu partout, mais il y en a plusieurs autres dont celles de Louis de Broglie, ou de Hugh Everett. Les débats entre Bohr et Einstein au sujet de cette interprétation sont restés célèbres dans la communauté des physiciens.

Ce qui compte, selon von Neumann, c'est le modèle qui est une construction mathématique aussi parfaite que possible selon les pratiques requises par la communauté des mathématiciens. Celles en vigueur pour la nouvelle physique de la relativité et des quanta ont été fixées au début du XXe siècle par D. Hilbert, dont von Neumann fut, selon ceux qui les ont fréquentés, un des deux meilleurs élèves, l'autre étant Hermann Weyl, également conférencier à Columbia.

Pas de modèle, donc pas de science ; tel est dans toute sa simplicité le message ultime de von Neumann. Dans le monde des projets, s'il n'y a pas de « référentiel », c'est-à-dire de modèle des interactions humaines pour le réaliser, il ne pourra pas y avoir de projet.

Pour le bon usage des modèles, je vais cette fois me tourner vers la paléontologie, et l'un de ses éminents représentants S. J. Gould, professeur à Harvard, auteur de très nombreux livres sur la nature, la vie, etc. et surtout son livre testament, *La structure de la théorie de l'évolution*. L'origine de la vie, au cœur des questions que se pose la paléontologie, est, depuis Darwin, un objet de polémiques d'une rare violence qui sont l'évidence que l'irrationnel n'est jamais très loin y compris dans les débats entre scientifiques. La question est de savoir si la biologie peut donner une réponse à la question métaphysique : d'où vient la vie ? Et plus généralement : Qui sommes-nous ? D'où venons-nous ?

Gould, en bon scientifique, va nous donner une leçon de prudence dans un texte intitulé *Nonoverlapping Magisteria*, de 1997, d'où le sigle NOMA, à l'occasion de violentes polémiques avec Richard Dawkins ; polémiques où tout le monde va laisser des plumes, là encore faisant le jeu du relativisme et du « tout se vaut », « on nous ment », etc. Gould reviendra assez longuement sur la théorie du « gène égoïste » de Dawkins, dans le chapitre 8 de son livre sur la théorie de l'évolution, pour d'ailleurs la réfuter, mais là n'est pas le propos que je souhaite présenter ici.

Ce que Gould – agnostique bienveillant – défend est l'idée fort simple que l'autorité acquise dans un domaine particulier, n'en donne aucune dès que l'on sort de ce même domaine. Il plaide pour la distinction entre le magistère de la science et celui de la religion ou de la foi, en évitant toute confusion. Face à la complexité du monde, il va plaider pour une mutuelle humilité – *mutual humility*, dit-il – et le respect réciproque, en vue d'un but commun, la sagesse, fondé sur la raison et le débat contradictoire.

Si l'on comprend bien le principe NOMA, on ne peut pas dire : N'est vrai que ce que dit la science, tout le reste est faux ; ce qui est une faute de logique caractérisée. En croisant avec ce que dit von Neumann dans sa conférence *op. cit.*, on devrait dire : Est-ce que le modèle que je viens d'élaborer me permet de relier les faits qui me sont donnés par l'expérience et d'en comprendre les interactions ? Permet-il de faire des prédictions ? Y a-t-il des contre-exemples qui invalideraient le modèle ?

La logique du modèle est constructive, ce qui évite de faire entrer dans la théorie proposée, des éléments abstraits invérifiables. La « vérité » du modèle n'est pas dialectique, il n'y a pas d'antithèse, il n'y a que des contre-exemples qui eux doivent être objectifs. D'où des méthodes comme celle dite des « tableaux » enseignée dans tout bon cours de logique. La logique du modèle rend l'objectivation possible, donc aussi la distinction sujet/objet, car on a clairement séparé le modèle des interprétations qui peuvent en être faites.

Nous devons nous poser la question de savoir : Qu'est-ce qui est plus qu'une hypothèse ? Qu'est-ce qui différencie une hypothèse d'une simple opinion ? Et là, nous avons deux réponses, compatibles avec ce qui vient d'être dit : 1) Une certitude, mais comment en être sûr dans un monde ouvert ? et 2) une conjecture, comme savent en faire les mathématiciens, c'est-à-dire une hypothèse non encore validée posée comme postulat ou comme axiome, mais sans laquelle tout ou partie des modèles précédemment élaborés s'effondreraient. Le grand théorème de Fermat est resté une conjecture pendant plus de trois siècles, avant d'être démontré par Andrew Wiles en 1995, mais tous les mathématiciens étaient certains de sa vérité tant les conséquences de sa réfutation auraient été dévastatrices.

Dans la programmation de nos systèmes, aujourd'hui des millions de lignes de code, ce genre de situations se rencontrent assez fréquemment, et la seule façon de sortir du dilemme est de faire appel à l'opérateur humain pour arbitrer ; en informatique théorique, c'est ce qu'on appelle une « obligation de preuve ». L'opérateur qui, sous certaines conditions, peut être l'usager, intervient et injecte de l'information pour assurer la continuité du service, et ce sous sa responsabilité. Cette interface est une des plus difficiles à spécifier et à valider car elle joue un rôle semblable à celui de notre système immunitaire garant de l'intégrité du soi biologique, mais c'est une immunité garantie par nous-mêmes.

L'objet technique dans l'approche de Gilbert Simondon

Gilbert Simondon s'est intéressé dès les années 1950 à la philosophie de la technique. Peu connu de son vivant, son apport à la réflexion sur la technologie est cependant qu'une rare pertinence. Il est l'un des premiers à analyser en profondeur l'importance de l'information et des modes de représentation de l'information. Son travail suscite aujourd'hui un regain d'intérêt, y compris dans la communauté de l'ingénierie des systèmes où il était resté inconnu. Ses œuvres sont rééditées, en particulier sa thèse de 1958 sur *Du mode d'existence des objets techniques*, et *L'Individuation*, en 2012.

Simondon montre de façon tout à fait remarquable l'équilibre dynamique qui s'établit dans la genèse de tous les objets techniques, aujourd'hui, on dirait les systèmes[26], qui nous environnent et dont nous ne pouvons plus nous séparer comme nos smartphones, entre : a) une population d'usagers qui a des besoins et/ou des exigences, b) une population en charge de l'ingénierie des systèmes, et c) tout un ensemble de technologies disparates qu'il faut intégrer en un tout cohérent.

Pour qu'une technologie soit acceptée par les usagers, il faut qu'elle soit comprise, c'est-à-dire qu'elle réponde à la question : à quoi ça sert, et plus particulièrement à quoi ça ME sert, pour quels usages ? Il faut aussi qu'elle soit réalisable compte tenu de l'état de l'art en matière d'ingénierie. Avec le transhumanisme nous avons une collection d'exemples où s'entremêlent incompréhensions et impossibilités techniques. Les STIC/NBIC sont fort mal comprises et la tendance du moment est de leur prêter des capacités qu'elles n'auront probablement jamais, car ces capacités violent des principes logiques qui les ont engendrés.

Il faut donc cultiver notre capacité à distinguer ce que l'on peut raisonnablement qualifier de VRAI, de la crédulité que peut conférer une « autorité » mal comprise qui transgresse le NOMA, ou de notre imagination. Nous vivons dans une société de l'information dont la complexité est immense, mais G. Simondon, en actualisant sa pensée, peut nous aider à y voir plus clair. En bref, sans règle éthique, sans l'explicitation de la logique du projet collectif sous-jacent, c'est l'enfer assuré.

Comment éviter le Babel du relativisme –
Plaidoyer pour une logique constructive

Dans la terminologie de la science des projets, il faut s'appuyer et bâtir les fondations de tout discours sur la vérité qui oriente nos actions sur trois

---

26.– En prenant ce terme dans l'approche développée par Bertrand Gille dans *Histoire des techniques*.

formes d'inférence distinctes mais indissociables : 1) l'inférence formelle, 2) l'inférence non formelle, et 3) l'inférence naturelle.

L'inférence formelle est au départ celle de la théorie du syllogisme d'Aristote, de la géométrie des *Éléments* d'Euclide, révisée par les stoïciens et les logiciens du Moyen-âge. Aujourd'hui, ce serait les mathématiques – et leur « efficacité déraisonnable » si l'on en croit Eugène Wigner[27] – pour construire des modèles robustes/résilients conformément aux règles méthodologiques fixées par Poincaré, Hilbert, von Neumann, Weyl et quelques autres, mais aussi et c'est ce qui est nouveau, en provenance des sciences de l'information : les langages de programmation et les référentiels méthodologiques associés, qui en sont les héritiers directs. Cette inférence formelle est la grande découverte du monde Grec, avec ce que Jean-Pierre Vernant[28] a appelé « L'ordre démonstratif ».

L'inférence non formelle est celle de la science expérimentale et des ingénieurs, qui voit le jour avec Galilée, lequel dira que « la nature est un livre écrit dans la langue mathématique » et que dans son *Discours sur deux sciences nouvelles*, il fera de la *Résistance des matériaux* la science phare des ingénieurs. Les vérités tirées des inférences non formelles nécessitent une expérimentation : il faut valider que « ça marche », afin d'en cerner les limites pour les contrôler. Un ingénieur qui construit un pont utilise systématiquement ces deux formes d'inférence ; les équations du pont sont nécessaires, mais pas suffisantes pour s'assurer que le pont ne va pas s'écrouler. C'est le modèle général de la physique et des sciences de l'ingénieur dont la réussite est irréfutable quoique améliorable.

L'inférence naturelle, celle de notre nature humaine, intègre la confiance que nous nous devons les uns envers les autres pour agir collectivement de façon sûre ; elle est essentielle au monde du « Tout est lié ». Dans un langage moderne, cette inférence naturelle est au cœur de la logique projet finalisée, celle qui permet de se fixer des buts et de les atteindre collectivement. C'est elle qui préside à la construction de ce que j'ai appelé le référentiel, lequel doit avoir sa cohérence interne – élaborée avec toutes les ressources de l'inférence formelle – et sa cohérence vis-à-vis des systèmes à construire, ce qui relève de l'inférence non formelle. Un référentiel est le produit d'une histoire sociotechnique, il est toujours un héritage, il est une somme intégrée de savoirs et de savoir-faire qui ne s'assimilent qu'en faisant des systèmes, pas en lisant des livres, car la dimension du vécu humain est irremplaçable.

27.– Voir son article complet : *The Unreasonable Effectiveness of Mathematics in the Natural Sciences*, que l'on trouve sans difficulté sur le Net ; prix Nobel de physique en 1963. Voir également *Méditations sur la physique*, Cyril Verdet, CNRS Éditions, 2018.
28.– Voir *Les origines de la pensée grecque*, PUF 1962, Quadrige 2013, p. 12.

C'est cette logique de l'action qui préside à la construction de systèmes techniques finalisés comme le smartphone, un chef-d'œuvre qui illustre le *More is different* du physicien P. Anderson. Elle est a fortiori essentielle dans une société qui se veut celle du bien commun. Ce qu'il faut garantir par construction, c'est que nos efforts seront cumulatifs.

Mais le plus grand risque est le relativisme, ce mal du XXIe siècle, qui pousse les individus ou les groupes à s'isoler les uns des autres et à se construire une « vérité » toute relative connue d'eux seuls, à se définir des « référentiels » privés tenus secrets. C'est une situation qui véhicule un dualisme viscéral, un peu comme certains des transhumanistes d'aujourd'hui qui semblent préférer le silicium à leur corps biologique voué à l'exécration de la tyrannie « darwinienne » jugée intrinsèquement mauvaise. Les risques de dissolution de la personne et de perte de contrôle de notre identité qui fondent le bien commun, comme le proclame la Start-up californienne de Ramsey Brown, *Boundless AI: The Brain is Programmable – You Just need The Code*, sont évidemment immenses.

Nous sommes donc à une croisée des chemins, soit nous reprenons la main en revenant aux fondamentaux culturels et humanistes de l'Europe, avec la médiation du christianisme et de son message d'amour universel, que nous pouvons à défaut utiliser comme une ressource dont nous sommes les héritiers[29], pour aménager la « Maison commune » en respectant le bien commun[30], soit nous laissons le champ libre à des idéologies mortifères sans transcendance, avec comme seul critère l'optimisation financière dont nous avons déjà expérimenté les méfaits, avec des technologies hors de contrôle développées par d'autres dont nous ne serons que les figurants passifs.

Bibliographie

Philip Anderson, *More is different*, August 1972, Science, vol. 177 ; téléchargeable.

Gaston Bachelard, *Le Nouvel esprit scientifique*, 1934, réédition 2015, PUF, Quadrige.

Ferdinand Gonseth, *Les Fondements des mathématiques*, 1926, réédition 1974, Blanchard.

Association IEEE, *Project Management Body of Knowledge*, PMBOK.

Jean Perrin, *Les Atomes*, 1913, réédition 1991, Flammarion.

Henri Poincaré, *La Science et l'hypothèse*, 1908, et *Science et méthode*, 1909.

29.– C'est un peu le discours de penseurs comme Marcel Gauchet, et plus récemment François Jullien, dans son opuscule *Ressources du christianisme – Mais sans y entrer par la foi*, L'Herne, 2018.

30.– Voir Jean Tirole, *Économie du bien commun*, PUF, 2016 ; ou Joseph Stiglitz, *Quand le capitalisme perd la tête*, Fayard 2003, *Le triomphe de la cupidité*, Actes Sud, 2011.

Jacques Printz, *Écosystème des projets informatiques*, Hermès-Lavoisier, 2006.

Gilbert Simondon, *L'Individuation à la lumière des notions de forme et d'information*, réédition Million, 2013.

Leslie Valiant, *Probably approximately correct*, Basic Books, 2013.

Cyril Verdet, *Méditations sur la physique*, CNRS Éditions, 2018.

Hélène Vérin, *La gloire des ingénieurs*, Albin Michel, 1993, p. 227-241.

John von Neumann, *Method in the physical sciences*, Œuvres complètes, Pergamon 1963, Vol. VI, p. 491-498.

RECENSIONS

Pierre Schoentjes, *Littérature et Écologie : le Mur des abeilles*,
Éditions José Corti

L'ÉCOPOÉTIQUE, APPROCHE LITTÉRAIRE DANS laquelle s'inscrit cet essai et qui a trouvé son ancrage dans le monde académique avec *Ce qui a lieu* (Wildproject, 2015), permet de rendre compte à la fois de l'évolution qui caractérise la conscience écologique émergente en littérature et de saisir l'actualité de certaines œuvres anciennes guère abordées dans une perspective environnementale. Dans cet essai qui offre un panorama des sujets et des formes d'écriture de la littérature d'inspiration écologique, Pierre Schoentjes démontre qu'après un long désintérêt dans la littérature française, la problématique environnementale occupe enfin une place centrale dans l'univers des lettres – l'auteur va jusqu'à parler d'un « changement de paradigme » (p. 14). Ainsi, jouant sur l'image mise en avant par Proust qui associe rayons de miel et rayons de bibliothèque, Schoentjes réunit auteurs du début du XXᵉ siècle et auteurs de l'extrême contemporain, écrivains canonisés et écrivains encore peu visibles, Français, Belges, Suisses et Québécois, tout en montrant qu'un nombre toujours plus important d'écrivaines s'arrogent certains domaines littéraires comme celui de l'animalité ou celui de l'immersion solitaire dans la nature. Sans tomber dans l'anachronisme – l'auteur rappelle systématiquement le contexte politique et culturel de la publication des œuvres –, ni dans le militantisme, sans restreindre le regard au monde académique français – des rapprochements ponctuels sont établis avec d'autres littératures et d'autres méthodologies, notamment anglo-saxonnes –, Schoentjes montre, tant par le choix des auteurs que par la thématique de la globalisation, combien les problèmes écologiques ont de plus en plus partie liée avec les injustices sociales, le sort des animaux, les rapports nord-sud, la migration, la violence envers les femmes et les minorités indigènes...

Dans la première partie, Schoentjes retrace l'histoire de l'écriture environnementale jusqu'au début du XXᵉ siècle, avec, entre autres, des analyses de Giono, Genevoix, Borrély et Exbrayat, avec une attention particulière pour le rapport entre l'écriture de la nature et la guerre. Dès la deuxième partie, l'essai se concentre sur les préoccupations actuelles des « écritures environnementales » en général : la part toujours plus importante consacrée aux expériences sensorielles et à l'histoire naturelle, les questions éthiques liées aux droits des animaux et à la consommation carnée. À partir de la troisième partie, l'essai propose des analyses plus approfondies des nouvelles thématiques environnementales qui émergent dans la littérature française de l'extrême contemporain et qui ne sont pas sans influencer les choix stylistiques et narratifs des œuvres de fiction : le militantisme et la question de la violence et du pacifisme, entre autres dans les œuvres d'Alice Ferney et d'Éric Plamondon (partie III) ; la littérature « verte », celle qui se tourne vers la nature sauvage et la campagne et met en avant un rapport harmonieux, par exemple chez Claudie Hunzinger et Frank Bouysse (partie IV) ; la littérature « marron », présente chez Guillaume Poix et Gisèle Bienne, qui se concentre sur les atteintes à l'environnement (partie V) ; le roman post-apocalyptique, qui cherche à imaginer des scénarios de fin du monde sans tomber dans la science-fiction, comme c'est le cas pour Antoine Wauters, Jean Rolin et Jean-Marc Lovay (partie VI) ; la globalisation des problématiques environnementales et le rôle des médias, au cœur de l'écriture de Maylis de Kerangal et Laurent Mauvignier (partie VII) ; l'expérience de la solitude dans la nature et la revalorisation d'imaginaires plus locaux mise en avant par Sylvain Tesson et Céline Minard, à côté d'autres (partie VIII).

En outre, dans ces analyses qui convient un vaste champ littéraire pas toujours attendu, ainsi que l'affirme l'ouverture du compas dont témoignent les noms repris à l'index, l'auteur ne perd jamais de vue les choix esthétiques (le renouvellement des conventions des genres littéraires, un emploi particulier de certaines figures de style comme l'ironie et l'anthropomorphisme) par lesquels le roman s'efforce de rendre sensibles les menaces parfois invisibles ou insaisissables qui pèsent sur la planète. Et cette interrogation des formes, qui nourrit profondément les analyses de Schoentjes, n'est jamais séparée d'une défense de la valeur de la littérature, susceptible, par sa capacité narrative, par sa mise en récit, de faire du monde un endroit où la conscience écologique devient une valeur unificatrice et largement partagée. Ainsi, cet essai complète l'enquête entamée dans *Ce qui a lieu* en s'arrêtant à quelques précurseurs oubliés et en prolongeant l'analyse par un grand nombre d'œuvres publiées après 2015 montrant que des problématiques environnementales comme le changement climatique, l'épuisement des ressources naturelles et l'élevage industriel sont devenues toujours plus centrales.

Loin de courir le risque de se voir assez rapidement dépassé, comme le craint l'auteur, ce livre deviendra, tant par les analyses approfondies que par le cadre conceptuel plus généralisé qui en découle, un repère important pour l'histoire littéraire et un outil fondamental pour l'étude du rapport entre littérature et écologie à travers une perspective soucieuse de la forme du texte qui est celle de l'écopoétique.

Sara Buekens
Université de Gand

Pierre Schoentjes, *Littérature et Écologie : le Mur des abeilles*, Paris : José Corti, 2020, 464 p. (coll. Les Essais).

François Sureau, *L'Or du temps*,
éditions Gallimard

Quel livre ! François Sureau connaît tout d'un nombre considérable et très divers de choses, de lieux et de gens. C'est Pic de la Mirandole, revenu. Et en tout, il est d'une exactitude impeccable. Exemple, vernaculaire. De mes fenêtres, je vois le hameau de Seppey, dans le Jorat vaudois (Suisse) : trois maisons, « au bord d'un torrent à cascades », où est né le peintre Eugène Burnand. (Sureau lui consacre quelques pages.) Mais ce torrent, où va-t-il le chercher ? Supposant une bévue, j'en parle à une amie, spécialiste du poète Gustave Roud, joratois comme Burnand. Eh bien, j'avais tort : Roud, qui connaissait les lieux, aimait à se promener le long de ces eaux vives…

L'Or du temps propose une galerie foisonnante de personnages. Les monographies, de longueur variable – une note, quelques pages, un chapitre – s'engrènent selon un ordre à la fois nécessaire et aléatoire. Le principe de leur apparition est dicté par le cours de la Seine, depuis sa source. Le flux du livre est conduit par l'écoulement du fleuve ; les lieux que celui-ci traverse, d'amont en aval, appellent la succession des personnages : ils y sont nés, s'y sont illustrés, condition nécessaire. Encore faut-il qu'ils suscitent l'attention, qu'ils soient *intéressants* : c'est la condition suffisante, le principe de leur convocation. « Ce n'est pas la vérité qui inspire la philosophie, mais des catégories comme celles d'Intéressant, de Remarquable, ou d'Important » (Deleuze/Guattari). Critère décisif, pour la littérature aussi : à quoi bon, autrement, écrire, donner à lire ?

Une galerie donc, mais à l'ancienne. On traverse *L'Or du temps* comme la galerie Doria Pamphili, à Rome : les tableaux s'accumulent densément, remplissent les murs, genres et formats confondus. Le regard se meut librement, s'enchante des surprises et des contrastes ; et il s'éduque de surcroît, sans qu'il y paraisse. (Nul curateur pédagogue, ici, pour flécher les modalités correctes de la visite : on est à l'opposé des parcours doucereusement dictatoriaux qui de plus en plus régissent les grandes expositions thématiques.)

Dans l'abondance des *Vies* recueillies par François Sureau, il est loisible au lecteur épris d'ordre de réunir des séries : des « mondes » se dessinent ; des conditions et des états sont documentés, qui reviennent, insistent. Ces récurrences marquent les compagnonnages électifs de l'auteur, elles fédèrent en une assemblée fraternelle le peuple idéal dont il s'éprouve le congénère. De ces séries, voici trois (parmi d'autres) qui m'ont retenu en particulier. Celle des passions chrétiennes, d'abord, dont l'inquiétante étrangeté troublait Napoléon : « irréductibilité des droits de Dieu par rapport à César, souci des pauvres comme chemin du salut, mépris de la famille si visible dans la vie d'un maître pérégrinant, instable, célibataire et entouré de femmes perdues ». Des pages sur Port-Royal ou la Grande Chartreuse illustrent cette contrainte par l'absolu ; ainsi, chez Pascal, « qui ne se complaît à rien, ni confort physique ni confort intellectuel ». Quant aux chartreux, dans leurs déserts, « on les dirait déjà établis au-delà de la ligne du grand passage, goûtant les prémices de l'éternité bienheureuse, si c'est possible ».

Puis il y a la série des écrivains, où Breton et sa troupe ont la part belle. Mais les surréalistes, s'« ils se sont portés au-delà du réel, [c'est] parce que celui-ci les blesse » ; en somme, ils sont restés des « collégiens de l'absolu ». On peut leur préférer Clovis Trouille : cet « adepte latéral [du surréalisme], généralement éructant était d'une grande finesse ». Ou, dans un autre registre, Genevoix et son chef-d'œuvre, *Ceux de 14*, dont la force concrète est garantie par un art de grande sobriété. Napoléon partage avec lui la maîtrise d'une prose plastique : si l'art de Genevoix « abat, par pans entiers », le mur qui nous sépare de l'expérience guerrière, il suffit, lisant Napoléon, « d'un peu d'imagination pour retrouver la vie derrière les ordres ».

Et me voici un pied déjà dans la troisième série, celle de la vie militaire, des grands généraux qui l'ont illustrée. (Ayant fait du récit de guerre un objet d'étude, c'est un peu ma partie.) La surprise vient d'y voir Pétain, « le vainqueur de Verdun », mis à mal, au rebours de l'attachement durable que lui témoigne par exemple le grand-père du narrateur : « Héros de la Grande Guerre, [il] était, à l'instar de ses pareils, très attaché à la personne du maréchal Pétain ». Pour ma part, j'étais resté marqué par son débarquement en fanfare, dans le *Verdun* de Jules Romains ; le style coupé soudain domine, se met au diapason d'un activisme efficace : Pétain bouscule et réorganise tout ; et en quelques semaines, le désastre de février 1916 est victorieusement inversé. Réputation usurpée, avertit François Sureau : Pétain, en vérité, « s'était borné à organiser les arrières, suppléant, dans sa recherche éperdue de la gloire, à son peu de courage militaire par l'habile recherche des appuis politiques ». Tel est du moins l'avis du clan adverse, le « clan Mangin ». Charles Mangin, le « boucher du Chemin des Dames », serait donc (plus) digne de notre estime ? Eh bien oui ! Tandis que Pétain est « défensif, provincial, prosaïque, [...] réfractaire aux élans », Mangin est lui « une forge jaillissante. La défensive lui est inconnue [...]. Il mettait l'audace au-dessus de tout, jugeant qu'à tout prendre une guerre commencée doit se finir vite, et par une victoire. »

Mangin et Pétain se rangent en contraste, comme chez Plutarque, ... ou comme chez Gide : à deux reprises, François Sureau évoque la distinction que celui-ci établit, dans Les Caves du Vatican, entre les « subtils » et les « crustacés ». Les premiers sont des artistes du « passer outre » : « ils ne s'arrêtent pas pour *si peu* : la vie et la mort, ces deux mots qui portent des chimères ». Tous pourraient se reconnaître dans ce propos de Diego Brosset (autre soldat, que de Gaulle mit à la tête d'une division blindée) : « Je jouis et je souffre de tout, mais souvent, vite, d'une façon vivante ». Dans leur singularité et leur diversité, les saints, les artistes et les hommes d'action élus par François Sureau présentent tous quelque affinité, plus ou moins marquée, avec les subtils gidiens. Restent les crustacés : bourgeois pusillanimes, débilités par les certitudes courtes, pour qui le *si peu* est tout ; on pourrait collecter, dans *L'Or du temps*, les éléments d'une série favorable à leur épanouissement : celle du monde politique, où se combine, « au moins dans sa forme parlementaire et française, [...] la pose et l'arrière-boutique, la gloriole et le tiroir-caisse, la législation et l'arrangement »...

•

Balzac, c'est le monde où nous vaquons, plus quelques centaines de personnages. Cette mixité ontologique, qui est le propre du roman réaliste, ne paraît pas devoir s'appliquer à *L'Or du temps*. Les personnages, les lieux, y sont réels (Wikipédia, appelé souvent à la rescousse, le confirme). Quant au narrateur, tout donne à penser qu'il se confond avec l'auteur : c'est bien François Sureau dont nous suivons les cheminements séquaniens ; et nous croyons sans autre – puisqu'il le dit – qu'en « en 1996 ou 1997 », il a passé le réveillon avec Jean-François Deniau « dans sa maison blanche du golfe de Tadjourah », en Afrique de l'Est. Le pacte autobiographique est respecté.

Vraiment ? Le doute vient du mentor qu'il s'est donné dans son entreprise. « J'ai fait ce chemin, déclare-t-il, en compagnie d'un étranger » : Agram Bagramko. Celui-ci nous est présenté comme un peintre et écrivain actif dans la première moitié du XXe siècle ; ses archives, que l'auteur aurait consultées, sont conservées à Vancouver ; nombre de ses œuvres, qui figurent dans des musées ou des collections particulières, sont reproduites au fil de l'ouvrage. Si l'auteur ne connut pas directement Bagramko, il était lié à l'un de ses intimes, Grigoriev. Grâce aux récits circonstanciés de ce dernier, il sait tout de la vie et des opinions de cet acteur omniprésent dans le milieu artistique de l'entre-deux-guerres : Bagramko connaît tout ce qui compte, dans le monde des arts et les lettres, il est toujours là où les choses se passent. C'en devient louche : sa vie, comme celle de Giuseppe Gorani (un polygraphe évoqué par Sureau), semble « trop pleine, comme nulle vie laissée à elle-même, à son hasard naturel, ne pourrait jamais le devenir ». Mais si Gorani a bien existé, ce n'est pas le cas d'Agram Bagramko, qui est un être de fiction ; Wikipedia, à son propos, est muet ; d'ailleurs, à y penser, ce nom, avec son bégaiement, était bien fantaisiste – presque un jeu de mots, comme celui de Kary Karinaky (héros d'un roman de Benoziglio, *Le Jour où naquit Kary Karinaky*).

Alors, pourquoi compliquer la donne avec ce témoin d'invention ? Après tout, l'érudition de François Sureau suffisait, et au-delà, à documenter les existences et les lieux qui se pressent dans *L'Or du temps*. Observons pourtant l'office dévolu à ce personnage. Ici, en 2020, il y a nous tous, et François Sureau ; là-bas, en 1930, loin de nous, il y a Breton et tant d'autres. De nous à eux, Agram Bagramko creuse un corridor temporel direct, un raccourci romanesque où nous lui emboîtons le pas, avec bonheur : « Bagramko entendit Breton lire le début de *Nadja* devant ses amis, au café Fontaine, en novembre 1927. » C'est comme si, avec lui, nous y étions, dans un monde auquel lui, Bagramko, et son œuvre se seraient ajoutés. Aussi le genre dans lequel ranger *L'Or du temps* vacille : c'est du document (en liberté), et c'est du roman. « En matière de littérature, j'aurai, peut-être toute ma vie, balancé entre l'acceptation et le refus, comme ces pages en témoignent ». Mais il n'y a pas à s'arrêter pour *si peu* : cet entre-deux est bien dans la manière des subtils.

Jean Kaempfer
Université de Lausanne

François Sureau, *L'Or du temps*, Paris : Gallimard, 2020, 848 p. (coll. Blanche).

La *REVUE DES SCIENCES HUMAINES*
a publié
les cahiers spéciaux et numéros thématiques suivants

153 : Aspects du Décadentisme européen. Fictions du XVIIIᵉ siècle
154 : La Représentation
155 : L'Utopie 1
156 : Hugo
157 : La Peinture et son discours. Le roman : thèmes, obsessions, structures
158 : Problèmes de la Traduction. Aspects de l'humanisme jésuite au début du siècle
159 : Le Cinéma en savoir...
160 : Naturalisme
161 : Rousseau
162 : Le Mélodrame
163 : Rhétorique du proverbe
164 : Matisse, Max Ernst, Albert Ayme. Furetière, Flaubert, Hugo, Vallès. Parler Argot
165 : Le Social, l'imaginaire, le théorique ou la scène de l'idéologie
166 : Mythe de l'origine des langues
167 : Théâtralité hors du théâtre
168 : Écriture, féminité, féminisme
169 : Giono
170-171 : Joris-Karl Huysmans
172 : L'Histoire en question
173 : Neuf études québécoises
174 : La Littérature dans l'école. L'école dans la littérature
175 : Honoré de Balzac
176 : Enjeux de l'occultisme
177 : L'Effet de lecture
178 : Jules Laforgue
179 : La Lettre, la figure, le rébus dans la poétique de la Renaissance
180 : Récrire - Traduire
181 : Gustave Flaubert
182 : Lumières, philosophie impure ?
183 : Moyen Âge flamboyant : XIVᵉ-XVᵉ siècles
184 : André Breton
185 : La Littérature dans la philosophie
186-187 : La Machine dans l'imaginaire (1650-1800)
188 : Le Monstre
189 : Le Texte et ses réceptions
190 : Des poissardes au réalisme socialiste
191 : Récits de vie (théoriques expériences)
192 : Récits de vie (écritures)
193 : Rimbaud à neuf. Surréalistes
194 : Visages du Sommeil
195 : Lettres d'écrivains
196 : La Citation
197 : Klossowski
198 : Médecins et Littérateurs, 1
199 : André Gide
200 : Le Ballon
201 : Sémiotique et discours littéraire
202 : Marguerite Duras
203 : Alfred Jarry
204 : Écrivains dans la guerre
205 : Musique et Littérature
206 : Georges Bataille
207 : Georges Bernanos
208 : Médecins et Littérateurs, 2
209 : Écrire le paysage
210 : Photolittérature
211 : Rêver en France au XVIIᵉ siècle
212 : Restif de la Bretonne
213 : Penser la communauté
214 : Immobiles à grands pas. Écriture et voyage
215 : L'Œuvre-texte

- 216 : Blaise Cendrars
- 217 : Nathalie Sarraute
- 218 : La Tour
- 219 : L'Écrivain chez son éditeur
- 220 : Claude Simon
- 221 : Narrer. L'art et la manière
- 222 : Récits d'enfance
- 223 : Sur quatre poèmes de Paul Celan. Une lecture à plusieurs
- 224 : Le Biographique
- 225 : L'enfance de la lecture
- 226 : George Sand
- 227 : Primitivismes
- 228 : Ponge à l'étude
- 229 : Adorno
- 230 : Jean Lorrain : vices en écriture
- 231 : Mémoire(s) de l'Europe. Enjeux philosophiques et politiques
- 232 : Michel Tournier
- 233 : Cocteau
- 234 : Les Arts du Diable
- 235 : Imaginer Maupassant
- 236 : Le Livre total
- 237 : André Breton
- 238 : Auteur, autorité
- 239 : Witold Gombrowicz
- 240 : Le Conflit d'interprétations
- 241 : Joë Bousquet
- 242 : Villiers de L'Isle-Adam
- 243 : Faire Visage
- 244 : Pascal, l'exercice de l'esprit
- 245 : Homo Viator
- 246 : Claude Louis-Combet
- 247 : Chateaubriand inconnu
- 248 : La Nuit
- 249 : Louis-René des Forêts
- 250 : Pierre Jean Jouve
- 251 : Hagiographie
- 252 : Usages de l'oubli, 1
- 253 : Maurice Blanchot
- 254 : Morale et fiction aux XVIIe et XVIIIe siècles
- 255 : Jaccottet en filigrane
- 256 : Usages de l'oubli, 2
- 257 : « Qui n'a désiré les anges ? ». Barrès au présent
- 258 : Le Désert l'espace et l'esprit (Moyen Âge-XXe siècle)
- 259 : Les frères Goncourt
- 260 : Pascal Quignard
- 261 : Petits coins. Lieux de mémoire
- 262 : Lire Dalí
- 263 : Paradoxes du biographique
- 264 : Des fleurs pour vous
- 265 : Faut lire Follain
- 266/267 : Le livre imaginaire
- 268 : Sur Barthes
- 269 : Martyrs et martyrologes
- 270 : Mérimée, écrivain
- 271 : Libertin, mon ami...
- 272 : Paul Morand
- 273 : Marges du Dialogue
- 274 : Fargue.. variations
- 275 : L'Évanouissement
- 276 : La poésie en procès
- 277 : Panorama Gautier
- 278 : Le reste, la relique
- 279 : Mémoires de Paul Claudel
- 280 : Le Vrai et le Vraisemblable rhétorique et poétique
- 281 : L'Imaginaire de l'électricité
- 282 : Le haïku vu d'ici
- 283 : La Valeur
- 284 : Lieux dits
- 285 : Forces de Verlaine
- 286 : Poésie, esthétique, éthique
- 287 : La dernière oeuvre
- 288 : Les espaces de la voix
- 289 : Le nu en toutes lettres
- 290 : Les Vies parallèles d'Alexandre Dumas
- 291 : Marivaux, moderne et libertin
- 292 : Affinités électives
- 293 : Marie NDiaye
- 294 : Lectures du panorama
- 295 : Préfaces et manifestes du XIXe siècle
- 296 : Bestiaire des Lumières
- 297 : Gérard Macé
- 298 : Réinventer le roman dans les années vingt
- 299 : Le roman parle du monde

300 : Littérature et architecture. Lieux et objets d'une rencontre
301 : Transmission et filiations
302 : Ego Hugo
303 : Le génie créateur à l'aube de la modernité (1750-1850)
304 : Le dire du peu
305 : Aragon. Une écriture au carrefour
306 : L'écrivain critique
307 : Apollinaire en archipel
308 : Autour des écrits autobiographiques de Sartre
309 : Entours d'Édouard Glissant
310 : Photographie et littérature. Frictions de réel
311 : Les Mondes d'un écrivain-voyageur : Pierre Loti (1850-1923)
312 : Nouvelles sans récit. Une crise de la narration dans la fiction brève (1900-1939)
313 : Énigmes d'*Une saison en enfer*
314 : Résonance : l'accord du poème
315 : Poisons
316 : Politiques de Ponge
317 : Robert Pinget. Inédits
318 : L'écrivain et son peintre
319 : Espaces phototextuels
320 : La France des solidarités (mai 1968-mai 1981)
321 : Le savoir historique de la littérature contemporaine
322 : Antoine Volodine et la constellation « post-exotique »
323 : Balzac et l'*homme social*
324 : Les savoirs littéraires
325 : Yves Ravey. Une écriture de l'exigence
326 : Écrits de guerre : laboratoires esthétiques
327 : Poétique du nom propre
328 : Zoopoétique
329 : Orphée dissipé. Poésie et musique aux 20e et 21e siècles
330 : Nouveaux savoirs francophones
331 : La Littérature au risque des médias
332 : Michel Deguy
333 : Ce qui parle en moi
334 : Les formes de l'enquêteur
335 : Carnets, journaux
336 : Les espaces des avant-gardes
337 : Échanges littéraires européens
338 : La Signature en partage. Être écrivain-traducteur aux 20e et 21e siècles
339 : Jean-Louis Giovannoni. Les gestes des mots
340 : Contre Mallarmé

La *Revue des Sciences Humaines* publiera,
parmi ses prochains numéros, des ensembles d'articles
sur les sujets suivants :

Réécritures de Shakespeare

Littératures du quotidien : Japon - Occident

Michel Chaillou

Bon de commande
à adresser à
Presses universitaires du Septentrion – Revue des Sciences Humaines

Université de Lille
Rue du Barreau BP 30199 – 59654 Villeneuve d'Ascq Cedex
e-mail : commandes-RSH@septentrion.com

Je désire recevoir… exemplaire(s) de l'ouvrage suivant :
au prix de 29 €, frais de port en sus

ABONNEMENT : 1 an France 89 € – Étranger 95 € (frais de port inclus)
VENTE AU NUMÉRO : France 29 € – Étranger 32 € (frais de port en sus)

Je vous règle ci-joint par :
☐ chèque à l'ordre des *Presses universitaires du Septentrion*
☐ virement (nous demander les informations *via* l'adresse mail ci-dessus)

Nom.. Prénom..
Adresse..
....

Date

Signature

ABONNEMENT

L'abonnement part du 1er janvier de chaque année.
Prix de l'abonnement, frais de port inclus
    1 an France : 89 € TTC
    Étranger : 95 €

Vente au numéro
Frais de port en sus
    France : 29 € TTC
    Étranger : 32 €

ABONNEMENT ET VENTE AU NUMÉRO

Presses universitaires du Septentrion – Revue des Sciences Humaines
Université de Lille
Rue du Barreau BP 30199
59654 Villeneuve d'Ascq Cedex
email : commandes-RSH@septentrion.com

RECENSIONS

Les ouvrages adressés pour compte rendu doivent être envoyés à
Frédéric Gendre
Université de Lille
BP 60149 – Rue du Barreau
59653 Villeneuve d'Ascq Cedex

Ouvrage réalisé avec
la chaîne d'édition XML-TEI Métopes
Méthodes et outils pour l'édition structurée

Achevé d'imprimer
Imprimerie de l'Université de Lille
Dépôt légal : 1er trimestre 2021
Commission Paritaire 221 E
ISSN : 0035-2195
ISBN : 978-2-913761-88-9 / Imprimé en France.

2 012e volume édité par
les Presses universitaires du Septentrion
59654 Villeneuve d'Ascq – France